KB211563

왕실문화총서

06

조선시대 궁중회화 3

—

왕의 화가들

 06

조선시대 궁중회화 3

왕의 화가들

—

2012년 10월 31일 초판 1쇄 발행
2024년 5월 3일 초판 3쇄 발행

—

지은이 박정혜·황정연·윤진영·강민기

—

펴낸이 한철희
펴낸곳 주식회사 돌베개
등록 1979년 8월 25일 제406-2003-000018호
주소 (10881) 경기도 파주시 회동길 77-20 (문발동)
전화 (031) 955-5020
팩스 (031) 955-5050
홈페이지 www.dolbegae.co.kr
전자우편 book@dolbegae.co.kr

—

책임편집 윤미향·이현화
디자인 박정영·이은정
제작·관리 윤국중·이수민
마케팅 심찬식·고운성·조원형
인쇄·제본 상지사 P&B
CTP 출력 상지출력

—

이 도서는 2007년도 정부재원(교육인적자원부 학술연구조성사업비)으로
한국학중앙연구원의 지원에 의하여 연구되었음(AKS-2007-BC-2001).

ISBN 978-89-7199-508-2 04900
978-89-7199-421-4 (세트)

—

이 도서의 국립중앙도서관 출판시도서목록(CIP)은 e-CIP홈페이지(http://www.nl.go.kr/ecip)와
국가자료공동목록시스템(http://www.nl.go.kr/kolisnet)에서 이용하실 수 있습니다.

06

조선시대 궁중회화 3

왕의 화가들

한국학중앙연구원 | 박정혜 · 황정연 · 윤진영 · 강민기 지음

책머리에

『조선시대 궁중회화 3: 왕의 화가들』은 한국학중앙연구원 한국학진흥사업단의 왕실문화총서 발행 사업 중 왕실의 미술 분야에 대한 세번째 연구 결과물이다. 앞서 출간된 『왕과 국가의 회화』와 『조선 궁궐의 그림』을 잇는 마지막 책이다. 이로써 2008년부터 시작된 3년간의 공동연구가 세 권의 책으로 결실을 맺게 되었다.

『왕과 국가의 회화』는 제목 그대로 최고 통치권자의 입장에서 궁중회화를 조망하였고 『조선 궁궐의 그림』은 궁궐이라는 특별한 건축 공간 속에서 궁중회화를 바라보았다면, 『왕의 화가들』은 실제 그림 제작을 담당한 '사람'에 초점을 맞춘 것이다. 궁중회화는 화원畵員들의 회화이다. 비록 낮은 신분이었지만 이들이 조선시대 500여 년 동안 대를 이어가며 일구어낸 성취는 매우 독창적이며 한국적인 고유성을 충분히 내포하고 있다고 평가된다.

제1부는 화원을 이해하는 데에 꼭 필요한 기본적인 내용들로 구성되어 있다. 화원이 도화서라는 일정한 제도 안에서 어떻게 선발되고 교육받으며 성장했는지, 그들의 역할이 무엇이었는지 자세하게 소개되어 있다.

제2부는 화원들의 선망인 왕의 초상을 그린 화가들에 대한 내용

이다. 어진화사로 선발된 화원은 최고의 대접을 받았으며 명예롭게 이름을 남겼다. 어진화사를 통해 조선시대 최고 궁중화가들의 면모에 대해 알 수 있을 것이다.

제3부는 갑오개혁 이후 변화된 시대상황 속에서 살아남은 마지막 화원들과 궁궐을 출입하며 그림을 남긴 화가들에 관한 이야기이다. 갑오개혁으로 도화서가 폐지된 이후 궁중회화는 다양한 출신과 성향을 가진 화가들에 의해 이어져 갔다. 어느 시기보다도 다채롭고 역동적인 삶을 산 화가들을 만날 수 있을 것이다.

제4부의 원래 계획은 중국의 궁정회화와 한국의 궁중회화를 비교해 보는 것이었다. 연구가 끝난 시점에서 깨달은 것은 한·중 궁중회화의 비교 연구가 그리 간단치 않으며 훨씬 더 많은 시간이 필요하다는 것이었다. 이 부분은 앞으로 시간을 가지고 좀 더 연구를 심화시켜서 다른 기회에 그 결과를 발표할 생각이다. 대신에 이 책의 제4부에 수록된 「궁중회화에 담긴 길상의 세계」는 제2차년도 연구에 포함되었던 내용인데, 제2권의 출간 때 책의 분량 때문에 미루어 두었던 것이다. 일견 화원畵員과 길상이 무슨 관계일까 의아해하는 분들도 있겠지만 조선시대 궁중화가들은 누구보다도 길상의 의미를 잘 이해하고 있어야 했으며 이를 시각적으로 표현하는 데에도 익숙하였다. 화원畵員 그림의 양식과 길상 표현의 양식은 매우 밀접한 관계 속에서 변화 발전해 나간 셈이다. 길상 주제를 통해 화원 그림의 양식을 풀어나가는 것도 의미가 있을 듯하여 제4부에 이 내용을 싣게 되었다.

마지막 세번째 책의 서문을 쓰려고 하니, 조선시대 궁중회화의 찬란한 세계를 세 권의 책 속에 얼마만큼 담아 냈는지, 궁중회화에 관심을 갖고 있는 미술 애호가들이나 연구자들에게 작게나마 도움이 되었을지 연구책임자로서 걱정이 앞서는 것이 사실이다. 바람이 있다면 좀 더 많은 사람들이 이 책을 통해 궁중회화에 보다 친근하게, 그리고 즐겁게 다가갈 수 있기를 기대한다.

마지막으로 세 권의 책이 나오기까지 후원을 해준 한국학중앙연구원, 좋은 글을 써주신 공동연구자 선생님들, 자질구레한 일을 도맡아 해준 연구보조원들께 다시 한 번 이 자리를 빌려 감사의 뜻을 전한다. 도판 게재에 적극 협조해 주신 국·공립 및 사립박물관, 도서관, 개인 소장가 여러분께도 깊이 감사드린다. 그리고 책의 출간을 맡아 주신 돌베개 한철희 사장님 이하 편집부 여러분, 늘 책을 정성껏 만들어 주시는 책임편집자 윤미향 씨와 디자이너 박정영 씨께도 특별히 고마운 마음을 전하고 싶다.

2012년 10월

연구책임자 박정혜

차 례

책머리에 · 5

제1부 조선시대 화원畵員과 궁중회화 황정연

1 화원畵員, 궁중회화를 탄생시키다 · 14

2 화원의 신분과 생활 여건 · 20

화원의 신분과 사회적 인식 20 | 화원의 생계 기초, 급료 23

3 화원제도의 운영과 변천 · 25

조선 전반기(14세기~17세기 중반) 도화서의 직제와 제도적 성립 26 |
조선 후반기(17세기 후반~갑오경장 이전)의 도화서 운영 32

4 화원의 시험과 선발 · 42

화원의 시험 42 | 화원의 역할 구분 49

5 화원의 임무와 역할 · 70

법전에 기록된 화원의 임무 71 | 법전에 기록되지 않은 다양한 도화 업무 79

6 화원 가문의 형성과 세습 · 108

17세기 중인층의 성장과 화원직의 세습 108 | 인동 장씨를 통해 본 화원 가문의 활동 117

7 화려한 궁중회화 뒤에 숨겨진 화원의 삶 · 123

제2부 왕의 초상을 그린 화가들 윤진영

1 왕의 초상과 어진화사 · 128

어진의 행방 130 | 어진의 종류 132 | 어진화사의 길 134 | 사인화가士人畵家와 어진 137

2 어진화사의 선발과 평가 · 140

어진화사의 선발, 시재試才 140 | 어진 제작 과정의 평가, 봉심奉審 147

3 선대 왕의 어진과 어진화사 · 151

어진의 추사追寫 151 | 태조어진의 모사模寫 156 | 영조 연간의 어진 모사模寫 167 | 일제강점기의 어진 모사模寫 174

4 재위 왕의 어진과 어진화사 · 177

숙종~정조 대 어진 도사圖寫 178 | 순조~고종 대 어진 도사圖寫 192

5 어진화사의 그림 세계 · 202

어진화사의 대우 202 | 어진화사의 개성적 그림 세계 206

제3부 제국의 황실화가들, 화가에서 '시대인'으로 강민기

1 전환기 한국화단과 왕실의 화가 · 218

2 도화서의 마지막 화가들 · 221

갑오개혁(1894) 이전의 도화서 화가들 221 | 도화서의 폐지와 궁내부의 도화 업무 222 | 대한제국기의 화가들 223 | 전환기의 황실화가들 226 | 1910년 이후의 황실 관련 화가들 228 | 근대의 어진화가들 231

3 외교의 문화사절이 되어 · 236

수신사행의 화원 김용원 238 | 천심죽재 주인 민영익 241 | 주미공사수원 강진희 244 | 자존심 높은 평양화가 양기훈 247

4 화가에서 기술직 전문인으로 · 256

개화의 효시가 된 화원 김용원 257 | 고종을 촬영한 사진사 지운영 259 | 다재다능한 서화가 황철 262 | 영친왕의 사부였던 사진사 김규진 265

5 근대 미술교육의 선구자들 · 269

6 외국인 화가들의 활동 · 276

새비지 랜도어 276 | 휴버트 보스 278 | 사쿠마 테츠엔 279 | 그 밖의 일본화가들 281

제4부 궁중회화에 담긴 길상의 세계 박정혜

1 궁중회화에서 길상의 중요성 · 286

2 천지에 담긴 길상의 도상과 양식 · 289

해와 달 289 | 구름 292 | 물·파도·폭포 296 | 산·바위·괴석 299

3 동물에 담긴 길상의 도상과 양식 · 308

봉황 308 | 거북 312 | 사슴 315 | 학 317 | 공작 321 | 원앙 324 | 개·고양이 328

4 식물에 담긴 길상의 도상과 양식 · 334

모란 334 | 복숭아 338 | 영지 340 | 연화 342 | 소나무 345 | 매화 349 | 대나무 352 | 오동나무 외 353

5 궁중회화에 나타난 길상 표현의 특징 · 358

부록

표—숙종 대 이후 어진 도화 목록 · 362

주 · 365

참고문헌 · 382

도판목록 · 388

찾아보기 · 398

이 글에서는 화원에 대한 조선 사회의 인식을 살펴보고 이들이 소속되었던 도화서의 시기별 운영체제, 선발 시험, 화원이 담당했던 다양한 역할 등을 통해 이들의 삶을 들여다볼 것이다. 이어서 17세기 중인층의 본격적인 등장에 따른 화원 집안의 형성과 대표 인물들, 이들이 남긴 작품을 소개함으로써 조선시대 화원이 신분의 한계를 뛰어넘어 예술적 성취를 이룰 수 있었던 배경과 우리나라 미술사에서 차지하고 있는 이들의 위상에 대해 생각해 보는 계기를 갖고자 한다.

제 1 부

조선시대 화원畵員과 궁중회화

1 화원畵員, 궁중회화를 탄생시키다

양반층이 사회의 중심이고 권력자였던 조선시대에는 그림의 역사 역시 사대부 출신인 문인화가文人畵家들에 의해 주도된 바 없지 않

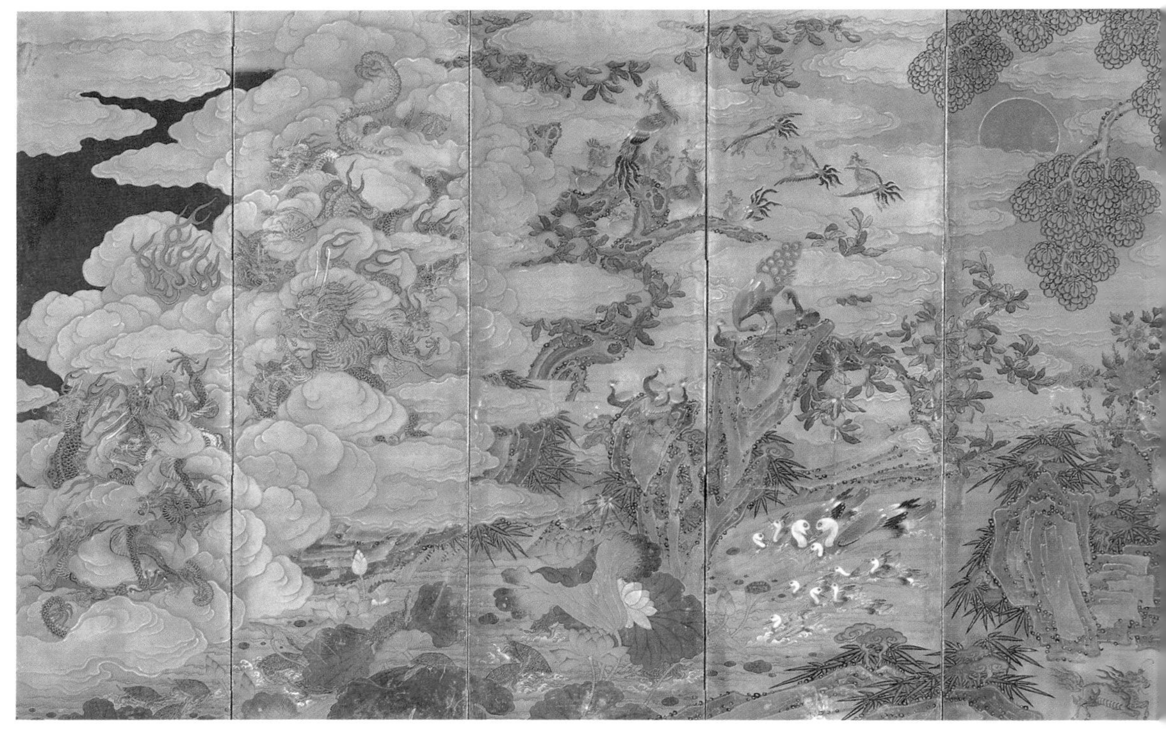

다. 그러나 조선 왕실의 결혼, 상례, 외국 사절단의 접대, 궁궐 영건營建 등 궁중에서 일어난 다사다난한 일상과 이 모든 현장을 시각화하는 데 음으로 양으로 공헌한 숨은 주역들이 있었으니, 그들이 바로 화원畫員이다.

조선시대에 '화원'이라는 말은 반드시 왕실과 관련되어 쓰인 용어는 아니었다. 조선 초기에는 화사畫師(畫史, 畫士), 화공畫工 등 나라에 소속되지 않은 민간 화가들을 일컫는 용어와 함께 쓰였고, 지방의 관청에 소속된 화가 역시 화원으로 불렸으며, 사찰의 불화佛畫 제작에 참여한 화승畫僧을 가리켜 '금어'金魚 이외에 화원이라고 표기하기도 했다.[1] 이처럼 조선시대에 화원은 그림에 소질이 있어 이를 전문으로 하는 사람을 일컫는 일반명사로 쓰였다.

이 책에서 다루는 화원은 궁중의 의례와 제향祭享, 조례朝禮 등과 더불어 그림과 관련된 업무를 담당했던 예조禮曹 산하의 도화서圖畫

도1 **《서수낙원도》瑞獸樂園圖** 작자미상, 10첩 병풍, 19세기, 비단에 채색, 113.0×320.3cm, 리움미술관 소장.

도2 《서수낙원도》 세부

署에 소속되어 그림을 그리며 생계를 유지했던 직업화가이다. 다시 말해 국가로부터 녹봉을 받으며 궁중의 공·사적인 필요에 의해 그림을 그린 '도화서 화원'을 의미한다. 조선 왕실에서는 도화서에 소속된 화가는 '화원', 그렇지 않은 화가는 '화사'畵師로 구분하여 지칭하기도 했으나,[2] 언제나 명확한 잣대로 구분한 것은 아니었다.

도화서 화원들은 왕실의 권위를 상징하는 그림(어진, 오봉병)을 비롯하여 초상화(어진, 공신도상), 궁중이나 관청에서 일상적으로 사용하거나 특별한 행사 때 사용하는 그림(축수용 그림, 행사도, 의궤 반차도 등), 국왕이나 종친 또는 비빈妃嬪의 주문에 의한 그림(어람용 감계화 및 감상화), 궁궐 안팎을 치장하기 위한 그림(각종 길상화, 모란병, 벽화, 건물 단청) 등 글씨나 문장을 쓰지 않고 선을 긋거나 물감을 다루는 일이라면 대부분 담당하였으므로 이들의 손을 통해 탄생된 궁중회화는 실로 무궁무진했을 것으로 생각된다.

현재 전해지고 있는 다양한 주제의 왕실 소용 회화는 수묵水墨 위주의 문인화文人畵에서는 찾아볼 수 없는 강렬한 채색과 섬세한 기교를 바탕으로 제작되었다. 오랜 기간 훈련을 통해 익숙해진 거의 완벽에 가까운 필묵의 운용運用은 궁중회화의 진면목을 보여 주는 요소이자, 이들의 뛰어난 필력이 뒷받침되지 않았다면 불가능한 성과물이다.[도1, 도2] 또한 충청도에서 전복 캐는 모습을 그려오라고 한 영조라든지 모두가 껄껄 웃는 그림을 그려오라고 명한 정조 등 국왕이 원하는 세세한 요구까지 받들어 실행해 옮기는 것도 화원들의 몫이었다.

이렇듯 국가를 위해 봉직한 화원들이 그린 그림을 통틀어 '화원화'畵員畵라고 부르기도 한다. 화려한 채색과 정교한 묘사로 압축되는 화원화는 수묵 위주의 비정형화된 경물 표현과 자유로운 필묵 사용이 특징인 문인화와 쌍벽을 이루며 조선시대 회화를 선도해 나갔다.[도3] 그러나 화원들이 문인화풍의 그림을 전혀 그리지 않은 것은 아니었다. 뒤에서 살펴보겠지만, 양반 사대부들의 회화관繪畵觀

去年以晚學大雲二書寄来今年又以
藕畊文偏寄来此皆非世之常有購之
千万里之遠積有年而得之非一時之
事也且世之滔々惟權利之是趨為之
費心費力如此而不以歸之權利乃歸
之海外蕉萃枯槁之人如世之趨權利
者太史公云以權利合者權利盡而交
踈君亦世之滔々中一人其有超然自
拔於滔々權利之外不以權利視我耶
太史公之言非耶孔子曰歲寒然後知
松柏之後凋松柏是毋四時而不凋者
歲寒以前一松柏也歲寒以後一松柏
也聖人特稱之於歲寒之後今君之於
我由前而無加焉由後而無損焉然由
前之君無可稱由後之君亦可見稱於
聖人也耶聖人之特稱非徒為後凋之
貞操勁節而已亦有所感發於歲寒之
時者也烏乎西京淳厚之世以汲鄭之
賢賓客與之盛衰如下邳榜門迫切之
極矣悲夫阮堂老人書

도3 〈세한도〉歲寒圖 김정희, 1844년, 종이에 수묵, 23.7×1388.95cm, 개인 소장.
김정희金正喜가 제주도 유배 시절에 그린 이 그림은 조선시대 문인화의 대표작으로 꼽힌다. 거친 필선과 기교 없는 묘사로 형상에 구애됨이 없이 자유롭게 일궈낸 담백한 분위기는 작가의 농축된 내면세계와 문기文氣를 중요시한 문인화의 정신을 잘 반영하고 있다. 이러한 특징은 화려한 색채와 사실적인 묘사가 위주인 화원 그림과 정반대되는 회화세계를 보여 준다.

이 지배적이었던 사회 속에서 화원들 역시 당대 주류 화풍이었던 감상성 짙은 문인화풍 그림에 있어서도 특출한 재능을 보이며 많은 작품을 남겼다.

화원은 아무리 뛰어난 솜씨를 지녔다 하더라도 문인화가에 비해 신분이 낮았을 뿐 아니라 관직도 높아 봐야 종6품의 하급 기술직에 그치는 등 사회적으로 그다지 인정을 받지 못한 신분이었다. 대다수의 화원들이 알려지지 않은 채 이름조차 생소한 인물들이 대부분이라는 사실을 감안하면, 오히려 김홍도金弘道(1745~1806 이후)나 신윤복申潤福(1758~1813 이후), 장승업張承業(1843~1897)처럼 오랫동안 회자되어 오늘날 우리에게 친숙해진 몇몇 작가들은 매우 특별한 경우라고 볼 수 있다.

조선시대 화원들에 대해서는 궁중회화에 대한 각종 연구에서 기본적으로 언급되었으며,[3] 도화서의 운영과 화원의 선발 등과 관련된 제도적인 측면,[4] 궁중회화 제작에 있어 이들이 담당한 임무,[5] 북경 연행燕行과 일본 통신사 수행화원으로서의 역할,[6] 화원의 가문과 사회경제적 여건[7] 등에 이르기까지 다양한 관점에서 많은 성과가 있어 왔다. 이 글에서는 이러한 성과를 토대로 화원에 대한 조선

사회의 인식을 먼저 살펴보고 이들이 소속되었던 도화서의 시기별 운영체제, 선발 시험, 화원이 담당했던 다양한 역할 등을 통해 이들의 삶을 들여다볼 것이다. 이어서 17세기 중인층의 본격적인 등장에 따른 화원 집안의 형성과 대표 인물들, 이들이 남긴 작품을 소개함으로써 조선시대 화원이 신분의 한계를 뛰어넘어 예술적 성취를 이룰 수 있었던 배경과 우리나라 미술사에서 차지하고 있는 이들의 위상에 대해 생각해 보는 계기를 갖고자 한다.

2 화원의 신분과 생활 여건

화원의 신분과 사회적 인식

문치文治를 중요시한 유교성리학 국가였던 조선왕조에서 전문적인 기술을 천시하여 천기賤技 또는 잡기雜技라고 하여 열외시한 사실은 잘 알려져 있다. 이는 국초부터 성리학적인 명분론에 입각한 신분정책을 시행해 16세기에 이르러 양반, 중인, 상민常民, 천인賤人의 4계급으로 신분의 계층변화를 촉진시킨 것과 무관하지 않다.

화원을 비롯한 기술관원들은 양반관료체제가 확립되는 15세기 후반경부터 차별대우를 받기 시작했다. 먼저 기술관원의 가장 높은 품계는 정3품(당하관)으로 한정시켰는데, 이는 역관譯官이나 의관醫官 등 상급 기술관에 해당하는 것이고 산관算官, 율관律官, 화원 등은 정4품에서 종6품까지의 참하관參下官이 한품限品이었다.[8] 그러나 이 중에서도 화원은 천인 계층에 포함되는 외류잡직外流雜職의 기술관이었다. 기술직 중에서도 유독 차별을 받았던 화원들의 실상을 유추할 수 있는 대목이다.

그렇다고 화원이 실제로 천인이었던 것은 아니다. 이러한 사실은 1439년 의정부에서 세종에게 아뢰기를 "도화원圖畵院 · 상의원尙衣院 · 사옹방司饔房 · 아악서雅樂署 · 충호위忠扈衛 같은 것은 비록 유품流品

(정1품부터 종9품까지의 품계) 밖이라도 천예賤隸는 아니오니……"라고 말한 내용에서 알 수 있다.[9] 그러나 당시에는 한품서용限品敍用으로 인해 화원이 종6품 이상으로 승급하는 것은 불가능하였고, 대부분 종6품의 별제는 물론이고 그 이하의 직책도 받기 힘들었다.[10] 도화서 화원은 화원 집단 내에서 우위를 차지한 몇몇 대표적인 가문 출신들을 제외하고는 녹봉이나 지위가 보장되지 않은 경우가 대다수였다.

이러한 상황 속에서 일찍이 도화서 화원들은 자신들의 처우를 개선해 줄 것을 상부에 지속적으로 상고하여 1429년(세종 11)에는 취재 때 수석을 한 자는 군직軍職에 서용하거나 화원 생도生徒의 수를 늘려 부족한 일손을 메우고, 장기 근무자에게는 체아직遞兒職(정기적인 녹봉 없이 계절마다 평가하여 녹봉을 받는 직)을 수여하는 방안이 수용되기도 하였다.[11] 1477년(성종 8)부터는 6품의 직을 받은 후 관직에 나갈 수 있도록 규정하여 직제상의 상승은 더욱 제한되었으나, 지속 근무자에 한하여 체아직을 제수하여 녹祿을 받아 생활할 수 있는 기회를 주었다.[12] 이는 궁중에서 글씨 쓰는 업무를 전담하는 사자관寫字官과 비교해 보아도 크게 다르지 않아, 기예를 바탕으로 활동한 잡직雜織인 경우 거의 유사한 대우를 받았던 것으로 보인다.[13]

조선 초기 화원의 대우를 두고 종종 언급되는 두 인물이 최경崔涇과 안귀생安貴生이다. 모두 15세기에 활동한 도화서 화원들로, 선왕의 어진御眞 도사圖寫를 성공적으로 마친 공을 인정받아 성종이 이들을 당상관堂上官으로 승급시키려 하였으나, 신분이 미천하다는 이유로 신료들이 반대하여 무산되었다.[14] 철저한 신분제 사회이자 그림에 소질이 있던 사대부들조차도 자신의 재능을 드러내기 꺼려했던 조선에서, 자신들의 기득권을 놓지 않으려 한 양반들이 신분이 낮은 화공에게 자신들 못지않은 상전賞典을 허용하기란 쉽지 않았음을 말해 준다.

이렇듯 예술가를 바라보는 시각이 그다지 녹록하지 않았던 것이 당시의 현실이었다. 그러나 화원에 대한 낮은 사회적 인식에도 불구하고 조선왕조 기간 동안 화원의 임무는 후기로 갈수로 더욱 다양화되었고, 왕실 행사와 관련하여 매우 주요한 역할을 담당한 장인匠人으로서 뚜렷이 자리매김하였다. 또한 조선 중기 이후로는 중인층으로 신분이 거의 고착되다시피 하여 세습화가 진행되었으며, 화원 집단은 그들만의 세계를 공유하며 양반과 상민 사이에서 철저히 기술직 중인으로 살아가기 시작했다.

18세기 이후에는 중인들이 각 분야에서 두각을 나타내면서 예술가에 대한 인식도 점점 달라지는 변화가 있었다. 무엇보다도 양반 사대부가 화가에 대해 또는 중인 스스로 자신들의 작품세계를 높게 평가하는 현상이 대두되었다.[15] 사회 주류층의 예술에 대한 긍정적인 평가는, 예술이 지닌 가치와 그 주체를 향한 인식의 변화를 동반하였다.

이와 연관되어 나타난 현상 중 하나가 예술가에 대한 짤막한 촌평寸評이나 활동상을 소개한 예술가의 '전'傳이 등장한 것이다. 역대 화가들에 대한 짧은 평評은 윤두서尹斗緖(1668~1715)의 『화기』畵記에서 일찌감치 시도된 바 있으나, 작가보다는 작품에 초점이 더 맞춰져 있는 것이 특징이다. 반면 조선 후기에 편찬된 이규상李圭象(1727~1799)의 『병세재언록』幷世才彦錄,[16] 유재건劉在建(1793~1880)의 『이향견문록』理鄕見聞錄,[17] 조희룡趙熙龍(1797~1859)의 『호산외사』壺山外史[18] 등에서는 작가평이 아닌 신분을 초월하여 범상한 재능을 가진 예술가들의 진솔한 일화를 소개하고 있다. 이들 저술에는 진재해秦再奚(1691~1769)나 변상벽卞相璧(1730~?) 등 특정한 분야에 재능을 보인 화원들도 다수 수록되어 있다.

이러한 현상의 배경으로는 양반과 화원들의 예술적 교류가 증가함에 따라 화가들에 대한 지배계층의 인식에 변화가 있게 되었고, 중인층 화가들의 활동이 활발해짐에 따라 계층 내에서도 자존감自尊感이 높아진 사실을 들 수 있다.[19] 즉 기예를 가진 자로만 낮게 평가되었던 '공장'工匠에서 눈에 보이지 않는 어떤 가치를 만들어 내는 '예술가'로서의 의미를 부여하게 된 의미 있는 변화였다고 할 수 있다.

화원의 생계 기초, 급료

조선시대 화원에게는 원칙적으로 오늘날 다달이 화폐로 받는 개념의 월급이 없었다. 단지 몇 개월 치 급료를 한꺼번에 현물로 받는 녹봉祿俸만 있었을 뿐이다. 조선 초기에는 화원들의 급여를 공해전公廨田(궁전 및 관청의 경비 조달을 위해 지급된 토지)을 통해 조달했으나 1445년 공해전이 혁파되면서 이후부터는 광흥창廣興倉에서 지급되었다. 광흥창은 관료들과 관청 소속 부역인들의 급료를 담당한 관청이었다.

화원들의 녹봉은 처음에는 6월에 한 번씩 주다가 매년 봄, 가을로 나누어 지급하는 것으로 바뀌었고 세종 17년(1435)부터는 사맹삭四孟朔(봄·여름·가을·겨울의 첫 달)마다 3개월로 나누어 지급하는 것이 정식이 되었다. 녹봉의 양은 사계절마다 실시되는 시험 성적에 따라 좌우되었기 때문에 성적에 따라 녹봉의 양도 일정하지 않아 경제적인 처우는 매우 열악할 수밖에 없었다. 또한 실직實職을 받은 화원은 녹봉을 받아 생활할 수 있었지만 그렇지 못한 화원은 점심값만 받거나 일당을 받고 작업에 참여하였다.

시험에 따라 화원의 급료를 정한 것은 도화서제도가 철저히 실력 위주의 인사고과제도로 운영되었음을 말해 준다. 따라서 화원들은 생계를 위해서라도 부단히 실력을 연마해야 했고 화원들 사이에 경쟁도 치열할 수밖에 없었다. 17세기에 숙종이 화원의 지원책을 강구했고 영·정조 연간에 녹봉을 받을 수 있는 도화서 화원을 증원한 것도 이러한 불합리한 화원제도를 개선하기 위한 목적이 컸다.

급료이건 포상이건 화폐가 본격적으로 유통되기 전에는 쌀이나 포布로 받는 것이 일반적이었고, 취재에서 좋은 성적을 거두거나 공로가 있을 때에는 백휴지白休紙, 호초胡椒, 단목丹木 등 특별한 물품을 받기도 했으며, 본인이 원하면 동전銅錢으로 지급되는 경우도 있었다. 호초는 곧 후추를 말하는 것으로 수입 향신료였기 때문에 귀한 물품으로 취급받은 품목이었고 단목은 콩과의 작은 나무로 물감을 만들 때 쓰이는 재료였다. 1894년 갑오경장 이후 근대식 행정체제가 도입된 뒤, 화원들의 급료는 쌀이나 베로 받는 현물제도가 없어지고 다달이 화폐로 받는 은월식銀月式으로 변경되었다. 일제강점기에는 이왕직李王職에서 행한 어진 모사와 같은 중요한 궁중회사宮中繪事에 참여했을지라도 전근대 시기처럼 관직을 주는 등의 사례는 거의 없었고 역시 화폐로 수당과 대금을 받았다. 신분제가 철폐된 시기에 화원(갑오경장 후 도화주사圖畵主事)은 철저히 직업인으로서 대우 받았음을 의미한다. 1936년 선원전璿源殿의 어진을 모사한 내용을 기록한 등록謄錄에 '급여질'給與秩이라는 항목이 신설된 것도 이러한 시대변화를 말해준다.[도4]

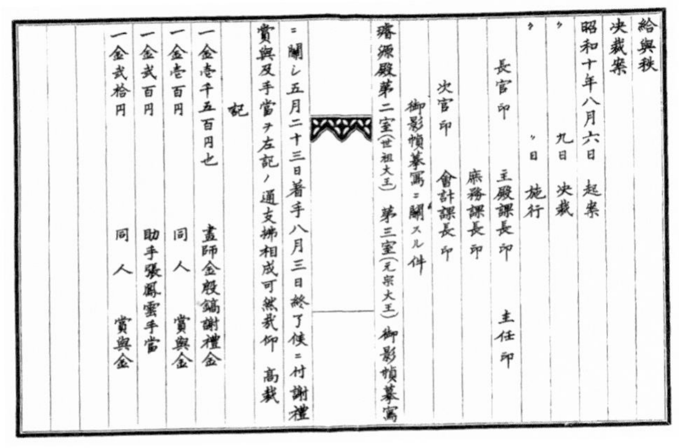
給與秩
決裁案
昭和十年八月六日 起案
〃 九日 決裁
〃 〃日 施行
長官 印 主殿課長 印 主任 印
庶務課長 印
次官 印 會計課長 印
御影幀摹寫ニ關スル件
璿源殿第二室(世祖大王) 第三室(元宗大王) 御影幀摹寫
ニ關シ五月二十三日着手八月三日終了候ニ付謝禮
賞與及手當ヲ左記ノ通支拂相成可然哉仰 高裁
記
一金壹千五百円也 畫師金殷鎬謝禮金
一金壹百円 同人 賞與金
一金弐百円 助手張鳳雲手當
一金弐拾円 同人 賞與金

도4 **「선원전영정모사등록」璿源殿影幀模寫謄錄의 「급여질」給與秩** 이왕직 편, 1936년, 한국학중앙연구원 장서각 소장.

한편, 조선 후기에 화사군관畵師軍官 자격으로 지방 관청에 파견된 화원은 지방에서 그들의 경제를 책임져야 했으므로 중앙의 화원과는 입장이 조금 달랐다. 약 2년에 해당하는 파견 시기 동안에는 고과평가에서 제외되었고 통상 한 달 단위로 급료가 지급되었다. 급료의 사정은 각 감영監營마다 달랐는데, 화폐 또는 현물로 지급하거나 담배, 종이나 먹, 땔감, 옷 등으로 대체하기도 했다.[20] 물론 이 모든 것들은 감영의 경제적 상황과 계절에 따라 차이가 있었지만 비교적 물자가 풍부했던 평안도 감영은 다른 지역 감영에 비해 화사군관들에게 많은 급료를 지급하였다. 뒤에서 설명하겠지만 18세기 초부터 실시된 화원의 지방 파견제도는 국가의 부담을 줄이는 대신 화원들의 경제적 처우를 개선하는 데 크게 일조하였다.

3 화원제도의 운영과 변천

화원畵院은 근대적 국가조직이 자리 잡기 이전, 전제군주체제 있던 동아시아 사회에서 그림을 관장했던 관청을 일컫는 용어이다. 중국에서는 송 휘종황제徽宗皇帝, 명 선덕황제宣德皇帝, 청 건륭황제乾隆皇帝처럼 궁정화원宮庭畵院에 직접 개입하거나 적극 후원하여 훗날 이들의 칭호를 따서 '휘종화원'徽宗畵院, '선덕화원'宣德畵院 등으로 불려지기도 했다. 그러나 조선시대에는 도화圖畵를 드러내지 않는 유교사상 때문에 비록 제도는 유지되었지만 중국과는 사뭇 다른 모습으로 전개되었다.

조선시대에는 도화서圖畵署가 이러한 화원제도의 중추적인 기능을 하였다. 도화서는 왕실의 필요에 의해 그림과 관련된 업무를 전담하던 관청으로, 예조에 소속된 종6품아문從六品衙門의 부서였다. 우리나라 역사상 중앙 관서 중 화업畵業을 관장한 부서를 설치한 전통은 신라시대의 채전彩典에서 기원을 찾아볼 수 있다.[21] 채전은 채칠彩漆에 관한 사무를 맡던 관청으로 진덕여왕 5년인 651년에 설치되어 759년 전채서典彩署로 고쳤다가 다시 채전으로 부서명이 바뀌었다. 최근에는 '황룡사 노송도老松圖'로 잘 알려진 솔거率居(8세기 중엽)가 기존에 알려진 것처럼 승려가 아니라 바로 이 채전에 소속된

화원이었다는 의견이 제기되기도 했다.[22]

신라시대의 채전을 이어 고려시대 역시 그림을 담당한 도화원圖畵院을 설치하여 운영하였다. 이러한 사실은 고려 의종 8년(1154), 서경西京(지금의 평양) 분사分司의 관제官制를 정할 때 평양에 두었던 관서 중 하나인 보조寶曹 소속으로 도화원을 운영한 기록을 통해 알 수 있다.[23] 분사란 고려의 수도인 개경의 중앙 관서 소속이면서 별도로 지방에 인원과 기능을 분리한 관청을 일컫는 것으로, 개경의 관아를 서경에 분리한 것이 서경 분사였다. 따라서 중앙 관서의 일부로 개경에서도 도화원을 운영했을 가능성이 크다고 보는데, 이는 '명종이 궁중에서 이녕李寧, 이광필李光弼, 고유방高惟訪 등 화원들과 더불어 그림을 즐겼다'는 『고려사』의 기록을 통해서도 입증된다.[24]

조선시대 도화서는 이러한 고려의 도화원 제도를 전신前身으로 삼아 설치된 것이었다. 그러나 도화서는 직제와 위상에 있어 많은 변천을 거치면서 운영되었으며, 숙종 연간(1674~1720)을 기점으로 전후관계를 살펴볼 수 있다. 아래에서는 조선시대 유일한 공식 도화기구였던 도화서에 대해 조선 전반기(14세기~17세기 중반)와 후반기(17세기 후반~갑오경장 이전)로 나누어 살펴보도록 하겠다. 후반기의 마지막 시점을 1894년 이전으로 잡은 것은 근대식 개혁이 이루어진 갑오경장 이후 전통적인 도화서 체제가 해체되고 새로운 조직체계로 재편되었기 때문이다. 갑오경장 이후 근대 시기 도화서의 운영과 폐지에 대해서는 이 책의 제3부를 참조하기 바란다.

조선 전반기(14세기~17세기 중반) 도화서의 직제와 제도적 성립

조선은 불교를 이념으로 한 고려를 청산하고 유교성리학을 기반으로 한 새로운 시대를 개국했음에도 불구하고, 급속하게 국가체제를 바꾸는 대신 고려의 제도를 참고하여 점진적으로 제도를 정비해 나아갔다. 이러한 입장은 도화圖畵를 담당한 관청의 운영에도 그대로 반영되었다. 조선 개국 후 성종 연간 이전까지는 조선 왕실에서도 고려의 제도를 이어 도화원이라는 용어를 그대로 사용한 것이 그것이다. 또한 직제에 있어서도 고려의 유습을 계승하여 좌우승상이 도제조都提調를 맡고 왕명을 출납하는 지신사知申事가 부제조를 맡아 국왕 중심으로 운영되는 체제였다. 이 당시 도화원이 인수부仁壽府(중궁中宮과 관련된 업무를 처리하던 부서), 인순부仁順府(세자와 관련된 업무를 처리하던 부서), 승문원承文院(왕명의 출납 담당) 등과 더불어 왕실과 밀착된 관청 중 하나로 기능했다는 점은 조선 초기 도화원의 성격을 이해하는 데 매우 중요하다.[25]

도화원이 어느 시기에 설치되었는지는 명확하지 않지만 조선 건국 후부터 그림을 그리는 관청이 설치되었던 것으로 보인다. 도화원에 관한 최초의 기록은 1400년(정종 2) 4월 6일자 실록 기사에 문하부門下府에서 불필요한 관직을 정리하기를 요청하는 상소 중 도화원이 정직正直이 아닌 녹관祿官으로 지목된 관서 중 하나로 언급된 사례에서 찾아볼 수 있다.[26] 따라서 1400년 이전에는 도화원이 중앙 소속 부서로 설치되어 이미 운영되고 있었음을 알 수 있다.

실제로 조선 개국과 더불어 도화원 소속 화원들은 국가의 선창을 위한 여러 사업에 동원되어 화업을 담당한 것으로 확인된다. 1392년에는 46명의 개국공신도開國功臣圖를 제작하여 경복궁 장생전長生殿에 봉안하였다. 장생전(후에 사훈각思勳閣으로 개칭)은 공신들의 초상을 보관한 당나라 능연각凌煙閣제도를 참고하여 태조~태종 연간(1391~1450)까지 운영했던 전각으로, 아마도 이곳에 두었던 공신상의 도상圖像은 중국의 능연각 공신도와 연관이 있었을 것으로 생각된다.도5 이밖에 1398년에는 태조와 태조의 계비 신덕왕후神德王后·신의왕후神懿王后의 초상화를 그렸으며, 또한 팔각전八角殿의 수리, 삼군부三軍府에서 진도陳

도5 〈능연각공신도〉凌煙閣功臣圖 부분 진홍수, 화첩, 명, 비단에 채색, 30.0×30.0cm, 일본 개인 소장.

圖를 간행한 것, 화공에게 부처를 그리게 하여 경복궁에 안치한 사례 등은 그림에 전문적인 솜씨가 있는 화원 집단 없이는 불가능한 일로, 이미 이 시기부터 궁중에서 활동한 화원들이 있었음을 알려준다.[27]

그러나 태조 연간의 도화원은 구체적으로 어느 중앙 관서의 하위 조직이었는지 명확하게 드러나지 않는다. 다만 태종 연간인 1405년 경에는 예조 소속의 관청으로 명시화되었고[28] 이는 근대식 개혁이 이루어진 갑오경장 이전까지 조선왕조를 통괄하면서 변하지 않았다.

태종 연간을 기점으로 도화원은 앞서 국왕 중심의 기구에서 벗어나 예조의 하위 관서로서 문신들에 의해 운영되기 시작하면서 성격이 크게 변화되었다. 태조 재위 시 건국에 필요한 많은 활동을 벌였음에도 도화원은 예조에 편입된 종6품의 기술직 관아로 축소되었고, 1464년~1471년 사이에 '원'院에서 '서'署로 강등되었으며,[29] 도화원의 경관직京官職도 5품직인 별좌別坐에서 종6품의 별제別提로 격하되었다. 도화원이 도화서로 재편된 내용은 1485년에 반포된 『경국대전』經國大典에 고스란히 담겨 있다.[표1]

조선왕조 화원제도의 운영이라는 관점에서 보면 『경국대전』은 도화서의 운영을 국왕의 직접적인 관할에서 분리시켜 예조의 문신 관료가 직접 전담하고, 실제 도화 업무를 담당한 화원들은 기술직으로 천시하여 '잡직'雜織으로 엄격히 제한시켜 신분상으로 철저하게 구분된 조직체계를 담고 있다는 점이 특징이다.[30] 도화를 관장하던 도화서를 의례의 핵심을 다루던 예조에 편성한 것은 도화의 기능을 기교의 관점이 아닌 의례 절차를 보좌하는 방편으로 인식한 데에 따른 결과가 아닌가 생각된다.

도화서의 운영은 제조提調와 별제別提가 전담하였다. 도화서의 책임자인 제조는 예조판서가 겸직하는 것이 상례였으나 간혹 공조판서가 예외적으로 직을 수행하기도 했다.[31] 제조는 도화서 운영을 책임지고 화원들의 근무 성적을 평가했으며, 화원과 생도를 가르치고 때때로 능력을 시험하거나 추천을 하는 등 도화서 업무에 전반

권卷	일		삼	오	육
전典	이吏		예禮	형形	공工
조條	경관직 京官職	잡직雜織	생도生徒	제사차비노諸司差備奴 및 근수노정액* 跟隨奴定額	공장工匠
직함 및 인원	종6품 아문 종6품 별제 2명	화원 20명 · 동반체아同班遞兒** 5명 (시사화원時仕畫員) 종6품 선화善畵 1명 종7품 선회善繪 1명 종8품 화사畵史 1명 종9품 회사繪史 2명 · 서반체아西班遞兒** 3명 (잉사화원仍仕畵員) 종6품 1명 종7품 1명 종8품 1명 · 직함이 없는 화원 12명	화학생도 畵學生徒 15명	차비노 5명 근수노 2명	배첩장 褙貼匠 2명
인원수 (총46명)	2	20	15	7	2

〈표1〉 『경국대전』의 도화서 직제

적으로 관여하였다. 반면 별제는 종6품 경관직으로 2명이 배치되었다. 별제는 『경국대전』이 완성되기 전 3품의 제거提擧와 5품의 별좌別坐에 해당하는 직책이었다. 이들은 그림과 관련된 제조의 전문성을 보완하고 화원에게 그림을 가르치며 관리·감독하는 등 도화서의 실무를 담당하였기 때문에 최경崔涇(15세기)처럼 화원이 직접 별제를 맡은 경우도 있었다. 또한 시험보다는 주변의 추천에 의해 직을 수행한 경우가 많았다. 그러나 문관들이 화원 집단 내에서 같은 부류인 화원을 별제로 추천하는 것이 불공평하다고 계속 문제 삼으며 제도를 시정해 줄 것을 요청하였다.[32] 이후 『경국대전』에서는 이러한 요청이 받아들여져 별제를 동반직同班職으로 규정하고 문관, 즉 '회화를 잘 이해하는 사인士人'을 택하여 통솔을 맡겼던 것이다.

도화 업무를 담당했던 화원의 정원 역시 국초에 도화원의 정원이 40명이었던 것에 비해 20명으로 축소되었다. 물론 도화원 시절에는 '시파치'(時波赤)라고 불리던 2품 이상 고위 관료의 자제들을

* 근수노정액_ 조선시대 서울의 각 관아에 할당되어 시중들던 남자 종으로 정해진 인원수를 말한다.

** 동반·서반체아직_ 체아직遞兒職이란 정해진 녹봉이 없이 계절마다 근무 성적을 평가하여 녹봉을 지급하는 관직을 말한다. 조선시대 관리들의 계급은 크게 동반東班과 서반西班으로 구분되었는데, 동반은 문반文班을 가리키고 서반西班은 무반武班을 말한다. 이는 궁중에서 조회朝會를 할 때 문관文官은 동쪽에, 무관武官은 서쪽에 섰던 데서 유래한 것이다. 따라서 체아직도 동반과 서반으로 구분하였다. 동반체아에는 기술관과 환관이 임명되었고, 서반체아직은 군병軍兵에게 주어졌는데, 후기에는 예비 관직으로 성격이 변화되었다.

두어 실제 업무는 수행하지 않고 부역과 군역을 면제해 주는 관례가 있었기 때문에 정원 40명 중 실제로 근무를 한 인원은 화원을 제외하고 얼마 되지 않았던 것으로 보인다.[33]

도화서 정원이 40명에서 20명으로 줄어들면서 20명의 화원은 잡직雜織으로 철저히 제한되었고 법제상 종6품 이상으로 올라갈 수 없는 처지에 놓였다. 동반체아직에는 현직 화원에 해당하는 시사화원으로 종9품 회사繪史만 2명을 배정하고 선화善畵, 선회善繪, 화사畵史의 직함별로 종6품부터 종8품에 이르기까지 각 1명씩, 총 5명을 두었다. 회사·선화·선회·화사는 도화서 잡직 화원들을 구분하여 이르는 직함으로, 각각의 역할에 대해서는 구체적으로 명시되어 있지 않지만 품계에 따라 주어진 역할이 달랐을 것으로 추정된다. 또한 서반체아직으로 종6품 1명, 종7품 1명, 종8품 1명씩 총 3명을 배정하였고 직함이 없는 화원 12명을 포함하여 총 20명이 근무하도록 하였다. 따라서 현직 화원들이 받을 수 있는 실직은 겨우 다섯 자리에 불과했으며, 이는 화원들 간의 치열한 경쟁과 도화 업무의 원활한 운영에 어려움을 초래하였다. 또한 종6품 이상 올라갈 수 없는 규정 때문에 이른 나이에 도화서를 떠나야 하는 사례도 속출하였다.

『경국대전』에 기록된 '잉사화원'仍仕畵員은 바로 도화서의 부족한 인원을 채우기 위해 세종 연간부터 마련된 제도이다. 잉사화원은 도화서를 퇴직한 후에도 계속 종사하는 화원을 일컫는 것으로,[34] 종6품에서 종8품까지 각각 1명씩 총 3명을 배치하도록 하였다. 그러나 명종 연간에 이르러서는 잉사화원이 실직實職 화원인 시사화원보다 3배수가 넘어 관직 부족이 발생하는 데까지 이르렀다.[35] 더욱이 오랜 기간 동안 화업에 종사하여 숙련자가 된 잉사화원들은 '눈감고 알 정도로 업무에 숙련된 자'(諳鍊本業者)라며 스스로를 치켜세운 반면, 도화서에 입문한 지 얼마 안 된 시사화원을 두고 '새로 들어와 재주가 떨어지는 자'(新入才劣者)라며 낮춰 보는 등 화원들 간의 알력도 심해진 상태여서 서로 구분해서 등급을 매겨 봉급을 주자는 의견이 있었으나 제대로 실행되지는 못하였다.

화원이 정상적인 도화 업무를 수행하려면 10년 이상의 수련 기간이 필요했기 때문에 어릴 때부터 재능이 있는 자를 뽑아 후학을 양성하는 것 또한 해결해야 할 문제였다. 이를 타개하고자 신설된 것이 '화학생도'畵學生徒 제도이다. 『경국대전』에는 화학생도의 정원을 15명으로 규정하였다. 화학생도는 세종 연간부터 사역원司譯院이나 전의감典醫監 같은 특정한 기술을 필요로 하는 부서에서 15세 미만의 어린아이를 뽑아 생도로 양성한 제도에 착안한 것으로, 도화원 시절에는 별도로 '재랑'齋郞이라 하여 양인 출신의 어린 소년들을 도화원에 소속시켜 임시로 업무를 배우도록 하고 도화에 참여시킨 것이 화학생도로 발전한 것이다.[36] 특히 사역원 소속 생도에 대해서는 임기가 차서 관청을 떠나기까지 군역이 면제되었고, 동거가족의 부역을 감해 주었으며, 가족이 없으면 의복을 지급하는 등 여러 가지 혜택이 주어졌는데,[37] 도화서 소속 생도들 역시 이와 유사한 배려를 받았을 것으로 추정된다. 이러한 화학생도 제도는 도화서 내에서 스승과 제자의 관계가 자연스럽게 형성되는 기반이 되었다.

이밖에 도화서에는 근수노跟隨奴 2명, 차비노差備奴 5명, 배첩장褙貼匠 2명을 각각 배치하여 업무를 보좌하도록 하였다. 근수노는 관원을 옆에서 돕는 노비이며, 차비노는 관청의 잡역에 동원되는 노비이다. 배첩장은 요즈음 표구사와 유사한 일을 하는 장인으로 도화서에서 그린 그림의 장황粧績을 담당하였다. 이러한 조선 전반기의 화원제도는 시기에 따라 조금씩 변화되며 직제를 갖추어 나갔다. 연산군 재위 시절(1494~1506)에는 궁중에 그림을 담당하는 '내화청'內畵廳이라는 비공식적인 기구를 두어 왕명에 따라 그림을 그려 진상하였고 제조가 이곳에 소속된 화원들의 고가를 평가하도록 하였으나,[38] 계속 유지되지 못하고 중종반정(1506) 후 혁파되었다.

한편, 도화서 건물은 궁궐 내에 있지 않고 궐 밖에 설치되어 있었다. 따라서 화원들은 평상시에는 도화서로 출퇴근하고 왕실의 부름이 있거나 유사시에 궁을 방문하였으며, 이들의 출퇴근과 업무 태도는 제조와 별제가 통솔하였다. 국초부터 17세기 중반까지 도화서의 관청은 오늘날 종로구 견지동과 공평동 부근에 해당하는 한양 중부中部의 견평방堅平坊에 자리하고 있었고, 800여 칸에 달하는 큰 규모였다.[39] 그러나 17세기 숙종에 의해 도화서를 이관하게 되면서 새로운 계기를 맞게 되었다.

조선 후반기(17세기 후반~갑오경장 이전)의 도화서 운영

도화서의 이전移轉과 도화 업무의 부흥

비록 현존하는 작품은 남아 있지 않지만 14세기 도화원 시절부터 화원들은 왕실에서 요구한 다양한 임무를 완수하며 궁중회화 제작에 참여하였다. 그러나 임진왜란과 병자호란으로 인해 국가의 운영이 위태로워지면서 각 관청의 운영이 수월하지 않았을 뿐 아니라, 국왕의 초상화인 어진御眞 제작이 선조 연간(1567~1608)부터 현종 연간(1659~1674)까지 근 100여 년간 중단되다시피 하였다. 또한 매년 정월 왕실에 바치던 세화歲畵 역시 현종 연간에 폐지되는 등[40] 도화서에서 담당하던 업무가 대폭 줄어든 상황이었다. 더욱이 불안정한 국정으로 인해 화원들이 제대로 양성되지 않아 너무 연로하거나 업무가 익숙하지 않은 신규 화원들이 혼재되어 도화 업무가 비효율적으로 운영되고 있었다.

이렇듯 좋지 않은 상황 속에서 1676년 숙종은 자신의 둘도 없는 누이였던 명안공주明安公主(1664~1687)의 혼인을 계기로 궁방전宮房田을 마련하라는 명목으로 도화서 터를 떼어주기에 이른다.[41] 이로 인해 도화서는 청사 이전이 불가피한 처지에 놓이게 되었다. 숙종의 처사는 새로 이전할 도화서 터를 마련하지 못하고 이루어진 것이었기 때문에 도화서 관원들에게는 당장 임시로 거처해야 할 관사를 마련하는 것이 무엇보다도 시급한 문제였다. 그러나 다른 관청들의 사정이 여의치 않아 도화서는 근 10여 년이 넘도록 의정부 남쪽의

도6 〈수선전도〉(좌) 1840년대, 목판본, 96.5×69.4cm, 서울역사박물관 소장.

도6-1 **〈수선전도〉에 보이는 17세기 전후 도화서의 위치**
이전하기 전 도화서의 위치(견평방, 위쪽◯)와 이전 후의 도화서(태평방, 아래쪽◯).

예빈시禮賓寺, 통례원通禮院의 옛터, 충익부忠翊府와 태평관太平館의 일부를 빌려 쓰거나 역적逆賊들로부터 몰수한 가옥을 빌려 쓰는 등 그야말로 이곳저곳을 전전하는 생활을 할 수밖에 없었다.[42]

그러던 중 18세기 초 숙종 재위 후반기가 되어 전란으로 피폐했던 여러 경제 사회적인 여건이 상당수 복구됨에 따라, 도화서 화원들 역시 지금의 을지로 입구 수하동水河洞 부근의 남부 태평방太平坊에 고정적인 청사를 마련하여 안정적으로 화업에 임할 수 있게 되었다.[43] 이곳은 20세기 초 도화서가 완전히 폐지되기 전까지 약 200년 동안 유지되며 조선 후반기 궁중회화의 산실産室이 되었다.[도6, 6-1]

도7 《사현파진백만대병도》 작자미상, 1715년, 8첩 병풍, 비단에 채색, 170.0×418.6cm, 국립중앙박물관 소장.

도화서는 청사가 마련된 시기를 기점으로 도화 업무 역시 활성화된 것으로 보이는데, 이는 음으로 양으로 서화를 권장했던 숙종의 후원이 뒷받침되었기 때문에 가능한 일이었다. 주지하다시피 숙종은 서화에 조예가 깊어 송설체松雪體(원나라 조맹부趙孟頫의 서풍)를 매우 잘 쓰기로 명성이 있었을 뿐 아니라, 신하들의 반대에도 불구하고 오랫동안 시행되지 않았던 어진의 모사와 제작을 단행하였다.[44] 또한 현종 때 폐지되었던 길상용 그림인 세화를 다시 그리게 했으며, 《사현파진백만대병도》謝玄破秦百萬大兵圖처럼 역대 인물들의 고사故事를 그림으로 그리도록 하여 친히 감상하는 등 화원들에게 궁중 회사에 참여할 수 있는 기회를 넓혀 주었다.[도7] 또한 법제화되지는 않았지만 어진을 그린 화원에게 동반직을 제수해 주거나 당상堂上의 품계를 주었고 녹봉을 받는 체아직遞兒職을 증설하여 곤궁한 도화서 화원들의 처우를 개선해 주었다. 숙종의 이러한 조치로 말미암아 이 시기 동안 박동보朴東普·이명욱李明郁·진재해秦再奚·장자욱張子旭 등 실력이 쟁쟁한 화원들이 부각되었고, 이들의 지위가 후손에게까지 대를 이어 세습되면서 조선 후기 대표적인 화원 가문을 형성하는 데 밑거름이 되었다.

숙종 연간 늘어난 도화 업무는 그의 문화정책을 계승한 영조와 정조의 등극을 거치면서 더욱 증가되었다. 영조는 10년에 한 번씩 어진을 그리는 전통을 성립시켜 어진 제작을 화원의 공식적인 업무로 고정시켰고, 그밖에 궁중 안팎으로 시행된 각종 공사와 행사, 서적 출판 등이 증가하여 화원들의 역할은 날로 커져만 갔다. 결국 영·정조 연간을 거치며 증가된 업무를 감당하기에 부족하다고 판단하여 도화서 화원과 생도를 각각 30명씩 증원하였으며, 별제가 1명 줄고 종6품의 겸교수직兼教授職 1명과 전자관篆字官 2명을 신설하였다.[45] 또한 찰방察訪, 별제別提, 주부注簿, 현감縣監 등 외관직을 제수해서 실직實職을 기반으로 하여 경제적 여건을 개선하도록 하였다.

이상 살펴본 바와 같이 도화서의 직제는 화원들의 처우 개선과 운영상 문제점을 해결하기 위해 세부적인 변화를 거치며 유지되었다. 도화서의 직제와 정원은 『속대전』續大典(1746), 『대전통편』大典通編(1785), 『대전회통』大典會通(1865), 『육전조례』六典條例(1867) 등 법전이 후속으로 편찬될 때마다 개편되는 과정을 거쳤다. 그러나 1485년 반포된 『경국대전』의 골격에서 크게 벗어나지 않은 채 예조의 문관들에 의해 운영된 것은 시기를 막론하고 공통된 현상이었다.

규장각 차비대령화원 직제의 신설과 운영

도화서가 문신 관료들을 중심으로 운영되었다면, 1783년 정조는 국왕 중심의 친위적親衛的 화원제도인 '차비대령화원'差備待令畵員 직제를 만들어 공식적으로 운영하기 시작하였다.[46] 차비대령화원은 '임시로 차출하여 임금의 명령을 대기하는 화원'을 뜻하며 도화서 화원 중 별도의 시험을 통과하여 규장각奎章閣 소속으로 활동한 당대 최고수 화원들을 일컫는다.[도8] 영조 연간에 '원차비대령화원'元差備待令畵員 제도로 임시로 운영되어 오다가 1783년 규장각 소속 잡직雜職으로 공식 직제화 하였고 1881년(고종 18)까지 약 100년 동안 운영되었다.[47] 따라서 18세기 이후 조선 왕실에서는 궐 밖에 있는

도8 〈규장각도〉奎章閣圖 전 김홍도, 1776년, 비단에 채색, 144.4×115cm, 국립중앙박물관 소장.

도화서와 궐 안에 있는 규장각 차비대령화원이라는 이원적인 화원書院체계를 유지했다고 볼 수 있다. 물론 글씨를 전문으로 쓴 승문원承文院 소속 사자관寫字官들을 따로 뽑은 '차비대령사자관' 제도도 함께 운영하였다.

정조가 차비대령화원 직제를 신설한 것은 표면적으로 어제御製(국왕의 글)를 등서謄書할 때 인찰印札(선 긋기) 작업을 하거나 왕명에 의해 이뤄지는 어서御書의 편찬 작업을 전담시키기 위한 목적이었다.[도9] 이들은 항상 예조를 통해 사무를 보았던 도화서 화원과 달리 국왕에게 글을 올려 허락을 받아 국왕이 직접 임명과 해임을 결정함으로써 국왕-화원 사이에 직접적인 관계가 가능한 위치에 있었다.

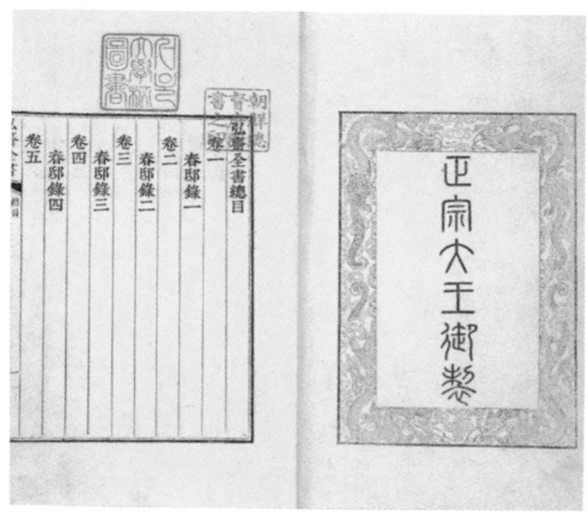

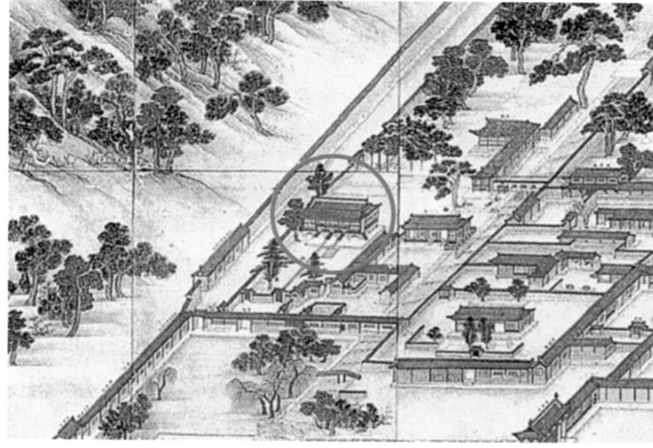

또한 궐내 각사各司가 모여 있던 창덕궁 이문원摛文院의 직방直房에 근무했기 때문에 명실상부한 '궁중화원'으로서 역할을 하였다.도10

규장각 차비대령으로 선발된 화원은 업무와 녹봉, 상전賞典에 있어서도 특별한 대우를 받았다. 왕실의 의례적인 일은 도화서 화원이 담당한 대신, 긴요하거나 신중함이 필요한 업무는 반드시 차비대령화원에게 주어졌다.[48] 여기서 긴요하거나 신중함이 요구된 일이란 왕명에 의한 규장각 서책의 도설圖說이나 각종 행사도, 국왕의 초상화를 그리는 일 등을 의미한다. 이 중 『원행을묘정리의궤』園幸

도9 **『홍재전서』弘齋全書(좌)** 1814년, 금속활자(정리자), 35.0×22.5cm, 서울대학교 규장각 소장.

인찰印札은 서책에 가로 세로 평행선을 긋는 일을 말한다. 서책을 들이라는 하교가 내려지면, 화원이 인찰하고 사자관이 2건을 잘 써서 왕에게 진상하였다. 정조의 문집 『홍재전서』는 화원들이 인찰한 대표적인 왕실 도서이다.

도10 **〈동궐도〉東闕圖에 그려진 이문원의 모습** 1830년대

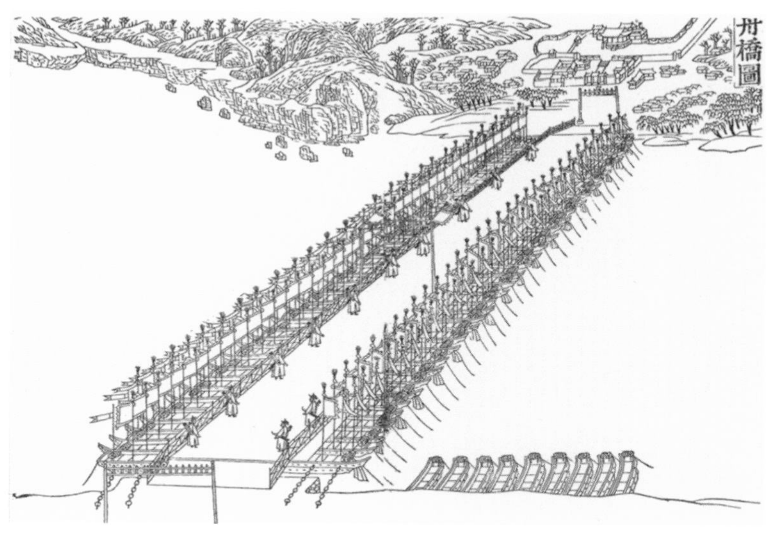

도11 **『원행을묘정리의궤』 중 「주교도」舟橋圖** 판화, 1795년.

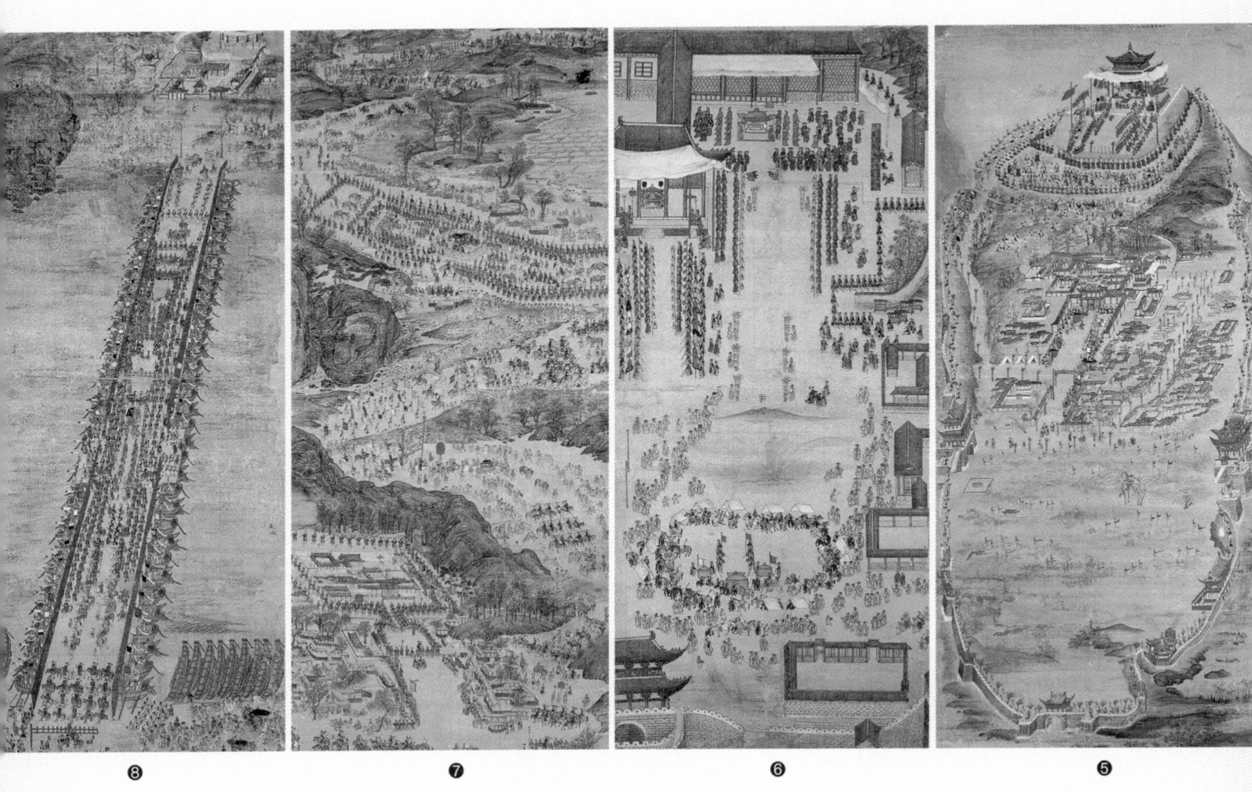

도12 **《화성능행도병》華城陵幸圖屛** 김득신 외, 1795년경, 비단에 채색, 151,5×66.4cm, 국립중앙박물관 소장.
오른쪽부터 ❶〈화성성묘전배도〉, ❷〈낙남헌방방도〉, ❸〈봉수당진찬도〉, ❹〈낙남헌양로연도〉, ❺〈서장대야조도〉, ❻〈득중정어사도〉,
❼〈환어행렬도〉, ❽〈한강주교환어도〉

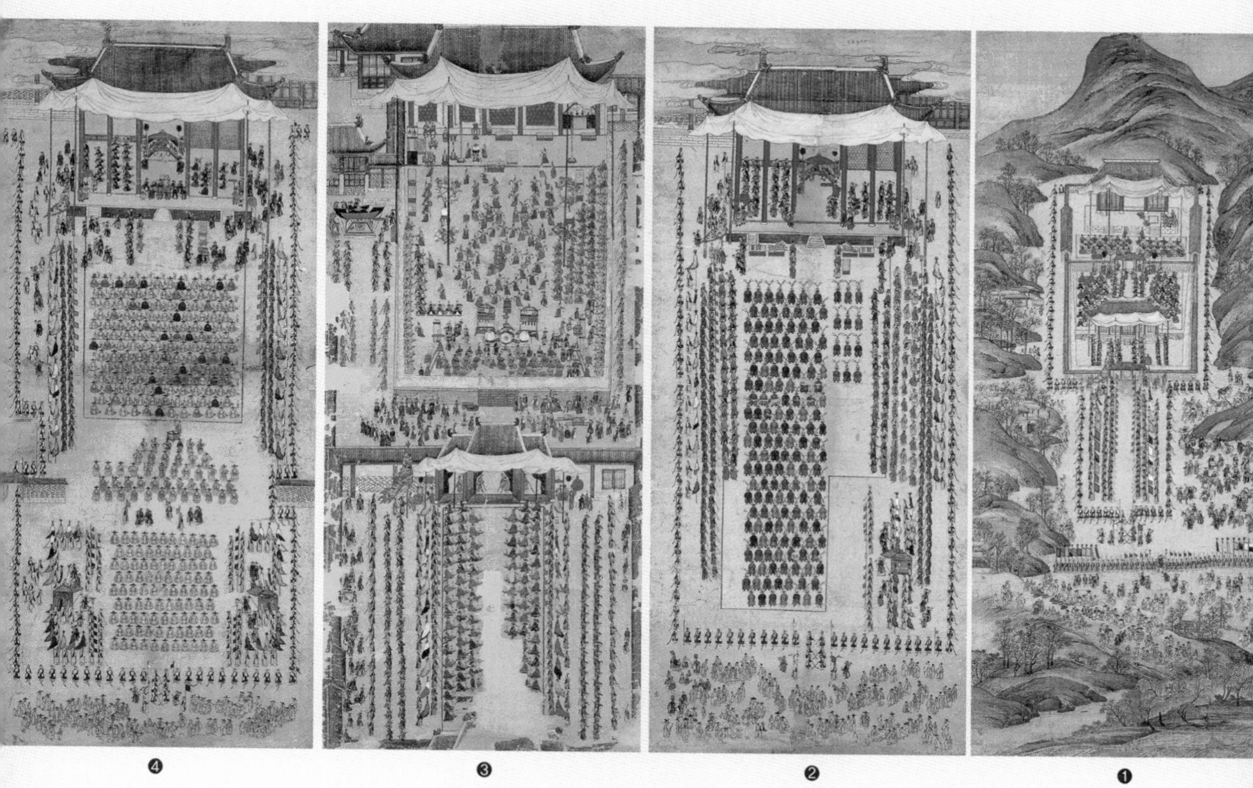
❹
❸
❷
❶

도12-1 《화성능행도병》 중 〈득중정어사도〉의 세부

乙卯整理儀軌와 《화성능행도병》華城陵幸圖屛은 정조를 중심으로 활동을 펼친 차비대령화원들의 대표적인 성과물이다.도11, 12 전자와 후자 모두 1795년 정조가 회갑을 맞이한 어머니 혜경궁惠慶宮 홍씨洪氏와 함께 화성행궁과 현륭원顯隆園(사도세자의 묘소)에 행차한 과정을 소상히 기록하거나 여덟 장면으로 압축하여 그린 것이다.[49] 정조가 총애한 김홍도의 주관으로 의궤의 도설 작업이 이루어졌고 최득현崔得賢, 김득신金得臣(1754~1822) 이명규李命奎, 장한종張漢宗(1768~1815), 윤석근尹碩根, 허식許寔(1762~?), 이인문李寅文(1745~1842) 등 7명이 《화성능행도병》을 완성하였다. 이런 이유 때문인지 의궤에 수록된 도설과 8첩 도병圖屛에 그려진 대상과 구도, 표현 기법이 상당히 유사하며 특히 도병은 웅장한 구도와 화려하고 산뜻한 색채로 국왕과 문무백관, 호위병, 지역 민생들이 하나로 어우러져 마치 태평성대를 보여주는 듯한 시각적 효과를 준다.도12-1, 12-2 이처럼 정조가 운영한 규장각 차비대령화원 제도는 왕권과 왕실의 위엄을 효과적으로 부각시키기 위한 의도가 내재되어 있었던 것이며, 이는 결과적으로 차비대령화원 출신이었던 김홍도, 이인문, 김득신, 김응환金應煥(1742~1789), 이명기李命基(1756~1802 이후), 장한종 등이 대표적인 궁중화원으로 성장하며 조선 후기 회화계를 주도해 나가는 중요한 밑거름이 되었다.

도12-2 《화성능행도병》 중 〈환어행렬도〉의 세부

차비대령화원 제도는 18세기 화단을 주도하며 활발하게 운영되었음에도 불구하고, 19세기에 정원이 26명으로 늘어난 것을 제외하고 철종~고종 연간을 거치면서 규장각 기능의 축소와 맞물려 형식적인 제도로 전락하게 되었다. 시대적인 관점에서 보면 이러한 경향은 정치와 외교에 있어 대내외적으로 불안했던 왕실의 권위와 무관하지 않은 결과였다.

지금까지 언급한 바와 같이 조선 왕실의 핵심적인 그림 담당 부서였던 도화서는 국초 도화원에서 출발하여 18세기 이후 차비대령화원이라는 새로운 제도에 이르기까지 운영상 시기별 변천을 보이며 수많은 화원들을 배출하였다. 영·정조 연간을 거치며 화원들이 대내외적인 많은 행사에 참여하면서 활약상도 극대화됨에 따라 직제도 증설되었다. 그러나 갑오경장에 따른 근대식 관제官制 개편으로 기존의 예조 소속에서 규장원奎章院 소속으로 변경되었으며, 조선총독부에 의한 도화 기구의 축소에 따라 1910년에는 결국 폐지되었고, 이후 도화서의 실질적인 역할은 찾아볼 수 없게 되었다. 이로써 국초 태조 연간부터 약 500년 동안 궁중의 모든 도화 업무를 중추적으로 담당해 왔던 도화서의 존재는 나라의 운명과 더불어 역사의 뒤안길로 사라지게 되었다.

4 화원의 시험과 선발

화원의 시험

조선시대에 관료가 되기를 원하는 자가 대표 시험인 생원진사시, 문과, 무과 등 과거 시험에 응시하여 진출했듯, 도화서 화원이 되고자 하는 사람 역시 일정한 선발 과정을 거쳐야 했다. 가장 공식적인 방법은 일종의 국가 공채 시험인 취재取才(또는 녹취재祿取才)에 응시하여 통과하는 것이었다.[50] 도화서 취재 시험은 중인 출신이 지원하는 시험인 잡과雜科에 속해 있지 않고 별도로 운영되었으며, 이는 기타 시험에 비해 경중이 낮았을 뿐 아니라 도화圖畵 분야를 경시한 사회풍조가 작용했기 때문인 것으로 생각된다.

세종 11년(1429)과 15년(1433년) 『세종실록』 기사에는 도화원 화원의 정원 수와 화원 취재取才 규정이 실려 있다.[51] 이 기록에 의하면 화원의 수는 40명이고 도화원에 들어온 지 1년이 지난 자를 대상으로 시험을 쳐서 그들에게 품계에 따른 직職을 주도록 되어 있다. 또한 『경국대전』의 「예전」禮典 조에 실린 도화서 취재를 살펴보면, 화원이 되고자 하는 자는 매년 사계절의 마지막 달인 3월, 6월, 9월, 12월에 시험에 응시할 수 있게 되어 있다. 시험 과목은 대나무(竹), 산수山水, 인물人物, 영모翎毛, 화초花草 중에서 두 가지에 대

도13 **《행려풍속도병》** 김득신, 18세기, 종이에 담채, 94.7×35.4cm, 리움미술관 소장.

해 시험을 보되, 대나무를 1등으로 하고, 산수를 2등, 인물과 영모를 3등, 화초를 4등으로 하였으며, 화초에서 '통'通 성적을 받으면 2푼(分)을 주고 '약'略을 받으면 1푼을 주되, 인물과 영모 이상은 차례로 등수를 올려서 각각 그 성적에 따른 푼수(分數)를 일 푼씩 더해 주었다.[52] 화원이 담당한 업무 중에는 정교한 솜씨를 바탕으로 사물을 정확하게 그려내야 하는 작업이 많았음에도 불구하고 문인화의 일종인 사군자 그림을 가장 우위에 두었다는 사실은 도화서를 운영하는 데 있어 문관들의 취향이 얼마나 많이 반영되었는가를 상징적으로 말해 준다.

한편, 조선 후기부터 시행된 차비대령화원의 녹취재는 도화서 시험과 다른 측면이 많았다. 먼저 차비대령화원 녹취재에 응시한 화원들은 일단 도화서 시험을 통과한 후였기 때문에 기본 실력이 바탕에 깔려 있는 인물들이었다. 또한 평가와 채점에 있어 예조 관료들이 관장했던 도화서 취재와 달리 국왕과 측근의 각료들이 직접 출제하고 채점하는 방식이었다. 시험 과목도 도화서의 5가지 화목畵目을 기본으로 하여 산수·인물·영모·매죽梅竹·초충草蟲·속화俗畵·문방文房·누각樓閣에 이르는 총 8가지 화목으로 확대 개편하였다. 여기서 속화는 풍속화를 말하고 문방은 주로 책거리 그림을 말하는 것으로, 이 그림들이 조선 후기에 본격적으로 그려진 분위기가 반영된 것으로 보인다.[도13, 14] 누각은 의궤 도설이나 궁궐도, 행사도에 등장하는 많은 건축물을 그려야 하는 당시 화원들에게 필수적으로 요구되는 주제였다.[53 도15, 16]

차비대령화원 녹취재는 시행 초기에는 10명 정도를 선발하였으나 19세기에는 26명으로 증원되었다. 이는 영조 연간 차비대령화원을 시험적으로 운영했던 시기에 정원이 5명이었던 데 반해 2~2.5배가 늘어난 것이다. 답안지는 과거제에서 시행한 구등법九等法을 따라 이상二上·이중二中·이하二下, 삼상三上·삼중三中·삼하三下, 차상次上·차중次中·차하次下로 구분하여 채점하였다. 시험에 응시

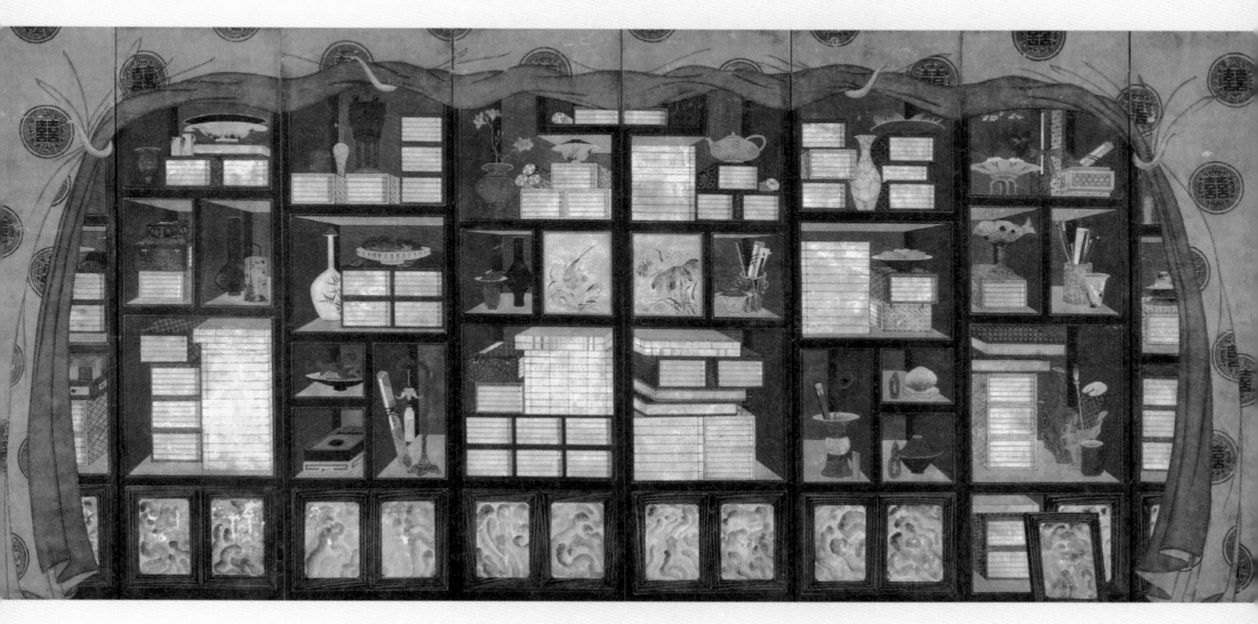

도14 **〈책가문방도〉** 전 장한종, 8첩 병풍, 19세기 전반, 종이에 채색, 195.0×361.0cm, 경기도박물관 소장.

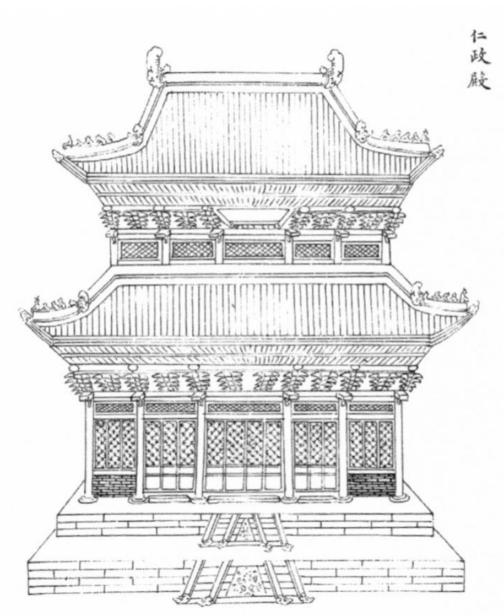

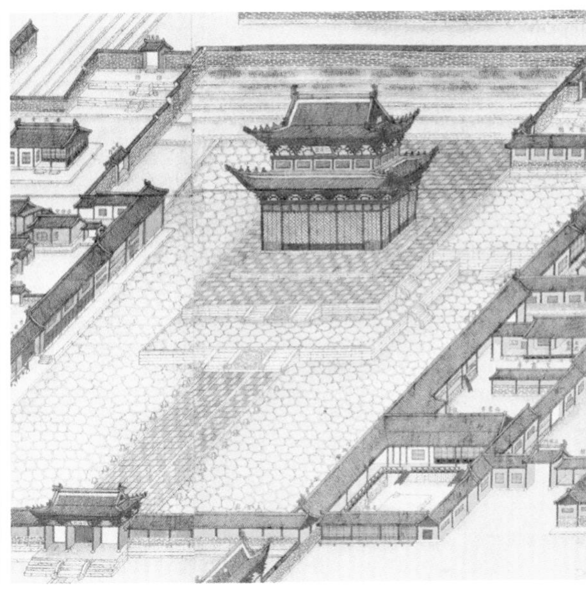

도15 「인정전중건도감의궤」仁政殿重建都監儀軌에 실린 인정전 도설圖說(좌) 1857년, 한국학중앙연구원 장서각 소장.

도16 《동궐도》에 그려진 인정전

한 화원은 화문畵門에 따라 출제된 화제畵題를 선택하여 진채眞彩 2장, 담채淡彩 2장씩을 그려 제출하도록 하였다.

차비대령화원 제도는 18세기 이후 약 100년에 걸쳐 지속되었으나 이들이 제출한 답안지, 즉 답안으로 제출한 그림 중 오늘날까지 알려진 것이 매우 드물다. 그러나 19세기 말에 활동한 대표적인 화원인 유숙劉淑(1827~1873), 안건영安健榮(1845~?), 백은배白殷培(1820~1900경) 등이 취재에 응시하여 그린 각종 고사인물도故事人物圖가 남아 있어 화원들이 제출했을 법한 답안을 추정하는 데 도움을 준다. 도17~20 이들은 모두 차비대령화원으로 활동한 경력이 있었던 화원들이다. 특이한 점은 이들 그림 뒷면에 채점을 한 묵서墨書가 있다는 사실인데, 백은배는 통通, 안건영은 삼상일三上一, 유숙은 통通이라고 표기되어 있어 백은배와 유숙은 통과한 반면, 안건영은 중간급에 해당하는 점수를 얻었음을 알 수 있다. 안건영, 유숙, 백은배의 그림은 모두 둥근 얼굴에 작은 눈, 바람에 휘날리는 옷자락 표현, 굵기의 대조가 명확한 필선 등에서 조선 말기까지 김홍도 인물화풍

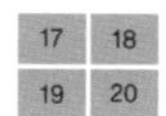

도17 〈도화소시화〉圖畵所試畵 중 안건영의 그림 19세기, 종이에 채색, 54.0×35.5cm, 국립중앙박물관 소장.

도18 〈도화소시화〉圖畵所試畵 중 백은배의 그림 19세기, 종이에 채색, 54.0×33.4cm, 국립중앙박물관 소장.

도19 〈도화소시화〉圖畵所試畵 중 유숙의 그림 19세기, 종이에 채색, 55.0×35.0cm, 국립중앙박물관 소장.

도20 〈도화소시화〉圖畵所試畵 중 유숙의 그림 19세기, 종이에 채색, 55.3×34cm, 국립중앙박물관 소장.

의 영향이 깊게 남아 있었음을 보여 준다.

이처럼 아무리 능력을 인정받은 화원이었다 하더라도 단번에 차비대령화원 녹취재를 통과한 것은 아니었다. 김홍도는 정조의 휘하에 있었을 때에는 시험을 한 번도 치르지 않다가 1804년(순조 4)에 처음으로 합격하였다. 초상화를 잘 그려 정조의 총애를 받았던 이도21 **〈유순정초상〉** 작자미상, 18세기, 비단에 채색, 63.0×59.4cm, 서울역사박물관 소장.

도22 **〈유순정초상〉** 작자미상, 18세기, 비단에 채색, 58.0×58.7.4cm, 서울역사박물관 소장.

명기는 1차 시험은 붙었지만 2차 시험에서는 떨어져 선발되지 못하기도 했다.[54] 그리고 녹취재는 통과했으나, 여타 활동 기록이나 현존 작품이 영세한 화원들도 많다. 곧 화원들에게 취재는 화원으로서 직분을 유지하거나 좀 더 좋은 위치가 되어 생계를 꾸리기 위한 목적이 더 컸기 때문에 그 통과 여부가 꼭 그들의 명성이나 실력과 일치한다고 볼 수는 없다.

국가에서 주관하는 공식적인 시험 외에 전문 화원으로 인정받아 발돋움할 수 있는 또 다른 관문으로 양반관료 또는 유력 가문의 추천에 의한 천거薦擧가 있었다. 천거제도는 법전에도 명시되어 있는데, 『대전회통』大典會通에 의하면 도화서 소속 화원 30명은 일 년에 네 차례에 걸쳐 추천장推薦狀으로 이조吏曹에 보고하여 사령서辭令書를 받는 것으로 되어 있다.[55] 그러나 궁중 행사에 투입되는 화가에 대한 천거는 법전에 명시된 절차보다는 조정에서의 논의 과정 중 추천과 별도의 시험을 통해 즉흥적으로 이루어진 경우도 많았다. 이러한 즉각적인 천거는 도화서 업무의 핵심이라고 할 수 있는 어진과 공신상의 도사圖寫를 위해 화원을 선발하는 과정에서 더욱 빈번하게 이루어졌다. 국왕과 신료들은 초상화를 그릴 화가를 도화서 화원과 방외화사를 막론하고 폭넓게 알아보고 추천하여 비공식적인 취재를 통해 선발하였다. 서울역사박물관에 소장된 〈유순정초상〉柳順汀肖像 초본 2점은 공신상을 그릴 화원을 선발하기 위한 시험 과정을 보여 주는 흥미로운 자료이다. 두 점의 반신상 중 한 점에는 "이 사람을 모사해 보아라"(以此人模寫)라는 띠지와 더불어 그 아래 윤상익尹商翊이라는 이름이 쓰인 별지가 붙어 있다.도21~23 윤상익은 1688년 태조어진을 이모할 때 유순정의 화상畵像을 궁중에 들여다가 화원들에게 모사하도록 하여 기량을 시험할 때 주관화사로 뽑힌 경력이 있다.[56] 이 두 반신상은 현존하는 유순정 초상의 의복과 흉배의 구성이 달라 1688년 취재 시 윤상익이 그린 그림이라고 단정 할 수 없으나, 궁중에서 화원을 초치招致하기 위한 과정에 대한 실마리를 알려 주는 드문 자료로서 앞으로 보다 적극적인 규명이 필요하다.

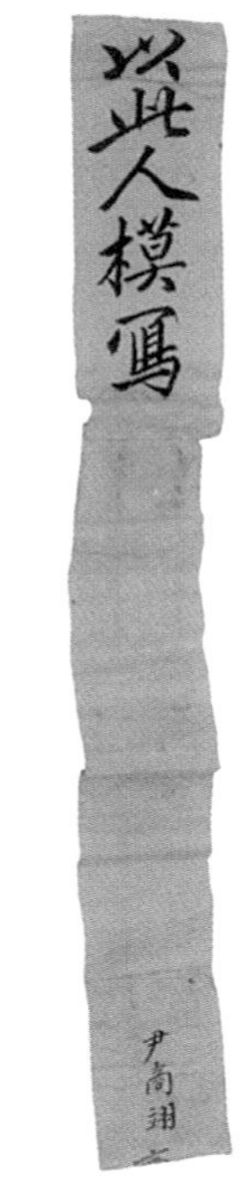

도23 〈유순정초상〉(도22)에 첨부된 제첨題簽

지금까지 간략하게 살펴본 바와 같이 조선시대 화원은 도화서 취재나 차비대령화원 녹취재처럼 특별 시험을 통해 전문적인 화업의 길을 걷거나 화가로서 역량을 발휘할 수 있는 통로가 마련되어 있었다. 또한 기량을 이미 인정받은 자는 문인관료들의 천거(추천)를 통해 궁중 도화 업무에 참여하여 명성을 쌓을 수 있는 기회를 부여받기도 하였다.

화원의 역할 구분

역할에 따른 구분: 주관화원, 동참화원, 수종화원

궁중회화의 제작에 참여한 화원은 각자 차지하는 비중과 담당 분야에 따라 주관화원主管畵員과 동참화원同參畵員, 수종화원隨從畵員으로 구분되었다. 그러나 모든 궁중회화 제작에 있어 주관, 동참, 수종화원이 반드시 구분되었던 것은 아니고 주로 고난도의 필력과 신체 부위별 특장을 요구하는 초상화를 그릴 때 특별히 이렇게 역할이 구분되는 경우가 많았다.

주관화원('화사'라고도 함)은 초상화의 초草를 잡고 주요 부위를 그리는 중심 역할을 하였고, 동참화원은 주관화원을 도와 의복 등을 색칠하는 일을 맡았으며, 수종화원은 보조 역할을 하며 화업을 배우는 화원을 일컫는다. 이러한 역할 구분이 가장 먼저 기록된 의궤는 1688년(숙종 14) 『영정모사도감의궤』影幀摸寫都監儀軌이다. 이 의궤는 1688년에 행해졌던 태조 이성계의 어진 모사 과정을 기록한 것으로, 현존하는 어진 관계 의궤 중 가장 오래된 것이다. 당시 작업을 맡았던 화원은 주관화사 윤상익尹商翊, 동참화사 허의순許義順, 추후동참화사追後同參畵師 장자욱張子旭, 수종화사 최석헌崔碩獻이었다.

1713년 숙종의 어진을 그린 과정을 기록한 『어용도사도감의궤』御容圖寫都監儀軌에서도 주관화사는 진재해秦再奚가 맡았고 동참화사는 김진녀金振汝, 장태흥張泰興, 장득만張得萬(1684~1764) 3명, 수종화사는 진재기秦再起, 허숙許俶이 각각 맡은 것으로 되어 있다.도24 '추후동참화원'이라는 직함을 사용했다든지 직함이 같은 역할을 여러 명이 맡은 것으로 보아 작업의 난이도와 분량에 따라 화원 수를 탄력 있게 운영한 것으로 보인다. 의궤에 기록된 김진녀, 장태흥, 장득만 등은 17세기 후반~18세기 전반 동안 왕실의 다양한 행사에 부름을 받아 참여하며 자신들의 능력을 발휘한 대표적인 화원들이었다.

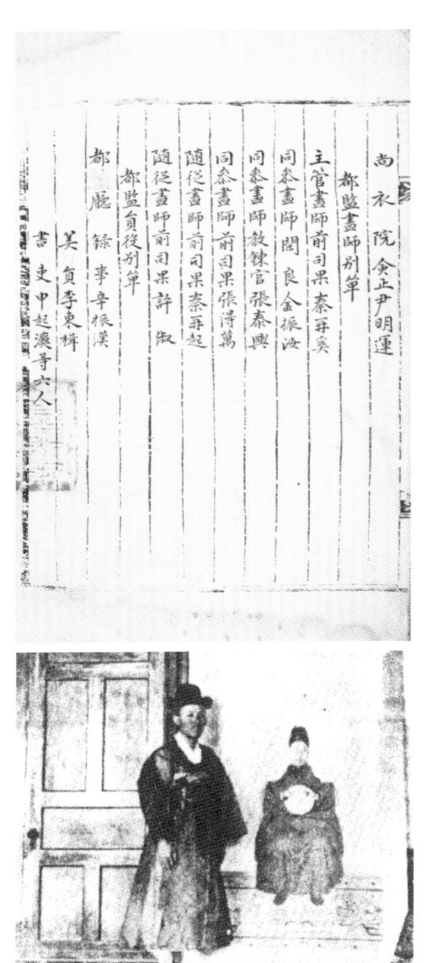
尙衣院僉正尹明運
都監畫師別單
主管畫師前司果秦再奚
同叅畫師閑良金振汝
同叅畫師敎鍊官張泰興
同叅畫師前司果張得萬
隨從畫師前司果秦再起
隨從畫師前司果許俶
都監負役別單
都廳 錄事辛振漢
筭員李東栫
書吏中起漢等六人

도24 『어용도사도감의궤』御容圖寫都監儀軌에 기록된 화원 명단(위) 1713년, 서울대학교 규장각 소장.

도25 순종어진 완성 후 김은호의 모습 1928년.

궁중회화 제작에 있어 주관화원을 맡은 화원은 시험과 추천을 통해 당대 최고의 기량을 인정받은 화가들이었다. 위에서 언급한 인물들 외에 이재관李在寬(1836년 태조어진 모사), 한종유韓宗裕(1781년 정조어진 도사), 이명기李命基(1791년 정조어진 도사), 조석진趙錫晋(1900년 태조 등 일곱 임금의 어진 모사, 1902년 고종어진 도사, 1928년 순종어진 도사) 등 초상화를 잘 그리기로 이름났던 당대 일류급 화원들이 주관화원직을 맡아 어진을 비롯한 궁중회화 제작을 주도하였다.도25

이밖에 대한제국기의 의궤에는 화원이 담당한 그림에 따라 다양

도26 **매화그림 창호(좌)** 1921년, 창덕궁 신선원전

도27 **기화(윤곽선)를 마친 오봉병의 암석과 폭포(중)** 1921년, 창덕궁 신선원전

도28 **기화(윤곽선)를 마친 오봉병의 파도문(우)** 1921년, 창덕궁 신선원전

한 역할을 분담한 상황을 보여 주는 직함이 등장하였음을 볼 수 있다. 예를 들어 '오봉병 기화화원'五峯屛起畵畵員, '삽병 기화화원'揷屛起畵畵員, '모란병 기화화원'(牧丹屛起畵畵員), '매화장자 기화화원'梅畵障子起畵畵員, '반차도 기화화원'班次圖起畵畵員 등이 그것이다.[57] 즉 오봉병, 삽병(틀에 끼우는 형식으로 된 좁은 폭의 오봉병五峯圖), 모란병, 매화장자(매화를 그려놓은 가리개 또는 장지문), 반차도 등 그림의 주제와 형태에 따라 기화起畵를 담당한 화원을 구분한 것이다. 기화에 대해서는 아직까지 해석이 분분하지만 색채를 다 한 후 맨 나중에 먹으로 선을 그어 구별하는 일로서, 채색하는 과정에서 가려진 윤곽선을 다시 그리는 일로 해석하며, 이는 불화佛畵에서도 유사한 의미로 통용되고 있다.도26~28 의궤에 기록된 내용을 감안하면 결국 기화화원이란 병풍그림을 마지막으로 책임진 화원들이었다고 볼 수 있다. 그러나 기화를 특정한 단계가 아닌 그림을 그리거나(作畵) 완성하는(成畵) 폭넓은 의미로 보기도 한다.[58]

의궤에 나타나는 기화의 사례를 보면, 각종 병풍과 가리개를 새로 만들거나 수리할 때의 기화를 비롯하여 채여彩輿, 의장기儀仗旗, 명정銘旌의 기화가 상당한 비중을 차지하고 있다.[59] 또한 능묘陵墓의 건물에 걸릴 현판의 기화, 산릉 조성 시 능상에 세워질 석물石物의 기화, 왕과 왕비, 왕세자, 왕세자빈의 보인寶印을 담은 녹盝과 책문册文, 교명敎命을 담은 함궤函櫃의 겉면을 장식하는 일

도29 **정조비 헌경왕후 옥책함**
1795년, 나무에 붉은 칠, 24.0×33.5×34.5cm, 국립고궁박물관 소장.

도 기화라고 불렀다.[도29] 이러한 사실을 통해 기화는 회화뿐만 아니라 각종 기물의 장식에 있어 밑그림부터 최종 완성할 때까지 화원이 그림을 그리는 모든 과정을 의미한다고 볼 수 있다. 곧 남아 있는 궁중 유물 중 화원의 손길이 닿지 않은 것이 거의 없다고 할 정도로 이들의 활동은 광범위했던 것이다.

활동 지역에 따른 구분: 화사군관, 방외화사, 지방화원

조선시대에 화원들은 도화서나 규장각에 소속되는 것 이외에 보다 다양한 제도와 방식으로 도화 업무에 참여하였다. 왕실에서는 이들의 근본적인 문제였던 경제적 처우를 개선하고 그림을 지방 통치의 보조 자료로 활용하거나 보다 효율적으로 왕실 업무를 진행하기 위해, 화원을 지방으로 파견하거나 도화서 소속이 아닌 화가들을 모집하여 궁중행사에 참여할 기회를 제공하였다. 또한 전혀 중앙과 연결되지 않은 채 지방에 뿌리를 두고 독자적으로 활동한 화가들도 있었다. 이렇듯 다양한 환경 속에서 작화활동을 한 화가들이 화사군관畵師軍官과 방외화사方外畵師, 지방화사地方畵師이다.[60]

화사군관이란 각 도道의 감영監營(7곳), 통제영統制營(1곳), 수영水營(5곳), 병영兵營(8곳)의 총 21군데에 파견되어 나라에서 요청하는 도화 업무를 수행한 화원을 말한다. 곧 중앙에서 지방으로 파견된 화원을 의미한다.[61] 이 제도가 처음 실시된 시기인 1703년(숙종 29)~1704년(숙종 30) 사이에는 통제영과 병영, 수영에만 파견하였으나, 영조 16년인 1740년에는 경기도를 제외한 전국의 감영에까지 확대하여 파견하였다.

화사군관은 법전에도 명시된 공식적인 제도였다. 『대전통편』(1785)의 「병전」兵典 조에 "여러 도道의 감영·병영·통제영·수영에 사자관과 화원 각 1인씩을 정원 내에서 파견한다"라고 되어 있고[62] 『대전회통』에도 같은 내용이 등재되었다. 반면, 『육전조례』六典條例(1867) 「예전」禮典에는 예조 소속 도화서의 분장 사무 중 하나로 화사군관을 명시하여, 19세기 중반에는 화사군관으로 지방 근무를 하는 것이 도화서 업무의 일환으로 명확하게 인식되었음을 보여 준다.

화사군관으로 파견된 화원이 2년 동안의 임기를 채우면 다시 예조에서 다음 근무자를 선발하여 발령을 냈다. 처음 시행 단계에서는 전국에 약 15명 남짓 파견되었으나, 18세기 중반에는 감영으로 확대되면서 총 21명 정도가 근무를 하고 있었으므로, 1895년 갑오경장으로 혁파되기 전까지 대부분의 도화서 화원들이 한 번 즈음 화사군관으로 차출되어 지방 근무를 했을 것으로 추정된다.[63] 그런데 이들의 월급과 수당, 의식주 등은 모두 파견지에서 해결해 주는 방식이었기 때문에 당연히 각 감영에서는 이들의 존재가 큰 부담이 아닐 수 없었다. 따라서 1745년 관찰사들이 화사군관을 받지 않으려고 해 말썽을 빚은 사건이 일어난 것은 어쩌면 자연스런 현상이었다.[64]

중앙과 지방의 마찰에도 불구하고 화사군관제도는 약 190년에 걸쳐 존속되었다. 화사군관으로 차출된 인물들은 개성 김씨, 양천 허씨, 밀양 변씨, 강릉 함씨, 인동 장씨, 전주 이씨, 해주 김씨 등 대부분 『화사양가보록』畵寫兩家譜錄(화원과 사자관들의 족보)에 등재되어 있는 대표적인 화원 가문 출신들이었기 때문에 중앙에 긴요한 일이 생기면 다시 불려가 업무를 수행하기도 했다. 김두량金斗樑(1696~1763), 이윤민李潤民, 조재흥趙在興, 변상벽卞相璧, 이형록李亨祿(1808~1863 이후), 백은배白殷培(1820~1901) 등 18·19세기 대표적인 화원들이었던 이들 역시 화사군관으로 근무한 경력이 있었다.

화사군관은 파견지에 머물면서 화가로서의 기본적인 임무 외에 왕명에 의해 지방의 주요 경관과 생활상을 그리거나 지도 등을 제작하는 일을 담당하였다. 실제로 이들이 파견된 시점을 전후로 각 지방의 성城이나 군현郡縣, 왕실과 관련된 주요 지역, 병영도兵營圖, 지방지도를 제작한 횟수가 증가하였고 왕실에서도 각 감영에게 명하여 국왕이 구석구석 누비지 못하는 지역의 모습의 상세히 그려

도30 〈영보정도〉 전 이돈중李敦中, 크기 미상, 영국도서관 소장.

바칠 것을 요구하였다. 1733년 영조는 경상도 예안 및 도산서원을 경상감사로 하여금 그려 보내라고 명하였고[65] 1771년에는 함흥의 낙민루樂民樓와 평양의 연광정鍊光亭을 그려 바치도록 하였다. 심지어 영조는 1773년 충청수사忠淸水使에게 해당 지역과 민생을 살펴보고 싶으니 영보정永保亭과 그 앞에서 전복 캐는 모습을 그려 올리라고 명하였다.[66] 영조가 전복을 캐는 모습을 그리라고 한 것은 그 작업이 힘들다는 것을 알고 민생을 이해하려는 의도였다. 충청수영성忠淸水營城 안에 있던 영보정은 1896년 수영성이 폐지되면서 철거되어 지금은 실물이 남아 있지 않다. 다만 화사군관이 영조에게 그려 바친 영보정의 모습은 조선 후기 학자 이돈중李敦中이 그렸다고 전해지는 〈영보정도〉永保亭圖에 그려진 것과 유사한 모습이 아니었을까 추측할 뿐이다.[도30]

이밖에 화사군관은 다양한 역할을 한 것으로 확인된다. 1786년 정조는 중국 사신이 속화俗畵(풍속화)를 요구하자 평안도 병영에 있던 화사군관에게 속화를 그려 전달하게 하였고,[67] 순조는 1801년 함경도 안변의 석왕사釋王寺를 중건할 때에도 화사군관 이유담李有聃에게 도형을 그려오도록 하였다.[68] 이렇듯 지방의 현실을 알고자 하는 국왕의 뜻에 부응하고 국가사업에 참고할 그림을 그리는 것도 이들의 중요한 업무 중 하나였다.

화사군관은 조정에 그림을 바치더라도 자신들의 이름을 밝히지 않았기 때문에 현존하는 수많은 지방지도와 실경도實景圖 중 과연 어떤 그림이 누구의 그림이었는지 확인하기는 어려운 실정이다. 따라서 조중묵趙重默(19세기)의 〈함흥본궁도〉咸興本宮圖가 지금까지 화사군관의 작품으로 유일하게 알려져 있을 뿐이다.[도31] 이 그림의 화

도31 **〈함흥본궁도〉(좌)** 조중묵, 1890년, 비단에 채색, 131.5×71.5cm, 국립중앙박물관 소장.

도32 **〈함흥본궁도〉에 그려진 세자송과 수식송**

면 왼쪽 하단에는 "함흥군관화원 신 조중묵"咸興軍官畵員 臣 趙重默이라고 조중묵이 직접 쓴 글이 있다. 조중묵은 중인 출신으로, 조선 말기 예원藝苑의 총수 김정희金正喜(1786~1856)에게 사사받았고 산수, 인물, 어해魚蟹를 잘 그려 당대 회화계에서는 자못 명성이 있었던 화가이다. 그는 함경도 감영에 파견되어 있던 중 함경도 관찰사 조병식趙秉式(1832~1907)의 요청으로 1890년 이 그림을 그려 고종에게 진상하였다.

함흥본궁은 이성계李成桂가 왕이 되기 전 잠저潛邸로 사용했던 곳으로, 즉위 후 집터에 새로 집을 짓고 4대조의 제사를 지낸 사당으로 활용했던 곳이다. 함흥본궁은 이성계가 손수 심었다는 세자송世子松과 수식송手植松이 유명했던 곳이다. 특히 세자송은 말라죽은 줄 알았으나 100여 년이 지난 1874년 홀연히 싹이 텄고 그 해 세

도33 〈**함흥본궁송**〉咸興本宮松 정선鄭敾, 18세기, 비단에 담채, 28.8×23.3cm, 성 베네딕트 왜관수도원 소장.

자가 태어나 태조의 보살핌을 상징하는 나무로 인식되었다.[도32] 이러한 두 소나무는 조선을 개창한 태조의 창업創業과 영험함을 상징하는 대상물로서 조선 후기 화가들의 손끝에서 종종 재현되었다.[도33]

〈함흥본궁도〉는 태조의 현창顯彰 사업에 관심이 많았던 고종에게 헌상된 그림인 만큼 당대인들의 이러한 인식이 잘 반영되어 있다. 마치 함흥본궁의 실제 모습과 위치를 보여 주는 듯 각 건물의 명칭을 부기하였고 화면 가운데에 태조를 포함한 4대조의 신주를 모신 오조성전五祖聖殿을 크게 부각시켜 그렸다. 성전의 앞뒤에는 두 그루의 태조 수식송과 한 그루의 세자송을 그리고 해설문까지 달아 이곳이 태조와 연관된 성스러운 곳임을 형상화 하였다.

〈함흥본궁도〉에서 알 수 있듯이 화사군관이 그린 작품은 현장을 있는 그대로 보여 주는 기록적인 성격이 강한 것이 특징이다. 《평양감사향연도》平壤監司饗宴圖 역시 이러한 경우에 해당하는 작품이다.[도34, 35] 이 그림은 1782년 정조가 평안도의 도과道科를 시행하고 급제자를 발표한 후 대동강에서 연회를 베푼 장면을 그려 올리라고 명한 기록을 근거로[69] 평양에서 시행한 도과道科 급제자를 위한 잔치그림이므로 《관서도과창방후 평안도감사사유도》關西道科唱榜後平安道監司賜遊圖로 명명하는 것이 타당하다는 견해가 제기되기도 했다.[70]

이 그림은 평양성과 부벽루, 연광정에서 펼쳐진 장면을 넓은 평원平遠을 배경으로 매우 사실적으로 표현하였다. 마치 사실성을 부여하듯 각 건물의 편액에 건물명을 써 넣었다. 원경과 중경, 근경의 안정된 공간감뿐 아니라 사람들의 세세한 행동과 차림새, 나무와 경물까지 매우 섬세한 필치로 공을 들인 솜씨로 보아 지방의 서툰 화원이 아닌 중앙에서 기량을 익힌 화사군관이 그렸을 가능성이 크다고 생각된다. 특히 제2폭 〈부벽루연회〉浮壁樓宴會의 중앙에 그려진 전각의 부감식俯瞰式(하늘에서 내려다 본 시점) 잔치 풍경과 평양감사의 모습을 확대하여 그린 장면은,도36 〈신관도임연회도〉新官到任宴會圖도37에서도 유사한 구도를 찾아볼 수 있어 이러한 구도가 하나의 유형을 이루었던 것으로 짐작된다.

이 밖에 19세기 《경기감영도》京畿監營圖도38라든지 1849년 철종哲宗을 한양으로 모시고 가고자 강화도로 가는 장면을 그린 《강화행렬도》江華行列圖도39 등은 사실적인 산수 배경 속에 관청의 모습 또는 관찰사 행차 장면을 포함시킨 것이 특징이며, 관찰사의 요청으로 화사군관이 그렸을 가능성이 있는 그림들이다. 정확한 묘사와 수준

도36 《평양감사향연도》 중 〈부벽루연회〉의 세부(좌)

도37 〈신관도임연회도〉 작자미상, 19세기, 종이에 채색, 140.0×103.3cm, 고려대학교박물관 소장.

도34 **《평양감사향연도》 중 〈월야선유〉月夜船遊**, 작자미상, 19세기, 종이에 채색, 71.2×196.6cm, 국립중앙박물관 소장.

도35 **《평양감사향연도》 중 〈연광정연회〉練光亭宴會** 작자미상, 19세기, 종이에 채색, 71.2×196.6cm, 국립중앙박물관 소장.

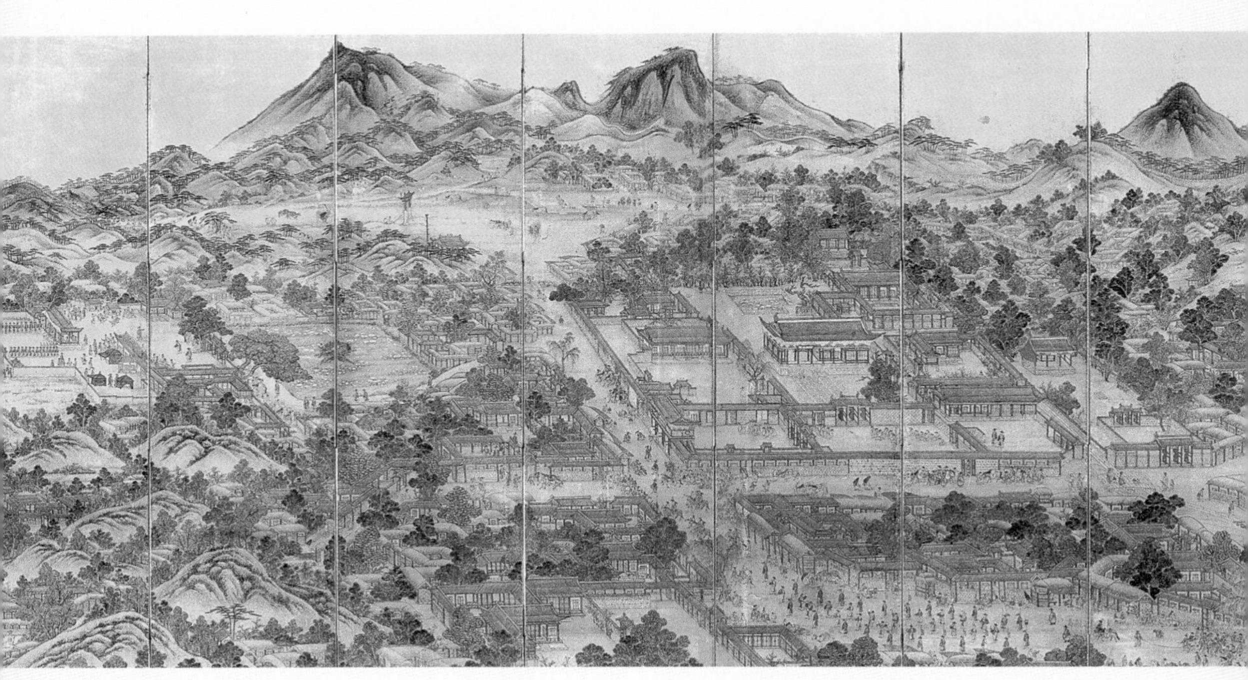

도38 《경기감영도》 부분 작자미상, 19세기, 종이에 채색, 135.8×442.2cm, 리움미술관 소장.

도39 **《강화행렬도》** 작자미상, 19세기, 종이에 채색, 47.0×101.0cm, 조선미술박물관 소장.

높은 필치로 지도와 산수를 결합하여 외방의 지형과 경물, 풍물 등을 섬세하게 구현한 대표작으로 꼽을 만하다.

화사군관이 지방으로 파견되면서 나타난 새로운 현상으로 지도 제작이 보편화되었다는 점을 들 수 있다. 무엇보다도 조선 후기에 회화식 군현지도郡縣地圖를 포함한 지방지도가 증가된 데에는 중앙에서 파견된 화사군관의 제작 성향이 많이 작용했기 때문인 것으로 생각된다.[71]

특히 18세기 도화서의 대표 화원이자 전라도 지역 화사군관을 지낸 김희성金喜誠(1710~?)이 그린 것으로 알려진 〈전주지도〉全州地圖는 제목이 '지도'라고 되어 있으나[72], 방안方案에 입각한 전통식 지도와 달리 산수화풍을 차용하여 소소한 관청이나 민가는 과감히 생략하고 전주부의 성 안에 있는 주요 건물들을 크게 강조하여 그렸다.[도40] 화면 오른쪽 아래에 지방관의 행차 장면을 그려 넣은 것이 눈에 띄며, 복사꽃이 만발한 전주읍의 풍경과 그 위로 날아가는 한 마리 학의 모습에서 평화롭고 이상적인 지방관의 통치를 은연중에 암시하고 있다.[도40-1]

이 밖에 〈전주지도〉와 유사한 시기에 제작된 것으로 추정되는 평양성의 모습을 그린 〈기성전도〉箕城全圖라든지 평안도 안주목을

도40-1 **〈전주지도〉에 그려진 학의 무리와 지방관의 행렬(좌)**

도40 **〈전주지도〉** 작자미상, 18세기, 비단에 채색, 149.5×90.0cm, 서울대학교 규장각 소장.

그린 〈안주목지도〉安州牧地圖 등 조선 후기 진경산수화나 명승도名勝圖에서 익힌 부감俯瞰 시점과 수목, 산맥의 표현에 있어 산수화 기법을 적극 차용하여 그린 회화식 지도가 많이 그려졌으며, 이는 실용성과 더불어 회화적인 감상성을 접목시킨 작품들이라고 하겠다.도41, 42

이러한 그림을 통해 화사군관은 지방지도의 제작을 활성화시키고 중앙에서 훈련된 새로운 기법을 지방으로 전파시키는 중간자로서 역할을 했을 것으로 생각된다. 그럼에도 갑오경장 이후 화사군관은 마치 지방 경제를 축내는 쓸모없는 제도로 치부되면서 혁파되었고 이러한 조치는 향후 도화서 업무의 축소 내지 폐지와 불가분의 관계에 놓여 있었다.

방외화사와 지방화원은 화사군관이 지방 관아에 머물면서도 국

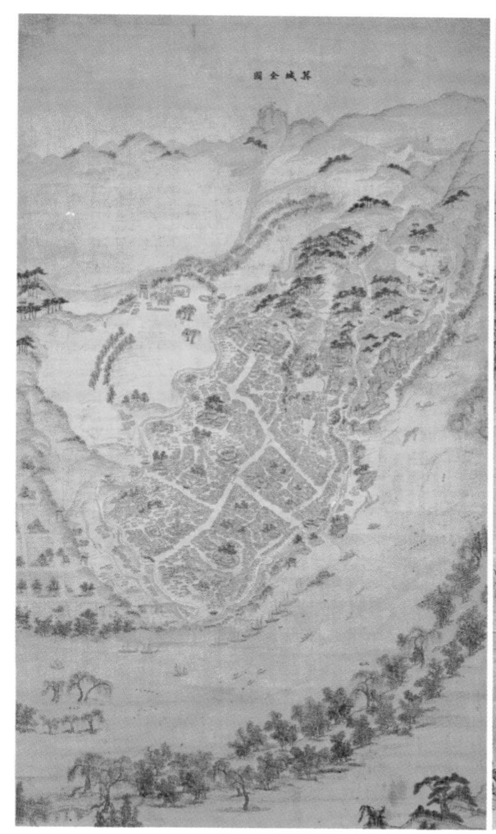

도41 〈**기성전도**〉(**좌**) 작자미상, 19세기 말, 종이에 담채, 167.0×96.0cm, 서울대학교 규장각 소장.

도42 〈**안주목지도**〉 작자미상, 1872년, 종이에 채색, 138.0×100.0cm, 서울대학교 규장각 소장.

가의 명을 받고 도화 작업을 한 것과 달리 도화서에 어떠한 적籍을 두지 않고 개별적으로 활동하거나 특정 지역 출신으로서 그 지방 관청에 소속되어 도화 업무를 담당한 화가들이었다.

방외화사는 말 그대로 궁궐을 벗어나 도화서에 소속되지 않고 방외方外에 거주한 화가들을 의미한다. 외방화사外方畵師라고도 하며 서울에 거주한 화사는 경화사京畵師, 평양에서 활동한 화사는 평양화사平壤畵師 등 지역을 구분하여 부르기도 했다. 방외화사의 존재가 알려진 시기는 조선 초기부터였다. 『중종실록』에 의하면 이들은 '사화원'私畵員으로 불렸고 부유한 상인이나 큰 장사치들에게 의탁하여 생계를 이어간 것으로 보인다.[73] 그러나 방외화사는 가계와 기

도43 《곡운구곡도》谷雲九曲圖 중 〈농수정〉(좌) 조세걸, 1682년, 종이에 담채, 42.5×64.0cm, 국립중앙박물관 소장.

록이 뚜렷하지 않아 이들의 활동상을 구체적으로 살펴보는 데 한계가 있다. 따라서 조세걸曺世杰(1635~?)이나 김익주金翊胄(18세기)처럼 궁중 회사繪事에 자주 부름을 받아 관찬 사료에 이름이 여러 번 등장하거나 문인관료들과 친분을 이루며 자신의 작품세계를 구축한 소수의 인물들을 제외하고 지금까지 무명無名으로 남아 있는 자들이 대다수이다.도43, 44

방외화사들의 명단과 경력을 가장 포괄적으로 담고 있는 자료는 의궤이다. 의궤는 17세기 이후에 제작된 것만 남아 있기 때문에 이들의 활동상 역시 이후의 시기부터 살펴볼 수 있다. 어진御眞 도사圖寫 및 궁궐 영건營建 관련 의궤를 보면, 왕실에서는 어진을 본격적으로 제작하기 전 적임자를 찾기 위해 도화서에 속하지 않은 화가 중 초상화에 뛰어난 인물을 광범위하게 탐문하거나 도화서 인원으로는 감당할 수 없는 궁궐 중건에 투입하기 위해 방외화사를 초치한 것으로 나타난다. 일례로 1804년 창덕궁 인정전仁政殿 영건 시에는 도화서 화원은 30명이 활동한 반면, 방외화사는 총 72명이 참여하여 도화서 화원의 배가 넘는 인원이 동원되었다.[74] 인정전 중건에 참여한 방외화사들은 한양과 가까운 경기도를 비롯하여 함경도, 평안도, 충청도 등 여러 지역에서 차출된 인물들이었다. 이러한 사실은 19세기에 전국 각지에서 도화 활동을 한 화가들의 수가 실제로 상당하였음을 알려 주는 것으로, 조선시대 직업화가군職業畵家群에 대한 많은 시사점을 안겨 준다.

좁은 의미에서 방외화사가 도화서 소속의 유무로 구분한 집단이었다면 지방화사는 중앙(서울)에서 벗어나 토착지역을 근거지로 활동한 직업화가군이라고 할 수 있다. 방외화사 역시 서울이 아닌 지방 출신이 많았다는 점에서 지방화사로 분류될 수 있지만, 이들 대부분은 특별한 적籍을 두지 않았고 왕실 행사에도 참여한 반면 지방화사는 자신의 출신 지역을 기반으로(在地) 그 지역의 군영軍營 또는 관아에서 차출하여 도화 업무를 수행했다는 점에서 차이가 있다.[75] 따라서 지방화원은 중앙에서 파견된 화원과는 엄밀히 구별되며 지방 화풍畵風의 형성에 일익을 담당한 부류였다고 할 수 있다. 조선시대 지방화원은 대구감영大邱監營, 울산병영蔚山兵營, 진주병영晋州兵營, 통제영統制營, 동래좌수영東萊左水營, 동래부東萊府 등 지방 관청에 소속된 화원을 비롯하여 신분 및 경제적 기반은 불명확하지만 지방 사족士族이나 관리의 요청에 의해 도화 활동을 한 인물들도 포함되었다.

도44 **〈산수도〉** 김익주, 18세기, 종이에 수묵, 26.7×17.8cm, 선문대학교박물관 소장.

지방화원들은 18세기 초 도화서에서 파견된 화사군관보다 앞서 지방의 공·사적인 필요에 의해 도화 업무를 수행한 것으로 나타난다. 이미 조선 초기부터 특정 지역의 도형圖形을 그려 왕실에 바치기도 했고 사당에 모실 성현聖賢의 영정이나 지방사족地方士族의 영정을 그리기도 했다. 또한 지방 수령의 명에 의해 경치가 좋은 명승지名勝地를 그리거나 모임을 기념하는 계회도契會圖도 그렸다. 예를 들어 함경도 관리들이 여진족을 몰아낸 기념으로 그린 〈함경도야인구축장사계회도〉咸鏡道野人驅逐將士契會圖, 성곽 축조를 완성한 후 환영루에서 가진 모임을 그린 〈환영루계회도〉環瀛樓契會圖, 안동 지역 과거급제자들의 모임을 그린 〈안동방회도〉安東榜會圖 등은 모두 16·17세기 문집에 기록된 작품들로서, 화사군관제도가 시행되기 전 지방화원들이 그린 계회도로 추정된다.[76] 이러한 그림들은 1702년에 제주목사 이형상李衡祥이 각 고을을 순회하는 장면을 그린 김남길金南吉의 《탐라순력도》耽羅巡歷圖처럼[77] 세련된 중앙화풍에서 벗

도45 **《탐라순력도》 중 〈감귤봉진〉 柑橘封進(좌)** 김남길, 1702년, 종이에 채색, 56.0×36.0cm, 제주시 소장.

도46 **《탐라순력도》 중 〈제주양로〉 濟州養老**

어나 토속적인 필치와 분위기를 담은 작품이었을 것으로 추정된다. 도45, 46

지방화사 중 관청에 소속되어 활동한 대표적인 화원으로 변박卞璞(1741~1782 이후)과 이시눌李時訥(18세기 후반~19세기 초)을 꼽을 수 있다.[78] 모두 부산 출신으로 변박은 동래부東萊府 무청武廳에 소속된 화원으로 활동하였고 이시눌 역시 별군관청別軍官廳 군기감관軍器監官(군용 물자를 보관하는 창고의 관리직) 등 무임직武任職을 역임하며 일본에도 다녀왔고, 지방 관청의 수요에 부응하여 지역과 관련된 독특한 기록화를 제작하였다. 대표작으로 변박이 1760년에 그린 〈동래부순절도〉東萊府殉節圖와 〈부산진순절도〉釜山鎭殉節圖, 이시눌이 1834년에 그린 〈임진전란도〉壬辰戰亂圖가 있다.도47, 48 이 그림들은 모두

도47 **〈동래부순절도〉(좌)** 변박, 1760년, 비단에 채색, 146.0×96.0cm, 육군사관학교박물관 소장.

도48 **〈임진전란도〉** 이시눌, 1834년, 141.0×85.8cm, 서울대학교 규장각 소장.

임진왜란이라는 공통된 사건을 소재로 하여 적군에 맞서 용감하게 싸우다 죽음을 맞이한 의병義兵과 주민들의 모습을 그린 일종의 전쟁기록화이다.[79]

〈동래부순절도〉는 1592년 4월 13일과 14일 양일간에 걸쳐 부산진釜山鎭에서 벌어진 왜군倭軍과의 처절한 공방전攻防戰을 묘사한 것이다. 1709년(숙종 35)에 처음 그려진 것을 변박이 1760년에 다시 그렸다. 성곽을 부수고 물밀 듯 들어오는 왜군, 성곽 주변을 왜군 및 왜선이 빈틈없이 에워싼 모습, 송상현의 순절 장면 등 아군이 처했던 절박한 상황을 절묘하게 표현하였다.[도47-1] 변박의 〈동래부순절도〉는 부산 지역 지방화원들에게 범본範本이 되었던 듯, 변곤卞昆

도47-1 〈동래부순절도〉의 전투 장면

도49 〈동래부순절도〉 변곤, 1834년, 비단에 채색, 134.0×90.0cm, 울산박물관 소장.

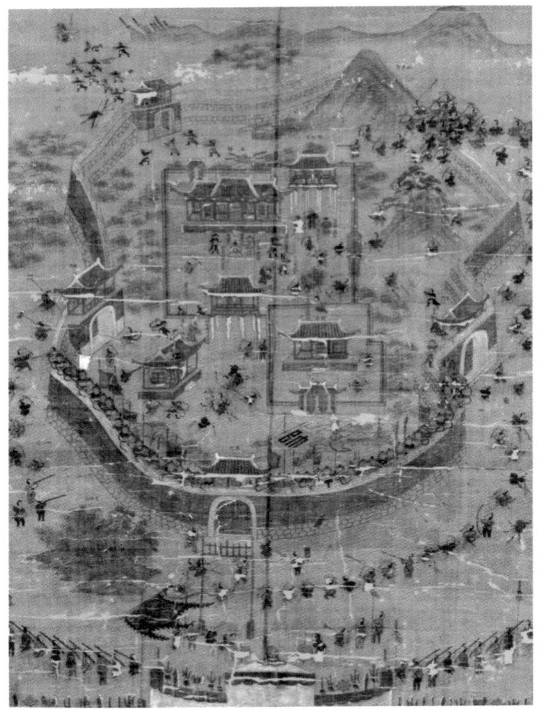

은 1834년 변박의 그림을 따라 〈동래부순절도〉를 다시 그렸다.도49 변곤은 정3품 무관직인 천총千摠을 지낸 지방화원으로, 변박과 친족이 아니었을까 추정되지만 확실하게 밝혀진 바는 없다. 이 그림은 주변의 산세보다는 성 안의 전투 장면을 확대하여 당시의 치열했던 상황을 부각시키고자 하였다. 짜임새 떨어지는 구도와 경직된 인물 묘사 등으로 인해 수준은 그다지 높지 않으나 전쟁기록화의 재생산이라는 관점에서 가치가 있는 그림이다.

이시눌의 〈임진전란도〉는 변박의 두 그림을 재구성하여 부산진과 다대포진의 전투 장면을 묘사한 것이다. 역시 왜군들에 의해 포위당한 성城과 군민軍民들의 마지막 모습을 포착하여 그렸다. 두 그림 모두 경직된 인물 묘사와 부자연스런 산수 표현, 민화적인 건축 표현으로 인해 중앙 파견 화원들의 작품에서 느껴지는 완성도 있는 묘사에 비해 구성력과 완성도가 떨어진다

도47-2 〈동래부순절도〉의 산수 표현

고 평가할 수도 있다.[도47-2, 도50] 그러나 마치 지형도地形圖와 같은 산세山勢, 관청들의 유기적인 배열 등은 이들이 자신들에게 친숙했던 지리적 특성을 염두에 두고 그렸음을 말해 준다.

변박과 이시눌의 그림은 임진왜란 당시 순절한 선열들의 충의忠義를 기리는 사업에 역점을 둔 동래부사東萊府使들의 주문에 의해 제작되었을 가능성이 크다. 이러한 전쟁기록화는 한양의 도화서나 차비대령화원들의 작품에서는 찾아보기 힘든 것으로, 뼈아픈 사건을 누누이 떠올리게 하는 현실적인 기록화를 통해 중앙이 아닌 지역의 역사를 계승하고자 한 지역민들의 정신세계를 보여 주는 작품들이다.

도50 〈동래부사접왜사도〉東萊府使接倭使圖의 산수 표현 작자미상, 18세기, 종이에 채색, 81.8×460.0cm(전체), 국립중앙박물관 소장.

5 화원의 임무와 역할

중국 명나라 황실의 궁정화원이었던 구영仇英(1495~1552)이 그린 〈한궁춘효도〉漢宮春曉圖에는 지위가 높은 황실 여인 앞에서 한 화원이 초상화를 그리고 있는 장면이 그려져 있다.도51 이 화가는 둥근 의자에 앉아 탁자 위에 있는 안료를 찍어가며 왼손으로 그림틀을 붙잡고 오른손으로는 가느다란 붓을 놀리며 그림 완성에 정성을 기울이고 있는 모습이다. 조선시대 그림 속에 이처럼 그림을 그리고 있는 화가의 모습이 등장한 예는 거의 없지만 아마도 구영의 그림 속 한나라 궁정화원이 일하는 모습과 크게 다르지 않았을 것으로 생각된다.

도51 **초상화를 그리는 궁정화가의 모습** 〈한궁춘효도〉의 부분, 구영仇英, 1540년, 비단에 채색, 30.6×574.1cm(전체), 대만 고궁박물원 소장.

국가나 권력자에게 귀속된 옛 화가들이 그랬듯이 조선시대 화원 역시 국가와 왕실 구성원들을 위해 그들의 재능을 선보이는 것이 일차적인 임무였다. 화원의 역할에 대해서는 당대인들의 의식 속에서 찾아볼 수 있다. 조선 후기 학자 이규상李圭象(1727~1799)은 자신의 문집 『일몽고』一夢稿에서 "그림에는 원법院法이 있는데, 화원이 나라에 이바지하는 그림"이라고 말한 바 있다.[80] 여기서 말하는 '나라에 이바지하는 그림'이란 결국 그림을 통해 왕실(국가)을 위해 봉직해야 했던 화원들의 임무와 역할을 분명하게 말해 주는 것이라 할 수 있다.

법전에 기록된 화원의 임무

도화서 화원에게는 공적으로 부가되는 여러 가지 업무가 있었지만 대부분 실용적이고 기록적인 성격의 그림을 그리는 것이었다.[81] 『육전조례』(1867)에는 화원의 임무를 '모사'摸寫와 '진상'進上, '분차'分差로 구분하여 비교적 상세하게 규정해 놓았는데, 그 중 '모사' 항목에 열거된 아래 내용을 보면 이들이 궁중회사에 있어 얼마나 세분화된 작업을 수행했는지 알 수 있다.[82]

> ① 어진은 10년마다 한 차례 임금에게 아뢰고 받들어 그린다.
>
> ② 어새御璽와 어압御押, 동지사冬至使 및 별사別使 파견 시 대보大寶(중국 천자가 하사한 옥새)를 찍어내도록 주청하고 화원들이 모두 승문원承文院(문서 작성을 담당하는 관청)에 나아가 치수에 따라 나누어 모사

도52 **《일월오봉도》日月五峰圖** 작자 미상, 8첩 병풍, 19세기, 비단에 채색, 162.5×337.5cm, 리움미술관 소장.

도53 **〈모란도〉** 8첩 병풍 중 4폭, 19세기, 작자미상, 비단에 채색, 각 204.0×66.0cm, 국립고궁박물관 소장.

도54 《십장생도》十長生圖 작자미상, 10첩 병풍, 비단에 채색, 208.5×389.0cm, 국립고궁박물관 소장.

한다.

③ 옥보玉寶와 금보金寶의 획 보필하기, 옥책玉册과 죽책竹册의 글씨 새긴 곳에 금과 주사(붉은 물감) 채우기.

④ 관서상자棺書上字와 명정銘旌[83] 및 구의柩衣[84], 사수도四獸圖, 그리고 내외 여러 도감都監의 제반 그림은 순서대로 뽑아서 정한다.

⑤ 표석表石 전문篆文의 획 보필하기와 글씨 새긴 곳에 주사 채워 넣기.

⑥ 각 산릉山陵을 봉심할 때의 사초莎草〔무덤에 떼(잔디)를 입히는 일〕하는 도형圖形.

⑦ 간산看山하는 도형.

⑧ 부석소浮石所의 석물 도형.

『육전조례』에 언급된 화원의 임무는 영정도사도감影幀圖寫都監, 빈전혼전도감殯殿魂殿都監, 국장도감國葬都監, 가례도감嘉禮都監, 존숭도감尊崇都監, 책례도감册禮都監, 산릉도감山陵都監 의궤에서 맡았던 소임들로서, 작업 내용별로 분류하면 기화起畵, 보획補劃, 북칠北漆, 전홍塡紅 또는 전금塡金에 해당한다. 기화는 앞 장에서 설명한 바와 같이 밑그림에서부터 최종적으로 윤곽선을 그려 완성하는 작화作畵

도55 **〈연〉輦(임금이 타던 가마)(좌)** 나무와 비단, 140.0×140.0×260.0cm, 국립고궁박물관 소장.

도56 **〈황룡깃발〉(중)** 운문단, 190.0×138.0cm, 국립고궁박물관 소장.

도57 **〈봉선〉鳳扇(우)** 비단에 채색, 총 높이 276cm, 폭 63cm, 전주 경기전 소장.

를 일컫는 것으로, 오봉병과 모란병을 비롯해서 채여彩輿나 행사 때 쓰이는 각종 의장물, 명정銘旌의 기화가 화원의 소임 중 많은 비중을 차지하였다.도52~57

또한 빈전에 놓이는 찬궁欑宮 내부의 네 면에는 사수四獸(청룡, 백호, 현무, 주작)를 그렸고,도58 빈전이나 진전眞殿에 설치되는 세 면으로 된 가리개(三面障子)에 오봉도五峯圖를 그렸다.도59 산릉 조성 시에는 대부석소大浮石所에 소속되어 능상에 배설할 각종 석물(혼유석, 망주석, 석양, 석호, 석마, 문·무석인)의 밑그림을 그렸다. "부석소의 석물 도형"은 바로 이러한 업무를 말한다. 대부석소 화원들은 석물의 도상과 종류, 형태, 치수 등의 밑그림과 마무리 단계에서 후일에 참고

도58 **〈사수도〉四獸圖** 『영조대왕산릉도감의궤』英祖大王山陵都監儀軌에 수록, 1776년, 한국학중앙연구원 장서각 소장.

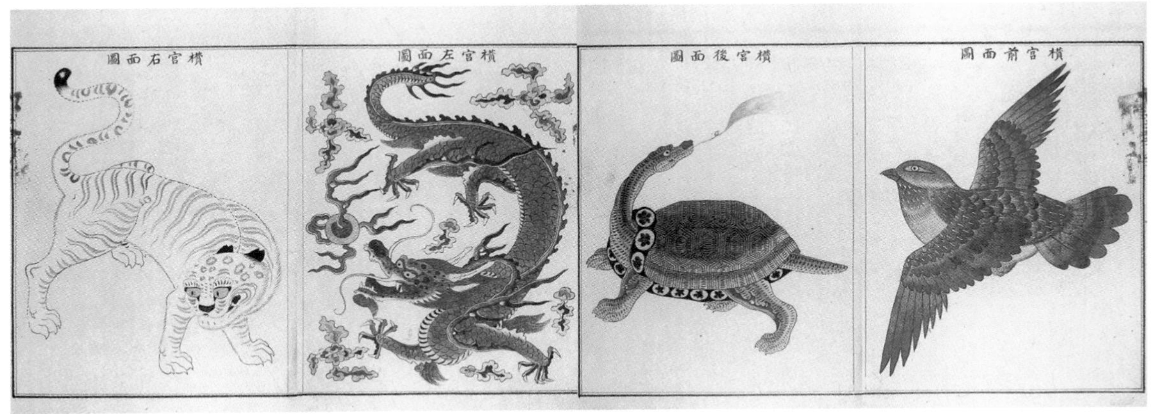

로 삼기 위해 만드는 의궤의 도설을 그렸다. 예를 들면, 1789년 『장조현륭원원소도감의궤』莊祖顯隆園園所都監儀軌의 석인 도설은 화원 허륜許碖이 그렸고, 『정조건릉산릉도감의궤』正祖健陵山陵都監儀軌(1800)에는 화원 김응수金應洙가, 『문조수릉산릉도감의궤』文祖綏陵山陵都監儀軌(1846)에는 화원 유운홍劉運弘(1797~1859)이 참여하여 도설을 그렸다.도60~62 이 중 허륜이 그린 현륭원의 석인 도설은 마치 초상화를 그릴 때처럼 좌안구분면左顔九分面의 모습으로 표현되었고 유운홍이 그린 수릉 석인은 신체의 형상이 현실적이고 의복의 필선이 다양하여 인물화 같은 느낌이 드는 것이 특징이다. 이는 도식적인 의궤 도설을 그리면서도 평소 다양한 그림을 제작한 화가로서의 기질이 자연스럽게 반영되었기 때문인 것으로 보인다. 또한 건릉과 수릉의 석인은 도설과 매우 유사하여 이들의 밑그림으로 석물 조형이 충실하게 이루어졌음을 말해 준다.[85] 도63, 64

다음으로 보획補劃과 북칠北漆은 옥책, 보인寶印, 교명, 표석 등에 정본正本 글씨를 옮기고 다듬는 일을 말한다. 북칠은 명정銘旌을 만들 때 비단에 쓴 정본 글씨의 뒷면에 백분白粉을 칠해 글자 위를 손

도59 **진전眞殿에 설치된 오봉병 도설** 『영정모사도감의궤』에 수록, 1901년, 한국학중앙연구원 장서각 소장.

도60 **건릉 문무석인 도설(❶, ❷)** 『정조건릉산릉도감의궤』에 수록, 1800년, 서울대학교 규장각 소장.

도61 **현륭원 문무석인 도설(❸)** 『장조현륭원원소도감의궤』에 수록, 1789년, 서울대학교 규장각 소장.

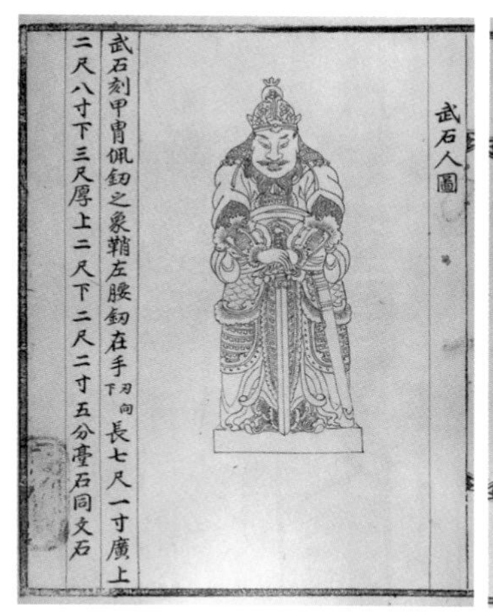

❶

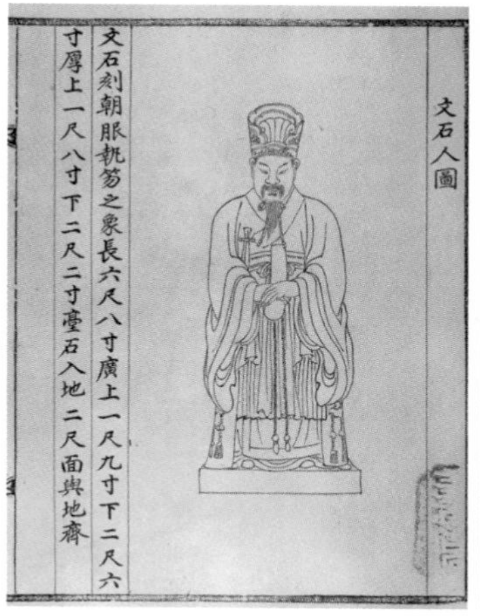

❷

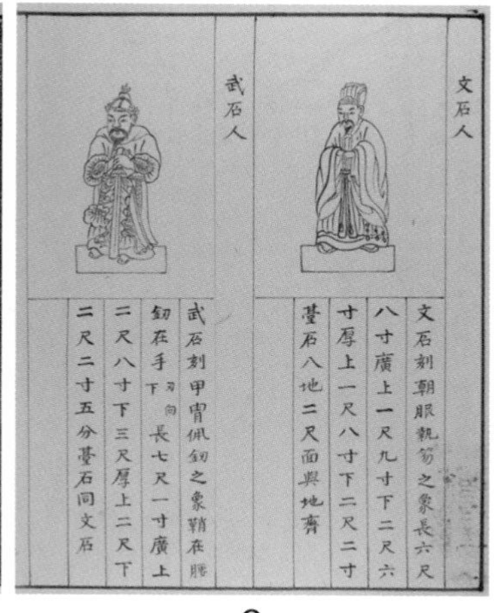

❸

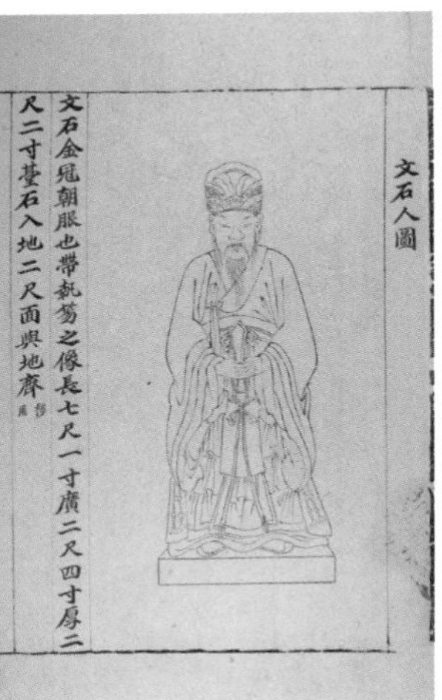

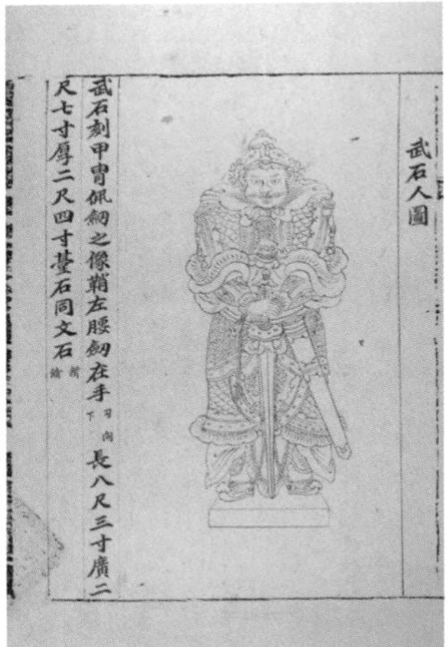

❶ ❷ ❸ ❹

도62 **수릉 문무석인 도설(❶, ❷)**
『문조수릉산릉도감의궤』文祖綏陵山陵都監儀軌에 수록, 1846년, 서울대학교 규장각 소장.

도63, 64 **문조 수릉의 문·무석인(❸, ❹)**

도65 **명성황후금책明聖皇后金册**
1897년, 금, 24.7×20.6cm, 국립고궁박물관 소장.
명성황후 책봉 시 올린 금책. 종래 옥玉으로 제작했던 것을 황제국의 위상에 맞게 금으로 제작한 것이다. 금판에 글자를 새기고 그 안을 당주홍으로 메웠다.

維光武元年歲次丁酉九月丁亥朔十七日
癸卯
皇帝若曰乾道資始坤道資生后配于君儷尊同
體君以仁政子育萬民后行懿德母臨三紀
可不欽歟咨爾王后閔氏以英哲端莊之姿
正家道而成教於國同勤勞於重熈之業內
治明章良佐助淡功存
社稷澤被區域柔化彌著令聞孔彰屬玆邦命維
新誕膺寶位大號今遣議政府議政沈舜澤
弘文館大學士金永壽捧金冊金寶命爾爲
皇后于以昭王道之所以始大德之必其得
受嘉祉於迺眷啓熾昌於無疆於不韙哉

으로 문질러 앞면에 분가루를 내거나 표석에 글자를 새길 때 글씨를 쓴 얇은 종이의 표면에 밀을 칠하여 그 뒤쪽에서 비치는 글자 테두리를 그려서 돌에 붙이고 문질러서 글씨 자국이 나도록 내려 앉히는 일을 말한다. 어진을 그릴 때 얼굴이나 의복의 자연스러운 표현을 위해 뒷면에서 배채背彩하는 것도 북칠이라고 불렀다. 보획은 이 북칠 과정이 끝난 후 글씨의 모양을 다듬는 것을 말하고 전홍塡紅이나 전금塡金은 표석이나 옥책, 죽책에 서사관의 글씨를 새긴 후 파인 부분을 당주홍唐朱紅이나 금니金泥로 메우는 것을 말한다.도65, 66

화원은 교명이나 죽책을 넣을 상자의 겉면을 장식하는 일도 맡았는데, 〈영조죽책함〉英祖竹册函에서 볼 수 있듯이, 뚜껑에는 봉황 두 마리(雙鳳)를 그렸고 몸체의 앞뒷면에는 매죽梅竹을, 양 옆에는 난초를 그린 것이 일반적이다. 이러한 죽책함은 의궤에서도 동일한 모습을 찾아볼 수 있어 규정화되어 있었음을 알 수 있다.도67, 68

법전에 명시된 화원의 임무 중에는 특정 지역에 건물을 중건하거나 산릉山陵 조성 시 일을 시작하기 전에 미

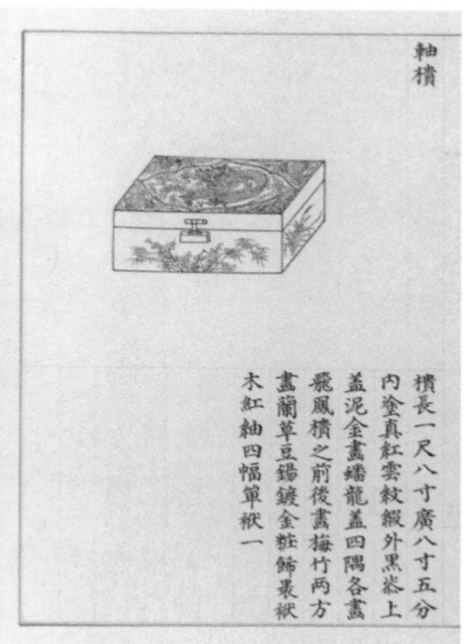

軸櫝

櫝長一尺八寸廣八寸五分
內塗真紅雲紋緞外黑漆上
蓋泥金畫蟠龍蓋四隅各畫
飛鳳櫝之前後畫梅竹兩方
畫蘭草豆錫鍍金粧飾裹袱
木紅紬四幅單袱一

도67 **영조죽책함** 1721년, 나무에 옻칠, 26.8×41.0×27.0cm, 국립고궁박물관 소장.

도68 **죽책함 도설** 『경모궁의궤』景慕宮儀軌에 수록, 1784년, 한국학중앙연구원 장서각 소장.

리 해당 장소를 찾아가 주변을 살펴보고 도형圖形을 그려 올리는 일도 포함되었다. 특히 산릉의 역사役事는 주변의 풍수와 지세地勢, 능역의 규모 등을 미리 파악해 두어야 했으므로 화원이 미리 주변을 살핀 후 그린 도형은 공사를 진행하기 전 기초자료가 되었을 것이다. 또한 공사를 하기 전 유사한 대상을 미리 봉심奉審한 후 도형을 그려 검토 자료로 삼기도 했는데, 현재 남아 있는 왕실 도형을 보면, 태실胎室이나 왕릉, 왕실 시조始祖의 무덤 지형을 그린 사례가 대다수여서 태봉胎封이나 산릉을 조성하기 위해 이러한 도형 작업이 많이 이루어졌음을 알 수 있다.[86] 도69, 70

끝으로 도화서 화원들에게 가장 중요한 임무는 왕의 초상, 즉 어진御眞을 그리는 일이었다. 일반인이 아닌 절대 권력자인 왕의 모습을 그린다는 것은 매우 명예로운 일이기도 했지만 화원으로서 뛰

도66 **정조책봉죽책**正祖册封竹册 1759년, 대나무, 25.3×107.3cm, 국립고궁박물관 소장.
정조를 왕세손으로 책봉하면서 만든 죽책. 납작하게 다듬은 대쪽 위에 글자를 새기고 그 안을 금니金泥로 메웠다.

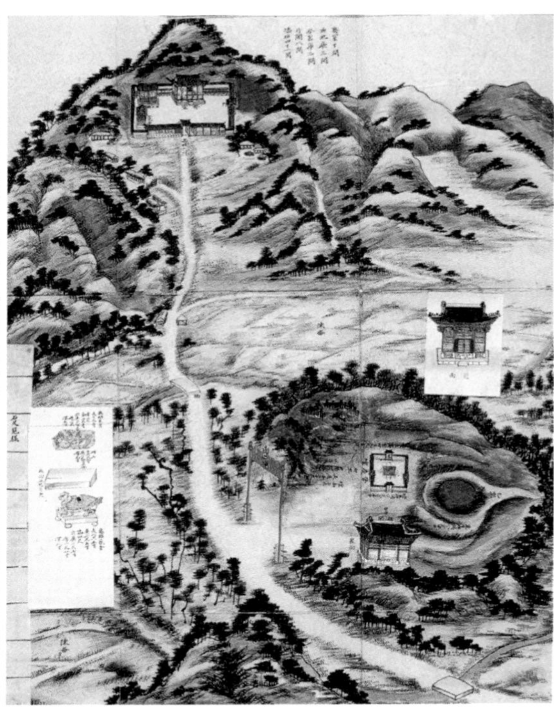

도69 〈순조태봉도〉純祖胎封圖(좌) 1806년, 종이에 담채, 101.2×62.3cm, 한국학중앙연구원 장서각 소장.

도70 〈조경단재실비각도형〉肇慶壇齋室碑閣圖形 1899년, 종이에 채색, 63.2×49.7cm, 한국학중앙연구원 장서각 소장.

전주 이씨 시조 이한李翰의 묘소와 그 주위에 건립된 재실, 비각, 비석의 구조 등을 그린 지형도. 현재 조경단은 전주시 덕진구에 위치하고 있다.

어난 재능과 기술을 갖추었다는 공식적인 인정이기도 했기 때문이다. 이 때문에 화가들은 어진 제작 참여를 큰 영광으로 여겼으며 제작 후 공로에 따라 동반직을 제수 받거나 마필馬匹을 상전으로 받는 등 다른 궁중행사에 동원되어 받은 상전에 비해 파격적인 대우를 받았다. '어진화사'御眞畵師라고 불린 이들은 이미 조선 초기 세종의 어진을 그린 안견安堅의 활동에서부터 시원始原을 찾아볼 수 있지만, 현존하는 어진이 거의 없을 뿐 아니라 관련 문헌도 1688년에 만들어진 의궤 이후로만 남아 있어 참여 인력과 어진 제작의 역사적인 변천을 모두 살펴볼 수 없는 것이 현실이다. 비록 현존하는 의궤와 작품이 풍부하지 않다 하더라도 오늘날 유·무명의 화원들의 이름을 확인할 수 있으며, 이들의 좀 더 자세한 활약상은 이 책의 제2부에서 다루어질 것이다.

남아 있는 작품들을 통해 보면 도화서 화원들이 담당했던 실용적인 도화 업무는 이상 언급된 범주 외에 무수히 많았음을 알 수 있다. 그러나 『육전조례』에서 유독 위의 여덟 가지 조항을 명시한 것은 그만큼 왕실의 위엄과 권위를 위한 임무를 중요하게 여겼기 때문이라고 생각된다. 이렇듯 화원의 역할은 정교함을 요구하는 왕실 업무라든지 어진 제작이나 외국 사신 접대를 위해서는 필수적이었기 때문에 조선 초기부터 도화 업무 폐지에 관한 많은 논란이 있었음에도 화원제도가 유지될 수 있었던 것이다.[87]

이 밖에 『육전조례』의 「모사」 조에 '각 궁전 및 각 처소의 오봉병장五峯屛幛, 가례 때의 병장屛幛과 보수褓繡, 사신을 접대할 때의 칙사병勅使屛'을 제작하는 것으로 명시된 것은 이들의 도화 업무 중 궁중 행사를 위한 장식용 병풍 제작이 얼마나 높은 비중을 차지했는지 말해 준다. 현존하는 여러 종류의 궁중회화가 명확한 사물 묘사와 정교한 필치를 기본으로 하여 그려진 것을 감안하면 화원의 재능이란 결국 뛰어난 묘사력으로 판가름났다고 할 수 있다. 당시에는 도화서 화원의 정교한 묘사력이 사대부 문인화에 대한 숭상에 가려져 제대로 평가받지 못하였으나, 오늘날의 관점에서 보면 그나마 작가로서 온전한 역량을 십분 발휘할 수 있는 영역이었다고 할 수 있다.

법전에 기록되지 않은 다양한 도화 업무

법전에 수록되지 않은 화원의 실용적인 도화 업무를 열거해 보면, 오례五禮(길례·흉례·빈례·군례·가례)에 입각하여 만들어진 의궤 속 도설圖說과 반차도를 제작하거나 각종 궁중의 행사 장면을 그렸고, 어진 외에 종친宗親이나 공신功臣들의 초상화도 그렸으며, 궁궐의 내부를 치장한 장식화, 지도, 궁궐도, 건물의 단청丹靑 작업, 서책의 인찰印札, 중국이나 일본 사행使行 시 수행화원으로 참여하여 지리적 풍경과 풍물을 그리는 등 여러 분야에 동원되어 화업을 담당하였다.[88]

도화서 화원 중 인물화 묘법에 특출한 재능을 가지고 있던 화원

도71 〈유순정정국공신화상〉 작가미상, 18세기, 비단에 채색, 172.0×110.0cm, 서울역사박물관 소장.

은 어진화사로 선발되는 경우 외에 공신도상功臣圖像이라든지 종친宗親 등 왕실 구성원의 초상을 그렸고, 왕명을 받들어 신하들의 초상화를 제작하거나 문인관료들의 주문으로 그들의 모습을 그리는 등 초상화가들의 역량은 무궁무진하였다.

앞 장에서 살펴본 바와 같이 공신도상은 이미 조선이 개국한 1392년 경복궁 장생전에 봉안하기 위해 제작되었을 정도로 매우 이른 시기부터 왕실에서 그려졌다. 이후 임진왜란 시 나라가 어려울 때 국왕을 보필한 공신들이라든지 1506년 중종반정中宗反正이나 1623년 인조반정仁祖反正처럼 정권이 바뀔 때 참여한 공신들의 초상이 지속적으로 그려지거나 이모移摹되었다.[89] 현존하는 공신도상은 궁중에서 그려 주인공의 후손 집에 내려준 것으로, 후손들에 의해 후대에 개모改摹되거나 다시 그려진 사례도 많지만 대부분 그렸을 당시의 복식과 회화 양식을 간직하고 있어 시대별 도화서 화원들의 제작 경향을 살펴볼 수 있다.도71

공신상과 더불어 나라의 주요 신료들의 초상을 그린 또 다른 사례로 《기사계첩》耆社契帖이 있다. 이 계첩은 국가의 경로당이라고 할 수 있는 기로소耆老所에 입사한 70세 이상의 정2품 또는 정3품 당상관에 해당하는 관료들을 그린 초상화첩이다. 공신상이 주로 가로가 긴 축軸 형태로 그려진 반면 《기사계첩》은 한 장씩 넘기는 첩帖 형태로 만들어졌기 때문에 주인공들은 모두 얼굴과 어깨까지만 그린 반신상으로 그려졌다. 《기사계첩》류의 그림은 제작 시기를 달리하여 여러 점이 전해오고 있는데, 그림을 그린 화원들의 명단이 첩의 마지막에 기록되어 있다는 점에서 화원 연구에 귀중한 자료가

된다. 비교적 이른 시기인 1719년에 그려진 《기해기사계첩》己亥耆社契帖은 숙종의 기로소 입사 행사가 끝난 후 제작된 것으로 표지가 아청색 모란문 비단으로 표장된 것으로 보아 왕실에서 보관했던 본으로 생각된다. 각 면마다 총 10명의 기로신의 초상과 기로소 입사 축하 장면을 그렸는데, 인물들의 성격이 짐작 갈 정도로 생김새와 특징을 잘 포착하여 그렸다.도72~74 화첩의 마지막 장에는 그림을 그린 김진녀, 장태흥, 박동보, 장득만, 허숙 5명의 화원 이름이 보이

도72 《기해기사계첩》 표지(좌)

도73 《기해기사계첩》의 〈이의현초상〉李宜顯肖像(중) 김진녀 외, 1719년, 비단에 채색, 43.5×32.3cm, 국립중앙박물관 소장.

도74 《기해기사계첩》의 〈신사철초상〉申思喆肖像(우) 김진녀 외, 1719년, 비단에 채색, 43.5×32.3cm, 국립중앙박물관 소장.

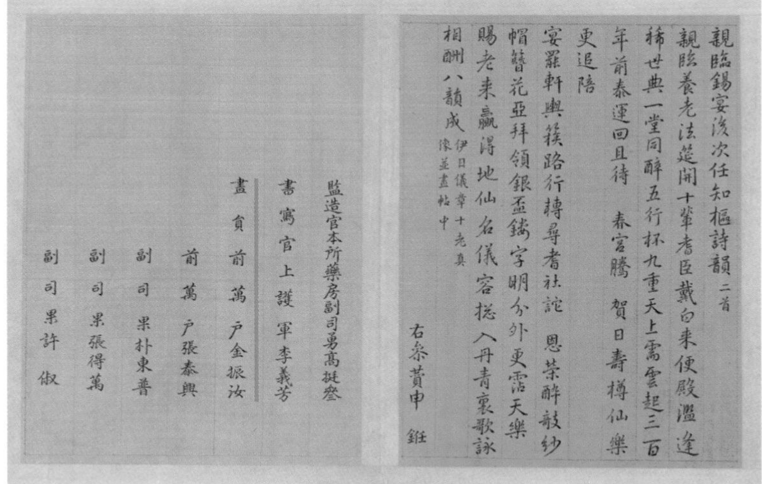
親臨錫宴後次任知樞詩韻 二首
親臨養老法筵開十輩耆臣戴白來便殿濫逢
稀世典一堂同醉五行杯九重天上需雲起三百
年前泰運回且待 春宮騰 賀日壽樽仙樂
更追陪
宴罷軒輿簇路行樽尋耆社詑 恩榮醉歃紗
帽簪花亞拜領銀盃鐫字明分外更霑天樂
賜老來贏得地仙名儀容摠入丹青裏歌詠
相酬八韻成 伊日儀章十老真像並畫帖中
右叅贊申 銋

監造官本所藥房副司勇高挺鏊
書寫官上護軍李義芳
畫員前萬戶金振汝
前萬戶張泰興
副司果朴東普
副司果張得萬
副司果許俶

도75 《기해기사계첩》의 화원 명단

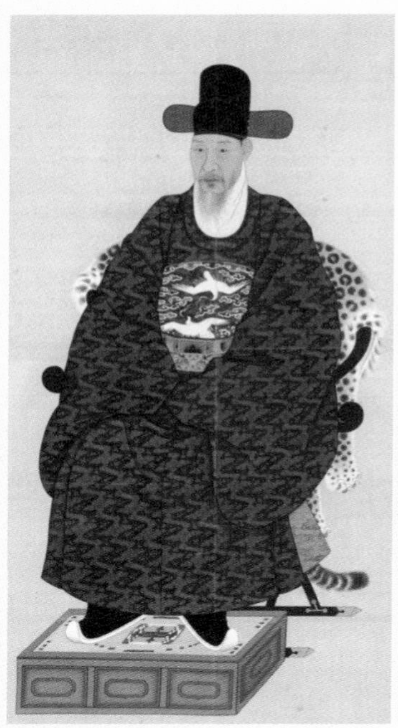

76 77 78
79 80

도76 **〈김치인초상〉金致仁肖像** 변상벽·한종유 합작, 1760년경, 비단에 채색, 152.8×81.6cm, 리움미술관 소장.

도77 **〈유언호초상〉劉彦鎬肖像** 이명기, 1787년, 비단에 채색, 172.4×73.6cm, 서울대학교 규장각 소장.

도78 **〈이항복초상〉李恒福肖像** 이한철, 19세기, 비단에 채색, 93.6×49.2cm, 리움미술관 소장.

도79 **〈이하응초상〉** 금관조복본, 이한철·유숙 합작, 1869년, 비단에 채색, 130.8×66.2cm, 서울역사박물관 소장.

도80 **〈이하응초상〉** 흑건청포본, 이한철·이창욱 합작, 1880년, 비단에 채색, 126.7×64.7cm, 서울역사박물관 소장.

도81 **〈이하응초상〉** 와룡관학창의본, 이한철·유숙 합작, 1869년, 비단에 채색, 133.7×67.7cm, 서울역사박물관 소장.

도82 **「영희전영전도감의궤」永禧殿營建都監儀軌 표지와 「영희전도」** 1900년, 45.2×33cm, 서울대학교 규장각 소장.

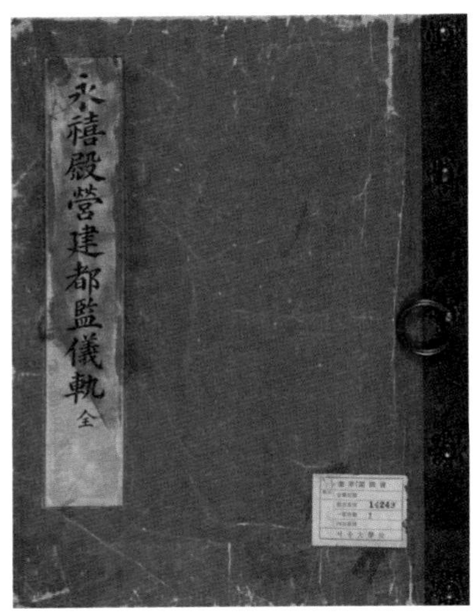

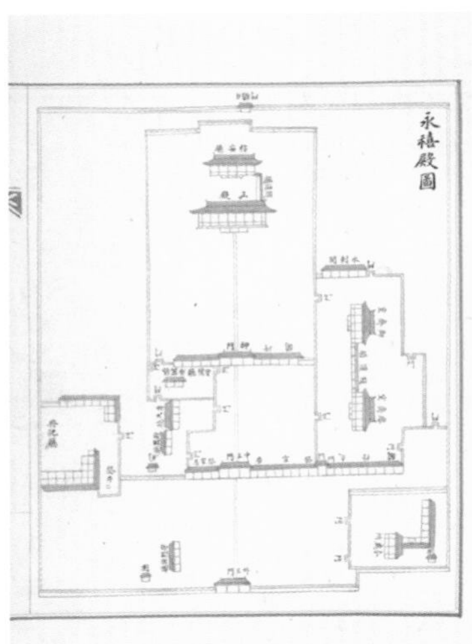

며 이들의 상세한 약력은 구체적으로 밝혀지지 않았지만 모두 숙종~영조 연간 수많은 궁중 행사에 참여하여 화명畵名을 날린 인물들이다.[도75]

조선의 화원은 도감都監을 설치하거나 국가의 공식적인 업무로서가 아닌 국왕이나 종친들의 사적인 주문이나 문신들의 요청에 의한 초상화도 여러 점 남겼으며 주로 18·19세기에 집중되어 있다. 국수國手로 불렸을 정도로 초상화를 잘 그렸다는 변상벽이 화원 한종유韓宗裕와 합작하여 그린 〈김치인초상〉金致仁肖像이라든지,[도76] 이명기가 1782년 정조의 명에 의해 제작한 유언호(1730~1796)의 초상,[도77] 19세기 초 대표적인 화원이었던 이한철李漢喆(1812~1893 이후)이 그린 〈이항복초상〉李恒福肖像[도78]과 화원 유숙劉淑과 합작하여 그린 일련의 흥선대원군 이하응李昰應(1820~1898) 초상화는[도79~81] 다양한 사회적 관계를 맺으며 활동한 화원들이 남긴 결과물이자, 궁궐의 안팎을 아우른 작품활동은 이들의 경제적 여건을 조금이나마 개선해 주었을 것으로 생각된다.

초상화에서 본 것처럼 도화서 화원들의 업무는 세밀하고 정교한 필치로 실제 장면이나 인물, 풍경 등을 그대로 재현하는 것이 큰

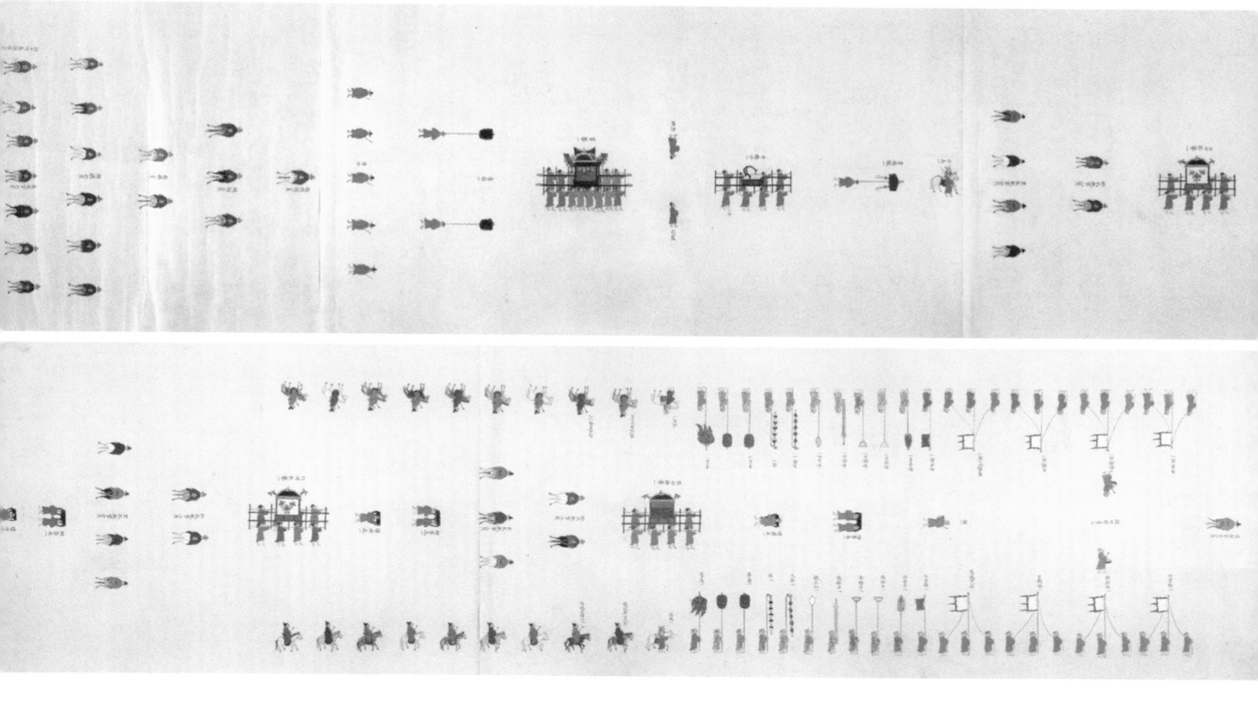

도83 **〈책례반차도〉** 조선 후기, 종이에 채색, 39.5×650.0cm, 국립고궁박물관 소장.

비중을 차지했기 때문에 이들의 작품은 현장을 기록하고 향후 기억하기 위한 기록화로서 마치 오늘날 사진과 같은 역할을 했다. 왕실의 결혼과 책봉, 각종 행사 모임을 그린 궁중 행사도를 비롯하여 의궤의 도설과 반차도班次圖, 특정 시기 궁궐의 모습을 그린 궁궐도, 그리고 부연사행赴燕使行이나 조선통신사朝鮮通信使의 일원으로 참여하여 외국의 지형과 풍경을 그린 것이 그것이다.도82, 83

현존하는 궁중 행사도는 도화서 화원들이 그린 것이긴 하나, 행사에 참여한 관원들이 제작을 주관하여 사유화私有化했다는 점에서 국가가 소유했던 의궤 속 반차도와 성격이 다르다. 그러나 모두 몇 개의 화폭에 걸쳐 장대한 파노라마식 화면으로 그려졌고 상세한 건물의 모습과 각종 의장물, 품계에 따른 참여자들의 위치 등은 궁중 행사에 참여했던 화원들의 경험이 아니었다면 이처럼 사실적으로 구현되지 못하였을 것이다.도84 궁중 행사도는 수준과 화풍으로 보

도85 「경현당수작도기」景賢堂受爵圖記(아래 왼쪽) 1765년, 비단에 먹, 126.5×53.0cm, 국립중앙박물관 소장.

도85-1 「경현당수작도기」의 세부(화자 화원 김홍도)

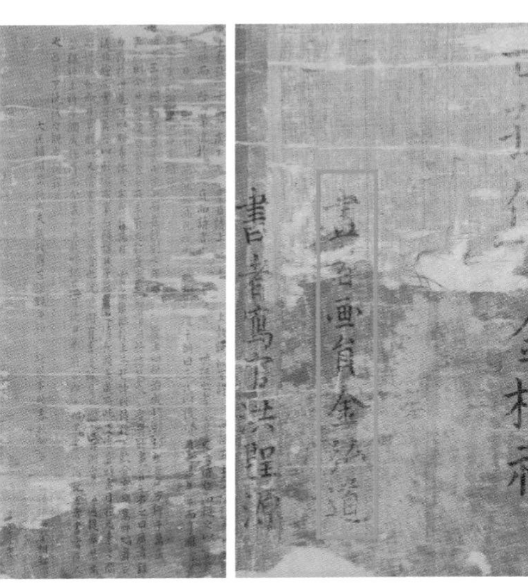

아 도화서 화원이 그렸을 것으로 믿어지지만 구체적으로 작자가 밝혀진 사례는 극히 드물다. 그러나 최근에 공개된 〈경현당수작도〉景賢堂受爵圖(1765)의 기문記文에서 그림 제작자를 '화원畵員 김홍도金弘道'라고 명시하고 있어 관료들의 주문에 의한 행사도 제작에 화원이 직접 참여했음을 구체적으로 증명할 수 있게 되었다. 도85, 85-1

궁중 행사도에서 찾아볼 수 있는 현장에 대한 재현은 동궐도로 대표되는 궁궐도와 왕실과 관련된 전국의 장소를 그린 유적도遺蹟圖를 통해서도 드러난다. 궁궐도는 궁궐 전각을 비롯한 각종 건물의 모습을 마치 자로 재서 경계를 긋듯이 그린다고 해서 "계화"界畵로 불렸다.[90] 궁

도84 **《왕세자탄강진하도》王世子誕降陳賀圖** 1874년, 10첩 병풍, 비단에 채색, 각 폭 133.5×37.5cm, 국립고궁박물관 소장.

중회화로서 계화의 전통은 16세기 〈궁중숭불도〉宮中崇佛圖에서 알 수 있듯이 그 역사가 오래되었다.도86 1830년대 초반에 그려진 《동궐도》는 〈궁중숭불도〉에서 표현된 평행사선 구도를 기본으로 하여 창덕궁과 창경궁 일곽을 총 16폭으로 나누어 그린 대단위 화폭이다.도87, 88 이 그림은 일찍이 산수 표현의 비교를 통해 화원 이수민李壽民(1783~1839)이 관여하여 완성한 것으로 파악된 바 있다.[91]

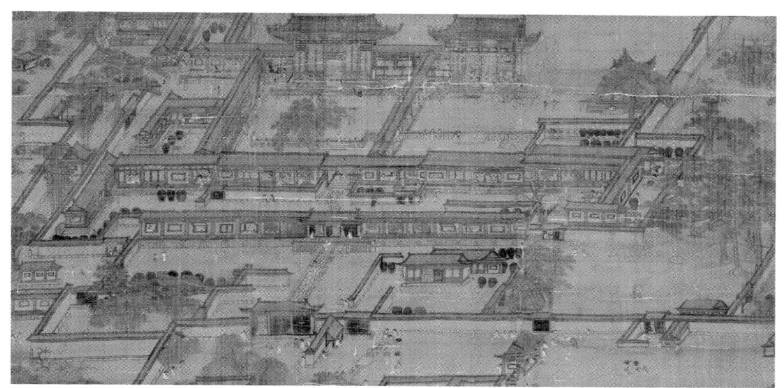

도86 **〈궁중숭불도〉宮中崇佛圖** 작자 미상, 16세기, 비단에 수묵담채, 46.5×91.4cm, 리움미술관 소장.

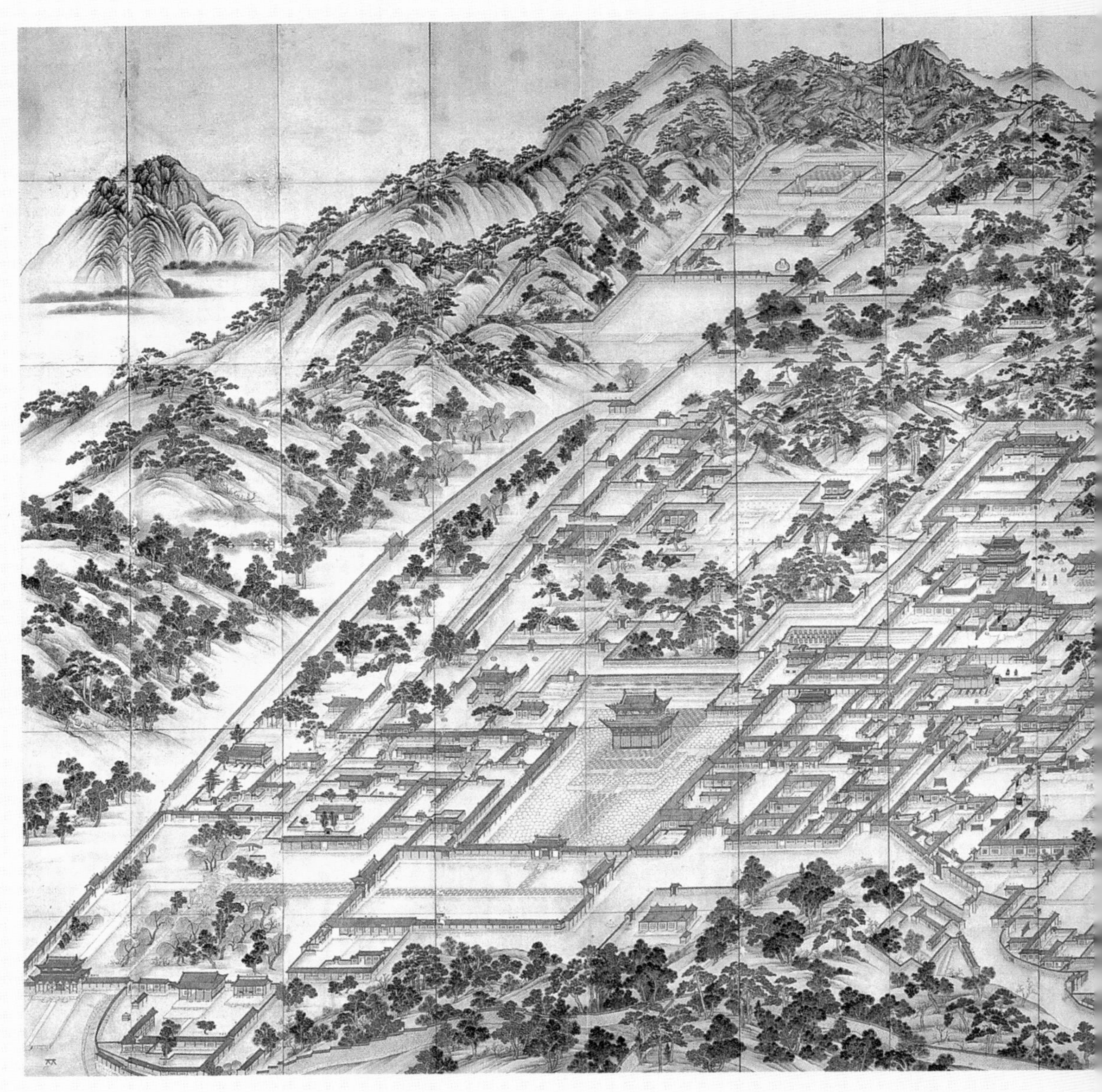

도87 **《동궐도》東闕圖** 1830년대 초, 종이에 채색, 237.0×584.0cm, 고려대학교박물관 소장.

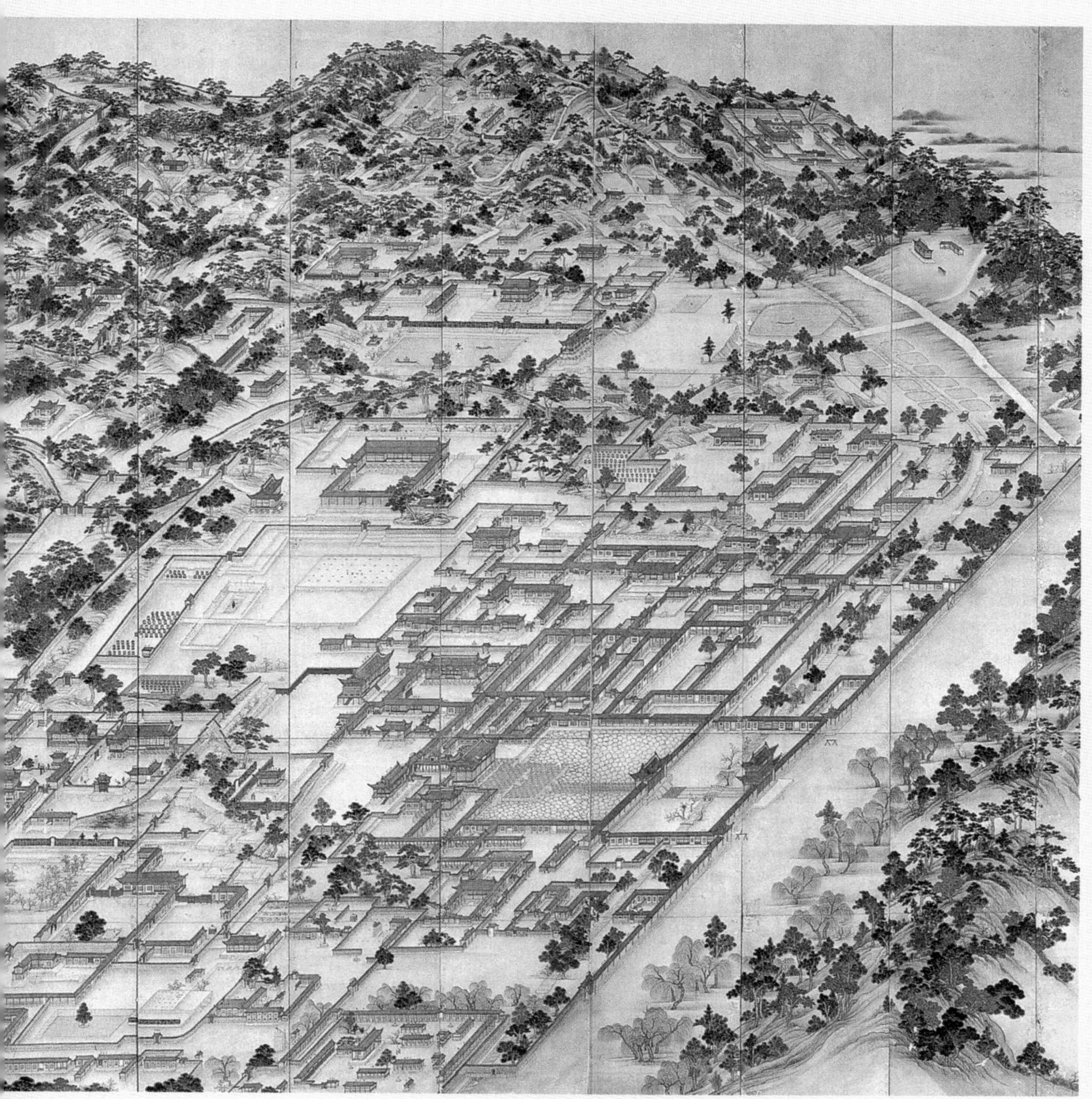

도88 《동궐도》의 옥류천玉流泉 일대

간혹 화원들은 활동 무대를 외국에까지 넓힐 수 있는 기회를 갖기도 했는데, 중국이나 일본으로 떠나는 사신단의 일원으로 참여하는 것이었다. 중국으로 가는 사행을 '조천'朝天 또는 '연행'燕行이라고 불렀으며, 중국과 조선의 중요한 외교적 문제를 해결하거나 황실의 경사를 축하하기 위한 목적으로 파견되었다. 보통 사행단은 300명에 가까운 대규모로 편성되었는데, 도화서 화원은 사자관 2명과 더불어 한 명만 갈 수 있게 법전에 명시되었다.[92] 이들은 사행의 여정을 그리거나 입수가 어려운 그림과 지도 등을 베껴왔으며, 새로운 그림 기법을 배워오는 일 등을 맡았으나,[93] 법률에 규정된 임무는 없었다.

도화서 화원 중 연행의 여정과 풍경을 그림으로 남긴 화가로는 이필성李必成(18세기)과 이의양李義養(1768~?)이 있다. 이 중 이필성을 예로 들면, 그는 정3품 절충折衝을 지낸 도화서 화원으로 1759년 영조와 정순왕후 가례 행사에 참여했다는 기록만 있을 뿐 이렇다 할 활동상이 잘 알려져 있지 않다. 그러나 1760년 사행 시 수행 화원으로 동참한 후에 그린 《심양관도첩》瀋陽館圖帖(1761)은 그가 범상치 않은 재능을 지녔음을 말해 준다.[94] 이 화첩에 실린 〈산해관외도〉山海關外圖를 보면 사선으로 배치된 산해관의 누각과 벽채를 그리고 오른쪽에는 암산을 배치했는데, 사물 묘사가 매우 입체적이고 사실적이어서 서양화법의 영향을 받았음을 암시해 준다.[95]

조선에서 북쪽으로 가는 중국 사행이 있었다면 남쪽 일본으로 가는 조선통신사 역시 화원들에게 이국적인 경험을 하게 해준 통로

도89 **〈통신사일행착복지도〉通信使一行着服之圖와 화원** 1811년, 두루마리, 종이에 채색, 47.0×876.5cm(전체), 국사편찬위원회 소장.

도90 **〈달마절로도강도〉(좌)** 김명국, 1634년, 종이에 수묵, 98.1×48.3cm, 국립중앙박물관 소장.

도91 **〈산수도〉** 김유성, 1764년, 종이에 수묵, 118.5×49.3cm, 개인 소장.

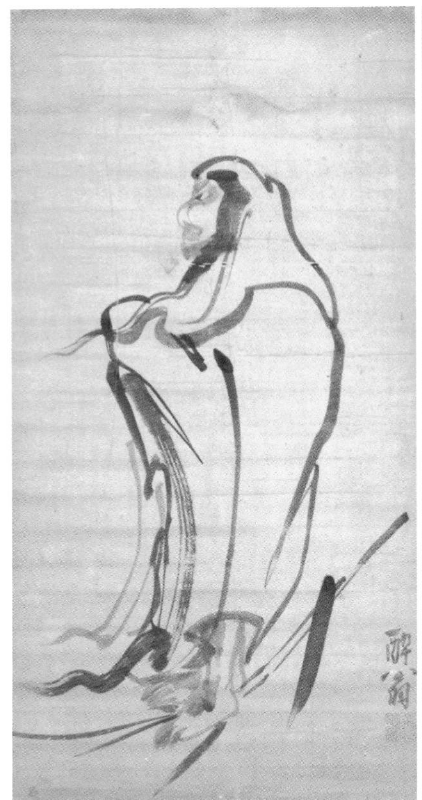

였다. 조선통신사 사절단에 화원이 포함된 것은 1590년으로, 임진왜란 이후 2세기에 걸쳐 통신사행이 12회나 이루어지면서 정례화되었고 『통문관지』通文館志(1714)에 처음 명문화되었다.[96] 연대 미상의 일본인 화가가 그린 〈통신사일행착복지도〉通信使一行着服之圖에 보면 오사모烏紗帽를 쓰고 초록색 단령團領을 입은 화원의 뒷모습(그림 셋째줄 오른쪽 첫번째)이 그려져 있다.도89 일본에 간 화원은 부연사행 수행화원들과 마찬가지로 특정한 소임은 없었지만 일본 지형이나 문물제도·행사 등을 그렸는데, 가장 많은 비중을 차지한 것은 일본인들의 요청에 따라 그려준 그림들이었다. 조선 화원이 일본인들에게 그려준 그림에는 "조선국 아무개가 그림"(朝鮮國某某畵)이라고 쓰여 있는 것이 특징이다. 눈이 충혈되었을 정도로 밤새 그림을 그렸

도92 《곽분양행락도》郭汾陽行樂圖
작자미상, 8첩 병풍, 19세기, 비단에 채색, 131.0×415.0cm, 리움미술관 소장.

다는 김명국金明國(1600~?)이 1634년 일본에서 그린 〈달마절로도강도〉達磨折蘆渡江圖를도90 비롯하여 김유성金有聲(1725~?)이 1764년 통신사 화원으로 도일하여 그린 〈산수도〉도91 등 함세휘咸世輝(18세기), 최북崔北(1712~1786), 이성린李聖麟(1718~1777) 등 도화서 화원들이 일본 현지인들에게 그려준 수묵화가 여러 점 전해오고 있다.[97]

각종 기록화, 초상화, 산수화 외에 도화서 화원은 왕실의 평안과 자손 번창, 수복壽福을 상징하는 여러 종류의 장식화를 그려 궁중에 내입內入하였다. 해학반도도, 십장생도, 곽분양행락도, 백동자도, 요지연도, 한궁도 등은 모두 짙은 채색을 사용해 상서롭고 길상적인 주제를 그려 궁궐 내부를 화려하게 치장하는 데 소용된 그림들이다.도92, 93 이러한 장식화가 내포하고 있는 길상吉祥의 의미는 회화는 물론 건축의 단청, 공예에 이르기까지 광범위하게 적용된 조선 궁중문화의 핵심이라고 할 수 있다.[98] 궁중회화 속 상징체계에 대한 분석은 이 책의 제4부에서 논의될 것이다.

도화서 화원이 그린 장식화 중 한 가지 언급해야 할 대상으로 세화歲畵가 있다. 세화는 새해를 축복하고 상서롭지 못한 기운을 물리치는 액막이용 그림이다.[99] 『육전조례』의 「진상」進上 조에 차비대령화원은 각 30장, 도화서 화원은 각 20장의 세화를 그려 12월 20일에 진상하는 것으로 명시되어 있다. 『육전조례』가 공표된 1867년

도93 **《요지연도》瑤池宴圖** 작자미상, 8첩 병풍, 19세기, 비단에 채색, 134.5×366.0cm, 경기도박물관 소장.

도94 **《담와홍계희평생도》淡窩洪啓禧平生圖 중 〈수찬행렬〉修撰行列** (전) 김홍도, 18세기, 비단에 담채, 76.5×37.9cm, 국립중앙박물관 소장.

도94-1 **〈수찬행렬〉 세부, 대문에 붙인 신장상 그림**

을 기준으로 보면 차비대령화원(26명)과 도화서 화원(30명) 도합 56명이었음을 상기할 때 1년 동안 화원들이 바친 세화는 1,000장이 넘는 많은 수량이었을 것으로 예상된다. 보통 세화를 그린 대가로 화원은 삼베(料布) 46필疋을 받았다고 하며 이러한 이유로 세화는 17세기부터 화원들에게 중요한 경제적 수단으로 인식되었다.[100]

세화의 주된 소재는 수성壽聖, 선녀仙女, 신장神將 등 선계仙界의 인물들이었으며 그 모습을 그려 대문이나 벽에 붙여 재앙을 막고 행운을 비는 용도로 사용했다. 세화의 용도는 조선 후기 풍속화에 양반가와 관청의 대문에는 신장상神將像을, 관청의 벽에는 십장생十長生을 그려서 붙여놓은 모습을 통해 확인할 수 있다.도94, 95 민간에 퍼진 풍습 중 상당수가 궁중의 문화였음을 상기할 때 풍속화에 보이는 세화의 모습은 궁중에서도 비슷한 모습이 아니었을까 생각된다.

궁중에서 그려진 세화의 한 유형은 김덕성金德成(1729~1797)이 그

린 〈뇌공도〉雷公圖를 통해 유추할 수 있다.도96, 96-1 이 그림이 세화로 진상되었다는 증거는 없으나, 〈뇌공도〉의 신비롭고 용맹스러운 모습은 신장상과 성격상 상통하다. 더욱이 『근역서화징』槿域書畵徵에 의하면 김덕성은 신장상을 잘 그렸다고 하니, 도화서 화원이었던 그가 조정에 신장상을 그려 세화로 바쳤을 가능성은 더욱 크다고 하겠다.

도화서 화원은 행사도나 길상화처럼 항상 정해진 도상圖像에 맞춰 규정화된 그림만 그린 것이 아니다. 왕실에서 요구한 종교화도 그렸으며, 이는 고려의 불교 숭상 전통이 아직 남아 있던 조선 초기에 더욱 두드러진 현상이었다. 당시 화원은 국왕과 비빈, 종친의 후원 아래 왕실 발원 불화佛畵의 제작에 관여하였으며[101] 조선 후기 유교가 뿌리내리기 시작하면서 이러한 사례는 점차 줄어들었다. 1550년 화원 이자실李自實(16세기)이 인종비仁宗妃 공의왕대비의 발원으로 그린 〈관음삼십이응신도〉觀音三十二應身圖도97는 일반 불화와 달리 산수 배경을 크게 부각시켰고 암산의 묘법이 조선 초기 산수화 양식을 반영하고 있는 왕실 발원 불화의 특징을 잘 보여 주는 작품이다. 16세기 도화서 화원으로 활동한 이상좌李上佐(16세기)는 갈필의 자유로운 필치로 그린 〈불화첩〉도98도 남겼는데, 종교화임에도

도95-1 〈선화당연회도〉의 세부, 대문에 붙인 신장상 그림(좌).

도95-2 〈선화당연회도〉의 세부, 선화당 벽면의 십장생도(우).

도95 《평양감사환영도》 중 〈선화당연회도〉宣化堂宴會圖 작자미상, 19세기, 비단에 채색, 각 128.1×58.1cm, 미국 피바디에섹스 박물관 소장.

도96 **〈뇌공도〉 부분** 김덕성, 18세기, 종이에 담채, 31.5×31.5cm, 국립중앙박물관 소장.

도96-1 **〈뇌공도〉** 김덕성, 18세기, 종이에 담채, 113.3×58.8cm, 국립중앙박물관 소장.

도97 **〈관음삼십이응신도〉** 이자실, 1550년, 비단에 채색, 215.0×152.0cm, 일본 지온인 소장(오른쪽 면).

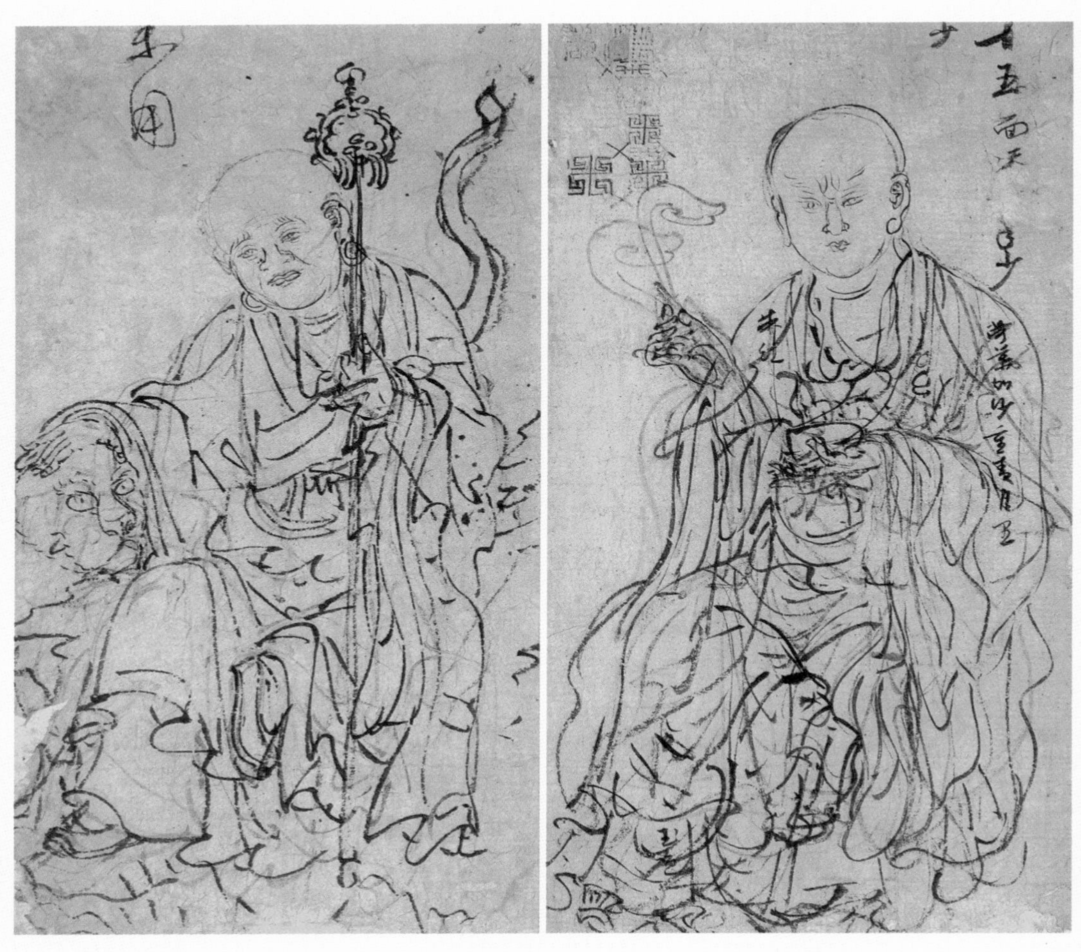

도98 **《불화첩》佛畵帖 부분** 이상좌, 16세기, 종이에 수묵, 각 50.6×31.0cm, 리움미술관 소장.

도99 **〈잠직도〉蠶織圖(좌)** 전 진재해, 17세기, 비단에 채색, 137.6×52.4cm, 국립중앙박물관 소장.

도100 **〈제갈무후도〉諸葛武侯圖** 작자미상, 1695년, 비단에 채색, 164.2×99.4cm, 국립중앙박물관 소장.

도101 〈춘야도리원도〉春夜桃李園圖 **부분과 인수引手에 쓴 영조의 글** 김두량金斗樑, 1744년, 비단에 담채, 8.4×184.0cm, 국립중앙박물관 소장.

도102 〈전원행렵승회도〉田園行獵勝會圖 **부분과 인수에 쓴 영조의 글** 김덕하金德夏, 1744년, 부분, 비단에 담채, 8.4×184.0cm, 국립중앙박물관 소장.

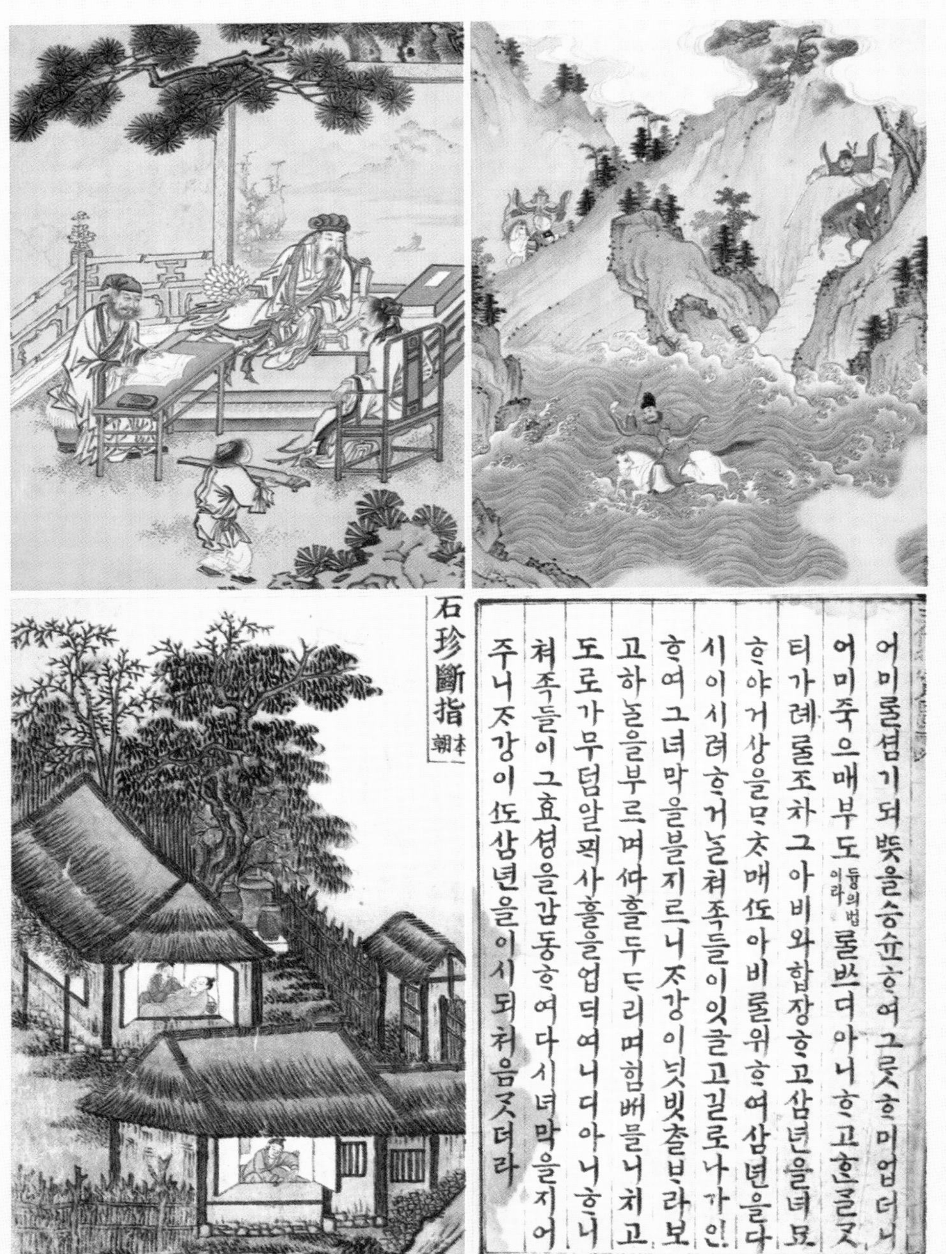

石珍斷指 朝本

어미ᄅᆞᆯ셤기되ᄠᅳᆺ을승슌ᄒᆞ여그릇ᄒᆞ미업더니
어미죽으매부도듕의법이라ᄅᆞᆯ쓰더아니ᄒᆞ고ᄒᆞᆫᄀᆞᆯᄀᆞᆺ
티가례ᄅᆞᆯ조차그아비와합장ᄒᆞ고삼년을녀묘
ᄒᆞ야거상을ᄆᆞᄎᆞ매ᄯᅩ아비ᄅᆞᆯ위ᄒᆞ여삼년을다
시이시려ᄒᆞ거ᄂᆞᆯ쳐족들이잇글고길로나가인
ᄒᆞ여그녀막을블지르니ᄌᆞ강이ᄂᆞᆺ빗출ᄇᆞ라보
고하ᄂᆞᆯ을부르며ᄯᅡ흘두ᄃᆞ리며힘ᄲᅥ믈니치고
도로가무덤알픠사흘을업ᄃᆞ여니더아니ᄒᆞ니
쳐족들이그효셩을감동ᄒᆞ여다시녀막을지어
주니ᄌᆞ강이ᄯᅩ삼년을이시되처음ᄀᆞᆺ더라

도103, 104 **《고사인물화보》故事人物畵譜(위)** 진재해 외, 18세기, 종이에 채색, 각 39.0×30.5cm, 리움미술관 소장.

도105 **『오륜행실도』五倫行實圖 중 「석진단지」石珍斷指와 언해 부분** 전 김홍도 밑그림, 1797년, 22.0×15.0cm, 리움미술관 소장.

규정화된 도상에서 벗어난 화가의 재량이 돋보이는 그림이다.

이 밖에 화원들은 성현들과 역대 군왕의 행적, 민생의 모습을 그린 감계화鑑戒畵와 어람용 감상화,[도99~102] 동궁의 교육을 위해 활용된 고사인물도故事人物圖, 왕실 서적의 삽화揷畵와 도자기의 밑그림 등 주제와 기법을 넘나들며 많은 그림을 탄생시켰다.[도103~106]

도화서 화원들의 활동 반경은 궁중 업무에만 머물러 있지 않았다. 15세기 화원 안견이 안평대군安平大君(1418~1453)과의 친분을 매개로 〈몽유도원도〉夢遊桃源圖를[도107] 그려준 것처럼 이들은 주변의 왕족, 관료, 문인화가, 중인층 예술가들과의 교류를 통해 자신들의 작가적 기량을 넓혀 나갔고 그 결과 여러 화풍을 받아 들여 산수화, 영모화, 화조화 등에 이르는 서정성이 짙은 작품을 많이 남길 수 있었다. 이러한 사실은 진채화眞彩畵로 대표되는 화원들의 그림이 결코 작품활동의 전부를 대변할 수 없다는 점을 일깨워 준다.

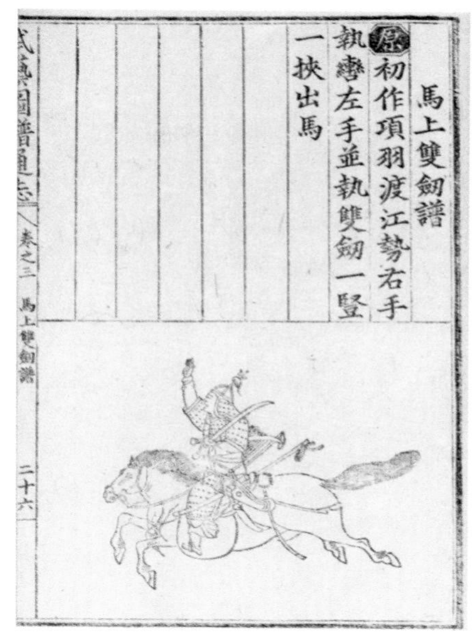
馬上雙劍譜
原 初作項羽渡江勢右手執轡左手並執雙劍一豎一挾出馬
武藝圖譜通志 卷之三 馬上雙劍譜 二十六

도106 **『무예도보통지』武藝圖譜通志 부분** 박유성朴維城 외 밑그림, 1790년, 31.0×18.9cm, 목판본, 서울대학교 규장각 소장.

도107 **〈몽유도원도〉** 안견, 1447년, 비단에 수묵, 38.7×106.5cm, 일본 텐리대도서관 소장.

夢遊桃源圖

6 화원 가문의 형성과 세습

17세기 중인층의 성장과 화원직의 세습

17세기 이후 신분제가 고착화되는 과정에서 동일 가문 내에서 특정한 기술직을 세습함으로써 독점적인 우위를 차지하는 중인中人 가문이 등장하기 시작했으며, 화원 집단 내에서도 유사한 현상이 나타나기 시작했다.[102] 곧 화업을 가업家業으로 세습하는 집안이 서서히 등장하기 시작한 것이다. 화원직의 세습은 도화서 화원뿐 아니라 중인 출신이 많았던 차비대령화원들도 서로 통혼권通婚圈을 이루며 견고하게 이어나갔다.[103]

현재까지의 통계에 의하면 조선 중기부터 후기까지 화원 집안은

40개 이상의 가문이 파악되었으며[104] 이 중에는 뒤에서 살펴볼 인동仁同 장씨張氏처럼 약 200여 년간 지속적으로 화원을 배출한 가문도 있었다. 결국 이들이 직계 또는 다른 화원 집안과 연계하여 도화서 내에서 우위를 차지했다고 할 수 있으며, 이러한 결과는 국가적인 차원에서 이루어진 화원에 대한 처우 개선과 사회적 인식의 개선을 동반한 점진적인 현상이었다.

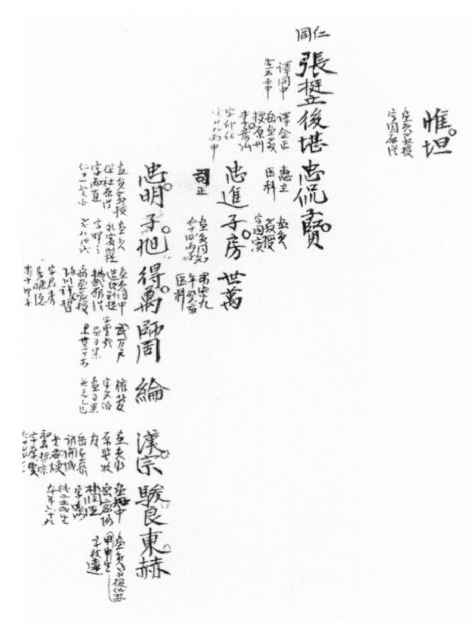

도108 『화사양가보록』에 수록된 인동 장씨 화원 계보 오세창 편, 1916년.

특정 가문이 화원직을 대대로 세습했다는 것은 가내家內 화업畵業의 전통을 계승했다는 의미도 있지만 이를 통해 회화양식의 전승傳承이 자연스럽게 이루어지고 신분사적으로는 중인층 형성에 일조를 했다는 의미를 내포하고 있다. 19세기에 이르면 몇몇 화원 가문은 수백 년간 이어온 명맥을 바탕으로 일정한 계보系譜를 형성하기에 이른다. 구한말 역관譯官이자 서화 감식가로 명성을 떨친 오세창吳世昌(1864~1953)이 1916년에 편찬한 『화사양가보록』畵寫兩家譜錄처럼 이러한 화원들의 계보를 정리한 저술이 편찬된 시기도 이 즈음이다.도108 이 책에는 조선왕조 동안 활동한 45개의 화원 가문이 소개되었는데, 대부분 16세기 이후 형성된 가문들로서 중인층이 등장한 시기와도 유사하게 맞물려 있다.

도109 〈미법산수도〉米法山水圖 이정근, 16세기 후반, 종이에 수묵, 23.4×119.4cm, 국립중앙박물관 소장.

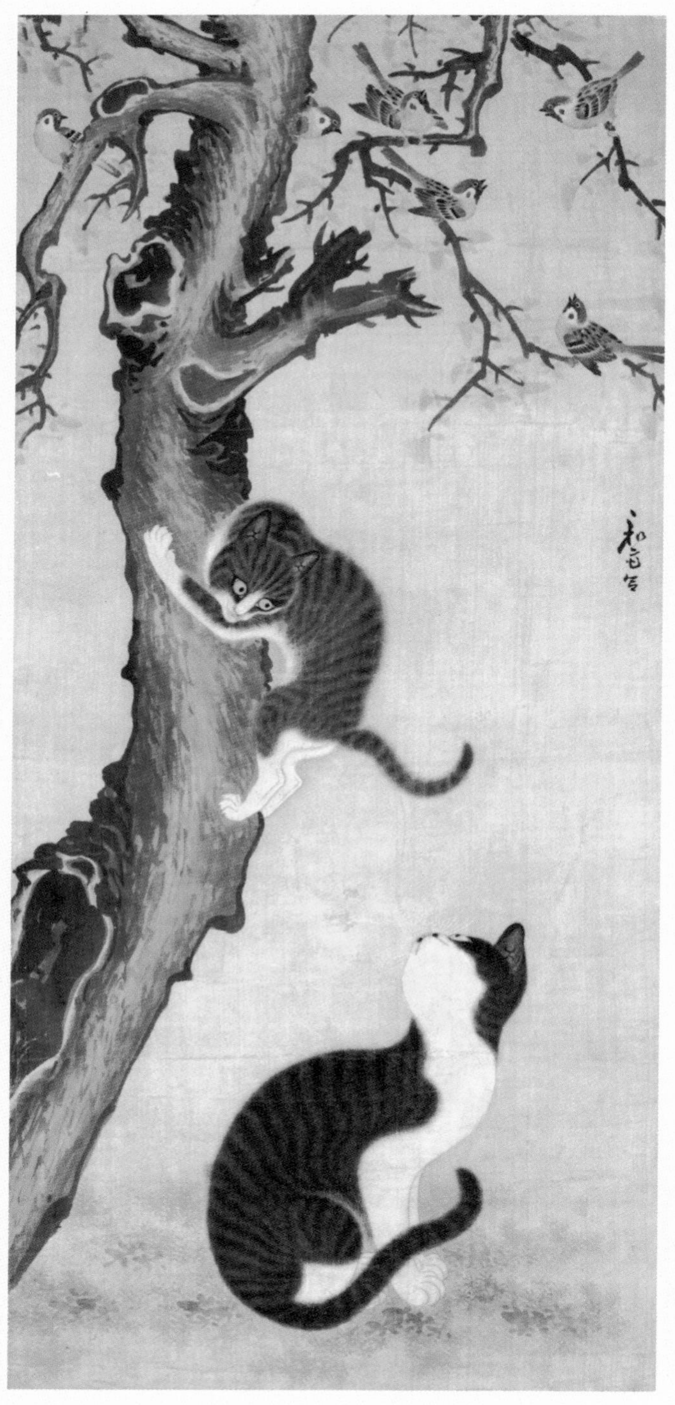

도112 **〈묘작도〉描雀圖** 변상벽, 18세기, 비단에 담채, 93.7×42.9cm, 국립중앙박물관 소장.

도115 **《백선도》白扇圖** 박기준, 8첩 병풍 중 2폭, 비단에 채색, 각 94.5×41.0cm, 리움미술관 소장.

도113 **〈강산무진도〉江山無盡圖** 이인문, 18세기 후반, 비단에 수묵담채, 43.8×856.0cm, 국립중앙박물관 소장.

도114 《책가도》冊架圖 이형록, 8첩 병풍, 19세기, 종이에 채색, 139.5x421.2cm, 리움미술관 소장.

도117 **《북새선은도》北塞宣恩圖 중 〈길주과시〉吉州科試** 한시각, 1664년, 비단에 채색, 57.9×674.1cm, 국립중앙박물관 소장.

도110 **〈수하일가도〉樹下一家圖(좌)** 김석신金碩臣, 18세기 말, 종이에 수묵담채, 27.5×33.0cm, 리움미술관 소장.

도111 **〈금강전도〉金剛全圖(우)** 김응환, 1772년, 종이에 담채, 26.5×35.5cm, 개인 소장.

16세기 미법산수米法山水를 발전시킨 이정근李正根(1532~?)을 배출한 경주慶州 이씨李氏 가문,[도109] 허숙許俶을 비롯하여 19세기까지 많은 화원을 배출한 양천楊川 허씨許氏 가문, 김득신金得臣·김응환金應煥 등 조선 후기 풍속화와 진경산수에 있어 걸출한 화원을 배출한 개성開城 김씨金氏 가문,[도110, 111] 초상화와 고양이 그림에 뛰어났던 변상벽卞相璧을 배출한 밀양密陽 변씨卞氏 가문,[도112] 이인문李寅文으로 대표되는 해주海州 이씨李氏 가문,[도113] 문방文房그림에 뛰어났던 이형록으로 대표되는 전주 이씨 가문,[도114] 부채그림을 잘 그렸던 박기준朴基駿(19세기)으로 대표되는 밀양 박씨 가문,[도115] 인물화에 뛰어났던 백은배白殷培로 대표되는 임천林川 백씨白氏 가문,[도116] 한시각韓時覺(1621~?)으로 대표되는 청주淸州 한씨韓氏 가문[도117]에 이르기까지 조선시대에 활동한 화원과 이들을 배출한 가문이 차지하는 중요성은 매우 크다고 할 수 있다.[105]

이 글에서는 지면의 한계상 이 모든 화원 집안과 인물들을 언급할 수 없으므로 조선시대 가장 많은 화원을 배출한 인동 장씨 집안 사례를 통해 화원 가문의 형성과 세습, 그들의 흥망성쇄를 살펴보고자 한다.

도116 **〈하마선인도〉蝦蟆仙人圖(오른쪽 면)** 백은배, 19세기, 비단에 옅은 채색, 122.1×33cm, 국립중앙박물관 소장.

인동 장씨를 통해 본 화원 가문의 활동

조선의 회화계를 주도한 여러 화원 가문 중 빼놓을 수 없는 집안이 인동 장씨이다. 이 가문은 본래 역관譯官(외국어 통역자)으로 유명한 집안이었다. 오세창의 증고모부인 이창현李昌鉉이 편찬한 중인 족보『성원록』姓源錄에 의하면 인동 장씨는 8대에 걸쳐 30명 이상의 화원을 배출한 것으로 나타난다.[106]

인동 장씨는 조선시대에 들어와 승지를 지낸 장수張脩를 시조로 하여 발전한 가문으로 1480년 전후로 생존한 장맹순張孟洵이 잡과雜科에 합격하면서 중인층으로 전환되었다.[107] 본래 이들은 장현張炫(1613~?)으로 대표되는 역관 가계家系로 뚜렷한 족적을 남긴 가문인 동시에 17세기 이후 도화서로 진출하면서 일가에서는 화원 가계를 형성한 것이었다.

인동 장씨 인물들 중 화원으로 활약한 제1세대는 사역관司譯官 첨정僉正을 지낸 장후감張後堪의 아들 장충명張忠明(1635~?)과 장충헌張忠獻을 비롯하여 역시 역관을 지낸 장후순張後巡의 아들 장시량張時良, 장우량張佑良, 장상량張尙良이었다. 이들의 선대는 역관으로 활동하였지만 장충명이 도화서에 소속되어 화원으로 활동하면서 화원 가계를 이루게 되었다.

이후 장후감의 장남인 장충간張忠侃은 의관으로서 혜주부惠主簿를 지냈으나, 그의 둘째 아들인 장자현張子賢(1650~?)은 화교수畵敎授를 지내 화원으로 활약하였다. 장자현은 1677년 남별전南別殿 궁전과 1684년 현종비 명성왕후 빈전도감에 차출되어 일하는 등 18세기 초반까지 도화서 화원으로 왕성하게 활동하였다.

장후감의 차남 장충진張忠進은 자방子房과 자호子奧

도118 《기사경회첩》 중 〈본소사연도〉 本所賜宴圖 장득만 외, 1744~1745년, 비단에 채색, 43.5×67.8cm, 국립중앙박물관 소장.

두 아들을 두었는데 장자방만 화원의 길을 걸었다. 또한 장충간의 제3남 장충명張忠明(1635~?)은 화원으로서 화교수를 역임하였고 슬하에 자욱子旭과 자엄子嚴을 두어 모두 화원으로 활동하였다. 이때부터 인동 장씨 가문은 화원직을 본격적으로 세습하기 시작하였다.

장자욱은 예빈시禮賓寺 별제別提를 지냈으며 1675년~1718년 동안 20회 이상 각종 왕실 행사에 참여하여 명성을 쌓았고, 1688년 숙종어진을 그려 동반정직同班正職을 제수받았을 만큼 재능을 인정받았다.

장자욱은 슬하에 득만得萬·덕만德萬·벽만壁萬 세 아들을 두었고, 이 중 산수·인물 등에 모두 능했던 맏아들 장득만張得萬은 각종 도감에 차출되어 이름을 떨쳤다. 장득만은 초상화에 능해 1713년 숙종어진을 그렸고 1735년 이홍李鴻과 함께 세조어진을 모사하였다. 1744년 정홍래鄭弘來(1720~1791 이후) 등과 함께 기로소耆老所 잔치 모습과 기신耆臣들의 초상화를 수록한 《기사경회첩》耆社慶會帖을 남겼다. 도118

그는 정확한 사실성을 기초로 한 초상화와 궁중 기록화 이외에 산수인물화에도 능통하여 왕실의 부름을 받아 감상용 그림을 그렸

松下問童子言師採藥去只在此山中雲深不知處

噫吁戲危乎高哉蜀道之難難於上青天蠶叢及魚鳧開國何茫然爾來四萬八千歲不與秦塞通人煙西當太白有鳥道可以橫絕峨眉巔地崩山摧壯士死然後天梯石棧相勾連上有六龍回日之高標下有衝波逆折之回川黃鶴之飛尚不能過猿猱欲度愁攀緣青泥何盤盤百步九折縈巖巒捫參歷井仰脅息以手撫膺坐長歎問君西遊何時還畏途巉巖不可攀但見悲鳥號古木雄飛從雌遶林間又聞子規啼夜月愁空山蜀道之難難於上青天使人聽此凋朱顏連峯去天不盈尺枯松倒掛倚絕壁飛湍瀑流爭喧豗砅崖轉石萬壑雷其險也如此嗟爾遠道之人胡為乎來哉劍閣崢嶸而崔嵬一夫當關萬夫莫開所守或匪親化為狼與豺朝避猛虎夕避長蛇磨牙吮血殺人如麻錦城雖云樂不如早還家蜀道之難難於上青天側身西望長咨嗟 李白

도119 **《만고기관첩》 중 〈송하문동자〉**
장득만, 18세기, 종이에 채색, 각 38.0×30.0cm, 리움미술관 소장.

도119-1 **《만고기관첩》 중 〈촉도난〉**
장득만, 18세기, 종이에 채색, 각 38.0×30.0cm, 리움미술관 소장.

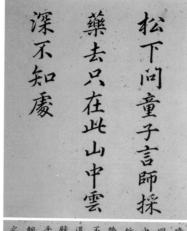

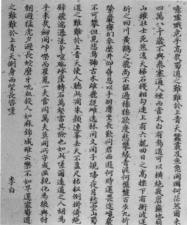

던 모양인데, 《만고기관첩》萬古奇觀帖이 그 중 하나이다.[108] 총 29점의 작품이 수록된 이 서화첩은 중국의 유명 고사를 그림과 시문으로 표현한 것으로 이 중 〈송하문동자〉松下問童子와 〈촉도난〉蜀道難을 보면, 변각구도를 차용한 조선 중기의 고식적인 양식을 따르면서 청신한 색채의 사용으로 대상을 명확하게 구현한 전형적인 궁정화의 양식을 보여 준다.도119, 119-1

이처럼 화원으로서 사실적인 묘사에 능했던 장득만의 재능은 둘째 아들 장경주張敬周(1710~?)로 이어져 장자욱-장득만-장경주 3대가 어진화사로 뽑혔을 정도로 실력을 인정받았다. 장경주는 자字

가 예보禮輔이고 벼슬은 경상도 사천현감을 지냈다. 인물과 초상화 분야에 뛰어난 실력을 인정받아 1748년 영정모사 시 주관화사로 참여하여 가자加資를 받고 첨사僉使에 제수되었으며 18세기에 활동한 인동 장씨 화원들 중 가장 활약이 두드러졌다. 이규상의 『병세재언록』并世才彦錄에서는 장경주를 다음과 같이 소개하였다.

도120 〈구택규초상〉 장경주, 1746년, 비단에 담채, 82.6×46.2cm, 리움미술관 소장.

> 장경주는 도화서 화원으로 벼슬은 지사知事에 이르렀다. 어용御容을 모사할 때면 주필을 맡아 하였는데, 초상화 그리는 법이 정세했기 때문이다. 영조 때의 문관·무관·종친과 벼슬이 높은 사람들의 초상화는 모두 그의 손에서 나왔다. 그가 맨 처음 작은 유지油紙 조각에 얼굴을 모사해 그린 것을 모두 하나의 책으로 모아 그의 집안에 다 두었다고 한다. 장경주 이전에는 조세걸과 진재해가 초상화를 모두 잘 그렸는데, 진재해는 숙종의 어용을 그렸다고 한다.[109]

위 글은 장경주가 조세걸과 진재해의 뒤를 잇는 뛰어난 화원으로서, 특히 초상화에 재능을 보였던 그의 명성을 잘 말해 준다. 장경주가 그린 초상화로는 1746년의 작품인 〈구택규초상〉具宅奎肖像이 전해져 온다.도120 영조 때의 문신 구택규(1693~1754)의 54세 때 초상화로, 마르고 긴 얼굴에 비해 넓은 어깨와 몸채가 하단의 2/3를 차지하고 있어 안정감과 근엄함을 자아낸다. 주름진 눈가와 엄숙한 입술, 음영을 배제한 의복의 표현, 엷은 채색의 섬세함 등이 군더더기를 피하고 깔끔한 필력을 구사한 장경주의 작화 태도를 말해 주는 듯하다.

장득만의 맏아들인 장사주張師周(1707~?) 역시 화원이었다. 슬하

도121 **〈어해도〉** 장한종, 18세기, 종이에 담채, 26.0×34.0cm, 개인 소장.

의 자식 중 장한종張漢宗(1768~1815)과 손자 장준량張駿良(1802~1870)이 19세기 전반까지 활동하면서 인동 장씨 화원 가계의 전통을 이었다. 특히 이 두 사람은 조선 말기 어해도魚蟹圖 분야에서 역사에 이름을 뚜렷하게 남겼다.[도121] 장한종은 수원목관水原牧官에, 장준량은 자헌대부資憲大夫의 품계에 오른 것으로 보아, 이들의 사회적 입지 역시 낮은 수준은 아니었던 것으로 생각된다.

이처럼 인동 장씨 인물들은 200여 년 동안 화원직을 세습하면서 독점적인 가문으로 부상하였으며, 기타 중인 가문과의 통혼通婚으로 그들의 신분을 견고하게 유지했던 것이다.

한편, 도화서에 소속된 화원이었을지라도 명망 있는 사대부 가

도122 **〈저암공상〉** 작자미상, 1800년, 비단에 채색, 120.0×76.0cm, 서울대학교 규장각 소장.

문의 수요에 부응하며 작품활동을 한 흔적을 찾아볼 수 있는데, 조선 후기 이름 있는 화원을 다수 배출한 인동 장씨 가문으로서는 이러한 인적人的 구조 속에서 활동하는 것이 자연스런 모습이었다. 서울을 중심으로 기거한 양반들은 이들과 밀접하게 교유하며 작품을 요구하면서 일종의 후원자 역할을 했으며, 특히 기계紀溪 유씨兪氏 유한준兪漢雋(1732~1811) 집안과 밀접한 관계를 유지하며 기계 유씨 집안 선조들의 영정 제작을 의뢰받아 작업하였다. 기계 유씨 선조 영정을 제작한 인물로 장홍張泓이 있다. 장홍은 1772년 육상궁毓祥宮 시호도감諡號都監과 1800년 정조의 국장도감國葬都監에 각각 차출되어 궁중화원으로 활동한 화원이었다. 유한준의 아들 유만주兪晩柱(1755~1788)가 쓴 일기인 『흠영』欽暎에 의하면 장홍은 1777년 유만주의 종숙부 유언수兪彦鏽의 초상을 모사하였고 같은 해 유한준(호: 저암著庵)의 영정을 제작하였다.[110] 그러나 이때 장홍이 그린 유한준의 초상화는 알려지지 않았고 1800년(69세)에 그려진 작자미상의 〈저암공상〉著庵公像만이 전해지고 있다.[도122] 비록 이 그림의 작자는 미상이지만 여러 정황으로 볼 때 장홍이 그린 구본舊本 초상화와 크게 다르지 않을 것으로 추측된다.

인동 장씨 집안은 화원 가계가 실질적으로 형성된 17세기 후반 이전부터 직분을 세습하였기 때문에 화원 가문의 전통이 비교적 앞서 이루어졌다고 할 수 있다. 또한 후대로 내려오면서 많은 화원 집안이 맥이 끊기거나 활동이 미약해졌던 반면, 인동 장씨계는 19세기까지 지속적인 활동을 펼쳤다. 이러한 맥락에서 인동 장씨 화원 가문은 왕실을 중심으로 한 화원화畵員畵의 끈끈한 명맥을 이으며 조선왕조와 운명을 함께했다고 해도 과언이 아니다.

宮中畫員

7 화려한 궁중회화 뒤에 숨겨진 화원의 삶

이상으로 조선시대 궁중 화원의 선발과 업무, 화원 가문의 형성을 통해 왕실의 도화 업무를 전문적으로 담당했던 이들의 생활상에 대해 알아보았다. 이 글에서는 중앙의 도화서 화원들을 포함하여 도화서에는 소속되지 않았으나 궁중 도화 업무에 참여했던 화가들, 지방에서 나름 작품세계를 구축한 지방화원 등 조선시대 직업화가들의 삶의 면면을 여러 관점에서 살펴보고자 했다.

왕실 회사繪事에는 어진 제작이나 궁궐 단청 등 고난도이거나 작업량이 많은 경우 궐 밖에서 활동한 방외화사方外畵師를 초빙하기도 했지만, 대부분의 업무는 도화서에 소속된 화원이 담당하였다. 이들은 왕실에서 필요한 각종 장식화와 감계화, 지도 제작 등은 물론 서책의 인찰과 어필御筆 모사, 궁궐 영건營建에도 참여하며 실로 다양한 역할을 수행하였다. 그러나 이들의 실상은 일정한 시험을 통과하여 도화서에 입문入門한 이후에도 생계를 위해 부단히 경쟁에서 살아남아야 했던 고단한 일상의 연속이었다. 우리가 접하는 화려한 궁중회화 속에는 이러한 화원들의 보이지 않는 애환이 숨어 있었음을 간과할 수 없다.

각종 기록을 통해 보면 조선 초기에 화원은 천인은 아니었지만 실제로는 이와 유사하게 여겨졌을 정도로 매우 낮은 대우를 받은 것으로 보인다. 따라서 궁중 도화 업무에 꾸준히 공로를 세웠음에도 그 역할을 제대로 인정받지 못한 것에 대한 의견이 꾸준히 제기되었고 그 결과 도화서 정원을 늘리거나 품계를 올려받는 등 점진적인 변화가 있었다. 사농공상의 엄격한 신분 구조 속에서 화업畵業을 천시하던 당시 사회 분위기상 화원의 신분을 변화시키는 파격적인 조치는 불가능하였다. 그러나 자신의 솜씨를 발휘하여 인정을 받으면 화원 집단에서 어느 정도 우위를 차지할 수 있는 기회를 얻기도 하였다.

한편 화원은 17세기 이후 중인 계층의 형성과 더불어 기타 잡직雜職 중인 가문과의 통혼通婚을 통해 서서히 중인층으로 계층이 고착화되는 단계를 밟아갔다. 의관이나 역관 집안이 그러하듯, 화원들 역시 세대를 거듭하며 직업을 세습함에 따라 조선 후기에 이르면 40여 개 이상의 화원 가문이 등장했을 정도로 이들의 활동층이 매우 두터워졌음을 확인할 수 있다. 인동 장씨 가문처럼 약 200년 동안 그 직업을 대물림한 사례는 이들 사이에서 화업畵業을 천직으로 여긴 직업관과 기술의 전승이 얼마나 끈끈하게 이루어졌는가를 말해 준다.

기존의 연구에서도 종종 언급되었지만, 궁중 행사에 화원이 투입되어 제작한 화원화畵員畵는 공적인 성격상 개성적인 화풍을 드러낼 수 없고 기존의 패턴을 따라 반복한 것이 특징이어서 시각적으로 화려하게만 보일 수 있다. 그러나 그 속에 숨겨진 작업 공정과 회화적인 가치, 화원이 흘린 땀에 대해서는 상당 부분 간과된 경향이 있다. 적게는 3~4명, 많게는 수십 명이 참여하여 하나의 작품을 함께 완성한 단결성, 색채와 문양에 있어 정제된 물감과 먹선을 사용한 집중력 등이 집결된 노력의 결실이라는 점은 아무리 강조해도 지나치지 않을 것이다.

흔히 그림 제작의 맨 마지막 단계를 일컬어 '화룡점정'畵龍點睛이라고 한다. 그림이 완성되기 직전 가장 심혈을 기울인다는 의미로, 조금만 어그러지면 그동안 쌓아놓았던 공이 수포로 돌아간다. 조선 왕실에서 봉직한 화원들이야말로 자신들의 위치에서 마지막 화룡점정을 위해 평생을 바친 이들이 아닐까. 이 중에는 이름이 드러난 이들도 있지만 공적인 목표를 위해 자신을 숨기고 무명無名으로 지낸 화원들도 많았다.

조선시대 화원은 비록 생존 당시에는 주목받지 못한 사람들이 대부분이었으나 그들의 삶 자체가 주역이었음을 오늘날까지 남아 전해지고 있는 수많은 작품들이 웅변해 주고 있다.

왕의 초상인 어진御眞의 제작은 왕명과 신하들의 요청에 따라 시행된 왕실의 주요 행사였다. 엄격한 검증을 거친 전문 화가를 선발하여 그림을 맡겼고, 왕과 대신들도 제작 과정을 살피며 점검하였다. 이를 통해 그려진 어진은 왕과 왕실의 위엄이 깃든 엄정한 권위의 상징이었다. 어진화사에게는 자신의 개성을 감추고, 대상에만 충실하는 철저한 사실정신과 객관적인 시각이 요구되었다. 수많은 전문 화가들이 오르고자 했던 어진화사御眞畵師는 당대 최고의 기량을 지닌 화가로서 어진을 포함한 초상화의 발전과 왕실문화의 품격을 높이는 데 기여하였다.

제 2 부

왕의 초상을 그린 화가들

1 왕의 초상과 어진화사

조선왕조가 이룬 장엄하고 화려한 왕실문화의 이면에는 언제나 장인匠人의 존재가 함께 했다. 왕실문화를 누린 주역이 왕가王家의 인물과 권력층이라면, 그들의 안목과 수요를 충족시킨 이들은 장인층이었다. 궁궐의 건축, 궁중의례와 국가 행사, 그리고 왕실의 생활문화 등 문화의 산물이 있는 곳이라면 어디든 장인의 손길이 닿아 있었다. 예컨대 조선 후기의 국가 행사와 관련된 의궤儀軌의 기록을 보더라도 세분화된 직종에 수많은 전문 장인들이 활약했음을 알게 된다. 일찍이 세종이 백공百工의 기예가 국가경영의 근간이라 하였듯이 장인들의 축적된 기예와 수준 높은 기량은 왕실문화를 꽃피운 또 하나의 기반이 되었다.

궁중의 장인을 이야기할 때 가장 먼저 꼽아야 할 주역 중의 하나가 화원화가畵員畵家이다. 화원은 왕실의 위엄과 상징을 위한 그림으로부터 실용과 장식화에 이르기까지 왕실문화의 품격을 시각적으로 구현하는 데 크게 기여하였다. 특히 화원들 가운데 왕의 초상화인 어진御眞[1]을 그린 어진화사御眞畵師는 당대 최고 수준의 화원으로서 어진에 탁월한 역량을 발휘하여 왕실미술의 권위를 높이는 데 공헌하였다.

어진화사들의 임무인 어진의 제작은 왕명에 따라 도감都監과 조정 대신들이 주관한 행사로 치러졌다. 엄격한 검증을 거친 최고 수준의 화가들이 그림을 맡았고, 왕과 대신들도 심의 과정인 봉심奉審의 절차를 마련하여 제작 과정을 점검하였다. 어진의 제작은 국왕 개인의 초상화 제작이라는 차원을 넘어 국가와 왕실의 관심이 집중된 행사였고 따라서 어진은 왕실 미술의 정점에 놓을 수 있는 그림으로서의 위상을 지녔다.

어진을 이야기할 때 가장 큰 아쉬움은 실물로 남아 있는 사례가 몇 점에 불과하다는 점이다. 따라서 원작을 통한 어진의 연구는 거의 불가능하다. 미술사 분야에서는 이러한 한계를 보완하여 어진 관련 도감의궤都監儀軌의 연구, 어진을 봉안한 진전眞殿제도, 화원제도, 어진화사 등에 대한 다채로운 연구를 통해 어진을 조명해 왔다.[2] 또한 미술사뿐만 아니라 정치사, 복식사, 왕실 의례 분야에서도 학제간의 연계와 연구가 활발히 이루어지고 있다.[3]

어진화사에 대해서는 기존의 연구가 있어 유용한 지침이 된다. 특히 조선미, 진준현, 이성미의 연구에서 자세히 다루어졌다. 조선미는 조선시대 어진제도 전반을 연구하면서 어진의 제작 과정과 현존 어진의 사례를 고찰하여 어진화사의 연구에 대한 기초를 마련하였다.[4] 진준현은 『승정원일기』에 수록된 숙종~정조 연간의 어진 관련 기사를 토대로 어진을 둘러싼 군신君臣 간의 대화나 화가에 대한 평가 등을 주의 깊게 살폈으며,[5] 관련 사료를 정리하여 기초 연구자료로 제시하였다. 또한 이성미는 17세기 이후의 어진 관련 도감의궤를 분석하여, 화사의 역할 및 대우 등을 고찰함으로써 의궤를 통한 어진 연구의 지평을 넓혔다.[6] 이외에도 어진 제작에 참여한 화원들을 다룬 조인수의 최근 연구가 있다.[7]

이 글에서는 태조 대부터 고종 대까지의 어진 관련 기록과 화사들을 연구의 대상으로 하였다. 화가의 전기傳記와 개인 행적을 논하기보다 어진의 제작 과정에서 일어난 여러 상황과 화가의 역할을

도1 신선원전 내부 전경

살펴보는 데 중점을 두었다. 특히 숙종 대 이후에 활동한 어진화사를 중심으로 하였으며, 그들이 남긴 일반 사대부 초상화를 통해 어진에 반영되었을 화법과 특징을 유추하여 살펴보는 것도 어진에 접근하는 한 방법이 될 것이다.

어진화사에 대한 이야기는 어진을 그리는 과정의 흥미로운 사연을 비롯하여 왕과 신하들의 어진에 대한 관심 등 여러 담론을 통해 풍부하게 살펴볼 수 있을 것이다. 따라서 이 글에서는 어진을 그린 화가에 초점을 두고 그들이 경험했던 제작 과정의 여러 단면을 다각적으로 살펴보려 한다. 먼저 어진화사와 관련하여 알아보아야 할 내용으로 어진화사가 생산한 역대 어진의 행방, 어진의 종류, 많은 화가들이 꿈꾸었던 어진화사가 되는 길, 그리고 사인화가士人畵家와 어진 도화에 대해 알아보기로 한다.

어진의 행방

현재까지 알려진 어진은 불과 몇 점에 지나지 않는다. 수많은 어진화사들의 공력이 집적된 조선왕조의 어진, 그 많았던 어진들은 다 어디로 갔을까? 창덕궁의 신선원전新璿源殿에 봉안된 어진들은 6·25 전쟁의 와중에 안전한 관리를 위해 부산으로 옮겨졌다.[도1] 그리고 휴전 이후까지도 잘 보존되었으나 불행히도 보관 장소에 화재가 발생하여 대부분 소실되고 말았다.[도2, 3] 1954년 12월 10의 일이다. 당시 보관 장소는 부산의 용두산에 있는 피난민들의 판자촌과 인접한 곳이었다고 한다.[8] 사건의 중대성에도 불구하고 우리 문화재의 수난사에서 어진의 소실 사건은 거의 다루어지지 않았다. 정확한 실상을 파악하려는 노력이나 이를 역사적인 교훈으로 되새기고자 하는 관심도 부족했다. 당시 부산으로 옮겨진 어진은 모두 몇 점이었는지, 화재의

도2 1954년 화재 발생 직전의 부산 용두산 판자촌

도3 부산 용두산 판자촌 화재 장면(1954년 12월 10일)

원인은 무엇이고, 보관 상태는 어떠했는지, 화재를 진압한 이후 수습은 어떻게 이루어졌는지, 혹 외부로 유출된 경우는 없었는지 여러 가지 궁금함을 떨칠 수 없다.

당시 부산의 화재 현장에는 약 40여 점이 넘는 어진이 있었던 것으로 추측된다. 화재가 있기 약 20년 전, 신선원전에 봉안 및 보관되어 있던 어진의 수리 기록인 『선원전영정수개등록』璿源殿影幀修改謄錄에 의하면 모두 46본의 어진이 1935년 당시 신선원전에 있었던 사실을 확인할 수 있다.[9] 이듬해인 1936년에는 세조世祖와 원종어진元宗御眞을 각각 한 본씩 모사한 사실이 『선원전영정모사등록』璿源殿影幀摹寫謄錄에 기록되어 있다. 따라서 1936년 당시 신선원전에는 모두 48점의 어진이 남아 있었다. 이후 1954년의 화재 시까지 18년 동안 어진의 현황은 변동이 없었으며, 신선원전에 있던 48본의 어진은 모두 부산 피난지로 옮겨진 것으로 추측된다. 부산 현지에서도 어진은 분산되지 않고, 한 곳에 보관되어 있었다.

화재의 현장에서 구해 낸 다섯 점 정도의 어진이 현재 국립고궁박물관에 소장되어 있다. 〈태조어진〉(1900년 이모), 〈영조어진〉(1900년 이모), 〈철종어진〉(1861), 〈순조어진〉(1900년 이모), 〈익종어진〉(1826)[도4] 등이다. 이 어진들은 왼편으로 불길이 번지는 도중에 건져 내었기에 다행히 어진의 오른쪽 상단에 붙여놓은 표제는 손상되지 않았다. 이를 통해 어느 왕의 어진인지는 파악이 가능하다. 그러나 얼

도4 〈익종어진〉 국립고궁박물관 소장.

굴까지 망실된 경우는 참담하기 그지없다. 화재를 당한 어진 가운데 용안龍顔 부분이 남아 있는 어진은 〈영조어진〉과 〈철종어진〉 두 점뿐이다. 따라서 현존하는 어진의 실물에 대한 연구에는 제약이 많으며, 풍부한 담론을 이끌어내기 어려운 실정이다.

조선왕실의 장인은 그들이 추구한 성과인 유형有形의 문화재로 평가받고 역사에 존재를 알린다. 웅장한 궁궐건축과 정교한 공예 분야의 문화재가 그러하다. 그러나 수많은 어진화사들이 혼신의 공력으로 담아낸 어진은 무형無形의 기록으로만 남아 있을 뿐이다. 메울 수 없는 그 공백을 어진 관련 의궤와 등록 등 왕실 문헌들이 일부나마 채우고 있다. 조선왕실의 어진과 어진화사에 대한 관심과 연구가 더욱 적극적으로 이루어져야 할 이유가 여기에 있다.

어진의 종류

어진은 도사圖寫, 모사模寫, 추사追寫의 세 종류로 나뉜다.[10] 도사는 생존해 있는 왕을 그리는 것을 말하며, 모사는 기존에 완성된 어진을 베껴 그리는 것으로 '이모'移模라고도 한다. 추사는 어진을 남기지 못하고 죽은 선왕先王의 모습을 상상에 의존하여 그리는 것이다. 따라서 어진의 종류는 살아 있는 왕의 모습, 그림 속의 왕의 모습, 상상으로 그린 왕의 모습 등 대상에 따라 달라진다. 어진의 종류에 대해 조금 더 자세히 살펴보자.

첫째, 어진의 '도사'圖寫는 화가가 왕을 직접 마주하여 왕의 신체와 얼굴인 용안龍顔을 그리는 작업이다. 화가가 뛰어난 소묘력素描力을 지녔더라도 왕을 자유롭게 바라보며 그리기란 어려운 일이다.

이 과정에서 화가의 관찰이 충분하지 못하면, 정확히 닮은 그림은 나올 수 없다. 역대의 어진화사들은 짧은 시간에 관찰한 형상을 화폭에 옮기는 소묘력과 이를 사실적으로 표현하는 묘사력에 뛰어난 화가들이었다.

둘째, 모사는 그림을 보고 옮겨 그리는 작업이다. 직접 왕을 마주하여 그리는 도사보다 화가의 부담은 상대적으로 적었다. 역사적으로 볼 때, 도사가 어진을 탄생시킨 과정이라면 모사는 그것을 베껴 그림으로써 오랜 기간 존속되도록 하는 기능을 하였다. 그러나 '도사'와 '모사'의 개념이 구별되어 사용된 것은 1713년(숙종 39)에 이르러서이다.[11] 그 이전에는 두 개념이 단순히 '화'畫나 '모사'模寫라는 용어로 구분 없이 쓰였다.[12] 초상화에서 엄밀하고 핍진해야 함을 강조한 "털끝 하나라도 같지 않으면 그것은 다른 사람이다."(一毫不似 便是他人)라는 말은 주로 '도사'에 적용되지만, '모사'에도 예외일 수 없는 원칙이었다.

모사는 이화移畫와 모화模畫의 두 가지로 나뉜다. 이화는 원본을 벽에 걸어두고서 이를 바라보며 형상을 옮겨 그리는 작업을 말한다. 반면에 모화는 원본 그림 위에 얇은 종이를 덮고서 그 아래에 비쳐 보이는 원본의 형상을 베껴 그리는 작업이다.[13] 일반적으로 '이모'移模라고 하는데, '이모'는 각각 기능이 다른 말의 합성어인 셈이다. 옮겨 그려야 할 원본의 상태가 좋지 않을 경우 이화를 선택하였다. 종이를 덮어 베껴 그리지 못할 만큼 손상이 큰 경우에 택하는 방법이었다. 그러나 한 치의 오차도 없이 원화를 그대로 옮겨 그리려면 모화를 선택하였다.

셋째, 추사追寫는 사망한 선왕의 모습을 상상하여 그리는 것을 말한다. 화가는 기록과 전언傳言을 통해 선왕의 모습을 상상에 의존하여 구상해야 했다. 도화 과정에서 선왕의 모습을 아는 사람이 없다면 크게 문제될 것이 없다. 상상의 모습이라는 전제에 누구나 동의하기 때문이다. 그러나 왕의 사망 시기가 얼마 지나지 않았을 경우, 누군가 선왕의 용모를 기억하고 있다면, 화가는 그 기억에 초점을 맞추어야 한다. 그러나 기억을 벗어난 시기의 어진이라면 전적으로 상상의 형태로 그려졌다. 추화는 조선조 전반기에 어진 제작의 관행이 정착되지 못했을 때 제작된 사례가 있으나 숙종 대 이후에는 추화의 사례를 거의 찾아볼 수 없다.

어진화사의 길

어진을 그린 화사인 어진화사御眞畵師는 어떻게 선발되었을까? 어떤 자격과 절차를 거쳤으며, 어느 정도의 기량과 수준을 지녔을까? 어진화사에 대한 가장 기초적인 질문이다. 어진화사는 대개 도화서 화원이나 지방 출신의 화사, 그리고 정조 대 이후 등장한 차비대령화원差備待令畵員 중에서 선발되었다. 이들은 신분상으로는 중인中人이지만, 어진을 완성하고 나면, 그 공로로 지방관 등의 관직에 임명되어 신분과 지위의 상승을 이룰 수 있었다. 화가의 신분으로 가장 출세할 수 있는 길은 바로 어진화사로 선발되는 것이었다.

어진화사는 솜씨에 따라 왕의 얼굴을 그리는 주관화사主觀畵師, 곤룡포와 신체를 그리는 동참화사同參畵師, 그리고 배경을 담당하는 수종화사隨從畵師로 나뉜다. 이 중 주관화사는 왕이 지목하는 경우도 있고, 지방 출신의 화가와 함께 시재試才를 거쳐 선발되는 경우도 있었다.

방외화사方外畵師는 어진화사의 시재에 참여한 지방 출신의 화가를 말한다. 주로 조정 대신들의 추천을 받아 시재를 거친 다음 기용되었다. 대부분 사대부 초상화를 잘 그려 명성을 얻은 자들이다. 숙종 연간에는 지방 출신의 화가들이 어진화사를 뽑는 시재에 참여한 사례가 많았다. 아마도 이 시기에는 도화서 화원들의 역량이 어진을 다루기에 미흡했고, 탁월한 실력을 지닌 화원화가들이 부족했던 것으로 추측된다.

영조 대에 오면 도화서 화원이 주관화사를 비롯한 주요 화역畵役

을 담당하였다. 왕이 필요에 따라 수시로 동원할 수 있는 이들이 도화서 화원이었다. 다만 1735년(영조 11) 세조어진 모사 때 동참화사와 수종화사를 지방화사가 맡은 적이 있었다. 이외에는 화원 출신의 박동보朴東普, 장경주張敬周, 변상벽卞相璧 등이 주관화사로 화필을 잡았다. 이는 영조 대 후반기부터 화원들의 실력이 어느 정도 안정되었고, 그들의 실력이 체계적으로 관리되고 있었음을 말해 준다.

정조 연간에는 한종유韓宗裕(1737~?), 신한평申漢枰(1726~1809 이후), 김홍도金弘道, 이명기李命基 등의 유명 화원들이 어진을 주관하여 그렸고, 지방화가는 거의 참여하지 않았다. 순조와 헌종 대에는 대부분 차비대령화원이 어진의 제작을 맡았고, 철종 연간에는 차비대령화원이 중심이 되고 도화서 화원이 조력하는 식으로 운영되었다. 정조 대에 성립된 차비대령화원제도는 도화의 업무를 왕실이 주관하는 제도였다. 여기에 소속된 화원들은 궁중화원의 직제를 얻었으며, 국왕 주변의 중요한 도화 활동을 전담하였다.[14] 이들이 담당했던 일 가운데 하나가 어진 도사圖寫와 모사模寫였다. 이후 고종 대에 와서는 다시 시재를 통해 화가를 선발하는 전통적인 방식이 부활되기도 하였다.

화원화가들의 기량이 미숙하고 경험이 부족했을 때인 숙종 연간에만 지방 출신의 방외화사에게 어진 도화에 참여할 기회가 주어졌다. 영조 연간 이후 고종 대까지는 특별한 경우를 제외하면, 도화서 화원과 차비대령화원이 어진 도화를 주도해 나갔다. 어진 제작의 경험은 화원들 간에 전수되었고, 동참화사와 수종화사는 다음 세대 어진 도화의 주역이 될 수 있도록 꾸준히 정진하였다.

어진이든 사대부 초상이든 초상화가에게 요구되는 원칙은 엄격했다. 첫번째 관건은 정확한 형태를 그려내는 일이다. 아무리 묘사가 정미精微하더라도 형상이 닮지 않으면 완성을 담보할 수 없다. 다른 한 가지는 초상화에 화가의 개성을 담지 말아야 하는 것이다. 어진일 경우는 더욱 그러했다. 만일 어진에 화가의 개성이 반영된

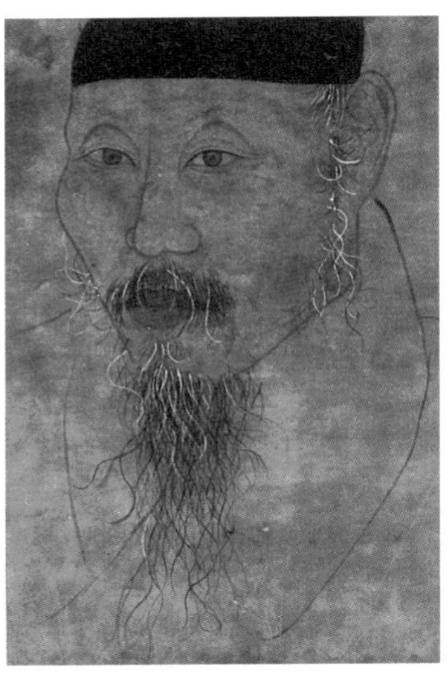

도5, 5-1 **《명인전신첩》 중 〈임수륜林守綸초상〉과 〈임위任瑋초상〉(추정)** 임희수, 종이에 유탄, 31.8×21.5cm, 국립중앙박물관 소장.

다면 어떤 이유로도 용납되지 않았다. 대표적인 사례가 1735년(영조 11) 세조어진 모사에 참여한 박동보의 경우이다. 당시 65세의 박동보가 시재에 참여하여 그린 것을 본 영조와 대신들은 우려스러운 반응을 보였다. 영조는 박동보가 어진에 자신의 뜻을 드러내려는 집착을 가졌다고 평가했다.[15] 초상화로서 표현의 객관성을 지키지 못하고 개성적 요소가 노출된 것에 대한 지적이다.

그렇다면 어진화사는 어떤 과정으로 조형적 훈련을 쌓고, 기량을 발전시켜 나갔을까? 어진화사들은 여러 화제畵題를 잘 소화하여 그리더라도 기본적으로 꼼꼼하고 치밀한 묘사에 뛰어난 자들이었다. 무엇보다 인물의 형태를 정확히 그려내는 능력을 필요로 하였다. 이를 위해서는 젊은 시절부터 많은 양의 습작을 소화해야 했다. 예컨대 17세에 요절한 임희수任希壽(1733~1750)의 작품으로 추정되는 《명인전신첩》名人傳神帖의 초본이 좋은 예이다.도5, 5-1 직접 인물을 보고서 그린 초본들은 임희수의 재능과 초상화가로 성장해 가는 수준을 잘 설명해 준다. 따라서 초상화의 가장 기초적인 관건은 치밀한 관찰력, 형상에 대한 철저한 이해, 그리고 정확한 묘사력이라 할 수 있다. 여기에 인물의 정신적인 분위기를 담아내는 전신傳神의 경계를 더하는 것이 궁극적인 목표가 된다.

어진 도화에 참여한 화가들은 초상화 한 분야만을 그리는 경우는 드물었다. 산수, 인물, 화조를 비롯하여 때로는 궁중 기록화와 장식화도 그렸으며, 문인화에 이르기까지 개성을 살린 다양한 화제를 다루었다. 이처럼 다방면에 걸친 화제를 두루 섭렵하는 것은 기초 필력을 키울 수 있는 방편이었다. 어진화사들은 정밀한 그림에서부터 개성적인 화풍에 이르기까지 실력을 겸비하였으며, 그 안에서 엄정한 초상화의 정신과 기량을 추구하였다.

사인화가士人畵家와 어진

높은 학식과 교양을 겸비한 사대부 중에서도 초상화에 재능이 뛰어난 이들이 많았다. 그런데 사대부화가로 알려진 이들은 어진을 그리는 일만은 한사코 맡지 않았다. 때로는 어진을 그리라는 왕의 권유와 어명까지도 거부하면서 끝내 화필을 잡지 않았다. 사대부화가들은 왜 이처럼 어진을 그리는 일에 민감한 반응을 보이며 참여하지 않았던 것일까? 한 마디로 말하면, 중인화가들이 하는 일을 사대부가 할 수 없다는 신분의 자존감 때문이었다.

대표적인 인물이 숙종 대의 문신인 김진규金鎭圭(1658~1716)이다. 1695년(숙종 21) 숙종은 인현왕후仁顯王后의 초상화를 김진규에게 부탁하려 했으나 대신들의 반대에 부딪혔다.[16] 왕후의 초상화일 경우 중인화사에게 맡기지 않는 것이 관행이었으므로 숙종은 김진규를 적임자로 생각하였다. 또한 숙종은 김진규가 방불하게 그린 광성부원군光城府院君 김만기金萬基(1633~1687)의 초상화를 인상 깊이 기억하고 있었다.[17] 현재 김진규가 그린 〈김만기초상〉도6 한 점이 전하고 있어 그의 기량을 엿볼 수 있지만, 이 초상화가 숙종이 방불하게 그렸다고 하는 초상인지는 명확히 알 수 없다. 그러나 그는 숙종의 계속된 독촉에도 응하지 않았고, 결국 어명을 어긴 죄로 추궁까지 받았다. 마침내 숙종은 인현왕후의 초상화를 그리려던 계획을 철회하고 만다.[18]

영조 대에 활동한 조영석趙榮祏(1686~1761)과 윤덕희尹德熙(1685~?)의 경우도 그러했다. 1735년(영조 11) 세조어진 모사에 이 두 사람이 사인士人 가운데 적임자로 거론되자 영조는 이들에게 화역畵役을 맡기고자 하였다. 이후 윤덕희는 왕명에 따라 상경한 뒤 시재에는 불참하였으나 모사가 시작될 때 참여하였다.[19] 하지만 끝내 상경하지 않은 조영석에 대해 영조는 의금부로 하여금 구금하도록 명을 내렸다.[20] 조영석은 비록 처벌을 받을지언정 사대부의 신분으로 어진을 그릴 수 없다는 입장이 확고했다. 당시의 일이 조영석의 『관아재고』觀我齋稿 가운데 「만록」漫錄에 자세히 서술되어 있다. 그러나 1748년(영조 24) 숙종어진 모사 때에는 조영석과 윤덕희가 함께 참여하여 일을 도왔다. 조영석의 초상화 솜씨를 높이 평가한 영조는 그를 불러오는 데 집요함을 보였다.[21] 결국 조영석은 도화의 과정을 살피는 감역監役의 일을 맡았으며, 치밀한 관찰로 영조에게 극찬을 받기도 하였다.[22]

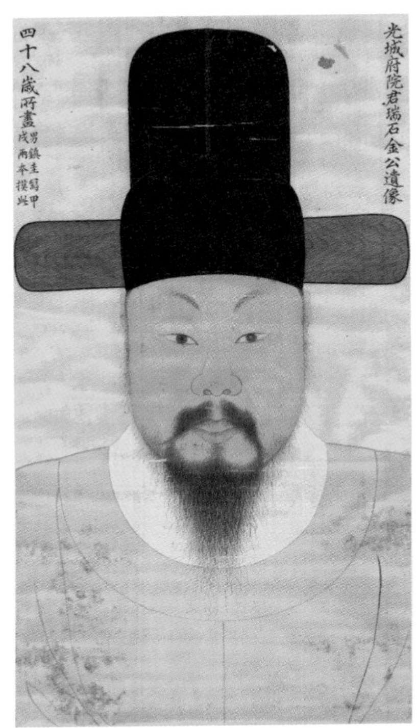
光城府院君瑞石金公遺像
四十八歲所畫
戊甲男鎭圭竊
丙本摸此

도6 〈김만기초상〉 김진규, 17세기, 비단에 채색, 광산 김씨 문충공 종택 소장.

조영석의 초상화로는 그의 형 조영복趙榮福(1672~1728)을 그린 〈조영복초상〉[도7]이 전한다. 사방건에 평복을 입은 이 초상은 1724년(경종 4)에 그려둔 초본草本에 근거하여 이듬해 화원 진재해秦再奚가 한 본을 그렸고, 그것을 범본으로 하여 조영석이 모사한 것이다. 얼굴은 진재해의 범본을 따라 재현했지만, 평복을 입고 앉은 풍모에 손을 드러낸 자유스러운 모습은 조영석의 초상인물화에 대한 감각을 엿보게 한다. 얼굴 묘사에 나타난 선묘와 색감의 완숙한 표현은 사대부화가의 초상화다운 단아한 화격을 느끼게 한다.

정조 연간에 활동한 강세황姜世晃(1713~1791)은 69세 되던 1781년(정조 5) 정조로부터 어진 한 본을 그리라는 권유를 받았다. 그는 이를 극구 사양하였다. 늙고 눈이 어두워 어진에 흠을 남기게 됨이 염려되므로 차라리 화원들의 일을 찬조하겠다는 의사를 밝혔고, 정조는 이를 수락하였다.[23] 강세황은 결국 감조관監造官의 역을 자임했던 셈이다. 강세황은 70세이던 1782년(정조 6)에 자화상[도8]을 그려 남겼다. 노년기에 그린 자화상이지만, 도포를 입고 앉은 안정감

彼何人斯鬚眉皓白
項烏帽披野服於以
見心山林而名朝籍
胸藏二酉筆搖五嶽
人那得知我自爲樂
翁年七十翁號露竹
其眞自寫其贊自作
歲在玄黓攝提格

도7 **〈조영복초상〉(연거복본, 좌)** 조영석, 1725년, 비단에 채색, 125.0×76cm, 경기도박물관 소장.

도8 **〈강세황70세자화상〉** 강세황, 1782년, 비단에 채색, 88.7×51cm, 개인 소장.

있는 자세, 단정하게 정리된 옷자락의 선묘, 촘촘한 색감의 안면 묘사 등은 젊은 화가와 비교해도 뒤지지 않는 수준이다. 강세황은 40대 무렵부터 꾸준히 초상화를 그려왔는데, 〈강세황70세자화상〉도 그러한 축적된 기량과 화법의 연장선에서 가능하였을 것이다.

이와 같이 사대부로서 화명畵名이 알려진 이들은 서로 약속이라도 한 듯 어느 누구도 어진 도화에 참여하지 않았다. 각자의 명분을 위해 왕명에 맞서는 이들의 모습에서 조선시대 사대부화가들이 지닌 철저한 자존의식을 엿볼 수 있다.

2 어진화사의 선발과 평가

어진 제작의 첫 단계는 화가를 선발하는 일이다. '재주를 시험한다'는 뜻의 시재試才를 통해 실력 있는 화가를 엄정하게 검증하였다. 선발된 어진화사가 할 일은 밑그림인 초본草本 그리기, 왕과 대신들의 평가를 듣는 봉심奉審, 초본 위에 그림 비단을 올린 뒤 선을 긋고 채색하는 상초上綃와 시채施彩, 그리고 완성된 어진에 대한 최종 평가 등이다.[24] 어진이 완성된 이후에는 화가의 손을 떠나 장황粧黃과 봉안의 절차가 진행되었다. 이번 장에서는 어진화사를 선발하는 첫 단계인 시재와 봉심에 대하여 살펴보기로 한다.

어진화사의 선발, 시재試才

시재는 어진화사를 선발하기 위해 후보 화가들의 실력을 검증하는 절차였다. 어진화사의 선발은 어진의 성패를 좌우한다고 여겨 그 과정을 신중히 하였다. 도화서圖畵署 소속의 화원畵員과 지방 출신의 화가들이 시재에 참여하였다. 도화서에 뛰어난 화원이 있더라도 한 사람에게만 맡기지 않았다. 숙종 대에는 지방 출신의 화가들이 취재에 참여하여 기량을 펼칠 수 있었다. 따라서 어진화사가 되는 길은 도화서 화원뿐 아니라 지방화가에게도 열려 있었다. 실력이 가장 우선시되었고, 엄정한 평가를 통해 뛰어난 화가를 찾아내는 것이 시재의 목적이었다.

그런데 어느 화가든 시재에 참여하려면 어진도감의 책임자인 도제조를 비롯한 대신의 추천을 받아야 했다. 특히 지방화가들에게는 대신의 추천이 시재를 치를 수 있는 유일한 경로였다. 이때의 추천은 객관적인 근거를 중시했다. 대신들은 추천하고자 하는 화가의 그림을 직접 확인하였다. 만일 명성만 믿고 잘못 추천하였을 경우 책임이 뒤따랐기 때문이다. 그런데 왕이 지목한 도화서 화원은 시재 없이도 어진 도화에 참여하였다. 앞 시기에 어진을 그린 적이 있거나 왕이 신임하는 화원일 경우 시재는 생략되었다. 영조 대 후반기부터는 도화서 화원들이 어진의 제작을 전담하였고 시재를 보는 일도 줄어들었다. 이는 그만큼 도감에서 화원들의 실력을 잘 관리하고 있었음을 말해 준다.

모사를 위한 시재는 공신화상功臣畵像이나 관료들의 초상화를 이모移模하는 방식으로 치러졌다. 특별한 경우에는 화원이 직접 왕의 모습을 그려 평가받기도 하였다. 도화 과정에서 주관화사와 동참화사 등은 각자의 역할에 따라 서로 협력하여 진행하였다. 이외의 여러 가지 부수적인 사안들은 왕과 대신들이 논의를 통해 결정하였다.

어진화사의 시재 과정은 숙종 연간의 두 사례를 『승정원일기』와 관련 의궤의 기록을 통해 살펴보기로 한다. 1688년(숙종 14)의 태조어진 모사와 1713년(숙종 39) 숙종어진 도사에서의 시재가 그것이다. 주로 방외화사와 화원화가들의 실력을 검증하는 방식으로 진행되었다.

1688년 태조어진 모사의 시재와 화사

1688년(숙종 14)에는 태조어진의 모사가 있었다. 이해 3월에 새로 중건된 남별전南別殿에 한 본을 봉안하기 위해서였다. 모사의 범본

範本은 전주 경기전慶基殿의 어진이었다. 실무를 담당할 도감都監이 설치되자 모사를 맡길 화가의 선발에 조정의 관심이 집중되었다. 이때의 모사 과정을 기록한 『영정모사도감의궤』에는 화가의 선발에 대한 자세한 내용이 실려 있다. 조세걸曺世傑(1636~1705 이후)과 윤상익尹商翊이라는 두 화가가 최종까지 경합을 벌였다. 이 두 화가의 전칭작으로 전하는 그림이 남아 있어, 이들의 기량을 부분적으로나마 살펴보는 것이 가능하다.

어진화사의 시재를 위해 도제조 김수흥金壽興이 후보 화가들을 추천하였다. 조세걸, 송창엽宋彰燁,[25] 한시각韓時覺, 허의순許義順, 윤상익, 유종건劉宗健, 이하李河, 조지운趙之耘 등 8명이다.[26] 지방 출신이 대부분이며, 조지운을 제외한 나머지 화가는 모두 전문 직업 화가들이다. 시재는 기존의 공신화상을 베껴그려 평가하기로 하였다. 시재의 단계에서 어진의 진본眞本을 베껴 그리는 것은 예의가 아니었기 때문이다. 범본이 된 것은 1506년(중종中宗 원년) 중종반정中宗反正으로 공을 세운 청천부원군 유순정柳順汀(1459~1512)의 공신화상功臣畵像이다.

여러 화가들이 시재를 치른 결과 숙종은 조세걸의 화격畵格이 뛰어나지만, 젊고 눈이 밝은 윤상익에게 모사를 맡기고자 하였다. 그러나 김수흥은 조세걸이 피부색(肉色)을 잘 내는 데 특장이 있음을 들어 한 번 더 기회를 줄 것을 요청하였다. 이에 숙종은 조세걸과 윤상익이 함께 모사하도록 하였으나, 김수흥은 각자 어진을 그리게 한 뒤, 그 중에 한 본을 정본正本으로 할 것을 건의하여 숙종의 동의를 얻었다. 결과는 윤상익의 그림이 정본으로 채택되었고,[27] 주관화사도 그에게 돌아갔다.

윤상익에 대해서는 자세한 기록이 없지만,[28] 1669년(현종 10)부터 1690년까지 13차례 이상 각종 도감都監에서 활약하였다.[29] 함께 경합을 벌인 조세걸은 평양 출신의 직업화가이다. 집안에 많은 중국서화를 수장할 정도로 재력을 지닌 양반가 출신이었다고 한다.[30] 조

도9, 9-1 **〈박세당초상〉** 조세걸, 1689년경, 비단에 채색, 85.0×58.6cm, 한국학중앙연구원 장서각 소장.

세걸은 40대 이후 서울을 왕래하며 어진 제작과 여러 도감에 참여하며 활동하였다. 초상화 외에도 신선도, 고사인물화, 산수화 등을 잘 그려 큰 인기를 누렸다.

조세걸이 그린 〈박세당초상〉(박세당朴世堂, 1629~1703)도9과 윤상익의 전칭작인 〈유순정초상〉도10이 최근 소개되었다.[31] 이 두 초상화는 비록 전칭작이지만 시재에 참여한 두 화가의 화법을 짐작할 수 있는 단서이다. 복건幅巾에 학창의鶴氅衣를 입은 반신상인 〈박세당초상〉은 눈 주변의 주름과 콧등의 묘사에서 윤곽이 명확히 정리되지 못한 감이 있다. 그러나 선염渲染을 활용한 안면부의 색감 묘사는 당시로서는 한층 진전된 사실성을 보여 주는 화법이다. 얼굴의 굴곡을 명암으로 표현하기 직전의 단계이지만, 여기에 나타난 선염과 색감은 김수홍이 말한 '육색'肉色의 장점이 무엇인지를 구체적으로

도10 〈**유순정초상**〉(**좌**) 전傳 윤상익, 1688년경(추정), 비단에 채색, 58.0×58.7cm, 서울역사박물관 소장.

도11 〈**유순정정국공신화상**〉 작가미상, 18세기, 비단에 채색, 172.0×110.0cm, 서울역사박물관 소장.

이해할 수 있게 한다.

〈유순정초상〉은 윤상익이 앞에서 언급한 시재 때 그린 것으로 추측된다. 상반신만 그렸는데, 현존하는 〈유순정정국공신화상〉도11과 대체로 유사하다. 그림의 왼편 아래에 붙인 종이에 '以此人模寫'(이 사람으로 모사하라)라는 글씨가 적혀 있다(제1부, 도23 참조). 숙종이 시재의 결과물인 이 그림을 최종적으로 살펴본 뒤 화가를 결정하기 위해 쓴 것이다. 여기에 이어 붙인 가늘고 긴 종이의 끝에는 '尹商翊'(윤상익)이라 적었다. 이는 종이를 말아서 화가의 이름이 보이지 않도록 한 것인데, 왕이 선입견 없이 그림을 판단할 수 있도록 한 방법이다. 왕이 화가를 확인하고자 펼치면 이름을 알 수 있도록 되어 있다. 이러한 예는 1735년(영조 11)의 태조어진 모사를 위한 시재에서도 볼 수 있다. 역시 별지에 화가의 성과 이름을 써서 그림에 붙인 뒤 왕에게 올리는 방식이었다.[32] 시재의 결과물인 초상화를 왕에게 올릴 때 취한 형식임을 알 수 있다.

〈유순정초상〉도10을 〈유순정정국공신화상〉도11과 비교해 보면, 얼굴의 형태가 완벽하게 같지는 않다. 이는 범본을 보며 옮겨 그리는 이화移畵를 택했기 때문이다. 즉 원본에 얇은 종이를 올린 뒤 형상을 베껴그리는 모화模畵와는 다른 방식이다. 1735년(영조 11) 세조어진을 모사할 때 김취노金取魯가 "무진년(1688)에는 화원 3인으로 하여금 공신화상을 이화移畵하게 하여 취재로 삼았다"(戊辰年 使畵員三人 移畵功臣畵像 以爲取才)라고 한 기록이 이 사실을 뒷받침한다.[33] 시력이 나빴던 조세걸이 충분한 실력을 발휘하지 못했던 이유도 바로 이화移畵의 방식 때문이었을 것으로 추측된다.

그렇다면, 윤상익이 그린 〈유순정초상〉은 과연 시재 당시에 그린 것일까? 단정할 수 없지만 〈유순정초상〉에는 17세기 초상화의 특색이 다분하다. 단령團領의 구름문양, 흉배의 색상과 운학雲鶴문양은 범본과 차이가 있지만, 윤상익은 1688년 당시를 기준으로 바뀌어야 할 부분을 반영하여 그린 듯하다.[34] 단령의 구름문양도 평면처럼 그렸는데, 이 역시 17세기 초상화에서 볼 수 있는 특색이다. 조세걸이 채색을 약간 두텁게 썼다면, 윤상익의 경우는 〈유순정초상〉으로 미루어 볼 때 채도가 담백한 화법을 쓴 것으로 추측된다. 이러한 측면에서 조세걸의 〈박세당초상〉과 전칭작인 윤상익의 〈유순정초상〉은 숙종 대 어진 모사에 참여한 지방화사의 화법을 짐작하게 하는 한 사례이다.

1713년 숙종어진 도사의 시재와 화사

1713년(숙종 39)에 숙종은 자신의 어진을 한 본 그리게 하였다. 화가가 왕을 대면하여 직접 바라보고 그리는 도사圖寫였다. 이때 숙종은 진재해秦再奚를 잠정적인 주관화사로 정하여 어진의 밑그림인 초본草本을 맡겼다. 그리고 완성된 초본을 놓고 왕과 대신들 간에 심도 있는 논의가 이루어졌다. 바로 봉심의 절차였다. 그런데 초본을 놓고 신중을 기하던 대신들의 중론은 진재해 한 사람에게만 화역畵役을 맡길 수 없다는 것이었다. 지방 출신의 화가들 중에서도 실력자를 물색하여 시재를 치르고자 했다. 진재해보다 뛰어난 화가가 나온다면, 주관화사는 그에게로 넘어가게 된다. 이는 화원 한 사람의 주관적인 묘사를 견제하고, 뛰어난 방외화사를 선발하기 위한 방편이었다. 이때 시재에 참여한 화가들은 대부분 제조 김진규가 추천하였다. 도화서 화원 박동보를 비롯하여 지방 출신의 이치李琋(1677~?), 김진녀金振汝, 김익주金翊胄, 장태흥張泰興 등 5명이다.[35]

이들이 김진규의 추천을 받게된 이유는 이전에 각자가 그린 초상화에 대한 호평 때문이었다.[36] 김진규의 추천은 철저히 검증을 통해 이루어진 것이다. 이 가운데 가장 연장자이고 경험이 많았던 박동보에 대해 숙종은 나이와 시력을 염려하였다. 김진규는 그의 그림에 의사意思가 있음을 높이 들었고, 나이는 아주 많지 않으며 귀가 어둡지만 도화에는 지장이 없다고 하였다.[37] 박동보의 특징으로 언급된 '의사'意思는 무엇일까? 초상화의 가장 궁극의 목적인 대상 인물의 정신적인 분위기를 포착해 냄을 말하는 것으로 이해된다. 그리고자 하는 인물의 내면세계가 사실적인 외형 묘사에 함께 스며들어 보는 사람이 대상 인물의 정신적인 분위기를 느낄 수 있어야 한다는 것이다.

1713년 4월 13일 박동보와 장태홍이 먼저 시재를 치렀다. 시재의 범본範本은 알 수 없지만, 결과는 장태홍의 그림이 박동보보다 낫다는 평가를 받았다. 박동보가 나이와 명성에 비해 의외로 호응을 얻지 못했다. 숙종은 장태홍에게 초본을 그리도록 명하였으나 닷새 뒤 평양 출신의 김진녀가 도착하자 다시 시재를 보도록 하였다. 이때의 시재는 이례적으로 숙종을 직접 대면하여 초본을 그리는 것이었다.

장태홍과 김진녀의 그림을 본 도감의 당상들은 장태홍의 그림에 의태意態가 있음을 높이 샀다. 그러나 화법에 공교함이 부족하고, 김진녀는 화법이 공교하지만 의태가 부족하다고 평하였다.[38] 여기에서 화법의 공교함이란 섬세하고 사실적인 묘사를 의미한다. 또한 의태는 대상 인물이 지닌 고유한 정신적인 분위기를 말하는 것으로 이해된다. 의태와 공교함이 등가等價의 조건이자 초상화를 평가하는 주요 기준이었음을 알 수 있다.

공교한 묘사와 의태는 다른 말로 형태의 닮음인 '형사'形似와 정신적 닮음인 '신사'神似라 해도 무난하겠다. 궁극적으로는 정확한 형태에 정신적인 분위기가 결합된 전신傳神의 달성을 목표로 한 개념이다. 결국 숙종은 장태흥과 김진녀의 그림에 차이가 없다면, 앞서 진재해가 그린 초본을 정본으로 삼도록 하였다.[39] 결국 진재해가 주관화사를 맡았고, 장태흥과 김진녀가 동참화사로 참여하였다.

숙종 연간에 태조어진의 모사와 숙종어진 도사에 참여한 대표 화사인 조세걸, 윤상익, 진재해를 중심으로 한 시재의 과정을 살펴보았다. 조세걸의 피부색, 윤상익의 담백한 채색, 그리고 진재해의 묘사력은 이들 각자가 오랫동안 연마해 온 특장이었다. 이들의 화법은 잘 정제되어 어진에 반영되었으리라 추측된다. 숙종 대의 어진 도사와 모사는 17세기 이후 단절되었던 어진 제작의 전통을 계승한 점에 큰 의미를 둘 수 있다.

왕과 대신들이 참여한 봉심奉審은 화가에게 구체적인 지침을 주었고, 도화 과정의 주요 방향을 결정하며 어진의 완성까지 화역畵役을 이끌었다. 조선시대의 화가가 가장 '출세'할 수 있는 유일한 경로는 어진화사가 되는 것이었다. 이를 통해 신분상승을 이루고 자신의 가문家門을 쇄신할 수 있었다. 수많은 화가들이 꿈꾼 어진화사가 되기 위해 건너야 하는 첫 관문이 바로 시재였다.

어진 제작 과정의 평가, 봉심奉審

어진을 그리는 과정에서 어떤 판단을 필요로 할 때, 이를 화원에게 전적으로 맡기지 않았다. 왕과 도감의 제조 등이 논의하여 사안을 결정하였다. 그만큼 어진의 제작이 왕실의 중대사였고, 왕과 대신들이 쏟은 관심이 컸기 때문이다. 이처럼 왕과 신하들이 어진의 제작 공정을 살펴보고, 서로의 의견을 나누며, 수정할 부분을 지적하는 일은 바로 봉심의 단계에서 이루어졌다. 봉심은 어진을 그리는 과정에서 치른 중간 평가이자 문제의 해결을 위한 합리적인 절차였으며, 이때 제기된 지적과 보완할 점은 완성을 앞둔 어진에 그대로 반영되었다. 이러한 과정은 결과적으로 문제점을 미리 예견하여 조치하는 방안이었다. 주로 초본과 정본正本이 완성된 뒤에 봉심을 하는 것이 원칙이었다.

봉심의 과정에서 신하들을 당혹스럽게 한 것은 의외로 이들이 왕의 얼굴을 잘 알지 못했다는 점이다. 용안을 관찰해야 할 사람은 화가만이 아니었다. 신하들의 입장에서 화원이 그린 초본의 용안을 보고 의견을 말하려면, 먼저 용안을 정확히 알아야 한다. 그래야만 그림에서 어색하거나 잘못된 부분을 정확히 지적할 수 있다. 그러나 평상시에 왕의 얼굴을 정면에서 응시할 일은 많지 않았으니 대신들은 초본을 보고도 닮음의 여부를 명확히 판단하지 못하는 경우가 많았다. 예컨대 1713년(숙종 39) 숙종어진을 그릴 때 이러한 문제에 대한 논의가 있었다. 초본의 형상을 용안과 비교해야 하지만, 왕이 가까이에 있더라도 신하들이 수시로 용안을 올려다보기란 쉽지 않았다. 따라서 왕의 바로 옆에 어진을 두고서 용안과 초본을 비교해 가며 보는 것이 필요하다는 의견을 내기도 하였다.[40]

일반적으로 완성본 어진을 봉심하는 자리에서 미흡한 부분이 발견되면, 화면 위에 붓을 대는 가필加筆이 이루어지기도 하였다. 1735년(영조 11) 9월 10일에 영희전 제2실 세조어진의 모사가 완성되자 완성본에 대한 봉심이 있었다. 영조는 봉심의 자리에 이치와 장득만을 참석시켰고, 몇 가지 지적 사항을 말했다. 먼저 용안의 눈동자인 흑정黑精과 눈썹 끝이 너무 옅은 점, 오른쪽 뺨에 티가 있는 점, 얼굴에 회색기가 많은 점, 용안의 턱 아래가 옅은 점 등을 지적했다. 이치가 눈이 어두워 자세히 살필 수가 없자 장득만이 일부를 가채加彩하여 보완하였다. 영조는 어진의 가필을 조력한 장득만을 수종화사에서 동참화사로 승급시켰다.[41] 영조의 완벽을 향한 치밀하고 집요한 성정을 읽을 수 있다.

어진의 초본을 봉심하는 과정의 또 다른 예를 1781년(정조 5) 8월, 정조어진 제작의 사례에서 볼 수 있다. 봉심의 과정에서 정조는 유난히 꼼꼼한 식견을 보였다. 이를 소개하면 첫째, 정조는 흡족할 때까지 초본을 여러 번 고쳐 그리게 하였다. 8월 26일 한종유가 그린 첫 초본을 본 정조는 하관下顴 이외의 나머지 부분이 닮지 않았다고 했다.[42] 다음 날 다시 그린 초본에도 정조는 석연치 않은 반응을 보였다. 8월 28일에도 정조는 안채眼彩의 묘사가 미흡함을 들어 다시 그리도록 하였다. 이어서 8월 29일과 9월 1일, 2일 등 세 차례나 더 수정하게 하였다. 모두 여섯 차례에 걸쳐 초본을 다시 그리거나 수정하게 한 것이다. 9월 4일에도 초본 2본을 신하들과 함께 보았으나 의견이 맞지 않았다. 마지막으로 다시 한 본을 그린 뒤 초본을 확정지은 듯하다. 1개월간의 제작 기간 중 약 10일이 초본 도사에 쓰인 셈이다.[43]

둘째, 정조는 초본草本을 봉심하면서 여러 대신들의 초상화를 가져오게 하여 비교·분석의 자료로 삼았다. 8월 28일 정조는 한종유가 그린 초본草本을 보고서 《기로소화상첩》耆老所畫像帖 등 여러 대신들의 초상화를 가져오게 하여 이를 열람하였다.[44] 또한 시채施彩가 시작되기 전에는 옛 상공인 민정중閔鼎重, 이덕수李德壽, 이의현李宜顯의 화상을 가져오게 하여 열람하였다.[45] 정조는 이처럼 여러 초상화를 비교하며 화법의 장단점을 살폈으며, 이를 통해 어진에 대한 자신의 안목을 높여갔다. 초상화에 대한 정조의 적극적인 관심과 탐구 의욕을 엿볼 수 있는 대목이다.

정조는 봉심에서 신하들의 의견이 대세일 때는 이를 존중하는 태도를 보였다. 1791년(정조 15) 9월 22일 정조는 자신의 두번째 어진을 그리기 위해 주관화사에 이명기, 동참화사에 김홍도 등 6인의 화원들을 참여시켰다. 그리고 엿새 뒤인 9월 28일에 초본에 대한 봉심이 있었다. 이날의 봉심에는 유지본油紙本 두 점과 족자본簇子本 등 세 본이 올라왔다. 그림의 내용은 알 수 없지만, 대신들 가운데 채제공蔡濟恭(1720~1799)이 먼저 서편의 유지본이 가장 좋다는 소견을 말했다. 채제공은 '멀리서 바라보는 것'(遠瞻)이 '가까이서 바라보는 것'(近瞻)보다 나으며, '일호일발'一毛一髮을 자세히 보게 되면 오히려 '진眞으로부터 멀어질' 우려가 있다고 하여 서편 유지본에 점수를 주었다. 이 유지본은 전체적인 균형과 신사神似가 잘 표현된 그림으로 추정되며, 어진의 핍진逼眞이란 일정한 거리를 두고서 판단해야 함을 강조한 것이다.

정조는 서편 유지본이 초본을 수십 번이나 수정한 것이므로 좋다고 하여 채제공의 의견에 동의한 반면, 동편 유지본은 급하게 그린 것이라 완성도가 낮다고 평했다. 그러나 영돈녕부사 홍낙성洪樂性은 족자본이 더 좋다고 하여 시각 차이를 보였다. 이때 정조는 이명기와 김홍도를 나오라고 하여 화원의 소견을 물었다. 이명기는 정조와 같은 의견이었고, 김홍도는 제3의 의견을 내었다. 의견이 일치를 보지 못하자 정조는 여러 대신들의 의견을 따라 족자본으로 상초할 것을 결정하였다.[46] 이처럼 초본이나 상초본上綃本을 판단할 때 정조는 대신들의 의견을 존중하였고 충분한 의견을 자유롭게 말할 수 있도록 하였다. 이와 같이 봉심은 완성한 결과에 대한 품평이 아니라 남겨진 부분에 대한 논의라는 점에서 어진의 성공적인 제작을 담보하는 장치였다.

숙종과 영조 대 어진화사의 선발은 지방화가와 도화서 화원을 대상으로 하였으며, 이후 차비대령화원을 참여시킴으로써 점차 안정적인 체제를 이루었다. 어진의 봉심과 관련된 여러 기록을 통하여 역대 왕들의 어진에 대한 취향과 관심사를 살필 수 있었다. 봉심에서 왕과 신하들이 관심을 보인 것은 도사의 경우 의태意態와 공교工巧함, 즉 왕의 위엄에 정신적인 감화를 느끼게 하는 효과와 사실적인 형상의 묘사였다.

3 선대 왕의 어진과 어진화사

선왕先王이 죽은 이후 어진을 그린 경우는 두 가지이다. 첫번째는 생존 시에 어진을 남기지 않은 왕의 경우 그 모습을 상상하여 그리는 것으로 추사追寫라 한다. 두번째는 생시에 그려 놓은 선왕의 어진을 베껴 그리는 모사模寫이다. 추사와 모사는 이미 사망한 선왕의 어진을 그리는 두 가지 유형이다. 추사본 어진은 조선 초기에 몇 차례 그린 기록이 있고, 모사는 어진의 상태가 나쁘거나 새로운 봉안처가 생겨 한 본을 더 그려야 할 때 선택하는 방식이었다.

어진의 추사追寫

추사본 어진은 조선 전반기인 15~16세기에 제작된 예가 있다. 그러나 실물은 전하지 않고, 관련 문헌과 화가에 대한 기록도 매우 희소하다. 정종正宗과 태종어진은 공신도감功臣都鑑에서 공신화상을 그릴 때 함께 그렸다는 기록이 있다.[47] 어진의 제작이 정례화되기 이전의 일이다. 세종 대로 올라가면 어진을 그리는 체계는 더 안정적이지 못했던 듯하다. 세종의 지시로 태종어진을 그렸으나 이를 본 태종이 닮지 않았다고 하며 소각하게 한 사실이 이를 말해 준다.[48]

숙종 대 이전에는 어진을 그리는 제도와 관행이 정립되지 못했다. 도사본을 그린 경우도 있지만, 어진을 그리지 않은 왕도 있었고, 추사본을 남긴 사례도 있었다. 여기에 대한 정황은 이유원李裕元(1814~1888)의 『임하필기』林下筆記에 간략히 전한다. 16세기 중엽 이전에 선원전璿源殿에 봉안된 어진의 현황을 알려 주는 기록이다.[49]

> 명종 3년(1548) 홍섬洪暹이 아뢰기를 선원전璿源殿에 모신 태조의 영정이 26축軸인데, 그 중에는 시중侍中 시절의 사진도 들어 있으며, 태종太宗, 세종世宗, 세조世祖 또한 모두 영정이 있고, 덕종德宗과 성종成宗 및 중종中宗의 영정은 모두 승하하신 뒤에 추급追及하여 모사한 것이다.

16세기의 관료인 홍섬洪暹(1504~1585)이 살았던 1548년(명종 3) 당시 어진을 모신 선원전에는 태조·태종·세종·세조어진을 비롯하여 덕종·성종·중종의 어진이 걸려 있었다. 그런데 함께 걸린 덕종과 성종, 중종의 어진은 승하하고 난 뒷 시기에 그린 추사본追寫本이다. 17세기 이후에는 추사본 어진을 그리지 않았지만, 15~16세기에는 어진의 추사가 한동안 관행처럼 이어졌다.

조선 전반기에 추사본 어진을 그린 화가로는 최경崔涇과 석경石璟의 이름이 확인된다. 최경은 성종의 아버지인 추존왕追尊王 덕종德宗(1438~1457)의 추사본을 그렸고, 석경은 조금 뒤의 시기에 중종의 추사본 어진을 그렸다. 어진을 추사한 기록은 덕종어진이 가장 먼저이다.[50] 덕종은 세조의 장남이자 성종의 아버지인데, 아들 성종의 명에 따라 최경이 그린 것이다.[51] 최경은 어릴 적부터 그림에 재주가 많았고, 도화서 생도生徒를 거쳐 화원이 되었으며,[52] 그림 실력으로 조정의 주목을 받았던 화가이다. 그러나 『세조실록』에 기록된 최경에 대한 세평世評은 그리 좋지 못했다.[53] 헛된 자랑과 남을 속이는 처신을 일삼아 화원에서 파직되기도 하였다.

최경을 화원으로 다시 등용한 것은 성종이었다. 호군護軍에 복직된[54] 최경은 1472년(성종 3) 5월 소헌왕후昭憲王后·세조대왕·예종대왕睿宗大王·의경왕懿敬王(덕종)의 어진을 그림으로써 새로운 화력畵歷의 전환점을 맞게 되었다. 소헌왕후의 영정과 예종대왕의 어진이 그려졌음을 알 수 있고, 덕종어진도 사후 13년 만인 1472년(성종 3)에 그렸음을 알게 된다. 당시 어용 제작에 참여하여 포상을 받은 화가는 최경과 안귀생安貴生, 화원 배련裵連, 김중경金仲敬, 백종린白終隣, 이춘우李春雨, 이맹상李孟相, 조문한曺文漢과 사용司勇 이인석李引錫, 화원 김직金直과 이백연李百連 등 모두 11명이다.[55] 이 화가들에 대한 인적 사항은 알려진 것이 없다.

성종은 최경과 안귀생의 공로를 인정하여 이들을 당상관堂上官에 제수하였으나, 조정에서는 화원에게 당상의 관직을 준 것을 문제 삼아 파문이 일기도 하였다.[56] 몇 차례의 진통 끝에 결국 성종은 최경에게 내린 당상관직을 철회하고 안마鞍馬 한 필을 내리는 것으로 논란을 매듭지었다.[57] 성종이 최경을 당상관에 제수하면서 파격적으로 대우하려 했던 이유는 무엇이었을까? 1548년(명종 3) 10월 동지경연사 홍섬의 기록과 대왕대비가 내린 전지傳指에서 그 이유를 찾을 수 있다.

> 덕종은 세자 때 죽었는데, 성종께서 최경崔涇에게 추사追寫하게 하고 당상堂上에 제수하였습니다. 언관言官이 온당치 않다고 거론하므로 성종이 언관을 불러들여 영정을 펼쳐놓고 말하기를, '내가 화공畵工으로 인하여 부왕父王의 진면眞面을 볼 수 있게 되었다.' 하고 눈물을 지으니 언관이 이에 눈물을 흘리며 물러났습니다.[58]

> 성상께서 태어난 지 두어 달 만에 고자孤子가 되어 의경왕懿敬王(덕종)[59]의 용의를 알지 못하였다. 이제 최경 등이 그렸는데, 내가 보아도 꼭 닮았다. 주상께서 성심으로 기뻐하여 그의 공로를 갚고자 하였다.[60]

위의 두 기록은 성종이 최경을 우대하고자 한 이유를 명확히 알려 준다. 성종은 부왕父王의 모습을 볼 수 있도록 어진을 그린 최경이 더없이 고마웠고, 또 추사본 어진에 대단히 만족했음을 짐작하게 한다. 그 뒤 최경이 그린 덕종어진은 선원전의 선왕·선후의 다음에 봉안되었다.

최경의 두번째 도화는 1476년(성종 7) 안귀생, 배연과 함께 모사한 세조어진이다. 모사 과정에 대한 기록은 알려져 있지 않다. 성종은 다시 최경을 승직시켜 서용敍用할 것을 명하였으나,[61] 바로 시행되지는 못했다. 이후 1490년(성종 21)에는 최경에게 한 자급資級을 더 올려 당상관에 임명하였다.[62] 최경과 함께 세조어진을 모사한 안귀생은 세조와 성종 연간에 활동한 화가이다.[63] 1454년(단종 2) 강희안姜希顔(1418~1465)·양성지梁誠之(1415~1482) 등과 함께 지도 제작에 참여하였으며, 1472년(성종 3)에는 최경과 함께 소헌왕후·세조·예종 등의 어용御容 제작에 참여한 바 있다. 한편 성종은 1494년(성종 25) 12월에 승하하였는데, 이듬해인 1495년(연산군 1) 2월에 추사본이 제작되었다.[64] 승하 직후에 추사본을 그린 것은, 성종의 얼굴을 기억하는 사람이 많을 때 정확한 모습을 그리고자 한 이유에서일 것이다.

한편 석경은 1545년(인종 1)에 중종어진을 그렸다.[65] 석경에 대해서는 거의 알려진 것이 없다. 『근역서화징』槿域書畵徵에는 안견安堅의 제자인 '石敬'이란 화가가 있는데, 인물과 대나무를 잘 그렸으며, 용수참석龍首巉石은 사생법寫生法을 얻었다고 기록되어 있다.[66] 그러나 '石敬'(석경)과 '石璟'(석경)이 같은 인물인지는 더 이상 확인할 자료가 없다.

인종과 인종의 아우로 보위를 이은 명종은 부왕父王 중종의 어진을 보고 난 뒤 의견이 각각 달랐다. 중종이 승하한 것은 인종이 29세 때, 그리고 동생 명종이 11세 되던 해이다. 따라서 인종과 명종은 중종의 얼굴을 잘 알고 있었다. 그런데 인종은 중종의 어진을 봉심한 뒤 진면眞面에 가깝다고 평하였으나,[67] 명종은 조금도 비슷하지 않다는 반응을 보였다.[68] 같은 추사본을 두고 견해가 이처럼 서로 다른 것은 무슨 이유일까? 인종이 진면과 가깝다고 본 것은 아마도 궁궐의 내정內庭 사람들이 닮았다고 수긍한 의견을 따른 것이 아닌가 추측된다. 반면에 명종은 추사본 자체를 신빙하지 않는 입장이었다. 명종이 중종어진을 미흡하다고 하자 대신들은 화가를 처벌하고자 했으나 명종은 이를 원치 않았다. 화가 자신도 잠시 본 기억으로 그린 것이며, 근거할 그림도 없었기에 한계가 불가피하다는 것이었다.[69]

성종의 경우는 부왕인 덕종의 얼굴을 본 적이 없어 추사본마저도 감동스럽게 여겼다. 반면 부왕의 얼굴을 알고 있었던 명종은 어릴 적 본 기억의 기준이 있었기에 닮음의 정도가 미진하다고 한 것이다. 이후 명종은 추화본追畵本을 포함한 어진에 대해 회의적인 태도를 보였다. 선왕(인종仁宗)의 어진을 그리고자 한 신하들의 청을 수용하지 않았다. 이유는 두 가지였다. 하나는 성종이나 중종의 어용 추사본이 미진未盡하다는 평가 때문이었고, 두번째는 선왕 인종이 임종 시에 '내 용모는 그리지 말라'고 한 당부 때문이었다.[70] 이는 15세기 당시 어진을 그린 화가들의 수준이 고르지 못했음을 시사해 준다.

1872년에 모사한 경기전의 〈태조어진〉은 태조의 생존 시에 그린 원본의 수준이 당시로서는 월등히 뛰어났음을 방증해 준다. 17세기에 태조어진을 본 신하들이 "국초國初의 화사는 정말 신묘한 솜씨를 지녔습니다."[71]라고 한 것은 이러한 정황을 뒷받침한다. 15, 16세기에 어진 제작이 소극적이었던 것은 초상화의 수준이 큰 관심을 불러 일으키지 못했기 때문으로 짐작된다. 성종과 중종 또한 그림을 좋아하고 화원을 양성하는 데 적극적이었지만,[72] 당시 어진에는 큰 관심을 두지 않았던 듯하다.

태조어진의 모사模寫

초상화의 모사는 원본의 초상을 같은 크기와 형태로 베껴 그리는 것을 말한다. 오랜 세월에 걸쳐 훼손된 초상의 형상을 다음 세대에 온전히 전하는 방법은 모사가 유일했다. 어진의 모사도 마찬가지로 선대 왕의 어진이 그려야 할 대상이 되었다. 생존한 왕을 그릴 때처럼 최고 수준의 화가를 선발하여 엄정한 절차에 따라 진행되었다. 어진 모사와 관련된 기록으로는 태조, 세조, 숙종어진의 사례가 의궤儀軌와 『승정원일기』 등에 남아 있다.

태조어진은 숙종과 헌종 연간에 한 차례, 고종 연간에 세 차례 모사본을 그렸다. 1688년(숙종 14)의 남별전南別殿 봉안본, 1838년(헌종 4) 영흥 준원전濬源殿 봉안본, 1872년(고종 9)의 남별전과 경기전 봉안본, 1900년(광무 4)의 태조고황제어진太祖高皇帝御眞, 1901년의 태조를 비롯한 칠조七祖의 어진 모사 등이 그 사례이다. 주로 보존상에 문제가 있거나 새로운 봉안처가 생겼을 때 모사본을 그렸다. 그러나 고종 연간에는 태조어진을 국조國祖의 상징으로 시각화 하려는 정치적 목적에서 여러 차례 모사가 진행되었다.[73] 1688년의 태조어진 모사는 새로 중건된 남별전에 봉안하기 위해 경기전 본을 범본으로 하였으며, 『영정모사도감의궤』에 자세히 전한다. 해당 내용은 앞에서 살펴보았으므로[74] 여기에서는 19세기 이후에 이루어진 태조어진 모사에 대해 알아보기로 한다.

1837년 준원전 태조어진의 모사와 이재관

1837년(헌종 3) 9월 27일, 함경도 영흥의 준원전에 초유의 사건이 발생했다. 태조어진을 봉안한 준원전에 도둑이 들어 어진을 파손시킨 일이었다. 이후 어진의 복구를 위해 훼손된 어진을 신속히 서울로 가져왔다. 손상된 어진을 수습해 보니 큰 조각 22개와 작은 조각이 12개로 부서져 있었다. 이를 맞추어본 결과 오른쪽 어깨 부분을 제외하고는 큰 문제가 없어 범본으로 삼을 수 있는 상태였다.[75]

도12 〈강이오초상〉 이재관, 19세기, 비단에 채색, 63.8×40.1cm, 국립중앙박물관 소장.

모사를 맡은 주관화사에 이재관李在寬(1783~1837)과 김건종金健鍾(1781~1841)이 기용되었다. 동참화사에는 박종환朴宗煥, 조정규趙廷奎(1791~?), 이한철李漢喆(1808~1880), 박기준朴基駿, 김하종金夏鍾(1793~?), 장준량張駿良, 조평趙坪(1795~?)이 참여하였다. 화가들의 선발

도12-1 〈강이오초상〉의 안면 세부

과정은 당시의 기록인 『영정모사도감의궤』에 나오지 않는다. 이들의 선발 기준은 무엇이었을까? 주관화사인 김건종은 1830년(순조 30) 순조어진 제작에 참여한 바 있었으나, 이재관은 어진을 그려본 경험이 없었다. 그러나 이재관이 그린 기존의 사대부 초상화를 보면, 그가 선발된 이유를 짐작할 수 있을 듯하다.

이재관이 그린 초상화로는 〈강이오초상〉(강이오姜彛五, 1788~?)과 이모본인 〈이현보초상〉(이현보李賢輔, 1467~1555)이 전한다. 〈강이오초상〉 도12은 섬세한 필묘법筆描法으로 피부의 질감과 음영을 밀도 있

도15 **〈태조어진〉** 영흥 준원전濬源殿의 유리원판 사진, 1913년 촬영, 국립중앙박물관 소장.

게 묘사한 그림이다. 서양화법을 반영한 19세기 초상화로는 수준급이다. 이처럼 사실적인 묘사에 탄탄한 기량을 지닌 이재관은 모사에도 뛰어난 솜씨를 보였다. 예컨대 사대부 초상화인 1827년 작 〈이현보초상〉도13은 16세기의 원본도14을 모사한 것으로 신체의 비례와 형태를 정확히 재현하였고, 미흡한 부분까지 고쳐 그린 사례이다.[76] 이재관이 1837년(헌종 3)의 준원전 태조어진 모사에 선발된 것은 아마도 모사에 탁월한 실력을 인정받았기 때문이 아니었을까? 당시 준원전 태조어진의 모사본은 1748년(영조 24) 숙종어진의 모사 이후 89년 만에 그려진 이모본 어진이었다.

1837년의 준원전 태조어진의 모사는 준원전에 태조어진이 봉안된 1398년(정종 즉위) 이후 처음으로 행해진 일이므로 철저하게 어진의 원형을 유지하려 하였고,[77] 그만큼 모사를 신중하게 추진하고

도13 **〈이현보초상〉** 이재관(모사模寫), 1827년, 비단에 채색, 124.0×101.0cm, 한국유교문화박물관 소장(왼쪽 면).

도14 **〈이현보초상〉** 옥준상인玉俊上人, 1537년경, 마본麻本에 채색, 128.0×105.0cm, 한국유교문화박물관 소장.

자 하였다. 이렇게 볼 때 모사에 경험이 없는 화원들의 공백을 채워줄 적임자가 바로 이재관이었다고 생각된다. 모사 과정에서는 조각을 끼워 맞춘 범본을 보면서 그려야 했으므로 뛰어난 소묘력과 집중력을 필요로 했다. 이재관은 이를 충분히 감당하면서 모사를 주도했을 것이라고 추측된다.

1837년에 새로 모사한 준원전의 태조어진은 현재 소재를 알 수 없지만, 1911년에 촬영한 유리원판 사진이 남아 있다.[78] 도15 이 흑백 사진 속의 태조어진은 홍색 곤룡포를 입은 모습이다.[79] 1900년 윤8월 21일 선원전의 화재로 소실된 태조어진을 다시 그려야 했을 때, 범본이 된 것은 바로 1837년에 모사한 준원전의 태조어진이었다.

고종 연간의 태조어진 모사

고종 재위 연간에는 태조어진의 모사가 모두 세 차례 진행되었다. 1872년(고종 9)과 1900년(광무 4), 그리고 1901년의 태조를 비롯한 칠조七祖의 어진 모사가 그것이다. 이렇게 세 차례나 모사본을 그리게 된 이유는 원본의 퇴색과 예상치 못한 화재로 소실된 것을 복구하기 위해서였다. 1872년 남별전南別殿의 태조어진과 원종어진元宗御眞을 다시 그릴 때, 경기전의 태조어진을 가져와 함께 모사하였다. 참여한 화가는 화원 조중묵趙重默을 비롯하여 박기준, 백은배白殷培, 박용기朴鏞夔, 유숙劉淑, 이창옥李昌鈺, 박용훈朴鏞薰, 안건영安健榮(1841~1876), 조재흥趙在興, 서두표徐斗杓 등 10명이다.[80] 이때 그린 경기전의 〈태조어진〉이 온전히 전하고 있어 모사본의 현상과 특징을 살펴보는 것이 가능하다.도16

1872년에 모사한 경기전의 〈태조어진〉은 고식적古式的인 표현 요소를 지키며 원화原畵의 특색을 옮겨 그린 것으로 추측된다.[81] 청색의 곤룡포 복색, 좁은 소매, 조선 초기에 성립된 정면상, 평면적인 얼굴 채색법 등이 그러한 단서이다. 화가의 명단 중 앞부분에 기록된 조중묵과 박기준이 용안을 그린 것으로 추측된다. 선묘로

도16 **〈태조어진〉** 조중묵·박기준(모사模寫), 1872년, 비단에 채색, 218.0×156.0㎝, 어진박물관 소장.

太祖大王御容

형태를 규정하고 선염渲染으로 처리한 고식적인 화법이지만, 얼굴 묘사에 부분적으로 옅은 음영이 들어가 있어 19세기 후반기의 화법이 부분적으로 반영되었음을 알게 된다.[82]

조중묵과 박기준이 그린 일반 초상화는 전하지 않는다. 박기준은 순조, 헌종, 철종어진 등 어진 도화에 다섯 차례, 조중묵은 세 차례 참여한 적이 있는 수준급 화원들이다. 1872년의 고종어진은 익선관대본翼善冠大本을 비롯하여 모두 5점을 제작하였기에 비교적 많은 숫자인 8명의 동참화원이 참여하였다. 이때 참여한 화가들은 『어진이모도감의궤』御眞移模都監儀軌의 「상전」賞典에 등급의 구분 없이 이름만 열거되어 있다.

1900년(광무 4) 4월에는 창덕궁 선원전에 봉안할 태조고황제어진의 모사가 완료되었다.[83] 1899년(광무 3) 11월부터 이듬해 4월 28일까지 5개월간 진행된 결과였다. 모사를 담당할 화원은 시재試才를 통해 선발하였다. 공신화상이나 기신耆臣의 초상화를 보고서 그리게 한 뒤 도감 당상들이 우열을 가렸다.[84] 시재의 결과 주관화사로는 48세의 조석진趙錫晉과 51세의 채용신蔡龍臣이 선정되었다. 조석진은 19세기 전반기에 어진화사로 활동한 조정규趙廷奎의 손자이다. 그는 1881년에 신무기 제조법을 익히기 위한 제도사製圖士로 선발된 뒤 영선사營繕司에 소속되어 중국에 파견되기도 하였다. 함께 참여한 채용신은 이때 처음으로 어진 도사에 주관화사를 맡았다. 동참화사로는 홍의환洪義煥, 박용훈朴鏞薰, 이기영李祺榮, 김기락金基洛, 강필주姜弼周, 백희배白禧培, 서원희徐元熙, 윤석영尹錫永, 조재흥趙在興, 전수묵全修默 등이다. 동참화사 조재흥을 제외한 11명 전원이 처음으로 어진 도화를 경험하는 고종 대 신진 화원들이다.

1900년 4월에 완성된 태조고황제어진은 약 5개월 뒤인 윤8월 21일 선원전에 발생한 화재로 인해 소실되었다. 이때 숙종, 영조, 정조, 순조, 문조文祖, 헌종 등 칠조七祖의 어진이 함께 피해를 입었다. 고종은 이를 복원하기 위해 서둘러 모사할 것을 명하였다. 칠

도17 **〈영조어진〉** 조석진·채용신 등 (모사模寫), 1900년, 비단에 채색, 110.5×61.8cm, 국립고궁박물관 소장.

英祖大王御真
光武四年
庚子移摸

도18 **〈이조년초상〉(좌)** 채용신, 1912년, 크기 미상, 경남 산청 안곡영당安谷影堂 소장.

도19 **〈이조년초상〉** 작가미상(모사模寫), 1825년, 비단에 채색, 154.0×102.0cm, 안산영당安山影堂 소장.

조어진의 이모 작업은 1900년(광무 4) 9월에 시작하여 1901년 5월까지 진행되었다. 한 해 전의 태조어진 모사 때와 같이 조석진과 채용신이 주관화사로 기용되었다. 당시 채용신은 상중喪中이었으나 화도법畵圖法이 가장 정묘하며,[85] 대체할 시간과 화가가 없다는 이유로 화역畵役을 맡았다. 채용신의 화법은 전통적인 초상화법에 명암법과 사진의 효과를 접목시킨 것이었다.

이때 모사한 태조어진은 6·25 전쟁 중 부산으로 옮겨 보관하였으나 전쟁 직후인 1954년 12월 화재로 인해 1/3 이상이 소실되었다. 어진의 오른쪽 상단에 "태조고황제어진 광무사년 경자이모"太祖高皇帝御眞 光武四年 庚子移摸라고 적혀 있어 1900년에 모사한 태조의 어진임을 알 수 있다.[86]

채용신은 1900년에 이모본 〈영조어진〉도17을 모사하였다. 이 어진의 범본이 된 것은 1744년(영조 20) 장경주와 김두량金斗樑(1696~1763)이 그린 "냉천정갑자도사익선관본"冷泉亭甲子圖寫翼善冠本이다.[87] 그런데 이모본 〈영조어진〉에서는 채용신의 개성적 화법을 거의 찾을 수 없다. 반면에 채용신이 사적私的으로 그린 이모본 초상화에는 특유의 화법이 드러난다. 대표적인 예가 고려 말 인물인 이조년李兆年(1269~1343)초상의 이모본이다. 1912년에 이모한 경남 산청의 안곡영당본安谷影堂本 〈이조년초상〉도18은 경북 성주의 안산영당安山影堂 소장본도19을 범본으로 한 것이다. 부분적으로 고쳐 그린 형태와 안면 묘사에 채용신의 육리문肉理紋에 따른 필묘가 잘 드러나 있다. 그러나 〈영조어진〉에는 이러한 개성적 화법이 적용되지 않았다. 모사의 대상이 어진이므로 원화를 철저히 따라야 하는 원칙을 지켰기 때문일 것이다.

영조 연간의 어진 모사模寫

영조 연간에는 1735년(영조 11)의 세조어진과 1748년(영조 24)의 숙종어진 모사가 있었다. 보존 상태가 나빴던 것이 모사를 하게 된 이유였다. 영조 연간에는 어진 모사에 참여한 화가들의 자료가 비교적 많은 편인데, 어진의 제작 과정을 중심으로 이를 살펴보기로 한다.

1735년 세조어진 모사와 이치·장득만·김익주

1735년(영조 11) 7월, 영조는 신하들과 의논하여 영희전永禧殿의 세조어진을 다시 모사하고자 했다. 형상을 분간할 수 없을 정도로 상태가 나빴기 때문이다. 영조는 유능한 화원과 사대부 화가들 가운데 적임자를 물색하게 하였다.[88] 그 결과 화원 중에는 박동보, 양기성梁箕星, 장득만 등 3인, 지방화사로는 호남인 이치, 양희맹梁希孟, 그리고 와서瓦署 별제로 있던 신영申瑩 등이 시재에 참여하였다.[89] 호남 출신 화가들이 대거 상경하여 참여한 것이 주목할 만한 현상이다.

시재는 공신화상을 모사하는 것이었다. 정사공신靖社功臣 연양부원군延陽府院君 이시백李時白(1581~1660), 완남부원군完南府院君 이후원李厚源(1598~1660)의 초상화가[90] 범본이었다.[도20] 다만 도화서 화원은 이시백 초상을, 방외화사는 이후원의 초상을 각각 그리게 하였다.[91] 두 점 모두 1623년(인조 즉위년)에 녹훈된 정사공신화상이다. 시재 결과는 이치와 양희성의 그림이 가장 좋다는 평을 받았다. 그러나 박동보에 대해서는 더 이상 일을 맡기기 어렵다는 의견이 나왔다. 2년 전 영조어진의 주관화사를 지낸 그에게 의외의 평가였다. 영조는 그 이유를 박동보가 자신의 뜻을 그림에 적용시키려는 고집이 지나치다고 했다.[92] 아마도 박동보의 개인적이고 주관적인 묘사가 두드러졌기 때문일 것으로 짐작된다.

도20 **〈이후원초상〉** 작가미상, 17세기, 비단에 채색, 169.3×90.8cm, 리움미술관 소장.

이어서 영조는 연양부원군 이시백의 화상은 양기성의 그림이 뛰어나고, 완남부원군 이후원의 화상은 이치와 양희맹의 것이 좋다고 하였다. 또한 영조는 이치와 양희맹의 그림에는 약간의 생소함이 있는데, 채색이 강하기 때문이 아닌가 묻기도 하였다.[93] 영조가 화원들의 그림을 직접 평가할 만큼 초상화를 보는 기준과 조예가 깊었음을 엿볼 수 있는 내용이다.

도제조 김흥경金興慶(1677~1750)이 호남에서 올라온 김익주에게도 시재의 기회를 줄 것을 청하자 영조는 이치와 양기성을 김익주와 함께 다시 시재하게 하였다. 이치와 양기성은 두 차례 시재를 치르는 셈이 되었다. 어떤 그림이 시재의 범본이었는지 알 수 없지만, 영조는 김익주에게 큰 관심을 보였다. 그런데 이치와 김익주가 경합을 벌인 결과 주관화사는 이치에게로 돌아갔다. 정밀하고 숙련된 화법으로 만전을 기하려면 이치가 낫다는 평을 얻었다.[94] 동참화사로는 장득만, 김익주, 수종화사는 양희맹, 양기성으로 결정되었다.

주관화사 이치는 1713년(숙종 39) 숙종어진 도사를 위한 시재에 참여한 바 있었고, 이후 연산連山에 거주하던 중 김홍경의 추천으로 양희맹과 함께 상경하였다.[95] 당시 59세였고, 눈이 어두워 어진을 그릴 때 안경을 썼다. 이치가 그린 초상화로는 18세기의 문필가 권섭權燮(1671~1759)을 그린 〈권섭초상〉도21 한 점이 전한다.[96] 건을 쓰고 학창의를 입은 반신상으로 17세기 중엽의 초상 양식을 따른 그림이다. 얼굴은 짙은 황색조로 채색하였고 눈썹과 모발, 수염 등을 묘사한 필치가 섬세하다. 이치가 숙종어진 모사에 참여한 것은 〈권섭초상〉을 그린 지 10년 뒤이므로 한층 숙련된 기량이 숙종어진 모사에 발휘되었을 것이다.

동참화사 장득만은 1713년(숙종 39) 숙종어진 도사 때에도 김진녀, 장태흥과 함께 동참화사로 참여하였다. 설채를 주로 맡았는데,[97] 신중하고 침착한 성품으로 채색에 능했다는 기록이 여러 곳에 나온다. 1735년 세조어진 모사 때 장득만은 52세였으며, 곤룡포의 용문龍紋, 흉배 등 섬세한 무늬와 니금泥金, 금박金箔을 쓰는 그림에 뛰어난 재능을 보였다. 그림 비단에 먹선을 올리는 상초 시에 이치는 용안과 신체를 맡았고, 동참화사 장득만은 곤룡포와 흉배를 맡아서 그렸다. 설채 시에도 용안은 이치가, 곤룡포의 용문은 장득만이 맡았다.[98] 주관화사와 동참화사가 나누어 그린 영역을 알 수 있는 부분이다.

도21 **〈권섭초상〉** 이치, 1724년, 비단에 채색, 67.0×41.0cm, 옛길박물관 소장.

동참화사 김익주는 세조어진 모사 때 광주光州에 거주하다 상경하여[99] 동참화사로 참여하였다. 시재에서 선발된 화원들과 다시 시재를 치르면서 이치와 주관화사 자리를 놓고 경합을 벌였다. 화법에 생기가 있는 점은 김익주가 낫다는 평을 들었지만,[100] 동참화사에 머물렀다. 그런데 김익주는 모사 과정에 매우 소극적인 태도를 보였다. 예컨대 영조가 세조어진의 코 윗부분인 산근山根에 미세한 무늬가 있음을 지적하자 보이지 않아 그릴 수 없다고 하였고, 영조가 용안의 눈동자를 그리는 점정點睛을 할 수 있는지 여부를 물었을 때 지나치게 자신감 없는 태도를 보여 영조의 실망을 샀다.[101] 김익주는 세조어진을 끝으로 어진도화에는 더 이상 참여하지 않았다. 양희맹은 전주인全州人으로 호남화사 중 이치, 김익주 다음 순서로 추천을 받아 상경하였다.[102] 1735년의 세조어진 모사에서는 시재를 통해 화가를 선발한 숙종대의 관행을 계승하였다.

1748년 숙종어진의 모사와 장경주

1748년(영조 24)에는 영희전永禧殿과 선원전에 각각 봉안하기 위해 숙종어진 2본을 모사하였다.[103] 1713년(숙종 39)에 그려 선원전에 봉안한 어진의 상태가 나빴기 때문이다. 영조에게 숙종어진은 부왕父王의 어진이므로 모사에 대한 감회가 특별했다. 영조는 아버지인 숙종의 어진 모사를 완벽하게 끝내는 것을 효의 실현으로 생각하였다. "모발毛髮 하나라도 같지 않게 된다면 이는 화사畵師의 책임이 아니라 바로 나의 불효 탓인 것이다."[104]라는 말에는 부왕의 어진을 대하는 영조의 심경이 잘 담겨 있다.

영조는 어진을 그릴 주관화사로 장경주를 지목하였다. 장경주는 1744년(영조 20)에 영조의 어진을 그린 바 있었다. 따라서 영조가 아는 장경주라면 굳이 시재를 볼 이유가 없었다. 전 판서 윤순尹淳(1680~1741)이 함세휘咸世輝의 그림이 좋다고 하였으나 영조는 수긍하지 않았다. 채색과 얼굴 묘사가 관건인 모사이므로 장경주가 가장 적임자라 하였다.[105] 따라서 화사는 주관화사에 장경주, 동참화원은 장득만·정홍래·김희성金喜誠, 수종화원은 함도홍咸道弘·김덕하金德夏(1722~1772)·박태환朴泰煥으로 구성되었다.

1748년 2월 4일 유지油紙초본에 대한 봉심이 있었다. 집사관이 유지본油紙本을 받들어 동쪽 평상에 놓았다. 감조를 맡은 조영석이 소본小本을 본 결과 입술 아래에 희미한 점이 있음을 발견하였다. 이에 영조는 아래 입술에 3개의 점이 더 있고, 입술 옆 오른쪽에도 점이 있음을 지적하였다. 장경주는 대본大本의 경우 아래 입술에 다섯 개의 점이 더 있다고 하여 정밀한 관찰력을 과시하였다.[106]

영조는 숙종어진의 얼굴 묘사에 대해 용안의 눈동자 바깥쪽은 담묵淡墨으로 그렸고, 안쪽은 점점 짙게 하였으며, 콧등인 비량鼻粱은 홍색으로, 양 볼도 홍색을 옅게 채색하였다고 설명했다. 그림의 미세한 곳까지 꼼꼼히 살피는 영조의 관심을 엿볼 수 있다. 김재로金在魯는 이를 두고 고심세高深勢가 뚜렷하다고 하였다.[107] 즉 얼굴에 명암을 넣지 않고 튀어나온 부분을 짙게 채색하는 전통적인 화법으로 그렸음을 말해 준다.

장경주가 그린 초상화로는 전신 좌상인 〈윤증초상〉(윤증尹拯, 1629~1711) 이모본과 정면 및 측면 소상小像 두 점 등 모두 세 점이 전한다.[108] 〈윤증초상〉도22의 왼편 아래에 "崇禎紀元後再甲子四月摹"(숭정기원후재갑자사월모)라 적혀 있어 1744년(영조 20) 4월에 이모하였음을 알려 준다. 인물의 묘사는 담담한 채색으로 간결하게 처리하였고, 선묘와 주름 묘사도 번잡하지 않게 단순화시켰다. 정면 및 측면 소상의 경우도 필선을 최소화 하고 선묘 주변에만 음영을 넣어 인물 특유의 표정을 강조하였다.도22-1 이처럼 절제된 선묘와 채색은 원화原畵의 양식을 보존하면서도 한층 세련된 이모의 차원을 보여준다.

장경주의 아버지인 장득만은 당시 65세의 나이에 동참화사로 참여하였다. 아들 장경주가 주관화사이기에 화원의 원로元老에게 자문과 조력을 맡기고자 참여시킨 듯하다. 수종화원 가운데 김덕하는 김두량의 아들이자 화원이었고, 박태환은 채색을 잘 다루었다고 전한다.[109]

明齋先生遺像
崇禎紀元後再甲子四月摹

도22 **〈윤증초상〉(왼쪽 면)** 장경주 이모移模, 1744년, 비단에 채색, 110×81.0cm, 충청남도역사문화연구원 소장.

도22-1 **〈윤증초상〉** 장경주 이모移模, 1744년경, 비단에 채색, 59.0×36.2cm, 충청남도역사문화연구원 소장.

영조는 거의 매일 어진을 그리는 장소인 선정전宣政殿에 나아가 완성하는 날(2월 13일)까지 직접 공역工役을 감독하였다. 그림이 완성되는 날에는 밤새 눈물을 흘리며 진전眞殿으로 환봉還奉할 어진에 대한 감회를 "이 마음이 슬프고도 서운한 것을 어떻게 다 말할 수 있겠는가?"[110]라고 표현했다. 1748년의 숙종어진 모사에서 영조는 전 과정을 지켜볼 정도로 많은 관심을 가졌다. 모사본은 세심한 영조의 안목과 화가들의 정미한 화필에 의해 성공적으로 화폭에 담겼다.

일제강점기의 어진 모사模寫

1928년에는 순종어진의 이모가 있었다. 1928년 7월 6일 순종과 순명황후純明皇后의 부묘례祔廟禮를 기록한 『순종효황제·순명효황후부묘주감의궤』純宗孝皇帝·純明孝皇后祔廟主監儀軌의 뒤편에 「어진모사급봉안일기」御眞摹寫及奉安日記가 실려 있다. 순종어진의 모사 과정을 기록한 자료이다. 순종은 재위 시절에 그린 어진이 없었다. 29세(1902) 때 그린 본이 있었으나 황태자 시절의 모습이었다. 보다 장년기인 1909년(36세)에 찍은 순종의 사진이 있어 이를 모사의 범본으로 삼고자 했다.[111] 사진 속의 순종은 군복을 입었으나 어진에 맞게 옷을 익선관과 황색 곤룡포로 바꾸어 그렸다.

주관화사는 김은호金殷鎬(1892~1979), 동참화사는 없었으며, 수종화사는 안명준安明濬과 백윤문白潤文(1906~1979)이 맡았다. 1928년 7월 9일 유탄柳炭으로 스케치를 시작하여 8월 20일 화견畵絹에 먹선을 올렸다. 이후 모사는 한 달 반가량이 걸렸다. 「상전」上典에는 '김은호는 돈 1,000원과 식비食費(도시락 요금) 30원을 받았으며, 수종화원 안명준과 백윤문은 각각 250원과 식비 30원을 받았다'고 기록되어 있다.[112]

이후 1936년에 완료된 선원전 제2실의 세조어진과 제3실의 원종어진元宗御眞의 모사 과정은 장서각 소장의 『선원전영정모사등록』

璿源殿影幀模寫謄錄에 자세한 기록이 있다. 모사 일정을 기록한 「일기」日記에는 1935년 4월 23일부터 이듬해 2월 2일까지 약 10개월간의 화역畵役이 일자별로 기록되었다. 이 두 어진의 모사본 제작은 이왕가李王家의 숙원사업이었다. 선원전의 세조 및 원종어진은 한 점밖에 전하지 않는 유일본이었기 때문이다.

도23 세조어진을 모사하고 있는 김은호, 1935년.

모사는 화사 김은호와 조수 장운봉張雲鳳이 담당하였다. 어진의 모사 장소는 순종의 비 순명황후純明皇后의 신주를 모셨던 원의효전元懿孝殿이었다. 모사 작업은 이곳에 임시로 가당가假唐家를 설치하는 공사로부터 시작되었다. 당시 김은호가 모사하는 장면을 촬영한 사진 뒤편으로 당가가 보인다.도23 바로 세조어진의 원본이 임시로 봉안되어 있는 장면이다. 당가 안의 어진을 세조어진으로 본 것은 고종과 이유원李裕元이 나눈 대화에서 단서를 찾을 수 있다.[113] 고종이 세조어진을 보고서 "옛날의 신발은 흰 가죽으로 만들었는가?"라고 묻자 이유원이 "옛날에는 흑단령黑團領을 입을 경우에는 흑피화黑皮靴를 착용하고, 시복時服에는 백피화白皮靴를 착용하였습니다."라고 하였다. 사진 속 당가의 어진에 흰색 신이 그려져 있어 이것이 세조의 어진임을 알게 된다.

모사의 과정을 보면, 먼저 세조어진의 밑그림인 초본草本 제작에 7일이 걸렸으나, 원종어진 초본은 2일 만에 완료하였다. 다음은 이 초본 위에 비단을 올린 뒤 아래에 비친 윤곽을 선으로 그려내는 묵모墨摹의 과정으로 세조어진은 4일, 원종어진은 8일이 걸렸다. 묵모의 과정에서 문제가 되는 곳이 생기면 관계 직원들이 협의하여 해결하였다. 일례로 7월 11일 화사 김은호가 구본 영정의 의대수형衣帶垂形(의대衣帶의 드리운 모양)과 의자 측형側形(측면)이 화법에 맞지 않으므로 조금 고쳐 그리는 것이 마땅하다고 하여, 과장課長 이하 직원들이 상세히 살핀 뒤에 그 말을 따랐다. 이모본이지만 원화의 불합리한 부분들을 수정하여 그린 것이 흥미롭다.

그 다음에는 원본 영정을 가당가假唐家에 펴서 봉안한 뒤 채색 작업을 하였다. 세조어진의 채색은 용포龍袍, 용상龍床 및 포석舖石, 흉배, 령領 등의 순으로 진행하여 22일이 걸렸다. 그러나 원종어진은 2일 만에 채색을 완료하였다. 아마 원종어진의 복식은 단색조로 된 간단한 형태였을 것으로 짐작된다. 세조어진은 7월 6일 모사가 완료되었고, 장관과 차관을 비롯한 관계 직원들이 완성본을 살펴보았다. 원종어진도 이주전李主殿 과장課長, 촉탁자작 이완용李完鎔 등이 열람하였고, 여기에서 지적된 미흡한 부분은 바로 보완이 이루어졌다.

화사 김은호에게는 사례금 1,500엔, 상여금 100엔, 조수 장운봉에게는 수당 200엔, 상여금 20엔을 주었다. 또한 어진 모사의 일정과 예산, 수행 인물에 대한 기록이 자세히 남아 있다. 이때 이모한 세조 및 원종어진과 두 이모본의 원본도 1954년 부산에서 발생한 화재로 사라지고 말았다.

이미 사망한 선왕의 어진은 추사追寫와 모사模寫의 방식으로 제작되었다. 추사는 성종과 중종 대에 한시적으로 이루어졌다. 당시 어진의 제작이 소극적이었던 것은 어진화사의 수준이 고르지 못했기 때문으로 추측된다. 또한 모사는 태조어진·세조어진·숙종어진, 그리고 일제강점기인 1936년에 이루어진 순종어진의 모사 등을 살펴보았다. 이 어진들은 관련 의궤 등의 문헌이 남아 있어 모사 과정에 대한 실증적인 고찰이 가능한 사례이다.

4 재위 왕의 어진과 어진화사

시재를 거쳐 선발된 화가는 주관화사, 동참화사, 수종화사로 나뉘었다. 등급에 따라 그려야 할 화역畵役도 정해져 있었다. 가장 먼저 그린 것이 어진의 밑그림인 초본草本이다. 대부분 주관화사가 이를 맡았다. 충분한 수정이 이 과정에서 이루어졌으며, 어진의 최종 형태가 결정되었다. 그런데 도사圖寫는 그림을 옮겨 그리는 모사模寫와 달랐다. 왕을 직접 마주하여 형태를 정확히 그려야 하므로 화가에게 가장 어려운 순간이었다. 그 다음 단계는 완성된 초본 위에 비단을 덮은 뒤, 아래로 비쳐 보이는 윤곽을 따라 먹선을 긋는 상초上綃 작업이다. 초본과 상초의 과정을 거치면서도 주요 단계마다 왕과 신하들의 논의는 계속되었다. 어진의 시작과 완성은 화가의 손에 의해 종결되지만, 화가는 자신의 판단보다 왕과 대신들의 의견을 먼저 따라야 했다. 판단의 결과로 인해 문제가 생겼을 경우 화가는 어느 정도 책임을 피할 수 있었다. 이번 장에서는 숙종 대에서 고종 대까지 약 200여 년간 어진 제작에 참여한 화가들의 기량과 역할에 대해 알아보기로 한다. 세부 시기를 편의상 숙종~정조 대와 순조~고종 대로 나누었다.

숙종~정조 대 어진 도사圖寫

숙종에서 정조 대까지는 조선 후기 초상화의 중흥을 이룬 시기였다. 어진의 제작과 봉안에 있어서도 제도적 정비, 표현 양식의 진전, 화가들의 향상된 기량, 왕과 신하들의 초상에 대한 관심이 가장 고조된 때였다. 이렇듯 활발한 분위기를 주도한 당시의 어진화사들을 왕대별 어진 도사의 사례에 따라 살펴보기로 한다.

숙종어진 도사와 진재해·김진녀

숙종 연간에는 어진의 봉안처인 진전眞殿에 대한 정비가 이루어졌다. 이는 어진에 대한 조정의 관심을 환기시키는 전환점이 되었다. 1677년(숙종 3) 남별전南別殿의 중건, 1695년(숙종 21) 강화부에 장령전長寧殿 중건을 계기로 하여 1688년(숙종 14)의 태조어진 모사와 1713년(숙종 39)의 숙종어진 도사가 진행되었다. 17세기 후반기 어진의 제작과 어진화사의 역할을 자세히 살필 수 있는 대표적인 사례이다.

1713년 숙종어진의 도사에 대한 기록은 『어용도사도감의궤』御容圖寫都監儀軌에 자세히 전한다. 화가의 선발과 구체적인 제작 과정을 기록한 자료이다.[114] 우선 도감이 설치되기 이전에 숙종은 화원 진재해를 시켜 미리 세 본의 초본을 그리게 하였다. 그런 다음 대신들에게 보여 의견을 구했다. 첫번째 본은 초본이고, 두번째 본은 비단에 그린 상초본이며, 세번째는 유지초본油紙草本을 똑같이 옮겨 그린 본이다. 이처럼 각기 다른 세 본의 초본을 준비하여 의견을 물은 것은 가장 좋은 초본을 얻기 위한 검증의 절차였다.

진재해의 초본을 살펴본 대신들은 외모는 닮았지만 형상과 정신을 아우른 핍진逼眞을 논하기에는 부족하다고 했다. 상초본이 낫다는 의견도 있었으나, 김진규가 결론적으로 세 본의 초본 모두 흡족할 수준은 아니라고 평가하였다. 화사에게 시간을 더 주어 초본을 계속 그리게 하는 것이 좋겠다는 의견을 내었다. 이후 진재해는 다시 초본을 준비하여 봉심을 가졌다. 이번에는 숙종의 모습과 상당히 비슷하다는 평가를 받았다. 다만, 눈의 흰 부분이 너무 희고, 눈꼬리가 올라간 점 등이 고쳐야 할 부분으로 지적되었다. 숙종어진의 완성에는 진재해 외에도 동참화사 김진녀·장태흥·장득만, 수종화사 진재기秦再起(18세기)·허숙許俶(1688~1729 이후) 등이 참여하였다. 최종적으로 그려진 숙종어진은 곤포본袞袍本과 강사포본降紗袍本 2점이다.

주관화사인 진재해는 17세기 후반기에서 18세기 초에 걸쳐 활동하였다. 그가 그린 초상화로는 〈유수초상〉(유수柳綏, 1678~1705)도24이 전한다. 얼굴 부분은 선염법을 써서 채색하였고, 양 볼의 위쪽인 관골 부위에 홍색조를 넣어 변화를 주었다. 음영이 소극적인 점과 이목구비를 선묘로 정리한 것은 이 초상화가 지닌 보수적인 성격을 말해 준다. 그러나 선묘에 따라 음영을 넣고 깊이감인 심세深勢를 표현한 점, 맑은 얼굴빛을 살리고자 한 점은 18세기 이후에 볼 수 있는 새로운 특색이다.

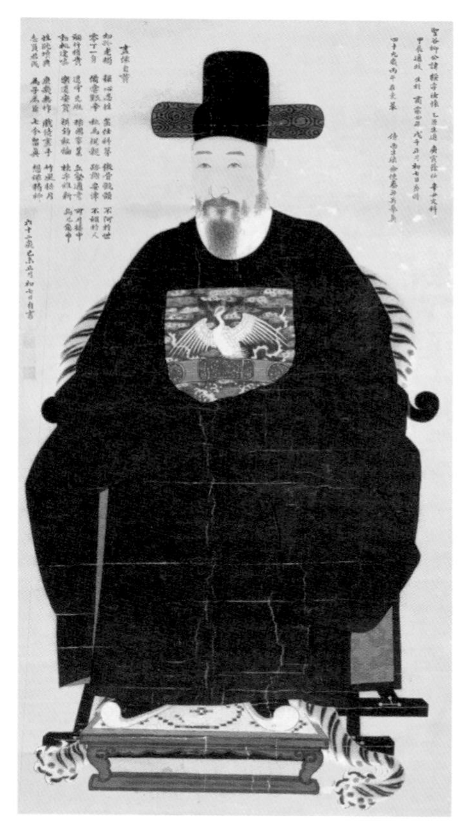

도24 **〈유수초상〉** 진재해, 1726년, 비단에 채색, 167.5×90.5cm, 경기도박물관 소장.

진재해는 1728년(영조 4) 분무녹훈도감奮武錄勳都監에서 공신화상을 그리는 일을 맡았다. 『분무녹훈도감의궤』의 1728년 6월의 내용에는 공신화상의 초본을 그리기 위해 경상도의 서생西生(지금의 울산) 첨사僉使로 있던 진재해를 올려 보내라는 기록이 있다. 이는 완성된 초상화가 닮지 않아 초본을 다시 그려야 하는 화역畵役을 위해 도감에서 진재해를 요청한 것이다.[115] 당시 녹훈도감에는 박동보를 비롯한 10여 명의 화가가 있었으나 정확한 형상을 결정짓는 소묘력이 부족하여 화역畵役을 종결짓지 못한 듯하다. 형태를 그리는 정확한 소묘 감각은 진재해의 특장이었다.

도25 **〈권상하초상〉** 김진녀, 1719년, 비단에 채색, 128.0×92.0cm, 제천 의병기념관 소장.

동참화사 김진녀는 숙종어진 도사의 시재에 참여하여 세 차례나 초본을 그렸다. 그러나 도감에서는 장태흥과 우열이 없어 귀향시키고자 하였으나, 도제조 이이명李頤命(1658~1722)이 설채에 능함을 들어 조역助役시킬 것을 청하여 정본설채正本設彩에 동참화사로 참여하였다. 김진녀는 양반가의 자제로 조세걸에게 산수·인물·화조를 배웠다고 한다.[116] 그가 그린 사대부 초상화로는 〈권상하초상〉(권상하權尙夏, 1641~1721)도25이 전한다. 얼굴 표현에 있어 선염에 비중을 두어 피부의 촉감을 잘 살렸고, 음영을 넣어 얼굴의 입체감을 효과적으로 표현하였다. 이처럼 피부의 색감을 잘 살린 화법은 그의 스승인 조세걸의 그림과도 매우 친연성이 있다.[117] 김진녀의 초상화를 두고 공교함이 있다고 한 것은 이러한 사실성을 평가한 말이다.[118] 형태 묘사에 뛰어난 소묘의 일인자인 진재해와 설채에 특장이 있었던 김진녀, 이 두 화가의 일반 초상화에 나타난 기량은 이들이 그린 어진의 수준을 미루어 짐작할 수 있는 단서가 된다.

영조어진 도사와 박동보·장경주·변상벽

영조는 40세 때부터 약 10년에 한 번씩 어진을 그렸다. 재위 기간 중 모두 다섯 차례 어진을 그려 역대 국왕 가운데 가장 많은 어진을 남겼다. 재위 기간에 자신의 어진뿐 아니라 세조어진(1735)과 숙종어진(1748)의 모사에도 관심을 기울였다.

영조 연간에 어진을 그린 주관화사에는 박동보, 장경주, 변상벽 등이 있었다. 당시 초상화 분야에서 최고의 기량을 펼치던 화가들이다. 그러나 이 세 화사가 그린 어진은 한 점도 전하지 않는다. 따라서 이들이 그린 현존하는 사대부 초상화를 통해 어진의 수준과 화법에 대한 이해를 구하고자 한다.

영조가 첫 어진을 그린 것은 40세 때인 1733년(영조 9)이다. 71세의 박동보가 주관화사를 맡았고,[119] 함세휘咸世輝(1680~?), 양기성梁箕星, 진응회秦應會가 동참화사로 뽑혔다.[120] 박동보는 1713년(숙종 39)의 숙종어진을 그릴 때 도제조 김진규의 추천으로 어진화사에 발탁되었다. 그의 초상화는 정신적인 분위기의 묘출을 뜻하는 '의사'意思가 충만하다는 평가를 받았다. 동참화원인 진응회는 화원 진재해의 장남이다. 〈권섭초상〉(1732)이 그의 그림으로 전한다.도26 유복儒服을 입은 반신상인 이 초상은 얼굴의 잔주름을 옅게 선묘한 뒤 미세한 음영을 넣어 실재감을 살렸다. 선묘와 선염을 위주로 하고 음영을 적용한 점은 18세기 초반기 초상 양식의 새로운 경향을 알려 준다.

도26 **〈권섭초상〉** 진응회, 1732년, 비단에 채색, 크기미상, 개인 소장.

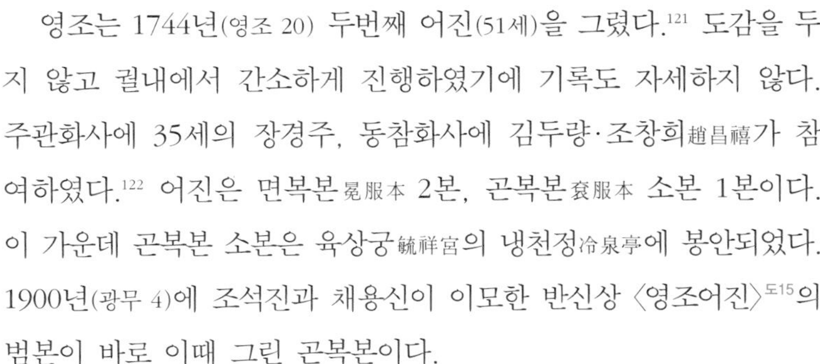

영조는 1744년(영조 20) 두번째 어진(51세)을 그렸다.[121] 도감을 두지 않고 궐내에서 간소하게 진행하였기에 기록도 자세하지 않다. 주관화사에 35세의 장경주, 동참화사에 김두량·조창희趙昌禧가 참여하였다.[122] 어진은 면복본冕服本 2본, 곤복본袞服本 소본 1본이다. 이 가운데 곤복본 소본은 육상궁毓祥宮의 냉천정冷泉亭에 봉안되었다. 1900년(광무 4)에 조석진과 채용신이 이모한 반신상 〈영조어진〉도15의 범본이 바로 이때 그린 곤복본이다.

주관화사인 장경주는 장자욱張自旭의 손자이고, 장득만의 아들로서 대대로 화원을 지낸 집안 출신이다. 그는 1744년 영조의 51세 어진을 완성한 뒤 대신들로부터 호평을 받았다. 그해 12월 1일에 영조는 대신들에게 장경주가 그린 면복본과 곤복본을 각각 꺼내 보였다. 대신들은 곤복본이 더 흡사하다고 평하였다. 또한 다른 대신들에게는 곤복본만을 보이자 닮음의 정도가 완벽에 가깝고, 흠을 찾을 수 없다는 반응이었다. 장경주의 초상에 대한 평은 '정신'精神

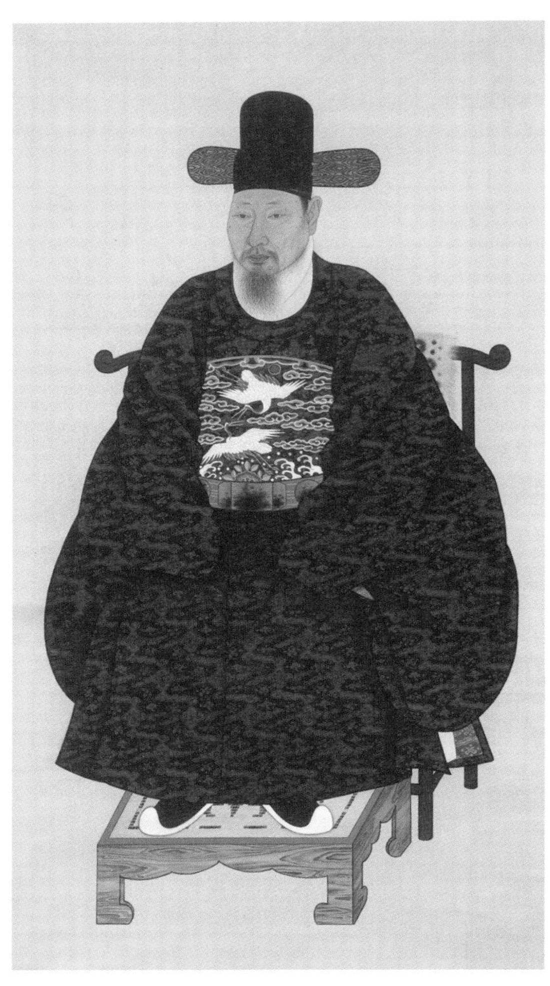

도27 **〈윤급초상〉** 변상벽(추정), 18세기 중엽, 비단에 채색, 152.3×82.6cm, 국립중앙박물관 소장.

이 있다는 말로 함축되었다.[123] 그의 초상화로는 앞에서 본 〈윤증초상〉도22, 22-1이 알려져 있다.

1754년(영조 30) 영조의 61세 어진은 비공식적으로 그렸고, 완성한 지 3년 뒤에 장황하였다.[124] 약 10년 뒤인 1763년(영조 39)에 그린 영조의 70세 어진에 대해서도 관련 기록이 전하지 않는다. 다만 변상벽을 통정대부通政大夫로 올린 기록이 있어,[125] 그가 주도하여 그린 것으로 짐작된다.[126] 마지막으로 영조는 1773년(영조 49)에 80세 어진 2본을 그렸다. 주관화사는 영의정 신회申晦(1706~?)의 추천을 받은 변상벽이 맡았고, 동참화사는 김홍도, 수종화사는 신한평·김후신金厚臣·김관신金觀臣·진응복秦應福으로 정해졌다.[127] 영조는 자신의 어진을 완성한 변상벽을 가자加資(품계를 한 등급 올려주는 것)하게 하면서 "이 사람이 아니면 어찌 이 그림이 성공할 수 있었겠는가"라며 칭찬을 아끼지 않았다.[128] 변상벽이 그린 어진에 대해 영조는 매우 흡족한 반응을 보였다.

변상벽의 초상화로 대표되는 것은 국립중앙박물관 소장의 〈윤급초상〉(윤급尹汲, 1697~1770)도27이다.[129] 그가 그린 〈윤봉오초상〉(윤봉오尹鳳五, 1688~1769)이나 〈이길보초상〉(이길보李吉輔, 1700~1771)과도 친연성이 많다.[130] 얼굴의 형태와 주름을 규정한 절제된 선묘, 맑은 안색의 표현, 그리고 선염으로 처리한 섬세한 피부 묘사는 이전의 초상화와 다른 현격한 변화를 보여 준다. 피부질환의 흔적과 얼굴의 굴곡에 따른 음영 처리는 사실적 표현의 정점을 보여 준다. 얼굴의

도27-1 〈윤급초상〉 안면 세부

세부 특징을 자연스럽게 살려냄으로써 완성도 높은 전신傳神의 경지를 표현하였다.

영조어진의 도사에 주관화사를 맡은 박동보·장경주·변상벽은 선염을 기본적으로 구사하였고, 피부색을 투명하고 밝게 설채한 것이 특징이다. 장경주의 '정신의 닮음'(신사神似)에 비중을 둔 표현, 변상벽의 치밀하고 높은 사실적 묘사력은 영조 대 초상화의 새로운 면모를 시사해 주는 요소이다. 전하지 않지만, 박동보가 그린 영조의 40세 어진으로부터 변상벽이 그린 80세 어진을 비교해 본다면,

적지 않은 화법상의 변화가 있었을 것이다. 영조 연간에 그려진 어진은 영조 대 후반기 초상화의 발전 과정과 그 성과가 그대로 함축되었다고 해도 과언이 아니겠다. 이는 화가 개인의 기량에 대한 차이일 수도 있지만, 주기적으로 꾸준히 진행된 어진의 도사가 초상화의 수준을 점진적으로 높여나간 계기가 되었을 것이다.

영조 연간의 어진 도사에 참여한 화가들은 도사가 거듭될수록 새로운 화가로 바뀌었다. 세대교체가 이루어진 탓도 있겠지만, 영조는 한 화가에 집착하지 않고 실력 있는 화가를 고루 등용하는 데 적극적인 입장을 보였다.

정조어진 도사와 한종유·김홍도·신한평·이명기

정조는 약 10년마다 어진을 그린 선왕 영조의 선례를 따라 30세(1781)와 40세(1791), 그리고 44세(1795) 때 각각 어진을 남겼다. 특히 정조는 어진 도사를 담당할 도감都監을 별도로 두지 않았고 규장각奎章閣이 어진의 제작과 봉안을 맡도록 하였다. 규장각을 어진 제작의 중심에 둔 정조의 조치는 순조 대 이후 어진 도사의 관행으로 이어졌다.

정조는 치밀한 관찰력과 높은 안목으로 화가들을 자주 긴장하게 하였다. 대신들의 의견도 수시로 물어 이를 적극 수용하고자 했다. 정조어진 제작에 참여한 주관화사는 한종유, 신한평, 김홍도, 이명기 등으로 18세기 후반기를 대표하는 초상화가들이다. 1781년(정조 5) 정조는 익선관본 어진 대소 2본을 그리고자 했다. 그해 8월 19일 정조는 한종유를 주관화사로 정했다.[131] 별도의 시재는 없었고, 갑오년(1774) 이후 한종유가 주로 어진을 그려왔음을 이유로 들었다. 동참화사는 김홍도, 수종화사는 김후신·신한평·허감許礛·김응환金應煥(1742~1789)·장시흥張始興으로 정했다.

한종유가 그린 초상화로는 국립중앙박물관 소장의 1777년(정조 1) 작 〈정경순초상〉도28이 있다. 복건을 쓰고 옥색 도포를 입고 앉은 모습이다.[132] 정경순鄭景淳(1721~1795)은 그림이 완성된 지 15년 뒤인 1792년 족자의 아래쪽 회장비단에 족질 정동진鄭東進을 시켜 글을 남겼다. 이 글에서 "성姓이 한씨韓氏인 화원이 그렸다"(卽此本 而韓姓畵員)고 하였다. 한씨 화원은 여러 정황으로 볼 때 한종유를 가리킨다. 같은 글에서 정경순은 이 초상화가 썩 뛰어나지 못하다는 혹평을 남겼다. 비슷한 점이 없을 만큼 닮지 않았다는 것이 이유였다.[133] 그러나 정경순이 지적한 닮음의 문제를 제외한다면, 이 초상화의 화법적 수준은 결코 낮게 평가될 수 없다. 얼굴 묘사에 있어 윤곽과 콧날에 선묘를 강조하였으나 잔주름은 옅은 선조로 조절하였고, 선염법으로 명암을 넣어 입체감을 살렸다. 이처럼 선염과 음영법의 조화로운 구사는 오히려 한종유의 초상화법 가운데 장점과 특징으로 삼을 수 있을 듯하다.

도28 **〈정경순초상〉** 한종유, 1777년, 비단에 채색, 68.2×56.3cm, 국립중앙박물관 소장.

동참화사인 김홍도는 일생 동안 세 차례 어진 도사에 참여하였다. 29세 때인 1773년(영조 49)의 영조어진 도사,[134] 37세 때인 1781년(정조 5)과 47세 때인 1791년(정조 15)의 정조어진 도사가 그것이다. 그런데 김홍도는 세 차례 모두 의복을 전담하여 그리는 동참화사에 머물렀다.[135] 한 가지 흥미로운 예는 1781년의 정조어진 제작 때 김홍도가 정조어진의 초본에 곤룡포를 그린 점이다. 즉 초본의 얼굴 부분은 한종유가 맡았지만, 복식은 김홍도가 밑그림을 그린 것이다. 주관화사와 동참화사의 분담이 정본의 채색 단계에서 뿐만 아니라 초본을 그리는 과정에도 적용되었음을 알려 준다.[136]

도29, 29-1 **〈서직수초상〉** 이명기·김홍도, 1796년, 비단에 채색, 148.8×72.0cm, 국립중앙박물관 소장.

그런데 김홍도는 왜 한 번도 주관화사를 맡아 자신의 기량을 펼치지 못했던 것일까? 이유는 두 가지로 추측된다. 하나는 김홍도가 유독 얼굴 표현에 알 수 없는 선입견이 있어 객관적 묘사보다 관념적인 표현에 얽매인 현상이 있지 않았나 하는 추측이다. 다른 하나는 의복을 타 화가들보다 독보적으로 잘 소화하여 그렸다는 이유일 것이다. 예컨대 이명기와 함께 그린 〈서직수徐直修초상〉도29도 얼굴은 이명기가 맡고, 김홍도는 의복을 그렸다. 신체의 비례와 동세가 안정감 있게 자리 잡았고, 도포의 선묘는 자연스러운 구김과 양감을 잘 살렸다. 이처럼 단정한 선묘와 채색은 의복 묘사의 품격을 한층 높였다. 김홍도가 의복을 맡아 그린 것은 이러한 실재감 있는 묘사에 뛰어났기 때문일 것이다. 아마도 김홍도는 얼굴보다 의복 묘사에 탁월함이 인정되어 어진 도사 시 동참화사에 참여한 것으로 추측된다.

수종화사인 신한평은 1773년(영조 49) 영조어진과 정조어진을 그릴 때 수종화사로 참여하였다. 그의 역량을 알려 주는 초상화로는 〈이광사초상〉(이광사李匡師, 1705~1777)도30 한 점이 전한다. 이 초상은 1774년(영조 50) 이광사의 70세 때의 모습을 그린 것으로 사방건에 도포를 입은 반신상이다.[137] 투명한 사방건의 안쪽에 보이는 머릿결의 묘사가 매우 섬세하다. 얼굴에는 옅은 홍기紅氣를 올려 안색의 변화를 주었다. 옷주름은 꺾임과 구김을 구분하면서도 선염을 넣어 신체를 감싼 도포의 질감을 살렸다. 이러한 묘사는 신한평이 수종화사로서의 화역畵役을 수행하는 데 큰 장점으로 평가받았을 것이다.

정조는 40세가 되던 1791년(정조 15) 두번째 어진을 그렸다. 10년마다 어진을 그리겠다는 신축년(1781, 정조 5)의 하교에 근거하여 대신들의 건의로 이루어졌다. 주관화사에 이명기, 동참화사에 김홍도, 수종화사에는 허감·한종일·신한평·김득신金得臣(1604~1684)·이종현 등이 참여하였다. 그림은 9월 28일에 시작하여 10일 만에 완성할 만큼 빠르게 진행되었다.[138] 이때 초본 봉심에서 정조는 여러

도30 **〈이광사초상〉** 신한평, 1774년, 비단에 채색, 66.8×53.7cm, 국립중앙박물관 소장.

번 출초出草한 연거복본燕居服本을 선호한 반면, 영돈녕부사 홍낙성洪樂性을 비롯한 신하들은 강사포본絳紗袍本이 좋다고 하였다. 심도 있는 논의 끝에 정조는 대신들의 의견을 존중하여 강사포본으로 그릴 것을 명하였다.

주관화사 이명기는 정조 연간에 활동한 화원화가이다. 어진 제작에도 참여하였지만, 수많은 관료 대신들의 초상화를 그려준 바 있어 누구보다 화명이 높았다. 현존하는 이명기의 초상화에 나타난 화법만으로도 그가 그린 어진의 품격을 짐작하기란 어렵지 않다.

이명기가 35세 때 그린 〈오재순초상〉(오재순吳載純, 1727~1792)도31은 그의 시대에 이룬 정점에 해당하는 초상이다. 이명기는 바로 이 시기에 주관화사로 발탁되어 충만한 자신감과 절정의 기량을 펼쳐 보였다.[139] 정면관의 〈오재순초상〉은 음영법의 효과적인 구사와 필묘법에 의한 섬세한 묘사가 가장 큰 특징이다. 의복에도 강한 명암대비를 주어 신체의 양감과 입체감을 강조하였다. 특히 피부의 결에 따라 채색하면서 코와 이마, 옷주름 등의 돌출한 곳은 밝게 처리하여 실재감을 주었다. 아마도 이명기가 그린 정조의 40세 어진이 정면관이었다면 〈오재순초상〉과 같은 화법과 화격이었을 것으로 추측된다.

1795년(정조 19) 8월 찰방의 임기를 마치고 도화서에 복귀한 이명기는 이듬해 정조어진 도사에 다시 주관화사로 참여하였다. 이명기에 대한 정조의 신임은 두터웠다. 그런데 1796년(정조 20)의 어진 도사는 10년마다 어진을 그린 관행에서 벗어난 경우이다. 공식적인 기록은 남아 있지 않고, 『선원계보』璿源系譜와 남공철南公轍(1760~1840)의 『금릉집』金陵集에 간략한 내용이 전한다.[140] 그러나 동참화사와 수종화사가 누구였는지, 또한 초상화의 크기에 대해서도 알려져 있지 않다.[141]

위에서 살펴본 한종유와 이명기는 주관화사로서 초상에 대한 정조의 안목을 충족시켜준 화가였다. 전통적인 초상화법에 서양화법을 적용한 새로운 표현법을 적절히 구사하였고, 어쩌면 정조의 안목을 이끌어 주었다고 할 수 있을 만큼 탄탄한 기량을 지닌 화가들이었다. 김홍도와 신한평 같은 걸출한 화가들도 동참 및 수종화사로 기량을 펼침으로써, 18세기 후반기 어진과 초상화의 완성도를 높이는 데 기여할 수 있었다.

도31 **〈오재순초상〉** 이명기, 18세기 후반, 비단에 채색, 151.7×89.0cm, 리움미술관 소장.

순조~고종 대 어진 도사圖寫

순조~고종 연간에는 영·정조 대만큼 어진 도사가 활발하지 못했다. 19세기에는 외척 세력의 세도정치로 인해 강력한 왕권이 정국을 주도하기 어려운 시기였다. 그러나 어진에 있어서는 이전 시기에 성립된 화법적 전통이 19세기로 계승되어 지속과 변화의 시기를 이루었다. 다만, 군주의 권한이 약화된 정치적인 현실은 더 이상 어진에 이전과 같은 권위를 부여하지는 못했다.[142]

순조에서 고종 연간에 제작된 어진은 모두 19세기에 이루어졌다. 순조·헌종·철종어진은 1830년~1861년의 약 30년 사이에 제작되었고, 고종어진이 그려진 것은 19세기 후반기이다. 순조~고종 대의 어진은 19세기 초상화의 수준이 집약되었다고 할 만큼 주요 초상화가들의 기량이 반영되었다.

순조·헌종·철종 대 어진 도사와 어진화사

순조 연간(1800~1834)에는 두 차례의 어진 도사가 있었다. 1808년(순조 8)에 그린 어진 소본小本과 1830년(순조 30, 41세)에 제작한 원유관본遠遊冠本이다.[143] 1808년에 있었던 순조의 19세 어진은 30년 뒤인 『헌종실록』에서 확인될 뿐[144] 더 이상의 기록은 찾을 수 없다.

1830년의 원유관본은 비단 위에 먹선을 올리는 상초上綃로부터 완성까지 20여 일 만에 그릴 만큼 신속히 진행되었다. 주관화사에 김건종金健鍾(1781~1841), 동참화사에 이수민李壽民, 수종화사에 김하종·이인식李寅植·장준량張駿良·변용규卞容圭·박기준朴基駿·박종환朴鍾煥·박희영朴禧英 등이 참여했다. 모두 차비대령화원으로서 이들을 중심으로 어진화사가 구성되었으며, 방외화사는 이 시기에 거론되지 않았다.

주관화사인 김건종은 개성 김씨 김응환의 손자이자 김득신의 아들이다. 그에 대하여 이유원李裕元은 "이명기, 김홍도, 김건종, 그리고 패인浿人 이팔룡李八龍은 나의 소견으로 볼 때 그 화법이 가장 절묘하다"고 하였다.[145] 김건종을 이명기와 김홍도의 다음으로 평가한 것이다. 아마도 인물화나 초상화에 대한 평가일 것이다.[146] 수종화사로 참여한 김하종이 그의 동생이다.[147] 김하종은 일찍이 도화서 화원으로 뽑혀 궁중의 기록화 제작에 참여하였으며, 1796년에서 1841년까지 47년간 차비대령화원 취재에 참여하였다. "산수를 잘 그리고 사실적인 묘사에 능했다"는[148] 평가를 받았으나, 차비대령 녹취재에서는 인물화문에 응시한 횟수가 더 많다. 아쉽게도 그가 그린 초상화는 전하지 않는다.

동참화사인 이수민을 비롯한 수종화사 7인은 모두 순조 대에 활동한 차비대령화원이다.[149] 그들의 활약상이나 그림에 대한 자세한 기록은 전하지 않는다. 순조어진을 그린 화원 가운데 40여 년 전인 1791년(정조 15)의 정조어진 제작에 참여한 화원은 한 사람도 포함되지 않았다. 약 40년간의 공백을 통해 완전한 세대교체가 이루어진 것이다. 순조 대부터 어진의 제작은 차비대령화원의 체제로 운영되었다.

헌종은 20세가 되던 1846년(헌종 12) 군복본, 곤복본袞服本, 면복본冕服本 등 3점의 어진을 그렸다. 7세에 왕위에 오른 헌종이 재위 15년 동안 어진을 그린 것은 이 한 차례뿐이다. 주관화사는 차비대령화원 이한철,[150] 수종화사는 조정규, 박기준, 박준환, 백은배, 이인염, 조중묵 등이다. 차비대령화원이 중심이 되고, 일부 도화서 화원들이 참여하였다. 이한철은 이때 39세로 어진 도사에서 처음 주관화사를 맡았다. 헌종어진은 1846년 8월 9일에 명이 있은 뒤 43일 만에 장황까지 마무리되었다. 이때 그려진 어진이 세 본임을 감안한다면 대단히 신속히 이루어진 것이다. 동참화사는 없었지만 용안을 제외한 의복과 배경은 수종화사들이 직접 그린 것으로 추정된다.

이한철은 두 차례 철종어진 도사에 주관화사로 참여하였다. 61세 되던 1872년(고종 9)에는 고종어진 제작에도 참여하였다. 이러한 주관화사의 경력은 이한철이 당시 최고의 초상화가로 인정받았음을 방증해 준다. 순조와 헌종 대에 활동한 어진화사들은 18세기에 정립된 초상화법을 19세기로 전승하는 데 큰 역할을 하였다.

철종은 1852년(철종 3)의 22세와 1861년(철종 12)의 31세 어진 등 두 차례 어진을 남겼다. 1852년의 어진은 군복본 대본과 소본 2본을 그린 것인데, 관련 기록은 매우 간략하다. 이해 3월 29일, 어진을 그릴 화원으로 차비대령화원인 이한철·김하종·조평·박기준·백은배·백영배白英培를 정하였고, 도화서 화원은 조중묵과 유숙을 선발하였다. 헌종 대와 마찬가지로 차비대령화원이 중심이 되었고, 일부 도화서 화원이 참여한 형식이다.[151] 이 가운데 이한철·박기준·백은배·조중묵은 1846년(헌종 12)의 헌종어진 제작에도 참여한 경험이 있었다. 그런데 화원을 선정하고 난 한 달 뒤, 차비대령화원 조평과 도화서 화원 유숙을 제외시키고, 차비대령화원 이형록李亨祿(1808~?)을 임용한 기록이 보인다.[152] 구체적인 이유는 알 수 없지만, 이형록은 책가도冊架圖와 같은 치밀한 묘사에 특장을 지닌 화가로 알려져 있어, 그의 조력이 필요했던 것으로 짐작된다.

1861년(철종 12)에 철종은 강사포본과 군복본 어진 2본을 그렸다. 철종의 21세 어진을 그린 지 9년 만에 그린 두번째 어진이다. 3월 4일 규장각의 건의에 따라 도사를 담당할 화원을 차비대령화원 이한철·김하종·박기준·이형록·백영배·백은배·유숙으로 정하였다. 이외에도 도화서 화원인 조중묵과 김용원金鏞元을 함께 참여시켰다. 이해 3월 23일 초본草本이 완성되었다. 대신들이 완성된 어진을 열람할 때, 철종은 두 점 가운데 '득진'得眞한 작품의 여부를 물었다. 이때 대신들은 두 본 모두 완성도가 높다고 평가하면서도 강사포본이 군복본보다 낫다고 하였고, 철종도 이에 동의하였다.[153]

다시 4월 18일에 어진 2본이 완성되었다. 철종은 다시 대신들에게 어진을 본 소견을 물었다. 대신들은 강사포본은 상초한 뒤에 더욱 극진하며, 군복본 또한 좋게 되었다고 하였다. 예컨대 이유원은 군복본 어진이 가장 핍진하게 그려져 마치 대궐의 난간 가까운 곳에서 임금의 말씀을 듣는 듯하다고 하였다.[154] 실존감이 느껴질 만큼 인상적인 초상이었음을 말해 준다.

도사를 주도한 이한철은 1838년(27세)부터 1872년(61세)까지 무려 35년간이나 규장각의 차비대령화원을 지냈다. 1872년 이후에는 궁중회사에 참여하지 않고 개인적으로 활동하였다. 조희룡이 지은 시에 "희원喜園(이한철의 호)의 그림은 세상에 짝이 없어 집집마다 걸어 놓은 초상이 신의 경지에 들었구나"[155]라는 표현이 보인다. 그가 그린 초상화가 수적으로 많았고, 선호도가 높았음을 알 수 있다.

1861년에 그린 어진 가운데 군복본 〈철종어진〉도32은 1954년의 화재로 인해 오른쪽 1/3 정도가 불에 타 훼손된 상태이다. 그러나 얼굴 부분만은 일부분을 제외하고 원본의 상태로 남아 있다.[156] 따라서 크게 손상당하지 않은 얼굴과 복식을 통해 원화原畵의 상태를 살펴보는 것이 가능하다. 당시 주관화사인 이한철이 얼굴을 그린 것으로 추측되며, 얼굴을 제외한 복식 부분은 김하종을 비롯한 7인의 화사가 맡았던 것으로 보인다. 여러 명의 수종화사들이 그린 화역畵役의 결과를 실물을 통해 엿볼 수 있는 자료이다.

〈철종어진〉의 안면은 갈색 선묘와 짙은 갈색조로 채색하였으나 피부의 결에 따라 물기가 적은 붓터치를 반복하여 질감을 묘출하였다. 갈색 선을 사용한 코의 윤곽은 선묘 자체만으로도 얼굴의 높낮이와 양감을 암시하였다. 특히 얼굴의 세부 굴곡을 표현하는 데 음영법을 사용하지 않은 것이 특징이다.[157]

이한철은 흥선대원군興宣大院君 이하응李昰應(1820~1898)의 초상도 여러 점 그렸다. 〈이하응초상〉도33에서는 필묘법을 강조하였고, 코와 법령, 눈의 윤곽선을 짙은 갈색으로 강조한 점, 눈 주위의 둥그런 굴곡을 날카로운 갈색선으로 경계를 준 점 등이 공통된 특징이다. 그런데 이러한 특색은 과장된 감이 없지 않아 인물의 정신성을 전하는 전신傳神의 효과를 감소시키는 요인이 되기도 하였다.[158] 그러

도32 **〈철종어진〉** 이한철·조중묵 등, 1861년, 비단에 채색, 202.2×107.2cm, 국립고궁박물관 소장.

나 〈이하응초상〉에서 구사한 과장된 요소는 〈철종어진〉 이후에 나타난 현상이며, 〈철종어진〉은 주관화사로 참여한 이한철의 화법과 초상의 특징을 짐작할 수 있는 좋은 사례이다.

순조~철종 연간의 어진에 대한 기록은 영·정조 대에 비해 소략한 편이다. 화가들은 차비대령화원이 주축이 되고, 여기에 일부 도화서 화원들이 참여하여 조력하였다. 초본과 완성본의 봉심에 대해서도 자세한 기록은 적지만, 왕과 대신들의 지나치게 번거로운 요구는 없었던 듯하다.

도33 **〈이하응초상〉** 이한철·이창옥, 1880년, 비단에 채색, 113.7×66.2cm, 서울역사박물관 소장.

고종 대 어진 도사와 어진화사

고종 연간에는 1872년(고종 9)과 1902년에 각각 어진 도사가 있었다. 1872년 태조어진과 원종어진을 모사할 때, 고종은 자신의 어진도 함께 그리도록 하였다. 주관화사로 이한철과 조중묵이 선발되었다. 이한철은 1837년(헌종 3) 준원전 태조어진의 모사 이후 헌종과 철종어진 도사에 참여하며 풍부한 경험을 쌓았다.[159] 조중묵도 헌종과 철종어진 도사에 세 번이나 참여한 바 있었다.[160]

1872년의 고종어진 도사에서는 모두 5본을 그렸다. 이한철이 고종의 면복본冕服本과 군복대소본軍服大小本, 조중묵이 용포본龍袍本과 복건본幅巾本의 초본을 그렸다. 동참화사는 첨지 박기준, 수종화사는 교수 백은배, 사과 유숙, 안건영, 박용노朴鏞夒, 서순표徐淳杓 등이 참여했다.

1902년 5월 고종은 자신의 어진과 황태자의 예진睿眞을 새로 그리게 한 뒤, 최종 완성본을 열람하는 자리에 참석하였다. 여기에서 고종은 임신년(1872년)에 그린 면복본 및 군복본의 대본과 소본에 대해 당시에 미흡하다는 논의가 있었음을 이야기하였다. 그런 다음 새로 그린 신본新本을 봉안할 때 1872년에 그린 3본을 모두 세초洗草하라고 하였다.[161] 고종은 1872년에 이한철이 그린 자신의 면복본과 군복대소본 어진에 만족하지 못했던 것으로 추측된다.[162] 고종은 구체적으로 어떤 점이 흡족하지 못했고, 이한철은 왜 미흡하다는 인상을 고종에게 남기게 된 것일까? 아마도 그가 1880년경에 그린 흥선대원군의 초상처럼 약간의 과장된 표현이 그 이전인 1872년의 고종어진에 반영된 것으로 추측되며, 고종은 이런 요소에 거부감을 느껴 30년 전에 그린 자신의 어진을 세초하게 한 것으로 짐작된다.

고종은 이한철이 그린 어진의 보수적인 특징보다 오히려 채용신의 사실적인 화법에 더 호감을 가졌던 것으로 보인다. 이렇듯 채용신에 대한 고종의 관심은 특별했다. 즉 1900년 선원전에 봉안할 태조어진을 모사할 때 의정부 찬정 민병석閔丙奭이 채용신을 추천하자 이때 그의 그림을 확인한 고종은 즉시 서울로 올라오게 하여 주관화사로 삼았다.[163] 그리고 1900년 9월부터 12월에 걸쳐 진행된 칠조어진七祖御眞 모사模寫 시에도 채용신의 탁월한 재능을 지켜본 고종은 이듬해 정월에 다시 그를 불러 올려 자신의 어진을 그리게 하였다.[164]

고종의 두번째 어진 도사는 1901년 9월 28일부터 1902년 5월 18일까지 진행되었다. 황태자의 예진을 포함하여 모두 9본이 제작되었다. 이때는 시재를 통해 화가를 선발하였다. 당시 조석진의 화격이 뛰어났지만 한 사람에게만 맡길 수 없다는 이유로 도화서와 지방의 유명 화가들을 불러 시재를 보게 하였다.

그 결과 주관화사는 조석진과 안중식에게 위임되었다. 조석진은 1900년의 태조어진 모사와 1901년 칠조어진 모사에 주관화사를 맡았다. 1902년에는 고종어진과 황태자 예진, 1902년 고종의 기로소耆老所 입사入社를 기념한 어진을 그린 바 있다. 또한 동참화사는 박용훈朴鏞薰, 수종화원은 홍의환洪義煥, 전수묵全修默, 백희배, 조재흥

趙在興으로 확정되었다. 동참화사들은 모두 한 해 전인 1900년의 태조어진 모사에 참여한 인물들이다. 당시 8개월에 걸쳐 도사가 진행되었는데, 고종과 황태자는 50여 차례 이상 덕수궁의 정관헌靜觀軒으로 나와 화가들 앞에 포즈를 취해 주었다.

1902년 11월에도 고종어진의 도사가 있었다. 이해 10월에 고종은 기로소 입사를 기념하고자 영조의 선례에 따라 자신의 어진을 그리도록 하였다. 면복본 대본과 익선관본 소본 등 2점이다. 주관화원은 영춘군수 조석진, 통진군수 안중식이 맡았고, 동참화원은 장예원 주사 박용훈이며, 수종화원은 도화주사 서원희徐元熙, 조재흥, 백희배, 윤석영尹錫永, 이경환李慶桓 등으로 정해졌다. 그러나 이때 그린 어진은 전하지 않는다.

〈고종어진〉은 현재 국립중앙박물관과 원광대학교박물관 소장본이 알려져 있다. 국립중앙박물관의 〈고종어진〉도34은 얼굴과 복식 표현에 있어 채용신의 화법과 유사점이 많다. 특히 안면부는 무수히 많은 붓질을 반복하여 피부의 질감을 살렸고, 명암법이 적용된 곤룡포의 표현은 현실감을 더해 준다. 그런데 이 〈고종어진〉은 1901년에 그린 어진을 범본으로 하였다고 추측되지만, 1901년 당시에 그린 모사본으로 보기는 어렵다는 의견이 있다. 바닥에 깔린 돗자리의 문양의 원근법적인 요소가 그 단서이며, 이러한 시도는 1911년 이후에 나타나는 특징으로 지적되고 있다.[165]

채용신은 1900년 12월 칠조어진 모사를 끝낸 뒤, 1901년 정월 고종의 명으로 상경하여 고종어진을 그렸다. 이때 고종은 채용신이 그린 어진의 초본을 그가 가질 수 있도록 허용하였다.[166] 국립중앙박물관의 〈고종어진〉은 채용신이 갖고 있던 초본을 범본으로 하여 모사한 그림 중의 한 점으로 추측된다.

어진의 도사는 숙종 대 이후 제도적으로 정착되었다. 이후 영조 대와 정조 대를 거치며 조선 후기 어진 도사는 일대 성숙기를 맞았다. 전통적인 화법과 새로운 양식의 접목, 폭넓은 어진화사의 기용,

그리고 왕의 식견과 뛰어난 화원의 등장은 어진의 수준을 한 단계 상승시키는 계기가 되었다. 순조~고종 대에는 도사의 횟수도 적고 어진에 대한 왕의 관심도 적극적이지 않았지만, 화원들은 이전 시기의 전통을 꾸준히 계승하는 한편 서양화법을 수용하여 초상 양식의 사실성과 완결성을 높이는 성과를 이루었다.

도34 **〈고종어진〉** 전 채용신, 20세기 초, 비단에 채색, 118.0×68.2cm, 국립중앙박물관 소장.

5 어진화사의 그림 세계

이상에서 조선시대의 어진화사가 수행한 화역畵役과 활동을 어진의 제작 과정을 중심으로 알아보았다. 어진화사는 개인의 전기傳記에 대한 기록이 소략하여 어진의 제작과 관련된 『승정원일기』와 어진 관련 도감의궤都監儀軌의 기록이 대부분이다. 따라서 어진화사에 대한 이야기는 어진의 제작 과정에 따른 기록을 단서로 하여 살펴보는 것이 가장 효과적인 방편이 될 것이다.

먼저 어진화사에 관하여 앞에서 다루지 못한 대우의 문제와 어진화사들이 남긴 일반 그림에 대해 살펴보기로 한다. 관련 기록이 남아 있는 숙종 대 이후의 사례를 보다 구체적으로 알아보겠다. 특히 어진화사에게 주어진 포상의 내용은 어진의 중요성을 왕실에서 어느 정도 인식하고 있었는가를 이해하는 데 도움이 될 것이다.

어진화사의 대우

어진 제작에 참여한 화원들에 대한 보수와 대우에 대해서는 1688년(숙종 14) 이후 어진 관련 도감의궤의 기록을 통해 알게 된다. 그러나 그 이전의 기록은 매우 희소하다. 한 예로 파악되는 것이 성종의 아버지인 추존왕 덕종德宗의 어진을 그린 최경崔涇과 안귀생安貴生에 대한 기록이다.

성종은 덕종의 어진을 그린 공로로 최경과 안귀생을 당상관堂上官에 제수除授하였다. 그러나 조정 대신들은 포상이 아닌 벼슬을 제수한 것이 적절치 않다는 의견이었다. 화공畵工으로 당상관이 된 사례는 전무全無하며, 이것이 선례가 되어서는 안 된다는 것이 대신들의 강경한 입장이었다. 여러 차례의 논란 끝에 결국 성종은 명을 철회하고 최경과 안귀생에게 안마鞍馬 한 필을 내리는 것으로 논란을 매듭지었다.[167] 관직이 아닌 포상 선에서 머문 것이다. 고위 관직을 상으로 주는 것은 대신들의 동의 없이는 어려운 일이었으며, 이 일은 화원이 갖는 신분상의 한계를 넘어서서 대우한다는 것이 얼마나 어려운 일인가를 시사해 준다.

17세기 후반기에 오면 어진화사에게 주는 급료와 포상의 범위에 어느 정도 기준이 마련되었다. 17세기 후반기 이후의 기록을 보면, 어진 제작에 참여한 화원들의 대우는 두 가지로 나뉜다. 하나는 매월 지급된 요포料布이고, 또 하나는 도감의 일이 끝난 뒤에 주는 시상施賞의 내역이다.[168] 먼저 급여 부분은 어진 관련 도감의궤의 「품목」品目과 「재용」財用에 기록되어 있다. 화원을 비롯한 기능직 장인들의 급여도 여기에 포함된다. 가장 연대가 이른 1688년(숙종 14)의 『어진모사도감의궤』에는 화원의 급여가 '미米 12두斗 포布 1필匹'로 되어 있다.[169] 그런데 이 급여의 내역은 태조어진을 모사한 1837년(헌종 3)의 화가들에 이르기까지 변동 없이 지속되었다. 다른 공장인工匠人들에 비해 상대적으로 훨씬 나은 대우였다.[170]

1894년 갑오경장甲午更張 이후에는 이전과 다른 급여 체계가 적용되고 화폐가 사용되었다. 특히 1891년(고종 28)부터 은銀 단위의 화폐제도가 기준이 되어 미포식米布式 대신 월은식月銀式이라는 용어가 적용되었다. 화폐로 급여를 지급한 것은 갑오경장 이전에 이미 시행된 예가 있으나 1894년 이후 본격적으로 적용된 듯하다.[171]

이후 1901년 칠조七祖의 어진을 모사한 조석진과 채용신에게 각각 전錢 200량과 400량이 지급되었다. 그러나 주관화사 사이에 거의 2배 차이가 나는데, 이는 화역畵役의 비중에 그만 한 차등이 있었음을 짐작하게 한다. 이외에도 양목洋木 1필, 면주綿紬 1필, 백목白木 2필 등이 주어졌다.[172]

화원들의 보수는 17세기에서 19세기로 갈수록 점차 안정된 체계를 유지하였다. 또한 화원 개인의 능력에 따라, 도감에서 맡은 역할에 따라 차등 있게 급여 및 관직 등의 혜택이 주어졌다.[173] 20세기 전반기에는 대한제국기와 일제강점기를 거치며 화폐의 단위가 량兩, 원圓, 엔円 등으로 바뀌었는데, 화원들의 전문성을 더욱 우대하고자 노력하였으며, 이전보다 나은 물적物的 대우를 받았다.

어진 제작이 있고 난 뒤에 내리는 상전이 화사들에게는 가장 큰 혜택이었다. 특히 관직을 주는 것은 어진 도화가 아니고서는 받을 수 없는 파격적인 대우였다. 영조 대 이후 고종 대까지 주관화사에게는 첨사僉使, 변장邊將, 감목관監牧官, 찰방察訪 등의 관직이 주어졌다. 대부분 외관직外官職이었는데, 서울에서 가까운 지역에 임명하라는 단서를 붙이기도 하였다. 변장은 지방 군영에 두었던 무관직이며, 감목관은 서반西班 종6품의 외관직으로 목장을 관리하는 직책이고, 찰방은 각 도道의 역참驛站을 관장하던 문관 종6품 외관직外官職이다. 어진을 그린 주관화사에게는 특별한 경우 3품, 기본적으로는 6품 상당의 관직이 주어졌다. 동참화사에게는 실직이 없는 명예직인 이조와 병조의 산직散職이나 변장邊將이 주어졌고, 수종화사는 변장에 임명하는 것이 일반적이었다.

영조는 차등 있는 보상으로 화사들을 대우하였다. 특별히 공로가 많은 화사에게는 높은 관직을 주었다. 일례로 1748년(영조 24) 숙종어진 모사에 참여한 화사들을 보면, 주관화사를 맡은 장경주는 2본을 그렸으므로 종3품의 서반 무관직인 첨사僉使에 임명하였다.[174] 또한 어진 제작에 여러 차례 참여한 공이 있는 화원에게도 특별한 상전을 내렸다. 예컨대 65세의 장득만은 1713년의 숙종어진 도사, 1735년의 세조어진 모사에 모두 참여한 바 있어 특별히 가자加資,

즉 품계를 한 등급 올려 주도록 하였다. 차등을 두면서도 우대한 이유는 화사들의 사기와 더불어 전반적인 도화의 수준을 향상시키고자 한 정책적 배려 때문이었을 것이다.

정조 연간의 주관화사에게는 6품 미만의 관직이 주어졌다. 동참화사와 수종화사는 별 차이 없이 이조와 병조의 품계品階만을 받는 산직散職이 주어졌다. 이후 순조어진의 제작 때(1830)에는 화사들 간의 등급 구분을 하지 않았지만, 감목관과 변장, 그리고 가자加資와 실관직實官職을 주는 등 차등 있는 보상을 하였다. 헌종 연간에도 화역畵役의 비중에 따라 주관화사와 수종화사는 감목관과 변장의 관직을 주었고, 일부의 수종화사에게는 도화서의 실직을 주기도 하였다. 그런데 1837년(헌종 3) 준원전의 태조어진 모사에 참여한 화사 이재관에게는 원하는 대로 요포料布를 주고, 박종환 등 7명에게는 원하는 상賞을 주라고 하였다.[175] 실행된 결과는 알 수 없지만, 상전의 범위를 정하지 않은 점이 이례적이다.

철종 연간에는 몇 가지 다른 점이 눈에 띈다. 1852년(철종 3)과 1861년(철종 12)의 어진 도사에 참여한 화사들에게 기본적으로 차등 있게 찰방, 감목관, 변장을 제수하였다. 그런데 화원의 아들에게 실관직實官職을 내린 점이 특이하다. 예컨대 1852년 어진 도사에 참여한 화원 박기준과 이형록의 아들에게 자리가 나기를 기다렸다가 실직實職에 녹훈하게 한 점, 또한 1861년의 어진 도사에 참여한 이형록의 아들에게 실관직을 내려준 점이다. 상전이 그 아들에게 미친 경우는 선례를 찾기 어렵다. 박기준은 순조어진 도사(1830), 태조어진 모사(1837), 헌종어진 도사(1846), 철종어진 도사(1852) 등 여러 차례 참여한 원로 화사였기에 특별한 대우를 한 것으로 추측된다. 이외에도 두 차례의 철종어진 도사에 참여한 모든 화원들에게 물품을 하사한 점도 이례적이다. 하사품은 비단과 면주綿紬, 포布 등 직물류이다. 철종은 어진화사에게 특별한 대우와 관심을 보였다.

고종 연간인 1872(고종 9)년 고종어진 도사에 참여한 화원 가운데 조중묵은 좋은 곳에 감목관 자리가 나는 것을 기다려 우선적으로 임명하도록 하였고, 백은배와 유숙은 지방직에 임명, 조재흥趙在興과 서두표徐斗杓는 실직에 임명하라고 하였다. 이후 1901년(광무 4) 칠조七祖의 어진을 모사한 조석진과 채용신에게 내린 상전賞典은 두 사람을 수령守令에 조용調用한다는 것이었다.

이처럼 어진화사에게 준 관직은 영조 대 이후 6품 상당의 외관직이었다. 특별한 공로가 있는 화사에게는 차등 있게 시상하였으며, 이외에 모든 참여 화사들에게 물품을 내려 노고를 위로한 경우도 있었다. 이처럼 어진화사에 대한 대우는 최고 수준의 화가라는 권위에 걸맞게 예우함으로써 사기를 진작시키고, 어진 제작의 안정적인 운영을 도모하였다.

어진화사의 개성적 그림 세계

어진화사로서 초상화 한 분야에만 천착한 화가는 드물었다. 대부분 산수화와 화조화花鳥畵, 기록화, 장식화 등에 두루 뛰어난 기량을 갖고 있었다. 기록화나 장식화와 같은 공적公的인 쓰임의 그림은 정해진 기본 틀을 충실히 따라야 하지만, 산수화와 같은 감상화는 화가의 개성미個性美가 우선되어야 할 덕목이었다. 어진화사 중에는 정교한 그림과 개성을 발휘한 화풍을 자유롭게 드나든 화가가 많았다.

숙종 대에는 방외화사와 화원화가가 함께 어진화사로 활동하였다. 이들은 대부분 수요와 주문에 따라 감상화를 그리면서도 공식적인 기록화 제작에도 참여하여 공필工筆의 역량을 과시하였다. 예컨대 숙종 대 어진 도화에 참여한 조세걸과 주관화사 진재해의 그림에 이러한 특징이 보인다. 1688년(숙종 14) 태조어진 모사의 시재에 참여한 조세걸은 초상화 외에도 신선도와 산수화에 명성이 높았다. 그의 전칭작인 《신선도첩》神仙圖帖[도35]에는 조세걸의 정교한 선묘, 세밀한 인물 묘사, 그리고 담백한 채색 기법 등 세련미 넘치는 필치가 잘 나타나 있다.[176]

도35 **《신선도첩》 중 1폭** 조세걸, 17세기 말, 비단에 채색, 41.4×28.4cm, 국립중앙박물관 소장.

1713년(숙종 39) 숙종어진 도사의 주관화사를 맡은 진재해는 개성적인 그림과 탈개성적인 그림을 함께 추구하였다. 국립중앙박물관의 〈잠직도〉蠶織圖(제1부, 도99)는 농사짓고 누에치는 백성의 생활상을 주제로 한 섬세한 채색화이다. 화원들이 추구한 정미한 공필의 세계를 잘 예시해 주는 그림이다. 반면에 〈월하취적도〉月下吹笛圖 도36는 조선 중기에 유행한 절파화풍浙派畵風 계열의 산수화로서 점경인

도36 〈월하취적도〉 전 진재해, 17세기 말, 종이에 담채, 99.8×56.3cm, 서울대학교박물관 소장.

도37, 37-1 **《기사경회첩》 중 〈신사철 초상〉, 〈이진기초상〉** 장득만·장경주·정홍래·조창희 등 합작, 1745년, 비단에 채색, 44.3×32cm, 국립중앙박물관 소장.

물과 배경 산수에서 진재해의 감각적인 필치가 돋보이는 그림이다. 이처럼 상이한 화풍을 능숙하게 구사할 수 있는 기량은 대부분의 어진화사들에게서 볼 수 있는 현상이다.

영조 연간에 활약한 어진화사는 매우 다양한 주제의 그림을 다루었다. 주관화사로 참여한 박동보, 장경주, 변상벽 등은 기록화뿐 아니라 영모화, 남종산수화 등에도 탁월한 재능을 보였다. 숙종어진 모사(1748)의 주관화사인 장경주는 《기사경회첩》耆社慶會帖 도37 제작에 아버지 장득만, 정홍래, 조창희와 함께 참여하였다. 영조의 기로소耆老所 입사入仕와 관련된 행사 장면과 기로 8명의 초상화가 수록된 이 화첩은 화원화가로서의 탄탄한 묘사력과 높은 수준의 완성도를 보여 주는 기록화의 전형이다. 특히 궁중에서의 행사 장면은 대형 병풍으로도 그려졌는데, 정교하면서도 장엄한 궁중기록화 또한 어진화사들이 담당한 경우가 많았다.

도38 **〈모계영자도〉** 변상벽, 18세기, 비단에 채색, 101×50cm, 국립중앙박물관 소장.

도39 **〈예장귀가도〉** 박동보, 17세기 말, 마에 수묵, 19.6×17cm, 국립중앙박물관 소장.

영조 80세 어진의 주관화사인 변상벽은 세필 묘사의 일인자였다. 영모화인 닭과 고양이 그림에 뛰어나 국립중앙박물관의 〈묘작도〉猫雀圖, 〈모계영자도〉母鷄領子圖 도38, 간송미술관의 〈국정추묘도〉菊庭秋猫圖 등을 남겼다. 밀도감 있는 정확한 세필 묘사는 초상화에 들인 공력과 크게 다르지 않다. 이와는 대조적으로 영조의 40세 어진을 그린 박동보는 수묵 위주의 남종산수화에 뛰어난 일면을 보였다. 국립중앙박물관의 《관월첩》貫月帖에 수록된 〈예장귀가도〉曳杖歸家圖 도39는 절제된 필치와 담백한 묵필로 그린 남종산수화의 가작佳作이다. 이처럼 호방함이 돋보이는 남종화는 이 시기의 화원이나 어

도40 **〈원장배석도〉** 이명기, 18세기 말~19세기 초, 종이에 담채, 105.7×58.7cm, 리움미술관 소장.

진화사들이 능숙히 다룬 화제였다.

1791년(정조 15) 정조의 40세 어진을 그린 주관화사 이명기는 산수인물화, 고사인물화, 시의도詩意圖 등의 다채로운 화제를 다루었다. 김홍도 화풍의 영향을 받은 〈원장배석도〉元章拜石圖도40는 북송대의 서화가 미불米芾(1051~1107)의 고사를 소재로 한 것으로 맑고 단정한 담채와 청정한 분위기를 느끼게 한다. 이명기의 세련되고 개성적인 필치가 얽매임 없이 드러나 있어, 그의 회화적 감성의 일면을 엿볼 수 있다. 정조어진(1781) 제작의 동참화사였던 김홍도와 수종화사 김후신金厚臣(1735~?) 등은 이미 잘 알려진 바와 같이 풍속화와 산수에 많은 명작들을 남겼다.

헌종어진 도사(1846) 때 주관화사였던 이한철은 산수, 인물, 화조 등 여러 주제에 걸쳐 개성적인 그림을 남겼다. 산수화는 채색 위주의 화원화가들의 양식과 남종문인화풍을 섭렵하였고, 김홍도의 화풍을 토대로 온화하면서도 필력이 넘치는 조형미를 추구하였다. 〈의암관수도〉依巖觀水圖도41에서 그러한 특징을 엿볼 수 있다. 고사인물화와 화조화 역시 김홍도의 영향을 받았으며, 만년에는 과감한 필묵법으로 개성미를 발휘하였다.[177] 이한철과 함께 활동한 김하종은 산수화에 있어 조선 후기 진경산수화를 계승한 화가로 평가된다. 정선과 김홍도의 진경산수화 화풍을 이은 《해산첩》海山帖도42(1815년경)에서는 전통적인 남종화법을 중심으로 서양화풍의 공간 개념, 원근감 등을 융화시켜 독자적인 산수미를 표현하였다.

도41 〈의암관수도〉 이한철, 종이에 채색, 33.2×26.8cm, 국립중앙박물관 소장.

도42 《해산첩》 중 〈장안사〉長安寺 김하종, 종이에 채색, 국립중앙박물관 소장.

1861년(철종 12) 철종어진 제작에 참여한 조중묵은 1847년부터 여항문인들의 모임인 벽오사碧梧社의 구성원으로 활동하였으며, 산수와 인물을 잘 그렸다고 한다. 1888년 함흥의 함경도 감영監營에 화사군관畵師軍官으로 파견되어 남긴 〈함흥본궁도〉咸興本宮圖(제1부, 도31)가 전한다. 함흥본궁의 전체 모습을 조망하여 남종화법에 기초한 수목樹木 표현들이 촘촘히 그려져 있다.

1901~1902년에 걸쳐 고종의 두번째 어진 제작에 참여한 조석진은 안중식과 함께 서화미술회와 서화협회에서 후진을 양성하였고, 조선 말기의 회화를 근대화단으로 이행시키는 데 큰 공헌을 하였다. 조석진의 그림은 외조부 조정규趙廷奎의 영향으로 전통적인 남종화법을 따랐지만, 당시 중국에서 유입된 화보의 영향도 많이 받았다. 산수화 외에 도석인물道釋人物, 화조, 영모, 기명절지器皿折枝 등 다양한 화목의 그림을 남겼다. 대표작으로 간송미술관의 〈운산서식도〉雲山棲息圖가 있다. 안중식은 스승인 장승업張承業의 영향을 받아 청록산수靑綠山水나 고사인물도를 많이 그렸다. 또한 약간 과장된 표현의 관념산수인 〈도원문진도〉桃源問津圖 도43는 청록의 색채를 사용한 새로운 감각미를 연출한 작품이다. 화원화가들은 공식적인

도43 **〈도원문진도〉** 안중식, 1913년, 비단에 채색, 70.4×164.4cm, 리움미술관 소장.

화역畵役과 사적私的인 도화 활동 사이에서 이력과 경륜을 쌓아가고 있었다. 다양한 화제들을 폭넓게 다루는 능력은 곧 정밀한 필력을 키우는 데 기초가 되었다.

조선시대의 화원화가는 개성적인 그림으로 이름을 떨쳤지만, 왕실의 수요에 따라 화필을 들 때는 자신의 개성과는 무관한 입장에 있었다. 왕실의 권위와 취향은 물론 실용과 장식그림에 이르기까지 다양한 주제를 다룸으로써 왕실 고유의 시각문화를 생산해 냈다. 그러나 어진화사가 추구한 어진의 궁극적 목표는 궁중의 장식화나 기록화와는 성격이 달랐다. 왕의 용모를 철저하게 사실적인 묘사로 형상화 하여, 어진을 바라보는 왕과 신하들의 수많은 시선을 충족시켜야 했다. 이를 위해 어진화사는 자신의 개성을 감추고, 대상에 몰입하여 위엄이 깃든 왕의 모습을 객관적이고 치밀한 시각으로 담아 내었다. 그리고 한 시기의 어진화사가 이룬 화법은 그 시대의 양식으로 축적되어 다음 세대로 전승되었다. 이러한 화법의 전통은 언제나 새로운 화풍을 받아들여 융합시키고 발전의 계기를 만들어 가는 토대가 되었다. 조선 후기의 어진화사는 당대 최고의 기량을 지닌 화가로서 어진에 대한 새로운 시각과 변화를 주도하였고, 초상화의 발전과 조선 왕실 미술문화의 값진 성취를 이루어낸 주역이었다.

이 시기에 활동했던 화가들 중에는 화풍상 보이는 보수적 태도와는 달리, 국가적 위기상황에 적극적으로 동참하는 태도를 보여 주는 경우가 많았다. 이 시대의 화가들은 대외교섭에 동원되고, 직접 외교관이 되어 문화사절로서의 역할을 하기도 했으며, 국가 주도의 개화정책에 일익을 담당하기도 했다. 외래문화를 일찍이 접하고 이를 통해 신문물을 익혀 화가가 아닌 기술직 전문인이 된 화가도 있었고, 미술교육자로서 전통화단과 근대화단의 가교 역할을 했던 화가들도 있었다.

제 3 부

제국의 황실화가들, 화가에서 '시대인'으로

1 전환기 한국화단과 왕실의 화가

개항기부터 대한제국기(1897~1910)까지의 한국화단은 사의적 수묵문화로부터 근대적 채색문화로의 변모 과정을 보여 주었다. 이 시기는 밖으로는 서구 세력과 일본 제국주의의 침투로 오랜 중화주의적 세계관이 와해되는 역사적 격동기였지만, 안으로는 근세적 조선 전통을 계승하면서도 새로운 시대의식을 반영한 창작세계를 구현하는 과정이었다.

무력에 의해 강제로 체결된 1876년 병자수호조약丙子修護條約(일명 강화도조약)은 침략적이고 호전적인 이미지의 전통적인 일본관을 더욱 공고히 하는 것이었으나, 한편으로는 선진화되고 문명화된 새로운 일본관이 형성되는 중요한 변화를 예고하는 것이었다. 외세로부터 나라를 지키고 독립국가로서의 근대화를 이룩하는 이중의 과제를 짊어진 조선 왕실은 임오군란, 갑신정변, 을미사변, 아관파천 등 연이은 사건에 의해 격렬한 내적 모순과 외세 침탈에 흔들리는 위기 상황을 드러냈다. 이 글에서는 이 시기를 근대 전환기로 설정했는데, 근대를 대한제국기부터라고 보았을 때 개항에서 대한제국 초를 전환기라고 본 것이다.

전환기의 한국화단은 전통적인 수묵문화로부터 변화된 시대상황을 반영한 새로운 창작세계로의 변모를 보여 주었는데, 그렇다고 이러한 전환기적인 시대상황에 쉽게 동화되어 근대화단으로 갑자기 옮겨간 것은 아니었다. 오히려 오랫동안 전통을 더욱 견고하게 지켜나가는 모습을 보여 주었는데, 적어도 1910년대까지는 화풍상 변화에 보수적인 태도를 갖고 있었다. 즉 전환기적 시대상황과는 달리 전통적 서화관이 여전히 견고하게 자리 잡고 있었고, 구습의 그늘 속에서 안주하고 있는 듯했다.

그러나 이 시기에 활동했던 화가들 중에는 화풍상 보이는 보수적 태도와는 달리, 국가적 위기상황에 적극적으로 동참하는 태도를 보여 주는 경우가 많았다. 이 시대의 화가들은 대외교섭에 동원되고, 직접 외교관이 되어 문화사절로서의 역할을 하기도 했으며, 국가 주도의 개화정책에 일익을 담당하기도 했다. 외래문화를 일찍이 접하고 이를 통해 신문물을 익혀 화가가 아닌 기술직 전문인이 된 화가도 있었고, 미술교육자로서 전통화단과 근대화단의 가교 역할을 했던 화가들도 있었다.

대한제국을 선포한 이후 국가가 주도하는 다양한 문명 개화정책에서 화가들이 공적 임무를 수행하는 일이 늘어났다. 제국의 위상을 공고히 하기 위하여 옛 왕조의 역대 어진 이모·도사가 활발하게 이루어지고, 고종·순종황제의 어진을 그리는 일도 빈번해졌다. 궁궐의 장식화가 빈번하게 제작되면서 많은 신진화가들이 등용되었다. 19세기 후반에 추사파秋史派 화가들인 조희룡趙熙龍, 허련許鍊(1809~1892), 도화서圖畵署 소속의 화가들인 장승업張承業, 조정규趙廷奎, 김하종金夏鍾, 이한철李漢喆, 유숙劉淑, 조중묵趙重默, 백은배白殷培, 조수삼趙秀三 등이 있었지만 이들 대부분은 1890년대에 작고했고, 남계우南啓宇(1811~1888), 이교익李敎翼, 홍세섭洪世燮(1832~1884), 김수철金秀哲, 신명연申命衍(1809~?) 등도 비슷한 시기에 생을 마감했다. 따라서 사실상 20세기로 이어지는 화단은 안중식安中植, 조석진趙錫晉, 김규진金圭鎭(1868~1933), 김응원金應元(1855~1921), 오세창

吳世昌(1864~1953), 지운영池雲英(1852~1935) 등이 지도자적인 위치에 있었고, 그 외에 양기훈楊基薰(1843~1917년경), 김유탁金有鐸, 김윤보金允輔, 윤영기尹永基, 채용신蔡龍臣, 정학수丁學秀, 강필주姜弼周, 나수연羅壽淵도 중요한 화가들이었다. 하지만 이들 또한 1910~1920년대에는 대부분 작고했기 때문에, 이들에게 그림을 익힌 제자들은 화단에 등단하는 1920년대에 이미 신진화가이자 화단의 중심으로 자리 잡았을 만큼 급격한 세대교체가 이루어졌다고 할 수 있다. 이도영李道榮, 김은호金殷鎬(1892~1979), 이상범李象範(1897~1972), 노수현盧壽鉉(1899~1978), 박승무朴勝武(1893~1980), 이용우李用雨(1904~1952) 등이 그 주인공들이다.

선행 연구의 결과물로서 조선시대 궁중회화 1권 『왕과 국가의 회화』(돌베개, 2011), 조선시대 궁중회화 2권 『조선 궁궐의 그림』(돌베개, 2012)이 간행되었다. 여기서 다루었던 내용은 먼저 「제국을 꿈꾸었던 전환기의 한국화단」으로 개항 후 1910년대까지 화단의 전개 과정 속에서 그려진 궁중회화 전반에 관한 것이었고, 이어서 「궁궐을 장식한 벽화」를 통해 건축적 회화인 당가唐家의 장식그림, 정전正殿의 천장화, 그밖에 벽화·장지화·단청 등과 창덕궁 벽화(1920) 및 공공벽화를 살펴보았다.

3권으로 마무리되는 조선시대 궁중회화 시리즈를 통해 조선왕조로부터 대한제국, 그리고 개항 이후 일제강점기를 거치면서 궁중회화가 걸어온 길을 더듬어 보았다. 이를 통해 국가와 회화의 의미, 근대 전환기에서 근대로 이어지는 전통의 계승과 탈 전통의 시대를 지나온 화가들의 삶도 아울러 살펴보게 될 것이다.

宮中畫員

2 도화서의 마지막 화가들

갑오개혁(1894) 이전의 도화서 화가들

조선의 개국과 함께 시작된 도화서圖畫署는 왕실의 모든 회화 업무를 관장해 왔다. 그러나 19세기 후반 국가정세가 불안정해지고 왕실의 권위가 흔들리면서 도화서의 기능과 체제 그리고 소속 화가들은 많은 변화를 겪었다.

정조正祖 대인 1783년에 제정되고 직제가 확립된 차비대령화원差備待令畫員은 규장각 소속의 잡직雜職으로 도화서에서 차출한 화원들을 말하며, 이는 고종高宗 대인 1889년까지의 기록이 담긴 『내각일력』內閣日曆을 통해 그 방대한 자료가 연구된 바 있다.[1] 이 연구에 의하면 차비대령화원은 1870년대에 김제순金濟淳, 박기준朴基駿, 박영선朴榮選, 박용기朴鏞夔, 박용훈朴鏞薰, 백영배白英培, 백은배白殷培, 백희배白禧培, 서두표徐斗杓, 안건영安建榮, 안도영安道榮, 유숙劉淑, 유연호劉淵祜, 윤석영尹錫永, 이경옥李景鈺, 이창옥李昌鈺, 이한철李漢喆, 장대희張大熙, 조신화趙信和, 조재흥趙在興 등 많은 화가들이 녹취재祿取才 시험에 응시하였다. 1년에 4차례 치러진 녹취재를 통해 차출된 화원들을 관리하고 포상하는 이 특별한 화원제도는 조선 후기 화원제도와 화원 연구에서 중요한 의의를 지닌다.

그런데 당대 최고의 도화서 화원들이었던 이들은 실제 조선 말기 화단에서는 안건영, 유숙, 이한철을 제외하면 오늘날 거의 알려지지 않은 화가들이었음이 특이한 사실이다. 차비대령화원의 업무는 본래 규장각에서 이루어진 열성 어제御製를 깨끗이 정서淨書하는 일을 위해 종이에 줄을 긋는 단순작업을 하는 것이었으나, 점차 어진御眞을 제작하고 세화歲畵를 그리는 것으로 그 소관 업무가 확대되었다.[2] 그럼에도 불구하고 정조 연간에 비해 고종 연간에는 이들의 미술사적 비중이 그 이전보다 크게 약화되었다고 생각된다.

도화서의 폐지와 궁내부의 도화 업무

도화서는 1894년 갑오개혁 때 폐지되어 그 기능의 일부가 궁내부宮內府의 규장각奎章閣에 이속되었다.[3] 19세기 후반부터 대한제국기까지 도화서 제도의 변모 과정과 소속 화원들에 관한 연구에 의하면 규장각에 이속된 후의 회화 업무는 어진을 모시는 일과, 왕의 교훈과 도서에 관한 일이었는데, 이를 수행한 '도화주사'圖畵主事가 곧 도화서 출신의 화원들이었다고 한다.[4]

1895년 을미개혁(제2차 갑오개혁) 때 궁내부 관제는 규장원奎章院, 장례원掌禮院 등 6원院으로 바뀌면서 규장각은 규장원이 되었으며, 화원은 규장원 아래 기록사記錄司 소속의 도화주사와 사자주사寫字主事가 되었다.[5] 그러나 1895년 8월부터 1896년 1월 1일(양력)까지 시행된 제3차 개혁 기간 중에 궁내부 관제 개혁으로 도화 업무가 규장원에서 장례원으로 바뀌었고 1905년까지는 장례원의 도화과圖畵課에서 업무를 담당하게 되었다.[6] 다시 1905년 관제 개혁에서는 장례원이 없어지면서 도화 업무는 예식원으로 이속되었으며, 1907년 11월에 예식원이 폐지되고 장례원이 부활하자 다시 이곳에 도화과가 설치되었다.

이처럼 복잡한 관제 개혁이 반복되면서 황실의 도화 업무는 궁내부의 규장각(1894)→규장원(1895)→장례원(1896)→예식원(1905)→

장례원(1907)으로 바뀌었고, 직함은 규장각 도화주사, 규장원 기록사 도화주사 또는 사자주사, 장례원 주사, 예식원 도화과 주사, 궁내부 도화주사, 장례원 도사과 도화주사, 장례원 도사과 도화서기랑, 장례원 도화과 도화서기랑 등으로 불렸다.[7] 1907년 8월 이후는 궁내부 관제가 개정되면서 주사가 서기랑으로 바뀌었기 때문에 '도화서기랑'으로 불린 것이 마지막이다.

이들은 관제 개혁과 명칭의 변경에도 불구하고 대한제국기에도 여전히 6품(판임관 6등)의 말단 관직이었고, 업적에 따라 정3품(주임관 5등), 종2품에 오른 경우도 있었지만 화원畵員에 관한 인식은 전반적으로 매우 낮았던 것으로 보인다.

대한제국기의 화가들

대한제국기에 활동했던 화원들은 김기락金基洛(1857~?), 김제순金濟淳, 박용기朴鏞夔(1837~1907년 이전), 박용훈朴鏞薰(1841~?), 박창수朴昌洙, 백희배白禧培, 서원희徐元熙(1862~?), 윤석영尹錫永(1845~?), 이기영李祺榮(1852~?), 이덕영李悳泳(1870~?), 전수묵全修默(1858~?), 조석진, 조신화趙信和, 조재흥趙在興, 홍의환洪義煥 등이었다.[8] 이들 중 김제순(차비대령화원 녹취재 참여: 1863~1878), 박용기(좌동: 1872~1876), 박용훈(좌동: 1860~1879), 백희배(좌동: 1861~1880), 윤석영(좌동: 1862~1879)은 차비대령화원으로 오랫동안 녹취재에 응했던 화원들이었다.

이들의 활동은 대한제국기에 국가가 필요로 하는 다양한 회화 업무를 수행하는 것이었으나, 화가 개개인의 구체적인 활동 내용이 밝혀진 바는 없다. 대한제국기를 전후하여 본격적으로 이루어진 황실의 재건사업과 장식화 제작에서 당시 도화주사 또는 도화서기랑으로 있던 위의 화가들이 참여했음은 당연한 사실이겠으나 각종 의궤, 영정 모사, 어진 도사에 참여한 것 외에는 개개인의 활동 내역을 알 수가 없다. 조석진의 경우처럼 근대화단으로의 교량 역할과 개인활동이 알려진 경우는 드물다.

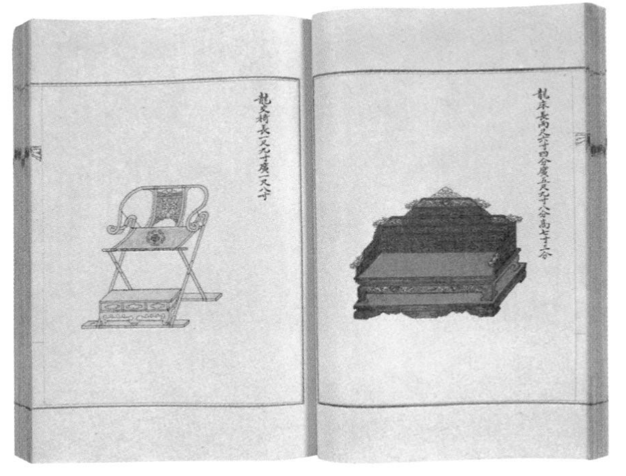

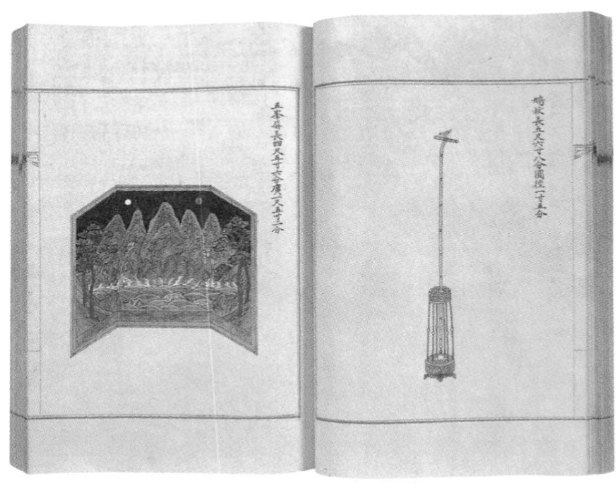

도1 『어진도사도감의궤』御眞圖寫都監儀軌 중 용교의龍交椅, 용상龍床, 오봉병五峯屛, 구장鳩杖 도설 1902년, 필사본 채색, 31.5×25.5cm, 한국학중앙연구원 장서각 소장.

박용기와 박용훈 형제는 조선 말 도화서 화원이자 차비대령화원을 지낸 박기준朴基駿의 아들이다.[9] 이들도 아버지를 이어 도화서의 화원으로 차비대령화원 녹취재에 참여했는데, 박용기는 매죽梅竹·문방文房·초충草蟲 부분에 뛰어난 성적을 거두었으며, 박용훈은 영모翎毛·초충·매죽·누각樓閣·속화俗畵·인물·산수 과목에서 골고루 좋은 성적을 냈다.[10] 백희배는 50년 가까이 화원 활동을 했던 인물로 백은배 및 임천 백씨 화원 집안에 관한 연구를 통해 알려지게 되었다.[11]

또한 1897년부터 1910년까지 의궤에 참여한 화가로는 도화서 소속 화원들 외에 김규진이 궁내부 주사로 1897년 『고종대례의궤』高宗大禮儀軌에 참여했으며, 조석진(6품六品)·채용신(전첨사前僉使)이 주관主管, 수령조용守令調用으로 1900년 『영정모사도감의궤』에 참여했다. 이때 강필주도 방외화원方外畵員으로 동참했다. 1901년 『영정모사도감의궤』에도 김규진(내장원 주사)·조석진(6품)·채용신(정3품)·강필주(9품)가 참여했고, 이해에 채용신은 조경단肇慶壇 영건의궤에도 참여했다. 1902년 『어진도사도감의궤』에는 안중식이 주관화사였고, 조석진이 장례원 주사로 참여했다.도1 조석진은 1902년 『문조익황제추상신정익황후추상황제가상명헌대후가상성황후추상상호도감의궤』

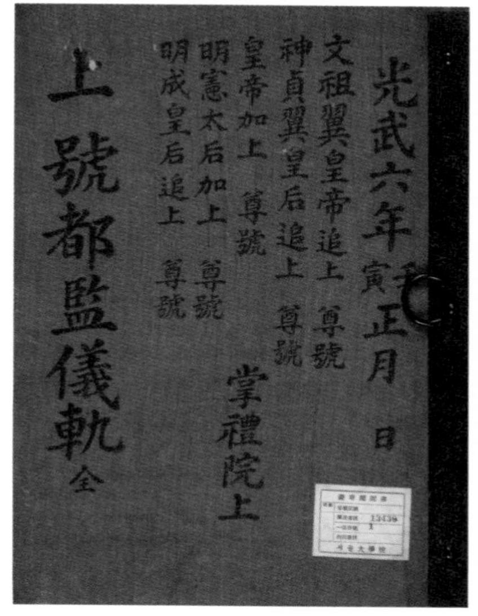

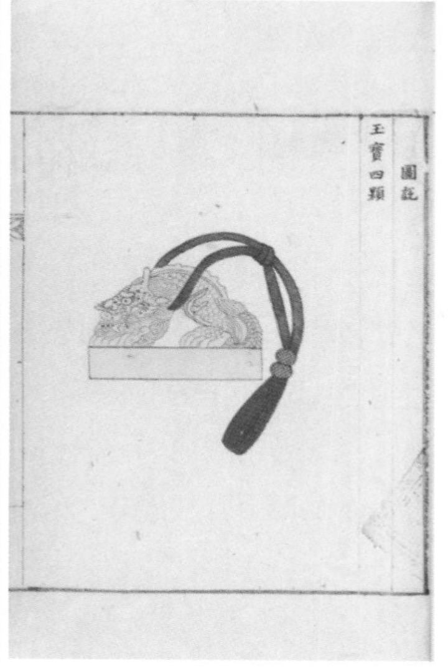

도2 『문조익황제추상신정익황후추상황제가상명헌대후가상성황후추상상호도감의궤』 표지와 「옥보사과」玉寶四顆 도설 1902년, 서울대학교 규장각 소장.

文祖翼皇帝追上神貞翼皇后追上皇帝加上明憲大后加上成皇后追上上號都監儀軌에 참여했다.도2 조석진과 채용신은 이를 계기로 평생 어진화사의 영예를 간직할 수 있었다.

19세기 말에 활동했던 나수연羅壽淵, 정대유, 정학교丁學敎(1832~1914), 정학수, 지창한, 채용신, 조석진, 안중식은 1900년부터 1910년 사이에 대부분 지방의 군수에 올랐거나, 이후 정3품까지 승자되는 경우도 있었다. 이들 중에는 생원시生員試와 진사시進士試 같은 과거시험을 통해 관직에 등용된 경우도 있었고, 궁중화원으로서의 공로를 인정받아 관직을 부여받은 경우도 있었다. 이들 외에 오세창이 농상공부 통신국장을 역임했거나 이도영이 공업전습소工業傳習所 기수 등을 지낸 것을 보아도, 이 시대의 많은 서화가들은 관직생활도 상당 기간 역임했음을 알 수 있다. 따라서 당시 이들의 위상은 시서화의 교양을 갖춘 인사로서 문인묵객들 사이에서 비교적 높았다고 할 수 있다.

그러나 이들 외에 도화서 출신 전문 직업화원들의 활동은 오히려 이 시기에 침체되어 의궤 제작 외에는 공적 회화활동이 줄어든 듯하다. 19세기 후반의 화단을 대표하는 장승업이 차비대령화원에 차출된 적이 없었고 도화서 화원으로서 활동한 경력이 짧았던 것을 보면, 자유로운 성품에 기인한 것이기도 했지만 재야 화가로서의 활동 영역이 화가들에게 더욱 매력적이었을 수 있다. 자신의 기량을 마음껏 발휘하고 주문 제작에 의해 경제적 이득을 추구할 수 있었던 장승업의 활약은, 화원의 한계를 벗어난 활동 영역을 보여 주는 것이었다. 따라서 19세기 후반을 거치면서 도화서의 위상은 위축되기 시작했고, 갑오개혁 때 폐지된 후에는 그 기능이 축소되면서 대한제국기가 지나면 결국 소속 화원들이 기능인으로서 전락한 것이 아닐까 한다.

전환기의 황실화가들

도화서가 폐지된 이후에도 의궤 관련 기록에서 많은 화원들의 이름을 확인할 수 있지만, 정작 이 마지막 화원들(황실화가들)의 회화활동에 대해서는 매우 제한된 정보만 알 수 있을 뿐이다. 이들에 관하여 의궤나 어진 관련 기록 외에는 개별 회화활동을 알기 어려운 것은 도화서 폐지 이후 근대화단으로 계승되지 못했다는 점을 보여 준다.

전통적으로 도화서 화원들의 시취試取와 교육은 창의적이고 개성적인 창작을 중시하는 방향으로 이어지지는 못했고, 이로 인해 19세기 말에는 점차 매너리즘화 됨에 따라 화단에서의 입지를 스스로 잃게 되었다. 1924년에 '급우생'이란 필명의 인물이 "도화서 화원들이 조정과 왕실의 어용에만 공헌이 되는 일종의 규칙적으로 동일한 전형을 벗어나지 못했음을 지적"한 사실은 시사하는 바가 크다.[12] 더욱이 화원 가문을 형성하고 이를 세습화 하면서 시대의 변화하는 양상을 읽지 못했던 점은, 이들이 근대화단으로 계승되지 못하고 화단에서 사라지게 되는 주요한 요인이 되었을 듯하다.

차비대령화원 역시 왕실의 권위가 흔들리는 19세기 말을 지나면 중국의 고사나 문학작품에서 화제를 가져온다든가, 현실과 유리된 궁중 취미의 화제를 반복함으로써 화원 개인의 독자성으로까지 연결되지 못했다. 결과적으로 도화서 자체가 지니는 구조적인 한계로 인해 화원들의 당대 화단에서의 위상은 크게 위축되어 재야의 전문 화가들이나 문인화가들이 화단의 중심을 차지하게 되었던 것이다.

갑오개혁 이후 대한제국 초의 전환기에 황실의 회화 업무는, 도화서 기구의 변화·축소·폐지의 과정 속에서 점차 고유한 권한을 잃어 갔다. 국권이 상실되어 가는 위기상황 속에서 전례에 비하면 간소화되고 그림이 그려지지 않고 명칭만 쓰는 등 형식화되었지만, 국가제사의 축식祝式을 모은 『사직서의궤』社稷署儀軌를 비롯하여 『종묘의궤』宗廟儀軌·『부묘도감의궤』祔廟都監儀軌·『영건도감의궤』營建都監儀軌·『중건도감의궤』重建都監儀軌를 제작한 사례가 있다. 고종의 형인 이재면李載冕을 흥왕興王에 책봉하는 『흥왕책봉의궤』興王册封儀軌(1910)가 장례원에서 거의 마지막으로 제작한 의궤였다.

전환기 화원화가들의 위상이 위축되면서 대개의 화원들은 국가의 공적 활동 외에 개인적인 수요에 응해 그림을 팔아 생계를 이었겠지만, 화원으로서의 권위와 이득은 더욱 보장받지 못했다. 더욱이 19세기 후반 세도정치가 극에 달하는 시기에, 권력자들 주변에 재야의 중인화가들이 '포진'함으로써 도화서나 차비대령 화원들의 입지는 더욱 위축되었다고 하겠다.[13] 19세기 말, 지전 및 향전에서 그림을 팔았던 떠돌이 유랑화가가 도화서 출신의 화원 및 생도의 일부라고 추정되기도 했다.[14] 이들이 동시대 화단에서 차지하는 비중은 크게 약화되었고, 그래서 이들에 관해 주목한 동시대나 후대의 기록 및 성과는 남지 않게 된 것으로 보인다.

다른 한편으로 전환기의 화원화가들이 근대화단으로 계승되지 못한 이유는 이들이 변화하는 시대양상을 읽지 못한 데 있을 것이다. 도화서의 화원들은 정형화된 양식의 의궤와 왕실 소용의 한정된 화제로 인해 자유로운 창작과는 거리가 있었다. 즉 19세기 말 화단은 사의적 수묵문화를 선호하여 문인화풍이 크게 유행했으므로, 이것이 정형화된 궁중 장식화나 의궤를 반복적으로 그려 온 화원들의 창작세계와는 대치되었던 듯하다.

그렇지만 전환기의 황실화가들은 비록 익명의 화가들이긴 해도 19세기 또는 19세기 후반 작품으로 추정되는 많은 궁중 장식화와, 같은 소재 민화류들의 제작과 관계가 있을 것이다.[15] 앞서의 저작에서 여러 다양한 소재의 작품들을 살펴보았지만,[16] 정형화된 소재와 기법으로 그린 그림이라는 점을 제외하면 화려한 채색과 기량 면에서 수준 높은 작품들이 많이 포함되어 있다.

오늘날 전하는 궁중 장식화와 같은 소재의 민화류들도 수적으로 적지 않아 대한제국기까지는 직업적 화원들이 여전히 황실과 민간 수요에 응해 궁중 장식화 같은 특정 장르의 작품을 양산했을 것으로 생각된다. 그럼에도 불구하고 이들이 그 시대의 기록에서 사라진 것은 동시대 문사들과의 교류가 없었고, 개인적인 창작품이라기보다는 공동 제작품이거나 장인적 기술의 결과물로 인식되었기 때문일 것이다.

1910년 이후의 황실 관련 화가들

1910년 이후 식민지하에서 황실의 회화 업무를 담당했던 곳은 어디였을까? 1910년에 우리나라의 정부 관제는 일본의 행정조직에 편입되었다. 가장 큰 변화는 조선총독부朝鮮總督府와 이왕직李王職의 개설이었다. 일본은 정부기구 중 하나로 조선총독부를 한국에 설치하여 일반 행정 업무를 담당하게 하고, 궁내성宮內省 산하에 이왕직이라는 기구를 설치하여 우리나라 왕실 관련 업무를 보도록 했다.

일본 궁내성은 천황과 황족의 외출에 관한 사항, 포상에 관한 사항, 어물御物의 관리에 관한 사항, 그 외 기타 사항으로 측근의 일을 관장하는 시종직, 식부직, 종실료(조선 귀족에 관한 사항), 내장료, 도서료(황실 계보에 관한 사항, 능과 무덤의 문서에 관한 사항, 황실 전범典範, 조서詔書, 칙서勅書, 황실령皇室令, 그 외 문서의 원본에 관한 사항, 황실 재산……), 제릉료(능의 관리 및 조사에 관한 사무) 등을 두었다. 일본은 1894년에 궁내성의 하부기관으로 우리나라에 궁내부를 설치하고 왕실 관련 업무를 담당하게 했는데, 1910년에 이를 이왕직으로 개편하면서 서무계, 회계계, 장시계, 장사계, 장원계의 5개 부서로 축소시켰다. 이 중 서무계는 옛 궁내부의 경연청, 규장각, 종정부, 시강원에 해당하는 것이었고, 장원계에서 박물관, 동물원, 식물원을 관장하도록 했다.

이러한 변화된 관제는 일제강점기에 들어와서 황실의 회화 업무를 관장하는 전문 기관이 사실상 없어졌음을 보여 준다. 1912년에 처음으로 어진화사로 발탁되었던 김은호의 천거 과정을 보면 비공식적으로 이루어졌고, 1913년 봄 순종어진을 완성한 후에 다시 고종어진을 완성했던 사실 역시 김은호의 구술 외에 공식 기록이 남아 있지 않다. 1916, 1923, 1928, 1935년 4번에 걸친 어진 도사는 공식 기록이 남아 있는데 그가 이처럼 여러 차례 어진을 그릴 수 있었던 것은 경력이 더해진 탓이었고, 당시 화단에서 김은호가 차지했던 입지를 가늠하게 해 준다. 물론 김은호의 어진 제작에는 윤덕영尹德榮부터 민병석閔丙奭 이왕직 장관이 관계했고, 주무부서가 따로 있었던 것 같지는 않다.

그러나 이왕직이 궁중의 의례를 관장하고 기록하는 전통을 완전히 없애지는 않았음을 이 시기에 제작된 의궤를 통해 알 수 있다. 일제강점기에는 『순헌귀비원소의궤』純獻貴妃園所儀軌(1911), 『홍릉천봉주감의궤』洪陵遷奉主監儀軌(1919, 1921), 『고종태황제명성태황후부묘주감의궤』高宗太皇帝明成太皇后祔廟主監儀軌(1921), 『고종태황제어장주감의궤』高宗太皇帝御葬主監儀軌(1919), 『순종효황제어장주감의궤』純宗孝皇帝御葬主監儀軌(1926), 『순종효황제순명효황후부묘주감의궤』純宗孝皇帝純明孝皇后祔廟主監儀軌(1929), 『순종효황제빈전혼전주감의궤』純宗孝皇帝殯殿魂殿主監儀軌(1926), 『순종효황제순명효황후부묘주감의궤』純宗孝皇帝純明孝皇后祔廟主監儀軌(1929), 『묘전궁원단묘의궤』廟殿宮園壇墓儀軌(1935),

『유릉천봉산릉주감의궤』裕陵遷奉山陵主監儀軌(1926), 『선원보략수정의궤』璿源譜略修正儀軌(1932) 등이 제작되었으며 대개 주무부서는 이왕직이었다. 이러한 의궤는 기록적 성격이 중시되어 회화사적 의의는 점차 사라지게 되었는데 이 즈음에 이미 황실 관련 화가들은 완전히 시중으로 흩어진 것으로 보아야 할 것이다.

의궤를 통한 시각적 기록이나 어진 제작은 사진으로 대체되거나 간소화되는 경우가 많아졌고, 이를 대신해서 사진첩으로 만들어 유포되는 경우가 많아졌다.[17] 도3 고종의 국장의식은 일본인에 의해 사진첩으로 만들어져 헌상되었으며 사진의 역할은 점점 중요해졌다.도4, 4-1 국장의궤國葬儀軌의 편찬 고문에 자작子爵 민영휘閔泳徽와 남작男爵 이재극李載克, 김종한金宗漢, 김춘희金春熙를 임용했던 사실을 보면 이왕직 관료들만 관계했던 것은 아니었음을 알 수 있다.

도3 고종과 순종의 '어사진'御寫眞

도4 고종의 국장國葬 사진첩 중 대한문을 빠져나가는 영여(아래, 좌) 1919년 촬영, 서울대학교박물관 소장.

도4-1 홍릉에 오르는 고종황제의 상여 1919년 촬영, 서울대학교박물관 소장.

1910년 이전에 어진 도사에 참여했던 안중식, 채용신, 강필주, 조석진, 김규진은 1907년을 즈음해서 모두 관직에서 해임되었다.

이들은 이때부터 화단의 중진으로 지도자적인 위치를 점하게 되었다. 물론 이들은 황실과 관계했던 이력으로 화단에서의 입지를 더욱 확고히 해 나갈 수 있었을 것이다.

도5 〈평강후인 채석지당 70노옹 평생도〉 10첩 병풍 중 1폭 채용신, 1917년경.
이 평생도는 현재 유족이 찍어둔 사진만 전해지고 있어서 원본의 존재 유무는 알 수 없다.

근대의 어진화가들

근대기 대표적인 어진화가는 채용신과 김은호이다. 채용신은 세 차례 영정모사도감의궤에 참여한 공으로 정산군수가 되었지만 1906년 해임된 이후 전문적인 초상화가로 활동했다. 그가 초상화가로 성공한 데에는 어진화가였다는 이력의 프리미엄이 작용했음을 부인할 수 없다. 더욱이 그는 사사롭게 어진을 제작하여 유통시키기도 했던 듯하다.[18] 채용신의 〈평강후인 채석지당 70노옹 평생도〉平康后人蔡石芝堂七十老翁平生圖에는 어진화사로서 자신의 모습을 많은 관료들이 지켜보는 광경 속에 그렸다. 관료들의 주목을 받고 있는 채용신은 이것이 그의 일생에서 큰 영광이었음을 보여 주고 있다.도5

그러나 어진화가로서 김은호의 등장은 변화된 시대 양상을 여실히 보여 주는 예이다. 김은호가 직접 회고한 기록에 의하면 그의 어진화사 등용은 철저히 우연이었으며, 개인적인 천거에 의해서 이루어진 것이다. 『중앙일보』中央日報에 연재된 김은호의 구술을 책으로 엮어 만든 『서화백년』書畵百年(중앙일보사, 1976)에는 그가 어떻게 어진화사로 발탁되었는지가 상세히 기록되어 있다.

그는 20세 때인 1912년 여름 어느 날에 고서점인 영풍서관永豊書館에서 중추원 참의 김교성金敎聲과 백당白堂 현채玄采(1886~1925)의 대화(심전 안중식에 관한 내용)를 듣던 중 그림에 대한 "별안간 활활 타오르는 의욕을 참을 수 없어" 매달리다시피 하여 김교성의 편지를 얻어냈다.[19] 양력 8월 초하룻날에 편지를 가지고 심전 안중식이 가르치던 '서화미술회'書畵美術會에 가서 간단한 테스트를 본 후 입학하게 되었고, 이곳에서 그림공부를 시작했다.

그의 회고에서 특히 관심을 끄는 부분은 그림을 그린 지 '불과 삼칠일(21일)밖에 안 되는 풋내기 학생에게' '어용화사'御容畵師라는 '최고의 영광'이 주어지게 된 흥미진진한 이야기 대목이다. 매국귀족 송병준宋秉畯의 초상화를 그리고 있던 김은호를 우연히 본 고종황제의 전의典醫 김창유金昌有가 그를 어진화사로 천거한 것이다.[20] 김창유는 먼저 고종을 모시는 김상궁金尙宮에게 "전하께 여쭈어 그 젊은 화원(김은호)에게 어용御容을 한번 그리게 함이 어떠냐?"라고 했으며, 입궁한 김상궁이 고종에게 아뢰어 허락을 받아내게 되었다. 김은호는 고종이 손수 준 반신 사진을 가지고 초상화 초본을 그렸으며, 고종은 김은호의 초본에 만족해서 그를 어진화사로 확정했다.

그 당시 이왕직 차관이었던 구니와케 쇼타로國分象太郎가 일본에서 데려온 아라키荒木라는 화가가 고종의 어진을 그리고 있던 연유로 김은호는 이때 순종의 어진을 먼저 그리게 되었다. 김은호와 아라키가 어진을 그린 사실은 어떤 문헌에도 기록은 없고, 김은호의 기억에 의한 것이다. 어진 제작에 관한 모든 일은 순종비인 윤비尹妃의 큰아버지 윤덕영尹德榮이 맡아서 처리했지만 실제로 순종을 알현할 때는 윤비의 아버지인 윤택영尹澤榮이 동행했으며, 젊은 어진화사를 귀하고 소중하게 대했음을 곳곳에 전하고 있다. 김은호는 창덕궁 인정전 동행각에서 이듬해 봄에 대원수복 차림의 〈순종어진〉을 완성했으며, 제작 중에는 매번 궁중의 '특별 상床'을 받았고, 윤비와 민병석 이왕직 장관, 민영휘가 내리는 특별 음식을 풍족하게 받는 등 극진한 대접을 받았다고 회고했다.도6

도6 세조어진을 모사하고 있는 김은호, 1935년.

김은호의 〈순종어진〉은 그가 단독으로 제작한 것

으로, 윤비의 조모상祖母喪으로 공백기를 가진 끝에 4개월간의 제작 기간을 거쳐 1913년 봄 완성되었다. 〈순종어진〉이 완성될 때까지 서화미술회의 스승들인 강진희, 안중식, 조석진의 도움이 있었다. 강진희는 그림 재료를 구입하는 일에 도움을 주었고, 안중식과 조석진은 어진을 그린 바 있었으므로 수시로 창덕궁에 와서 어진 제작을 돌봐주었다고 한다. "순종은 초본이 완성될 때까지 하루에 꼭꼭 한 번씩 나오셔서 20분가량 모습을 보여 주시곤 했다"고 한다.[21] 이렇게 해서 어진이 완성되었을 때 김은호는 '왕실에서 폐백으로 4천원이란 돈을 받았다'고 한다. 당시 쌀 한 가마가 4원 남짓했으므로 엄청난 돈이었다고 기록하고 있다. 그러나 이것은 오로지 김은호의 기억을 통해서 확인되는 사실인데, 1912년 여름에 송병준의 초상화(엽서 1장 크기)를 그려 주고 30원의 폐백료를 받았고, 이후 시천교侍天敎 세 교주의 초상화를 그려 3백원 가까운 폐백료를 받아 원서동苑西洞에 8칸 반짜리 초가집을 샀던 것과 비교해도 지나치게 큰돈이었다.[22] 도7 더구나 〈순종어진〉 1본에 대한 그림값이었으므로 재고해야 할 듯하다. 또한 『순종실록』 부록에 수록된 1916년의 어진 도사에서 김은호가 폐백료로 300원을 받았던 것과 비교하면 20살을 갓 넘긴 경험 없는 어진화사에게 주어진 첫 폐백료로는 지나친 감이 있다.[23] 김은호는 1913년에 〈순종어진〉을 완성하고, 이어서 〈고종어진〉을 완성했는데 이것은 창덕궁 선원전에 모셔졌다가 한국전쟁 때 부산에서 소실되고 말았다.

도7 **시천교侍天敎 교주 최제우 초상**
김은호, 1912년, 비단에 채색, 114×82cm, 개인 소장.

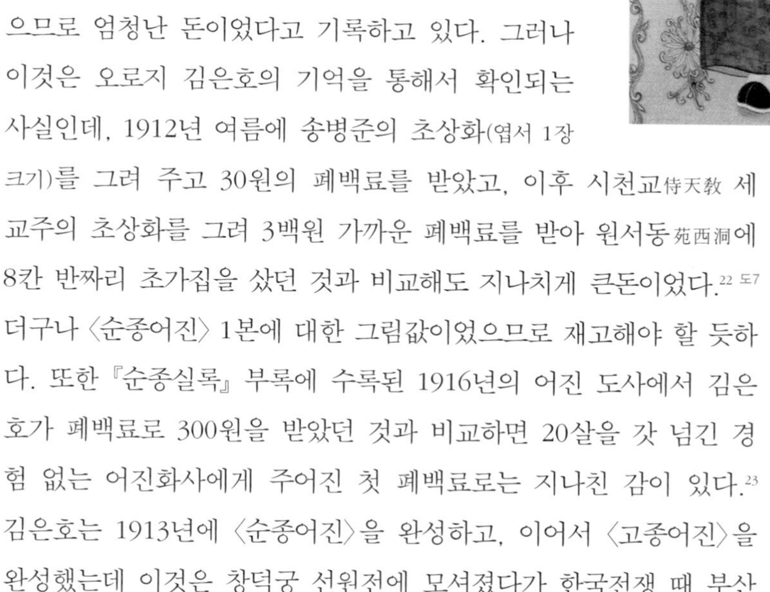

이러한 정황에도 불구하고 김은호의 어진 도사는 대한제국기와는 달라진 면을 볼 수 있다. 도화서의 화원과 차출된 화사들이 중심이 되어 그려졌던 것과는 달리 개인적인 천거에 의해 일회적으로

등용되었던 것이다. 1911년 가을에 내한한 일본의 서양화가 안도 나가타로安藤仲太郎(1861~1912)가 어진을 그리도록 한 것은 윤택영, 윤덕영, 김춘희金春熙, 박영효朴泳孝, 이준용李埈鎔, 민병석, 이왕직 차관 고미야 사보마츠小宮三保松가 순종과 함께 비원에서 오찬연午餐宴을 하는 과정이었다.[24] 안도는 1912년 3월에 〈순종어진〉을 완성했다.[25] 왕실의 의례로서 행해져 왔던 어진 제작은 일제강점기에 오면 이처럼 일종의 이벤트 사업처럼 계획되고 시행되었다.

제작 방식은 전통적인 어진 제작 과정을 그대로 보여 주었지만 공동제작 방식으로 그려왔던 것과 달리 화사 1인이 단독으로 제작하는 것으로 바뀌었다. 1913년 5월에 일본의 스즈키 시미츠로鈴木鍉三郞란 화가가 〈순종어진〉을 그렸을 때에 또 다른 일본화가인 후지타 츠쿠지藤田嗣治(1886~1968)가 역시 어진을 그린 노고로 같은 날 '은제銀製 주식周式 반기언蟠夔甗〔중국 주나라식 반기문(상상의 동물로 1개의 다리를 가진 소나 용과 결합된 이미지)이 장식된 시루 모양의 제기〕 1개'를 주어 치하했다고 한다.[26] 스즈키에게는 200원을 하사했는데 후지타에게는 반기언만을 주었던 것을 보면, 후지타는 보조 역할을 하는 데 불과했던 듯하고 공동제작이었을 가능성도 있다. 후지타는 당시 그의 아버지가 의사로 서울에 근무하고 있었기 때문에 프랑스 유학 중에 잠시 들른 것이었다. 후지타의 경우를 보아도 어진을 제작하는 일이 공식적인 의례로 예정된 규범에 따라 이루어지는 행사라기보다는 우연한 기회에 이루어진 이벤트 사업이 된 것은 큰 변화라고 생각된다. 따라서 어진 도사는 매우 간소화될 수밖에 없었다.

김은호가 처음 어진화사로 발탁되었을 때 구니와케가 데려온 아라키荒木라는 화가가 〈고종어진〉을 그리고 있었다고 하는데, 이 화가가 『순종실록』 부록의 스즈키 시미츠로일 가능성은 없을까? 김은호가 1912년 여름에 어진을 그리기 시작해서 1913년 봄에 완성했듯이 같은 시기에 일본화가 아라키도 어진을 완성했기 때문에 '황목'荒木과 '령목'鈴木은 김은호의 기억 중에 혼돈이 되었을 수도 있다. 아무튼 스즈키는 어진을 그린 노고로 200원을 하사받았다.[27] 이로 인해 김은호가 〈순종어진〉을 처음 그린 것이 언제였는가에 대한 두 가지 설(1912년, 1916년) 중 1912년 설에 신빙성이 더해지게 된다.

김은호가 어진화사로 발탁되었을 때 조석진은 59세였고, 안중식은 51세였다. 특히 안중식은 50대의 완숙기에 접어든 때였음에도 불구하고 이들은 왜 어진화사에서 제외되고, 서화회에 들어온 지 한 달이 채 되지 않은 경험 없는 학생이 발탁될 수 있었을까? 이것은 여전히 의문으로 남는다. 더욱이 1912년에 있었던 이 어진 제작에 관한 기록은 김은호의 구술 기록 외에는 남겨진 것이 없다. 다만 아라키인지 스즈키인지 분명치 않은 일본화가의 어진 제작 기록만 전하고 있어 김은호의 구술을 뒷받침해 줄 뿐이다.

이 외에 후쿠이 코비福井耕美(또는 福永耕美)와 무카이 카마노리向鎌儀도 어진을 그렸다.[28]

3 외교의 문화사절이 되어

척왜斥倭와 척양斥洋의 신념을 지닌 대원군이 1873년에 물러나고 고종의 친정이 시작된 지 2년 만에 운양호 사건雲揚號事件이 일어났다. 처음부터 침략적인 의도를 지닌 채 조선과의 '어떤 사건'을 일으킬 목적을 갖고 있었던 일본은 이를 빌미로 다음 해에 특명전권대신 구로다 키요타카黑田淸隆(1840~1878)를 내세워 무력으로 협상을 강요했다. 이렇게 일본과 맺은 불평등조약이, 조선의 개항을 골자로 하고 개항장에 거주하는 일본인의 치외법권治外法權을 인정한 조일수호조규朝日修好條規(병자수호조약) 또는 강화도조약이었다.[도8] 갑작스럽게 국제사회에 등장한 조선은 '개화'開化와 '자주'自主의 양자를 지켜야 하는 이중의 과제를 안고 민족의 암흑기와도 같은 시련의 시대에 내던져졌다.[29]

1876년에 1차 수신사가 일본에 파견되고, 1880년에 2차 수신사가 파견되었다. 1881년에 일본에 신사유람단紳士遊覽團을 파견하고 청에 영선사營繕司를 파견한 일은 고종의 개화 의지가 확고하게 드러난 것이었다. 그러나 갑신정변의 발발 후에 일본과 맺은 한성조약漢城條約(1884)은 조선에 청의 세력까지 강화시키는 결과를 가져왔다. 1884년에는 러시아와 통상조약을 맺어 청을 견제하려 하였으

도8 **조일통상조약朝日通商條約 기념 연회도** 전 안중식, 1883년, 종이에 수묵채색, 35.5×53.9cm, 숭실대학교 한국기독교박물관 소장.

나 이 또한 영국을 끌어들이게 되어 그야말로 조선은 일본, 청, 러시아, 영국 등 열강의 각축장이 되어 왕실의 운명도 풍전등화와 같았다. 여기에 봉건적 신분제도의 모순과 외세 침탈에 대한 저항을 내세운 동학농민운동東學農民運動(1894)의 발발은 청일전쟁으로까지 이어져 일본의 조선 지배를 공고히 하는 결과를 가져왔다. 조선에서 청의 세력을 몰아내고 청으로부터 요동반도와 대만을 할양받은 일본은 명실공히 동아시아의 강자로 부상했다. 갑오경장에 의해 친일 개화당의 개혁정치가 정치·경제적 국가제도 전반에 큰 변화를 가져왔다.

국초부터 궁중의 모든 회화 업무를 전담해 왔던 도화서는 갑오경장에 의한 개혁 과정에서 폐지되었으며, 일본에 의한 조선 식민지화 과정 속에서 화가들은 온몸으로 정치적 소용돌이를 맞이했다. 이 시대에 주목되는 화가는 김용원金鏞元(1842~1892 또는 1896), 민영익, 강진희, 양기훈이다. 민영익은 본래부터 전문화가라고 보기는 어렵지만 파란만장한 정치인생 가운데 묵희墨戲를 즐긴 서화가였음에 틀림없다. 김용원, 강진희, 양기훈은 개항 이후부터 대한제국기를 거쳐 일제강점기 초까지 외교 관계 일을 하면서 문화사절로서의 역할을 수행한 화가들로 주목된다.

도9 〈철종어진〉 부분 1861년, 비단에 채색, 294×112.5cm, 국립고궁박물관 소장.

수신사행의 화원 김용원

도화서의 화원이었던 김용원은 외교사절단의 일원이기도 했다.[30] 그는 1876년에 김기수金綺秀(1832~?)가 이끄는 수신사修信使의 수행화원으로 발탁되어 일본을 다녀왔다. 일본에 의해 강제로 맺어진 불평등조약인 강화도조약의 체결 직후에 파견된 수신사는 옛 통신사의 예처럼 일본의 요구에 의해 '시문詩文에 능통한 사람을 선발'하고, 화원을 동행시켰다. 김용원은 이때 35세로 종6품 부사과副司果의 품계를 갖고 있었다.

수신사의 수행화원으로 일본에 가기 이전에 그는 1856년 『순조인릉천봉도청의궤』純祖仁陵遷奉都廳儀軌에 참여한 것을 시작으로 1861년에는 철종어진 도사,[도9] 1863년 『철종상존호도감의궤』哲宗上尊號都監儀軌, 1867년 『순조대왕추상존호純祖大王追上尊號·순원왕후추상존호도감의궤純元王后追上尊號都監儀軌』 그리고 1875년 『익종대왕추상대왕대비전가상존호도감의궤』翼宗大王追上大王大妃殿加上尊號都監儀軌까지 참여했던 화원이었다. 1876년 이후로는 더 이상 의궤에 참여하지 않았는데, 이때부터 그는 대외적인 활동에 주력하며 국가의 공적 임무를 수행하기 시작했다.

김기수는 이때의 사행을 1877년 상산부象山府(지금의 곡산군谷山郡)의 부사府使로 재임하던 때에 쓴 『일동기유』日東記游에 남겼다. 그의 기록 속에는 김용원에 관해 화원, 종6품 부사과라는 간단한 이력만 소개되어 있을 뿐 구체적인 행적이 쓰여 있지는 않다. 그러나 김기수가 일본의 여류화가인 아토미 가케이跡見花蹊(1840~1926)를 만나 그림을 보면서 쓴 기록을 보면 김용원도 함께 했을 가능성이 크

도10 〈산수도〉(좌) 아토미 가케이, 아토미 기념자료관 소장.

10-1 〈사계화훼화〉 아토미 가케이, 1877년, 174.5×100.0cm, 비단에 채색, 아토미 기념자료관 소장.

다.[31] 이 수신사행의 기록을 보면 그래도 시서화를 주고받는 문화사절로서의 전통이 아직 남아 있었음을 알 수 있다. 특히 수신사행원들에게 종이와 먹을 가져와 글을 청하는 이가 있었고, 일본의 서화가나 관료들과 여러 차례 시서화를 주고받았던 것을 보면 옛 통신사의 전례를 보는 듯하다.

천황가나 외국 사절들을 맞이하는 고급 외교관 역할을 했던 당시 일본의 여류화가는 우리나라 사행원들에게 깊은 인상을 주었는데, 아토미가 그 자리에 7~8세의 왕공 집안 규수들과 동행했던 점을 더욱 놀라워 했다.[32] 아토미는 1875년 사이타마 현埼玉縣의 아토미학원여자대학跡見學園女子大學의 전신인 아토미학교跡見學校를 개설한 여성 교육자이기도 하다. 아토미가 그린 〈산수도〉와 〈사계화훼화〉四季花卉畵(1877)를 통해 그의 화풍의 일면을 알 수 있지만 김기수와 주고받았던 그림은 시서가 어우러진 수묵화였다고 생각된다.도10, 10-1

그녀는 1880년 제2차 수신사 때도 김홍집 일행과 교류했음이 사행록 속에 기록되어 있다.

김용원이 수신사의 수행화원으로 동행한 이후 조일 관계의 변화에 따라 이러한 문화사절로서 화원화가의 역할은 점차 줄어들었다. 화가가 수행하는 일도 없어지게 되면서 조사시찰을 목적으로 하거나 정치적 마찰을 무마할 목적으로 파견되어 그 목적에 충실한 사행으로 변하게 되었다. 어쨌든 화원화가로서의 직무에 충실해 왔던 김용원이 서구화된 일본을 경험하게 된 일은 이후 그의 진로에 큰 변화를 가져왔다.

일본에서의 그의 활동 내용은 수신사의 기록 속에 잘 나타나 있지 않지만 화원으로서보다는 기계와 총포, 아연 등을 구입했던 일종의 기술직 전문가로서 일했다고 하는데 이 역시 그의 진로에 영향을 주었던 것 같다. 이는 그 이전에 통신사의 수행화원으로 파견된 때와는 매우 달라진 점으로, 변화된 시대양상을 보여 주는 예일 것이다. 그는 1880년 일본에 '개화開化의 효시로도 말해지는 사람'으로 알려질 정도였으며, 이는 1879년 하나부사 요시모토花房義質(1842~1917) 공사의 권유로 사진술을 배우기 시작했던 데에 기인한 듯하다.[33]

이후에도 그는 1881년 박정양·조준영·강문형·어윤중·홍영식·이원희 등 조사시찰단(일명 신사유람단)과 함께 다시 일본을 다녀왔다. 이때 그는 육군 조련과 기선 운항의 제반 사항에 관한 정보수집의 임무를 띠고 있었는데 이러한 경험은 외교의 문화사절로서의 역할과 함께 새로운 서양문물을 일찍이 접할 기회를 주었던 것이다.

개화파 및 고종의 신임을 받고 있었던 그는 1884년 12월 조러밀약 때 고종의 밀사로 러시아에 파견되었을 만큼 외교에도 큰 역할을 했던 화원화가였다.[34] 1884년까지의 행적은 알려져 있지만 김용원이 1885년 6월에 조총희趙寵熙와 그의 조카인 유학幼學 조중협趙重協의 불미스런 사건에 연루되어 '원지 정배'遠地定配에 처해진 기사는 그의 말년에 관련된 중요한 기록이다.[35] 그와 한자이름, 관직명이 동일한 것으로 보아 동일인이라 생각되는데, 좋지 못한 이력이긴 하지만 구한말의 과도기에 그의 행적은 도화서의 화원으로서 변화된 진로를 보여 주는 대표적인 예라 하겠다.

천심죽재 주인 민영익

천심죽재千尋竹齋란 당호를 짓고 말년을 망명객 신세로 이국땅 상해에서 보내야 했던 운미芸楣 민영익閔泳翊(1860~1914)은 구한말 역사의 굴곡을 누구보다 잘 보여 주는 인물이다. 그는 명성황후의 친정조카로 20대부터 권력의 최측근이었던 민씨 척족을 대표하고 있었다. 1883년 조선의 미래를 짊어질 촉망받는 20대의 젊은이 8명과 미국인 천문학자 퍼시벌 로웰Percival Lowell(1855~1916) 그리고 수행원들로 구성된 총 12명의 조선 보빙사報聘使가 미국에 파견되었다.도11 미국이 조선에 공사公使를 파견한 데 대한 답례로 이루어진 것이었지만 실제 목적은 미국의 선진문물을 조사하고, 일본과 중국의 세력으로부터 벗어나기 위해 미국과의 친선을 모색하고자 했던 것이었다. 미국에서는 아서Arthur, C. A. 대통령을 만나 고종의 국서를 전달했다.

도11 **조선 보빙사** 1883년, 고려대학교박물관 소장.

민영익은 미국에서 귀국하는 길에 일부 인사들과 함께 유럽을 경유하였다. 그는 당시 어떤 관료들보다 구미 여러 나라를 돌아볼 기회가 많았으며, 외교 관련 일도 많이 수행했다. 이미 1882년 임오군란 후 사죄사절로 일본을 다녀왔었기 때문에 그는 약관의 나이에도 불구하고 외교의 수장이 되어 있었던 것이다.

흔들림이 없을 것 같았던 그의 인생은 1884년 갑신정변으로 죽음의 문턱까지 가는 시련을 겪었으며, 더욱이 자신을 그렇게 몰아넣은 주범은 보빙사의 동료들이었다. 이후 민영익은 다시 권좌에 복귀하여 병조, 이조, 형조, 예조판서 등을 두루 역임했으나 조선 정부의 친러거청親露拒淸정책에 반대하며 이를 원세개袁世凱(1859~1916)에게 밀고한 죄로 또다시 망명 신세가 되었다. 그의 역정은 여기에서 끝나지 않아 1894년에는 고종 폐위 음모사건에 연루되어 다시 상해로 망명을 떠나야 했으니, 이곳에서 마지막 20년을 보내며 생을 마감했다. 20대에 너무 일찍 권력의 단맛과 쓴맛을 알아버린 그에게 30대에는 정치관료가 아닌 시서화를 즐기는 문인적 삶만이 허락되었다.

민영익은 젊은 시절에 추사秋史 김정희金正喜, 소치小痴 허련의 영향을 받았으며, 중국 청대의 양주화파揚州畵派 화가 정섭鄭燮(1693~1765)의 화풍을 구사하기도 했다. 1895년경부터 상해의 천심죽재에 머물면서 그곳의 화가인 오창석吳昌碩(1844~1927), 포화蒲華(1834~1911)와 깊이 교류했으며, 한국 서화가들과의 가교 역할을 하기도 했다. 묵란과 묵죽에 뛰어났는데, 그의 묵란은 석파 이하응의 '석파란'石坡蘭과 쌍벽을 이루는 '운미란'芸楣蘭을 성숙시켰다. 그의 운미란을 석파란과 대비시켜 비교하는 데에는 대원군 이하응과의 정치적 경쟁관계를 염두에 둔 저널리즘적 발상에 기인한 점도 있을 것이다.

그의 묵란이 완숙한 경지에 이르렀음을 알게 해주는 〈노근묵란도〉露根墨蘭圖는 뿌리를 드러낸 난초에서 국권을 상실해 가는 조국

도12 **〈노근묵란도〉** 민영익, 20세기 초, 종이에 수묵, 128.5×58.4cm, 리움미술관 소장.

의 운명과 망명객 신세인 자신을 보여 주는 듯하다.도12 민영익의 묵란은 단정하고 절제되어 있으며 석파란처럼 삼곡의 날카로운 필세가 보이지 않는다.

중국인 양일楊逸이 쓴 『해상묵림』海上墨林에 "글씨는 안진경체顔眞卿體를 배웠고 그림은 난·죽에 뛰어났는데, 필치가 웅건하다. 휴일을 만나면 곧 서화계의 명사들을 자기 집에 초대하여 같이 모여서 문묵흥취文墨興趣에 빠져 이를 낙으로 삼았는데 연이어 모두 접고, 1914년에 졸하였다"고 씌어 있다. 민영익은 지운영, 김규진, 정학교와도 교류했으며, 특히 그의 묵란은 김용진金容鎭, 김진우金振宇(1883~1950)에게 계승되었다.

도13 **〈산수도〉** 야스다 베이사이安田米齋(『회화총지』繪畫叢誌, 1887년).

주미공사수원 강진희

청운菁雲 강진희姜璡熙(또는 晋熙, 1851~1919)는 전서와 예서에 뛰어났던 서화가로 괴석과 묵매를 잘 그렸다고 하지만 남아 있는 작품은 많지 않다. 그는 본래 왜학倭學 역관으로 1885년에 35세라는 늦은 나이에 등과하여 다음 해(1886) 일본공사 접응관차日本公使接應官差로 일본에 파견되었다. 이것이 계기가 되어 1887년에는 주미공사수원駐美公使隨員으로 미국에 다녀왔는데 이때 그가 그린 그림이 간송미술관에 소장되어 있다.

이때의 미국 수행은 박정양朴定陽이 초대 주미공사로 파견되어 가는 길이었고, 그는 역관으로서의 역할을 겸했을 것이라 생각된다. 보빙사의 예를 보면 영어 통역을 일본인 통역사가 맡고, 이를 다시 우리나라 말로 통역했기 때문에 왜학 역관이 필요했을 것이라 생각된다. 1894년에 법무아문주사法務衙門主事를 시작으로 법부주사法部主事 등을 거쳐 1905년에는 학부위원學部委員을 역임하는 등 50대

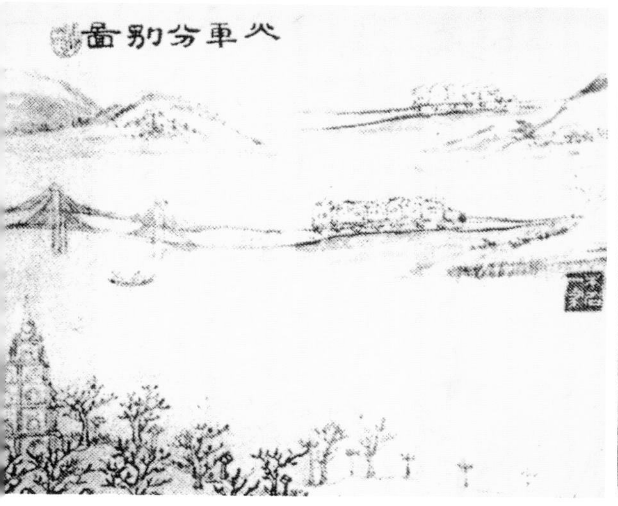

도14 **〈화차분별도〉(좌)** 강진희, 1888년, 종이에 수묵, 약 28×34cm, 간송미술관 소장.

도15 **〈오음화구도〉** 강진희, 1889년, 종이에 수묵, 약 28×34cm, 간송미술관 소장.

까지는 주로 관직생활을 했다.

주미공사수원으로 가는 도중 강진희는 일본 요코하마에 들러 그곳의 지방화가였던 야스다 베이사이安田米齋(1845~1888)를 만나 서화를 주고받았다.[36] 도13 베이사이는 1881년에 조사시찰단으로 파견되었던 이헌영李攇永(1837~1910) 일행이 처음 만났던 화가였는데 이로 인해 강진희도 일본을 방문했을 때 그를 만났던 것이다. 일본 근대미술사에서는 언급되지 않는 화가이지만 당시 일본화단에서는 상당히 활발한 활동을 하던 인물이었다. 베이사이는 아토미 가케이와 함께 우리나라 사절단을 직접 만난 일본인 화가였다.

강진희가 미국에서 그린 〈화차분별도〉火車分別圖(1888)는 샌프란시스코에서 워싱턴 D. C.로 가는 여정에 그린 것이라 생각되는데, 간략한 스케치처럼 즉석에서 그린 듯하다.도14 이 작품은 1983년에 최완수崔完洙 선생이 간송미술관에 소장되어 있던 화첩을 찾아내 공개하면서 알려지게 되었다.[37] 이 화첩은 강진희의 작품 3점과 주미청국駐美淸國 참찬관參贊官 팽광예彭光譽의 작품 4점, 그리고 두 사람의 합작품 1점 등 총 8점으로 구성되어 있는데, 화첩 전체가 공개되지는 않았다. 공개 당시의 신문기사에 의하면, 강진희가 워싱턴

도16 **〈승일반송도〉** 강진희, 1888, 국립중앙박물관 소장.

(작품 속에는 華盛頓이라 표기)을 그린 〈화차분별도〉, 귀국 후 남산을 바라보며 그린 〈종남귀래도〉終南歸來圖, 오동나무 아래서 지인들과 미국 견문담을 나누는 모습을 그린 〈오음화구도〉梧陰話舊圖(1889) 3점이 있으며, 팽광예가 '청국 공관 뜰에서 기러기가 나는 모습'을 그린 〈월하문홍도〉月下聞鴻圖 등이 포함되어 있다.도15 가로 세로 30센티미터의 화첩 속에 있는 이 그림들은 우리나라 최초의 '미국 견문화'美國見聞畵였다.

강진희가 주미공사수원으로 미국에 체류하고 있을 때에 그린 〈승일반송도〉昇日蟠松圖(1888)는 필자미상의 〈식산육성도〉殖産育成圖와 한 세트로 국립중앙박물관에 소장되어 있는데 두 작품 모두 그의 작품이라 생각된다.도16 7월 25일 고종의 탄신일을 맞이하여 헌상된 이 그림은 즉석에서 그린 듯 간략한 필치로 소나무와 영지를 그린 것인데, 특히 소나무의 질감을 표현하기 위해 붓을 동글동글 또아리를 틀듯 연이어 사용한 것이 재미있다.

강진희는 1911년에 관직을 그만둔 후 60살이 되어서야 본격적인 화단활동을 했는데 당시 활동하던 화가들 중에서 가장 원로에 속한다. 그러나 그는 단순히 조력자 역할만을 한 것이 아니라 직접 미술단체의 조직에 관여하고 교육을 맡는 등 적극적으로 가담했다. 1911년에 윤영기尹永基(1833~?)가 설립한 경성서화미술원京城書畵美術院에 강진희는 안중식, 정대유, 강필주, 정학교, 이도영, 박기양과 함께 회원으로 참여했다. 안중식, 조석진이 중심이긴 했지만 강진희, 정대유, 강필주, 김응원, 이도영이 글씨와 전통화법을 가르쳤다. 경성서화미술원은 조중응趙重應(1860~1919), 조민희趙民熙(1859~

1931), 이완용의 후원과 이근배의 자금을 받고 이왕가로부터 백여 원의 기본금을 지원받은 우리나라 최초의 미술교육기관이었다. 교수들은 이왕직이 매월 하사한 일정한 금액(300원)에서 월급을 받았다.

강진희는 1918년 민족 서화가들의 결집체로 서화협회書畵協會가 창립될 때에는 13명 발기인(강진희, 강필주, 고희동, 김규진, 김돈희, 김응원, 안중식, 오세창, 이도영, 정대유, 정학수, 조석진, 현채)의 한 사람으로 참가했다. 이듬해 작고했으므로 실질적으로 활동하지는 못했지만, 규칙을 세우고 세부 활동을 정하는 과정에서 조력자 역할을 했으리라 생각된다.

그는 글씨는 전서와 예서에 능했고 그림에서는 매화를 즐겨 그렸으나, 전하는 작품이 별로 없고 괴석을 그린 것이 있다. 간송미술관 소장의 〈기수만년〉其壽萬年은 '그 수명이 만년이다'라는 화제가 써 있고, 괴석과 영지를 그린 그림이다. 간결하고 문기 넘치는 괴석도를 그린 〈동심공수〉同心共壽라는 작품도 함께 소장되어 있는데 모두 수묵으로 그린 만년 작품들이라 생각된다.

자존심 높은 평양화가 양기훈

양기훈楊基薰은 오늘날보다는 활동하던 당대의 평가가 훨씬 높았던 화가인 듯하다. 그는 노안도蘆雁圖를 잘 그린 화가였고, 특히 평양화단을 대표했던 화가로 남겨진 작품 또한 상당히 많다. 유형화된 화풍과 반복된 화제畵題의 빈곤으로 인해 사후에는 일찍 잊혀져 버렸으나, 근대 전환기 화가들의 역할 변화를 잘 보여 준 화가로 주목할 만하다.

그는 도화서 화원으로 호는 석연石然, 패상어인浿上漁人, 패상노어浿上老漁 등이었다. 감찰이라는 벼슬을 지냈지만 화원화가로서의 이력은 그다지 알려져 있지 않다. 1883년 전권대신 민영익이 이끄는 보빙사 일행을 수행하여 미국에 다녀왔고, 이때 《미국풍속화첩》을 그렸다고 한다. 하지만 이 화첩의 존재 여부를 알 수 없는 데다가 보빙사 일행의 공식 명단에서 그의 이름을 찾을 수 없어서, 그가

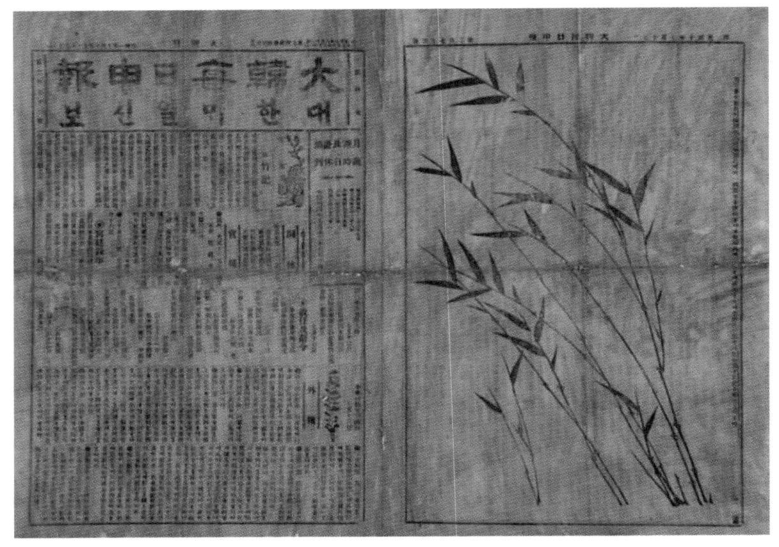
大韓每日申報
대한매일신보

도17 **〈혈죽도〉** 양기훈, 『대한매일신보』(1906년 7월 17일자)에 게재.

미국에 수행원으로 다녀왔는지는 더 조사해야 할 부분이다.

이후 1905년 7월 28일에 평양 풍경궁豊慶宮 참서관參書官(주임관 4등)으로 일하는 등 구한말의 개화파 인사들과 연결되어 왕실에 관련된 공적 활동을 적극적으로 행했던 이력도 있다. 참서관은 본인의 요청에 의해 일주일 만에 그만두었다. 그보다 앞서 김규진이 1905년 3월에 궁내부 비서관과 풍경궁 참서관을 겸임한 바 있다. 풍경궁은 1902년에 고종이 평양에 세운 이궁離宮이다. 그는 여러 개의 호를 사용했을 뿐 아니라 '정삼품'正三品이라는 품계를 쓰기도 했는데, 양기훈이 정3품에 서임되었던 때가 1905년 6월 27일이므로 시기 구분에 기준이 된다.

그는 '자존심 높은 평양화가'로서 특히 노안도로 유명했다. 1905년 을사보호조약의 체결을 통탄하고 자결한 민영환閔泳煥(1861~1905)의 혈점에서 생겨난 대나무 즉 혈죽血竹을 대한매일신보사의 의뢰로 그린 것으로 더욱 유명해졌다.[도17] 그의 〈혈죽도〉血竹圖는 목판화로 새겨 '충절을 애모하시는 첨군자僉君子(여러분)'로 하여금 애상케 했다.[38] 현존하는 양기훈의 작품 중에는 노안도가 가장 많지만

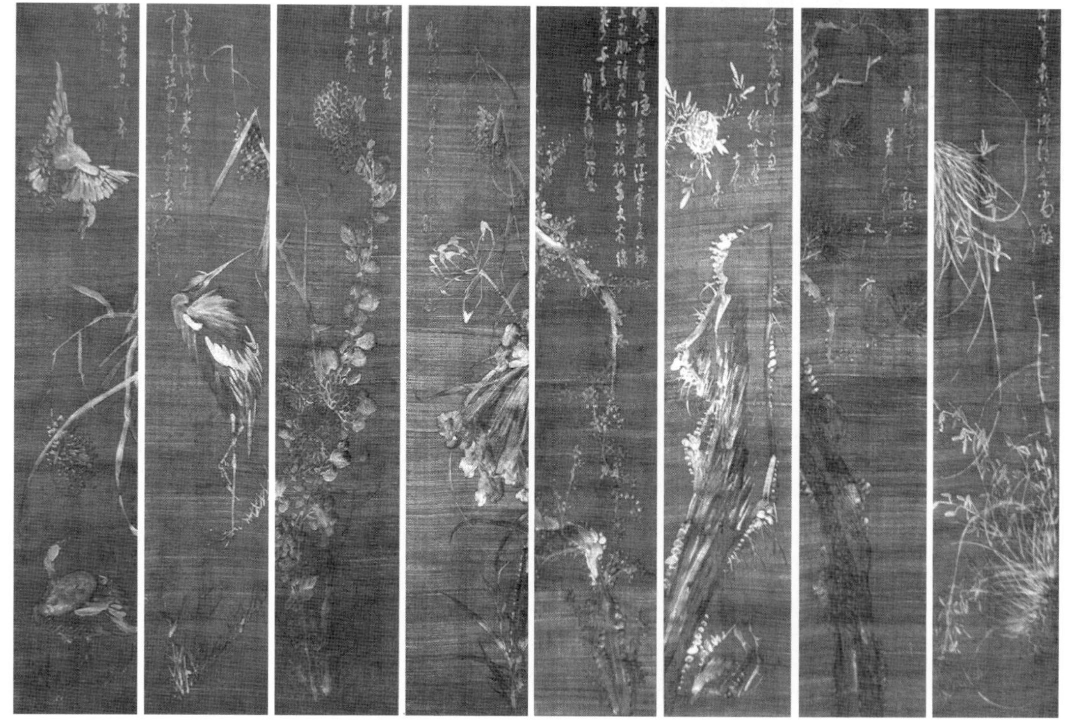

도18 《자홍견지금니화조화》 8첩 병풍 양기훈, 개인 소장.

화조화훼화도 남아 있고 드물지만 산수화도 있다. 지운영과도 친분이 있었는데, 지운영은 양기훈이 "능라도에 몇 년 있으면서 갈대밭에 앉아 있는 기러기 모습을 늘 보아 왔기 때문에 그 참모습을 그릴 수 있었다"고 했던 말을 기억하며 화제를 써 주기도 했다.[39]

양기훈은 평양과 서울을 오가며 활동했고, 화조화와 노안도 등 많은 작품을 남겼지만 1908년의 일본행에 관해서 그동안 알려진 바가 없었다. 양기훈의 일본행은 그 자체로 새로운 자료가 되지만 무엇보다 한국화가로서 그가 일본에서 활동했던 내용을 알 수 있어 중요하다.

1908년 3월 20일자 『미술신보』美術新報에는 "한국화가 내조"韓國畵家 來朝란 제목으로 양기훈의 방문을 알리는 기사가 나왔다.[40] 양기훈은 같은 해 5월에 일본에서 《양기훈화회》楊基薰畵會를 개최하기도 했다.[41] 한국화가들이 도일 시에 개인전을 열었다는 사실은 꽤 알려

도19 《잡화》 10첩 병풍 양기훈, 종이에 수묵, 각 128.5×30.2cm, 개인 소장.

져 있지만 양기훈의 경우처럼 구체적으로 전시 기간까지 알려져 있는 경우는 매우 드물다. 양기훈의 전시회가 일본에 체재하면서 그린 작품으로 열린 것인지, 한국에서 가져간 작품이 포함된 것인지는 알 수 없으나, 일본의 한국미술 수장가 유현재幽玄齋 소장의 〈산수도〉와 《자홍견지금니화조화》紫紅絹地金泥花鳥畵는 양기훈의 일본 활동과 관련이 있는 작품으로 추정된다.

〈산수도〉에는 근경부터 물풀, 나지막한 언덕, 그 뒤의 원산遠山이 펼쳐지고 있는데 정작 시선을 끄는 것은 물풀 옆을 막 지나 노를 젓다가 기러기 떼를 마주보고 있는 소년(?)의 모습이다. 이 작품

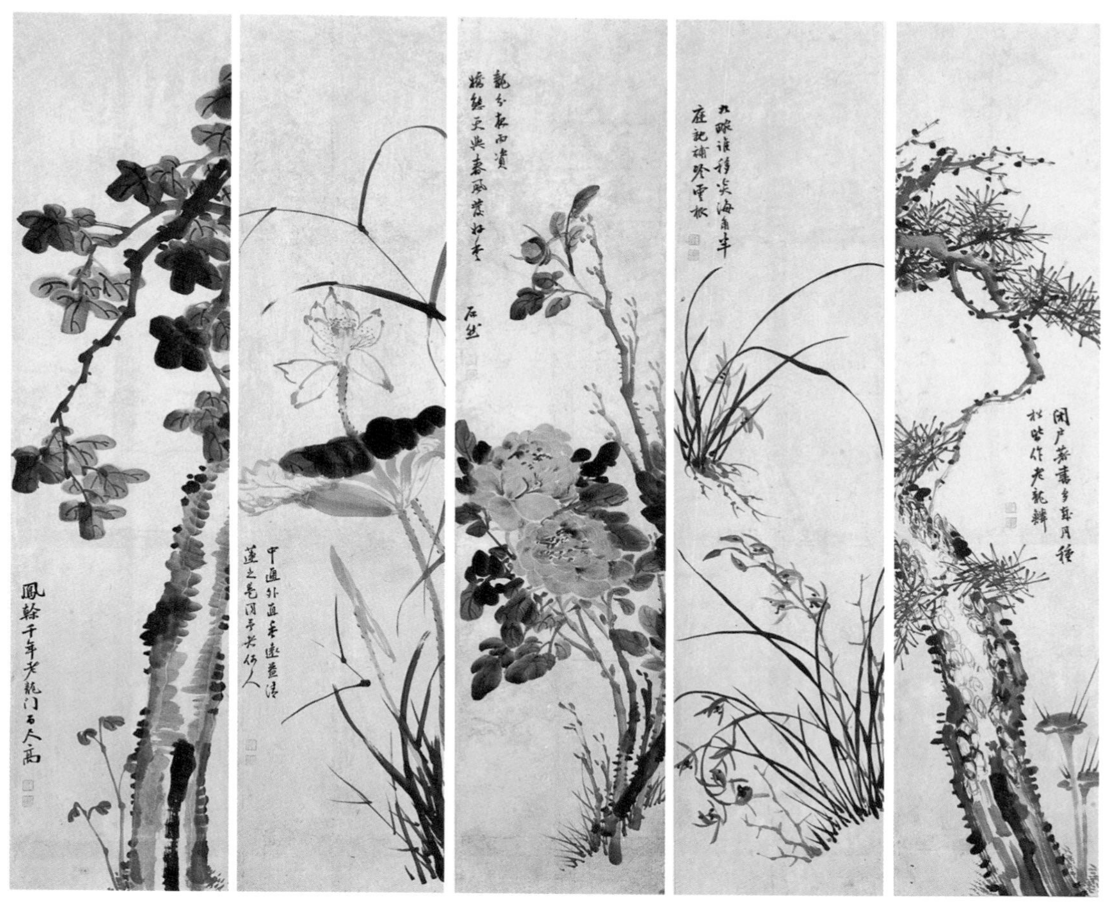

의 제시題詩는 교토에 거주하고 있던 한국인 김효식金曉植이 썼다. 《자홍견지금니화조화》(8첩 병풍)는 그의 특장인 노안을 비롯해서 두루미, 국화, 연, 매화, 괴석과 석류, 송, 난초 등 사계절에 관련된 화조를 소재로 한 것이다.도18 유현재 소장품 외에 재일동포 수장가인 두암斗庵 김용두金龍斗의 기증 유물로 현재는 국립진주박물관에 소장되어 있는 양기훈의 〈노안도〉에는 '조선 평양 양석연'朝鮮 平壤 楊石然이란 관기가 있어 도일 시기에 그린 작품일 것으로 추정된다.[42] 개인 소장의 잡화 병풍은 양기훈의 수작으로 필치와 묘사력이 다른 작품들과 비교해서 매우 뛰어나다.도19

도20 **〈산수일출도〉 가리개** 양기훈, 비단에 수묵담채, 각 162×60cm, 국립고궁박물관 소장.

일본 신문은 '한국화가'로 불렀지만 양기훈은 자신을 '조선'의 화가로 칭하고 있다. 한 가지 흥미로운 점은 그가 1908년에 일본에서 귀국을 했는데, 한국의 기록에 의하면 일본에서 사고를 당해 '반신불수'가 되었다고 한 내용이다.[43] 그의 귀국을 알리는 신문기사의 글이므로 정확한 내용일 것이다. 심한 사고는 아니었던 듯하지만 그는 이즈음부터 화격이 눈에 띄게 떨어지는 작품들을 많이 그렸다.

대한제국기 황실 관련 회화작품이 가장 많이 소장되어 있는 국립고궁박물관에는 양기훈의 작품이 다수 있다. 주로 그가 잘 그린 노안도류가 대부분이지만, 〈노안국조도〉蘆雁菊鳥圖 가리개, 《매화자수병풍》(1906), 《송학자수병풍》, 〈매죽도〉梅竹圖 가리개, 〈산수일출도〉山水日出圖 가리개 등 여러 주제의 그림들이 전한다. 이 중 〈매죽도〉와 〈산수일출도〉 가리개는 각각 세로 162센티미터, 가로 60센티미터의 같은 폭 비단에 그린 것으로, 처음부터 국왕에게 헌상하기 위한 목적으로 그린 것이라 생각된다.[도20] 〈매죽도〉는 1폭에 '어스름 달빛 따라 향기가 그윽한' 매화나무에 졸고 있는 새와 달을 보고 있는 새를 그리고, 다른 폭에는 죽석竹石을 그렸다. 매화에 비하면 화격이 떨어지는 〈산수일출도〉는 양기훈의 드문 산수도이다.

〈노안국조도〉는 세로 156센티미터, 가로 52센티미터의 비단에 그린 것인데, 이 또한 같은 고궁박물관 소장의 이한복李漢福(1897~1944), 강필주, 김창환金彰桓(1872~1937), 김은호, 박승무가 그린 기명절지도, 산수도, 화조노안도류와 거의 동일한 화풍으로 그려져 있어서 왕께 헌상하는 용도로 그려진 것임을 알 수 있다. 더욱이 작품에는 '근사'謹寫, '근화'謹畵, '경사'敬寫, '신'臣이라고 써서 그 목적을 확실하게 보여 준다.

〈노안국조도〉에서 양기훈은 "달 밝은 가을의 갈대 꽃밭 속, 한 떼의 기러기 이곳에 잠잔다. 스산한 늦가을 깊은 바위틈에 시들어 가도, 맑고 원대한 태고민太古民의 정신이라. 오색의 영광을 스스로 지니고, 오히려 냉철함을 더해 세상을 마주한다"[44]는 심오한 화제畵題를 썼다.[도21] '노안'蘆雁이란 '노안'老安과 발음이 같아서 노년의 평안을 기원하는 화제로 특히 조선시대 말기부터 유행했다. 양기훈이 국립고궁박물관 소장의 《군안도》群雁圖 병풍에 을사년乙巳年(1905) 즉 을사늑약의 비극적인 국운을 의식한 듯 "신하의 도리를 다하지 못하는 양기훈이 공경히 그려 바칩니다"라고 쓴 것을 보면 나라의 안녕과 보신책을 강구하는 '노안'의 상징성을 잘 보여 준다고 하겠다.

외교사절단의 일원이 되어 활동했던 화가들은 외국을 오가며 새로운 문물을 경험하고 돌아왔음에도 불구하고 그들의 화풍상에 변화가 별로 나타나지 않았던 점은 공통된 특징이다. 이들은 개화파 인사와 관계가 있었던 것으로 보이지만 새로운 화풍의 수용에 적극적인 태도를 보여 주지는 않았고, 오히려 사군자류나 수묵의 화조화류를 그리는 등 전통적인 화풍을 끝까지 고수했다. 새로운 화풍을 수용하기에는 이미 자신의 화풍이 정립되어 있거나 김용원처럼 전혀 다른 분야에 관심을 갖게 되었던 점이 이유일 수 있다. 무엇보다 이들은 당시 서화계에서 이미 그 나름대로의 입지를 굳히고 있었고 나름의 감상층을 갖고 있었기 때문에 새로운 화풍의 수용에는 관심을 보이지 않았던 듯하다.

도21 **〈노안국조도〉 가리개** 양기훈, 비단에 수묵담채, 각 155.7×52.3cm, 국립고궁박물관 소장.

4 화가에서 기술직 전문인으로

대한제국의 적극적인 문명개화정책과 서양 열강들의 간섭 그리고 일본 제국주의에 맞서는 구한말의 시대상황은 전통과 보수, 동양과 서양 등 대립되는 두 세계관이 충돌하는 격동의 시기였다. 오랜 사의적 문인화 전통을 고수해 왔던 한국의 화가들은 이 전환기에 외교사절단의 일원이 되어 해외 경험을 쌓았을 뿐 아니라, 대내외의 공적 활동에 적극적으로 참여한 화가들이 많았다. 외교사절의 일원이었거나, 사진사 같은 기술직 전문인이 되었던 경우, 또는 미술교육자로서의 역할 등 다방면에 걸친 활동을 하였으나 정작 화풍은 보수적인 성향을 보여 주었다. 그들은 외래화풍에는 관심이 없었고, 당시 한국화단에 지배적이었던 사군자나 수묵 문인화풍의 그림들을 주로 그렸다.

그러나 외래화풍의 수용에는 적극적이지 않았지만 새로 접한 선진 기술에 관심을 보였던 화가들은 있었다. 앞에서 언급했던 김용원이나 이번 장에서 새로 다룰 지운영, 황철黃鐵(1864~1930), 김규진은 모두 우리나라 1세대 사진사가 되어 사진술을 익히고 직접 사진관을 운영했던 흥미로운 이력을 지니고 있다.

1881년에 안중식은 조석진과 함께 운양雲養 김윤식金允植(1835~

1922)이 이끄는 영선사領選使 일행을 따라 중국 천진天津을 다녀왔다. 학도·공장들 중에서 선발된 이들(38명)은 천진에서 신무기 제조법과 조련법을 익히기 위한 기계 구조와 제도, 한문과 서양문자 등을 배웠다. 남국화도창南國畵圖廠에 예속된 안중식과 조석진은 "이 학문은 매우 어려워 반드시 여러 창廠의 기계를 분해 결합하는 묘妙를 터득한 후에야 비로소 숙련될 수 있다. 또 반드시 서양문자를 터득해야만 막힘이 없게 된다. 비록 재주가 있는 자라도 적어도 5년의 공부를 하지 않으면 안 된다고 한다."[45] 그러나 안중식과 조석진은 중국어는 물론 어려운 기구器具의 사용법을 빨리 숙달했다고 한다.[46]

그렇지만 이들의 연수는 그리 오래가지 못했다. 임오군란壬午軍亂의 발발로 3년 예정을 앞당겨 1882년 11월 1일 귀국길에 올랐다. 이때 소기기양小汽機樣 6장, 기기機器 8건, 도양圖樣 12장을 가지고 돌아왔다고 한다.[47] 1년이 안 되는 짧은 기간밖에 머물지 못했지만 이것이 계기가 되어 기계국이나 우정국 등에서 일하며 개화당과도 관계를 맺게 되었다. 안중식은 오세창·민영익 등과 친분이 두터웠고, 이로 인해 그들처럼 상해와 일본으로 정치적 망명생활을 해야 했을 정도로 시대의 풍파에 안주하지 않는 삶을 살았다.

개화의 효시가 된 화원 김용원

김용원金鏞元은 1876년에 수신사 김기수가 이끄는 사절단의 수행화원으로 처음 일본에 가서 근대화된 일본의 과학문명을 접하게 되었다. 통신사의 예에 따라 발탁된 화원이었지만 그는 정작 일본에서 화원으로서보다는 기술직 전문인으로 임무를 수행했다. 그러나 이보다 주목되는 사실은 그가 몇 차례 수행화원으로 다녀오면서 사진술을 익혔다는 점이다. 그에게 사진술을 권유한 사람은 일본 공사 하나부사 요시모토花房義質였다고 한다. 그가 사진술을 배우기 시작한 것은 1879년 경 부터였다. 부산의 일본인 거류지에서 일본인 사진사로부터 사진술을 처음으로 배우기 시작한 그는 우리나라 최초로 사진술을 도입하게 된 한 사람이 되었다. 그는 이후에도 여러 차례 일본에 가서 사진술을 익혔는데 일본의 『도쿄요코하마 매일신문』東京横浜每日新聞(1880. 9. 15)에서는 그를 "개화開化의 효시라 할 사람"이라 소개하기도 했다.

1881년에 박정양, 조준영, 어윤중, 홍영식 등으로 구성된 조사시찰단(일명 신사유람단)이 일본에 파견되었을 때에는 기선 운항의 제반 사항에 관한 정보를 수집할 의무를 지시받고 그 일원으로 파견되었다. 이때도 그는 일본에서 사진술을 배웠을 가능성이 있으며 1882년에도 김옥균金玉均(1851~1894)을 따라 도일하여 역시 사진술 및 새로운 문물을 접할 수 있었다.

그가 1883년 여름에 서울 저동苧洞에 촬영국(사진관)을 개설했다는 사실은 주목할 만하다. 비록 김용원의 이 사진관이 일본인 사진사 혼다 슈노스케本多修之助를 고용하여 운영한 것이긴 하지만, 우리나라 사진관 개설의 효시라 할 만하다. 그의 사진관 개설은 당시 황실의 도움 없이는 어려웠을 듯한데, 이듬해 고종의 밀사로 발탁된 것을 보면 그가 지속적으로 황실과 관계가 깊었음을 보여 준다.

같은 해에 역시 서화가였던 황철이 중국 상해에서 사진술을 익히고 돌아와 서울 대안동大安洞에 사진관을 개설했으니, 두 사람의 사진관은 1884년 2월에 사진관을 개설한 지운영이나 1903년에 천연당天然堂사진관을 개설한 김규진보다 앞선 것이다. 1세대 사진가라고 할 수 있는 이들은 모두 전통화단에서 화가라는 직업을 가진 인물들이지만 개화파와 관계가 깊었던 인연으로 일찍이 서구문화를 익힐 기회를 갖게 되었고, 이로 인해 당시 선진 기술이었던 사진술을 익힐 수 있었던 것이다.

이들은 모두 역사적 격동기에 화가로서 주어진 운명에 안주하기보다는 근대적 전문 기술자로의 변신을 통해 새로운 삶을 개척한 인물들이었다. 또한 김용원은 개화파 및 고종의 신임을 받아 1884

년 12월 조러밀약 때는 고종의 밀사로 러시아에 파견된 적도 있었다고 한다. 김용원의 이러한 독특한 이력은 도화서 화원이라는 전통적인 직업이 구한말 근대적 전환기로 이행되는 과정에서 때로는 기술직 전문가로서, 때로는 정치적 격동기 속의 한 주역으로 살아간 변화된 양상을 보여 주는 예라 하겠다.

고종을 촬영한 사진사 지운영

지운영池雲英은 추사의 화맥을 잇고, 여항문인 강위姜瑋(1820~1884)의 문하에서 시문을 배운 화가였다.[48] 그는 강위가 주도하는 육교시사六橋詩社의 동인으로 활약했는데, 그 역시 여항문인의 한 사람이었다. 그의 동생은 종두법을 개발한 의관 지석영池錫永(1855~1935)이다. 지운영은 1872년에 당시 세도가였던 김병국의 집에 가정교사로 드나들었는데, 김병국과의 인연이 그가 관료로 나아가고 황실과 인연을 맺는 데 도움이 되지 않았을까 추측된다.

1880년대에 그는 통리군국사무아문統理軍國事務衙門의 주사主事로 관직을 시작했으며 이후 중국과 일본을 오가며 공적 업무를 수행했다. 그러나 무엇보다 그가 사진술을 익혔다는 점은 김용원이 사진술을 익힌 것만큼 흥미롭다. 지운영이 어떻게 사진술을 익히게 되었는지는 확실치 않지만 1880년에 중국을 주유하면서 사진에 관심을 가졌던 것이 아닐까 생각된다. 그러나 그가 본격적으로 사진술을 익힌 것은 1882년에 박영효 일행을 따라 도일했을 때 만난 일본인 사진사 헤이무라 도쿠베이平村德兵衛(1850~?)로부터였다.[49] 1년 뒤에 귀국한 지운영은 이듬해 1884년 2월 서울 마동(현재의 종로 3가)에 촬영국을 개설했다. 같은 해 3월 16일에 그는 고종을 촬영하기도 했는데,[50] 미국인 퍼시벌 로웰이 동행했던 이때의 촬영은 지운영이 촬영한 것인지 알 수 없으나 로웰의 『고요한 아침의 나라 조선』에 수록되어 있다.[51] 도22 이해 가을에 지운영은 다시 일본에 가서 사진 관련 일을 하다가 갑신정변 후 파견된 봉명사신 일행과 함께 이듬

도22 퍼시벌 로웰의 『고요한 아침의 나라 조선』에 수록된 고종의 사진

해 2월에 귀국했다.

갑신정변 직후 조정은 봉명사신으로 정사 서상우徐相雨, 부사 목인덕穆麟德〔독일인 묄렌도르프Paul Georg von Möllendorff(1848~1901)〕과 종사관 박대양朴戴陽을 파견했다. 이들은 1884년 12월 21일에 서울을 출발하여 24일에 인천항에서 배로 떠나 이듬해 정월 1일 요코하마橫濱에 도착했다. 박대양이 쓴 사행록인 『동사만록』東槎漫錄 「일기」에는 주사主事 지운영을 만난 사실이 기록되어 있다. 사행을 마치고 돌아오는 여정에 고베神戶에서 지운영을 만났던 것이다.

「일기」의 2월 10일(1885년)자에 "주사 지운영이 찾아왔다. 운영은 작년 가을에 사진기계를 구매하기 위하여 들어왔다가, 병이 들어 돌아가지 못하고 있었는데, 약값과 식비를 청산할 길이 없어서 바야흐로 곤란한 처지에 있다고 하였다. 추당장秋堂丈이 빙표憑標를 주어 빚을 갚게 하고 함께 돌아갈 것을 허락하였다."[52]라는 대목이 있다. '작년 가을'이란 갑신정변이 일어난 12월 이전으로 지운영은 갑신정변 발발 이전에 이미 도일해 있었던 것이다. 그의 도일 목적은 사진기계의 구입을 위한 것이었다고 생각된다.[53] 귀국 후 봉명사신은 고종의 부름을 받고 귀국 보고를 올리는데 당시 『승정원일기』의 고종 22년(1885) 2월 20일자에는 고베에서 함께 귀국한 지운영의 뜻을 가상히 여긴 고종의 문답이 나온다.[54] 지운영의 뜻을 가상히 여겼다는 대목에서 그가 공적 임무를 띠고 있었음을 알 수 있는데 그 연유가 궁금할 뿐이다. 봉명사신의 도일 목적 중에는 일본 유학생을 귀국시키는 임무도 있었던 듯하다. 한일 양국 간이 긴장관계에 있었기 때문일 것이다. 지운영이 봉명사신과 귀국 후 두 달 뒤에, 그가 가져온 사진기가 특별 면세 조치를 받았다는 기사가 고종의 특혜를 받았음을 뒷받침해 준다.[55]

지운영이 일본에 머물 때 그린 작품으로 구舊 유현재幽玄齋 소장의 산수도가 3점 있고, 두암 김용두 소장품이었다가 현재 국립진주박물관에 기증된 작품 중에 〈시화도〉詩畵圖가 있다.도23 그가 일본에 머물면서도 일본인들의 주문에 응해 그림을 그렸음을 알 수 있다. 일본에서 박람회장의 미술관을 관람할 때에는, 각국의 미술품 속에 한국 것이 없자 즉석에서 산수화를 그려 기증했다고 했다.[56]

지운영은 특차도해포적사特差渡海捕賊使로 갑신정변의 주범인 김옥균, 박영효를 암살하기 위한 자객으로 도일했다고 알려져 있다. 1886년 3월에 도쿄에 갔지만 자객으로서의 임무는 실패했다.[57] 이로 인해 그는 1886년 6월에 평안도 영변으로 유배를 갔다가 2년 반이 지난 1888년 12월 25일에 석방되었다.[58] 지운영이 귀양을 가게 된 사유는 자신이 "역적을 죽이지 못하고 주인의 원수를 갚지 못했는데, 이때까지 개인의 사정을 모두 임금의 지시라고 가짜로 청했으니, 나라에 수치를 끼친 이 몸의 죄는 만 번 죽어도 아까울 것이

도23 **〈시화도〉** 지운영, 국립진주박물관(두암 김용두 구장) 소장.

없습니다."라고 공술했던 대목이 있어서 공적 임무로 갔는지, 개인적인 공명심에서였는지, 아니면 공무를 사칭한 것인지의 추측을 낳게 한다.[59] 이후 그는 은둔하며 문인화가로서 시와 그림에 몰두하며 여생을 보냈다.[60]

그러나 지운영은 은둔 중에도 1896년 3월에 총리대신 이하 10인에게 갑오경장의 개혁정책을 반대하는 상소문을 올렸는가 하면, 1904년에는 유화를 배우기 위해 상해로 떠나는 등 세속과의 소통을 단절하지는 않았다. 1912년에는 관악산 삼막사에 백련암을 짓고 산거에 들어갔지만 1918년 서화협회가 창설되었을 때 정회원으로 참여했고, 70세의 고령에도 불구하고 제1회(1922) 조선미술전람회에 〈산인탁족도〉山人濯足圖를 출품하여 입선했던 것에서도 잘 드러난다. 더욱이 1923년에는 순종의 탄신일을 맞아 〈노선도〉老仙圖를 헌상하여 그 대가로 50원을 받는 등 황실과 관련된 화필을 놓지 않았던 것을 보면 그가 얼마나 열정적인 삶을 살았는지를 알 수 있다.[61]

다재다능한 서화가 황철

황철黃鐵은 서화가이자 사진사였으며, 광산업자이기도 했던 다소 복잡한 경력을 가진 인물이다.[62] 그는 아버지 때부터 광산을 소유한 부유한 집안 출신으로 갑신정변, 아관파천 등 정치적 사건에 연루되어 유달리 파란 많은 삶을 살았다. 그는 1882년에 상해에서 중국인 좌소인左紹仁의 주선으로 사진기계 및 재료를 구입하고 이 기자재를 사용해서 사진술을 익혔으며, 일본 나가사키長崎를 거쳐 그해 말에 귀국하였다. 1883년 대안동(지금의 송현동)에 사진관을 열었을 때 그는 약관 20세의 젊은이였다.[63] 같은 시기에 사진관을 열었던 김용원은 일본인 사진사를 고용했지만 황철은 직접 운영했으며, 지운영과 친분이 깊어 1889년에 유배에서 돌아온 지운영이 한때 이곳에서 머물기도 했다.

황철의 아들인 황치문黃治文이 아버지의 사후에 그 행적을 추적해서 쓴 『어문공전기』魚文公傳記(1954)에는 "대궐과 관아에 출입하며 뛰어난 경승을 촬영하여 내외국 친지들에게 알리고, 개화한 벼슬아치와 고관들의 초상을 촬영하니, 이때에 나라의 기밀을 누설한다고 고변하는 자가 있어서 민병석이 국왕과 왕비에게 아뢰어 외국의 사례를 들어서 변무(사리를 따져 억울함을 밝힘)했다. 이때에 공이 상소하여 '도화서圖畵署를 혁파하고 사진으로 대치하소서'라고 아뢰었다." 고 되어 있다.[64] 모함을 당해 억울한 마음에 올린 상소였지만 그가 사진술에 대해 강한 자부심을 갖고 있었음을 보여 주는 일화이다. 또한 이 『어문공전기』에는 그의 사진관이 갑신정변 때 노한 군중들에 의해 크게 피해를 입게 된 사건이 소개되어 있는데, '사진을 찍으면 수명이 짧아지고, 어린아이를 유괴하여 삶아 죽이고 그 눈으로 사진약을 만든다는 유언비어 때문이었다'고 했다. 당시 사진에 대한 일반인들의 생각을 읽을 수 있는 사건이었지만 한편으로는 그가 갑신정변의 주범인 개화당과 관련이 있는 인물로 지목을 받았던 것도 이유의 하나였을 것이다.

황철의 사진들은 서울 시가지를 찍은 것을 비롯해서 돈의문(서대문), 원각사 탑, 영은문, 향원정, 세검정 등을 찍은 것이 있는데 1880년대 중반부터 1890년대 중반까지 약 10년간에 촬영한 것이 많다.[65] 도24 황철은 갑신정변 이후 1886년에 다시 소안동小安洞(지금의 풍문여고 부근)에 사진관을 열어 운영했지만, 사진에 대한 저항이 심했던 이곳을 떠나 진고개(지금의 충무로) 쪽으로 옮겼다. 이때에는 특수 계층이 아닌 일반인들의 결혼이나 회갑연 촬영을 하는 등 대중화에 힘썼다. 1894년까지는 개화파 인사로 지목되어 관직에 나설 수 없어 주로 사진과 시서화를 즐기며 살았고 1895년에 개화파 인사들이 등용될 때 포천군수로 임

도24 **황철이 찍은 사진 원각사 탑**

도25 〈하경산수도〉 황철, 종이에 수묵, 136×67cm, 개인 소장.

명을 받아 잠시 관직생활을 했다. 그러나 1년 만에 군수직을 그만두었는데, 권력을 이용하여 전횡을 휘두르는 지위 높은 자에 대한 훼절毁折을 거부했기 때문이라고 한다.

그의 일본행은 안중식이나 지운영의 경우처럼 정치적인 망명 또는 공적公的인 임무에서 비롯된 것으로 보인다. 1895년에 일어난 아관파천으로 1896년 황철이 일본으로 망명해 있는 동안에 의친왕(1877~1955)에게 사진술을 가르치고, 일본에서 열린 한국풍물사진전에 참가하기도 했다. 1906년 의친왕을 모시고 귀국하면서 복권되었으며 그 공으로 관찰사를 지내기도 했다. 겨우 40세를 넘긴 나이에 매우 파란만장한 삶을 살았던 듯한데 1910년 이후에는 일본에서 서화활동을 하며 말년을 보냈다.

일본에 망명하던 때에 그린 〈해산추범〉海山秋帆(1903)은 가장 많이 알려진 작품으로 나니와浪華(교토京都)의 객사에서 그렸다는 자제시가 있다.[66] 서화가이자 사진사였던 황철의 회화는 적지 않은 작품이 현존하고 있는데 채색화와 수묵화로 그린 산수, 화조, 사군자 등 화목이 다양하다. 채색화보다는 수묵으로 그린 것이 많고, 화면의 특정 부분을 농묵濃墨을 이용하여 강조하는 기법을 보여 준다.[도25] 일본에서 그린 작품들도 상당히 많이 전하고 있다. 일본에 정착한 뒤로는 문인화풍 그림을 더 많이 그린 듯한데, 앞에서 살펴본 안중식이나 지운영 등의 예에서 보듯

한국의 동양화가들은 도일 시기에 일본화를 습득하거나 그 영향을 받기보다는 보다 전통적인 문인화풍으로 회귀하는 경향을 보여 주었다.

황철은 한일합방 이후 자신을 '망국의 죄인'이라고 하면서 벼슬 제의를 거부했고, 1911년에는 아들에게 국권이 회복되기 전에는 환국하지 않겠다고 말하고는 일본으로 떠났다. 그러나 일본에서 '야마구치 데쓰오'라는 일본 이름으로 각지에서 서화전을 개최하고, 일본 각계 인사들에 의한 후원회를 결성하는 등 망국의 죄인이라고 자처한 사람으로 보기 어려운 행보를 보여 준 것은 아쉬운 점이다.

영친왕의 사부였던 사진사 김규진

김규진金圭鎭은 1885년부터 1894년까지 중국 유학을 다녀온 후 얼마 되지 않아 1896년에 궁내부 외사과外事課 주사로 첫 관직에 등용되었고, 1898년에는 내장사內藏司 주사서판主事敍判에 임명되었다.도26 이러한 중요한 직책을 맡게 된 계기에 대해서는 알려진 바가 없고 1901년에 고종황제의 특명으로 영친왕의 사부로 임명됨과 동시에 궁내부 시종이 되었다.

도26 김규진 초상사진

그는 관직생활을 시작했던 즈음부터 사진기술을 익혔던 것으로 보이는데 그가 여러 차례 고종을 촬영했던 점에서 황실의 권유가 있었던 것은 아닌지 추측해 볼 수 있다.[67] 1901년 이후 일본을 자주 드나들면서 사진술을 익혔던 듯하며, 1906년부터 사진촬영을 하기 시작해서 영친왕이 일본으로 간 이후에는 본격적으로 사진관을 열어 사진사로 활동하기 시작했다. 1907년에 문을 연 천연당사진관은 황실의 후원과 영친왕의 서예선생이었다는 후광이 더해져 문전성시를 이루었다고 한다. 이전에 이미 몇 차례 사진촬영을 한 경험이 있었을

도27 **〈매천황현초상〉** 김규진, 1909, 개인 소장.

뿐 아니라 사진관 경영의 경험이 있었던 사람과의 동업이었기 때문에 큰 어려움이 없었던 듯하다.

그러나 사진관이 성업이었음에도 외상값으로 인해 재정상의 어려움을 겪었고, 그 해결책의 하나로 1913년에는 그 옆에 고금서화관古今書畵館이라는 서화제작·판매소를 운영하게 되었다. 사진술을 익히고 전문적인 사진사로 일하면서 화랑을 경영하는 등 다방면에 걸쳐 경영인으로서의 능력도 발휘했다. 그가 경영했던 고금서화관은 자신이 직접 수요에 응해 그림을 그렸을 뿐 아니라 표구사를 고용하여 서화의 표구와 수선을 해주고, 고서화의 매매도 함께 했던 종합 화랑이었다. 김규진은 1920년경까지 천연당사진관을 경영했는데 자신이 직접 촬영한 사진에는 '천연당사진사 김규진'이라 새겨 넣었다.

천연당사진관을 개설하기 1년 전에 찍은 고종의 초상과, 자신의 어머니를 찍은 사진이 성균관대학교박물관에 소장되어 있다. 〈매천황현초상〉(1909)은 그의 대표적인 사진작품으로 채용신이 그린 〈황현초상〉(1911)의 본이 되었던 것으로 유명하다.도27, 27-1 풍경사진을 주로 찍고, 여성 인물을 찍은 사진을 남겼던 황철에 비해 김규진은 보성학교·장훈학교의 졸업사진, 대한협회의 사진 등 큰 규모의 기념사진을 찍었고, 여러 점의 가족사진도 촬영하는 등 주로 인물사진을 남겼다.

1915년에는 서화연구회書畵研究會를 개설하여 전문화가로, 사진사로, 미술교육자로서의 바쁜 삶을 살았다. 서화미술회가 안중식과 조석진 사후에 폐회가 되었던 1920년 이후에도 김규진의 서화연구회는 존속하며 화단에서 지도적인 위치를 유지했다. 혹자는 김규진이 서화관을 개설하고 그림에 윤단제潤單制(윤필료의 가격표를 말함)를 둔 것을 비웃으며 화가들의 망신이라 지적하기도 했는데 오늘날 저

도27-1 **〈황현초상〉(오른쪽 면)** 채용신, 1911년, 비단에 채색, 120.7×72.8cm, 개인 소장.

변화된 미술품의 가격제를 시행했던 그에 대한 동시대의 평가가 곱지는 않았음을 알 수 있다.[68] 그러나 김규진은 중국에서 유학하며 배운 '윤단제'와 일본에서 배운 사진술 등 변화하는 시대에 적응하며 앞서가는 '시대인'으로서의 면모를 보여 주었다.

5 근대 미술교육의 선구자들

대한제국기를 거쳐 근대화단으로 가면서 화가들은 서화가로부터 전문적인 직업화가로서의 면모를 보이는 한편, 사진술을 익혀 사진가가 되었으며, 미술교육자로서 후진을 양성하는 등 활동 영역이 다양해졌다.

경성서화미술원은 옥경玉磬 윤영기尹永基(1833~?)에 의해 조중응, 이완용의 후원과 이근배의 자금을 받아 서울 백목다리 근처(지금의 종로구 중학동 근처)에 설립되었다.도28 기본금으로 이왕가李王家에서 백여 원을 지원했고, 데라우치 마사타케寺內正毅(1852~1919)의 후원금도 있었다. 설립 당시의 건물은 이지용李址鎔(1870~1928)의 사저였다가 이왕직 재산으로 넘어간 백 칸이나 되는 큰 집을 빌려 사용했으며, 얼마 후에는 서부 방교의 옛 총독부 건물로 이전했다가 관철동으로 이사했다.

이 미술원은 공식적으로 우리나라 최초의 미술교육기관으로 「서화미술원의 취지서」에는 다음과 같은 내용이 나온다. 즉 서화미술원을 창립하고자 뜻을 두었을 때 윤영기는 처음에 초대 통감 이토 히로부미伊藤博文(1841~1909)에게 도움을 청하고 지원을 약속받았다는 사실이다.

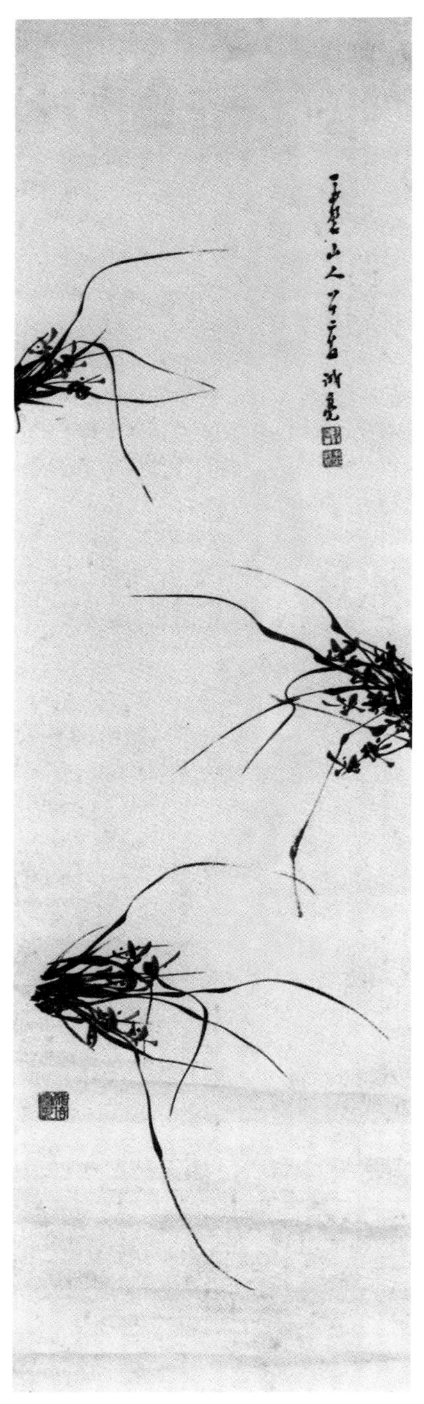

이토 히로부미는 일본에서도 서화계 인사들과 교유하고 그들을 후원했던 대표적인 정치가로 손꼽힌다. 우리나라 최초의 미술교육기관을 설립하고자 한 윤영기의 뜻을 받아들인 것은 이토가 일본에서 1876년 공부미술학교工部美術學校와 1887년 도쿄미술학교東京美術學校를 만드는 실질적인 조력자였다는 사실과도 관계가 깊다.[69] 통감으로 부임할 당시 이토는 한국의 교육 상황이 매우 열악하고 한국 정치의 병폐로부터 한국인을 '구제'하는 개혁의 추진은 교육을 통해서 가능하다는 생각을 갖고 있었다. 철저한 조선 멸시관에서 나온 사고였음에 틀림없지만 아무튼 이것이 그가 우리나라에 미술학교 설립을 지원하려고 했던 실제 이유였을 것이다.

그러나 이토가 1909년에 세상을 떠남으로써 이 일은 이루어지지 못했고, 이후 이완용이 재정 지원을 약속하여 조중응, 조민희의 후원을 받아 설립될 수 있었다.[70] 이왕직으로부터 재정 지원도 받았기 때문에 일종의 왕립미술학교였던 셈이다. 경성서화미술원의 설립 목적은 서화 골동품을 진열하는 미술관 기능과 후학을 양성하는 미술교육기관으로서의 역할을 겸한 것이었다. 개원식에는 안중식, 조석진, 강진희, 정대유丁大有(1852~1927) 같은 서화가를 비롯해서 김윤식金允植(1835~1922), 윤덕영尹德榮(1873~1940), 조민희, 조중응, 박기양朴箕陽(1856~1932), 이완용 등 대부분 친일 귀족들이 참석했다.

서화미술원은 안중식, 조석진, 정대유, 강필주, 강진희, 김응원이 교수로 참여했고, 이도영이 조교급으로 있었다. 1912년에는 경성서화미술원 내에 조선서화미술회朝鮮書畵美術會를 발족시켜 이완용이 회장이 되었고, 실질적인 사업이 이곳을 중심으로 이루어지게 되었다. 서화미술회의 발족과 함께 이완용에게 주도권을 빼앗긴 윤영기는 결국 평양으로 가 기성서화미술회를 조직하며 못다 이룬 꿈을 시도하게 된다. 그렇다고 서화미술회의 운영에 이완용이 깊이 가담하지는 않은 듯, 안중식과 조석진 그리고 그 외 교수진들이 중심이 되어 이끌어 나갔다. 당시 '매국노' 소리를 듣던 이완용은 '어디 가나 반기는 사람이 별로 없던' 상황이라 말벗을 찾을 겸 일주일에 한두 번씩 이곳에 와서 소일하곤 했다고 한다.[71] 총독부조차도 이완용을 내세워 서화에 취미가

도29 **안중식의 초상사진**

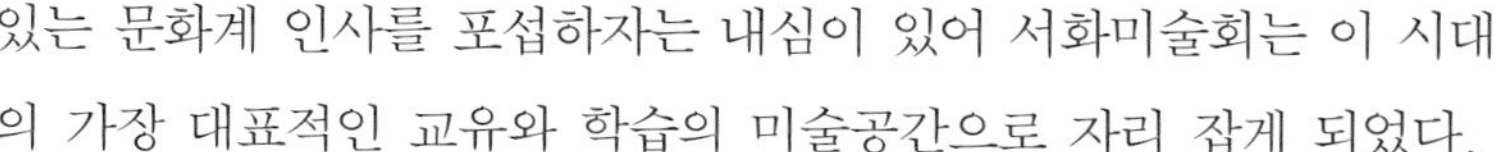

있는 문화계 인사를 포섭하자는 내심이 있어 서화미술회는 이 시대의 가장 대표적인 교유와 학습의 미술공간으로 자리 잡게 되었다.

안중식은 이미 10년 전에 자신의 집 사랑채에 경묵당을 열어 후진을 양성하기 시작했지만 본격적인 수업은 1902년부터 1907년까지 통진通津군수와 양천陽川군수를 지낸 이후부터였을 것이다.[도29] 그리고 서화미술회가 조직된 이후에는 경묵당에서 서화미술회로 옮겨 미술교육이 이루어졌을 것이라 생각된다.

서화미술회는 창덕궁 이왕직으로부터 재정 후원을 받았기 때문에 가난한 학생은 학비를 받지 않았고, 교수는 이왕직에서 일정한 월급을 받았다. 제1기생(1911~14)으로 입학한 오일영吳一英(1890~1960), 이용우, 이한복, 이용걸李用傑이 교육을 받기 시작했고, 2기생(1912~15)으로 입학한 김은호가 다닐 당시에는 정식 등록한 학생들 외에 고관대작의 자제들도 많이 와서 교양과 취미로 서와 화를 배우고 있었다고 한다.[72] 김은호, 노수현, 이상범, 최우석崔禹錫(1899~1965), 박승무 등도 이곳에서 학업을 마쳤으므로 서화미술회는 근대기에 활동했던 신진화가들의 실질적인 양성소 역할을 했다고 할 수

도28 **〈묵란도〉(왼쪽 면)** 윤영기, 종이에 수묵, 135×40cm, 고려대학교박물관 소장.

도30 **《신선도》 8첩 병풍** 강필주, 비단에 수묵담채, 각 83.5×32.1cm, 순천대학교박물관 소장.

白石生中黃丈人弟子彭祖時
已二千餘歲常煮白石爲糧不
肯飛昇然白石山居號白
石生日能行三四百里顔色如
三十許人或問何以不服藥昇
答曰天上未必樂於人間也

彭祖籛鏗帝顓頊之孫至殷末年已七百餘歲而
不衰好恬靜惟以補導之術并服水晶雲母
麋角常有少容壽至八百餘歲

真人授以金丹遂白日昇天

赤松子神農時雨師服水玉能入火不燒
至崑崙山常止西王母石室中隨風
雨上下

도31 **〈적벽공범도〉** 강필주, 지본수묵담채, 1922년, 32×132cm, 국립중앙박물관 소장.

있다. 서화미술회는 안중식에 이어 1920년 조석진이 타계하자 두 달 뒤인 6월 19일경에 폐회되었다.

강필주는 1900년 초에 『영정모사도감의궤』에 참여한 화가로 근대기 최초의 미술교육기관이었던 서화미술회의 교수를 지냈다. 그는 산수와 인물에 능했다고 알려져 있지만 현존하는 작품이 많은 편은 아니다. 순천대학교박물관 소장의 《신선도》 8첩 병풍은 그의 대표작이라 할 만한데, 비교적 단조로운 산수를 배경으로 한 폭에 각 1명의 신선을 그렸다.[도30] 장승업의 전통을 이어받은 안중식이나 조석진 등의 신선도와 비교해 보면, 화면의 장식적 구성은 줄어든 듯하다. 그의 다른 작품으로 〈경직도〉가 있으며, 〈적벽공범도〉赤壁共帆圖는 양자강 적벽이라는 역사적 장소를 그린 역작이다.[도31]

화가로서의 활동으로 주목되는 것은 의궤 제작에 참여한 것인데 1900년 『영정모사도감의궤』에 방외화원方外畵員으로 참여했으며, 그 다음해에도 역시 『영정모사도감의궤』에 '구품 승육陞六'(9품에서 6품에 오름)으로 참여한 것을 확인할 수 있다. 그 밖에 조석진, 채용신, 백은배 등과 함께 여러 차례 의궤에 참여하기도 했다. 1907년에는 궁내부 영선사營繕司의 위원이 되었으며, 1908년에는 통신사의 전

화과주사電話課主事가 되었다.

1911년 6월에 강필주는 함녕전咸寧殿에서 고종황제가 참석한 어전 휘호회에 조석진, 김응원, 윤영기, 강진희, 정대유, 이도영 등과 함께 참여했으며 1913년 6월에는 남산 국취루에서 열린 서화미술회 주최 서화전람회에 출품하기도 했다. 또한 1918년에 민족미술가들이 모여 발족한 서화협회의 발기인 13인 중의 한 사람이기도 하다. 김윤식金允植이 총재 없는 부총재였고, 고문으로 이완용·민병석閔丙奭·박기양朴箕陽·김가진金嘉鎭이 선출되었다. 강필주는 다른 발기인들과 함께 정회원이 되었으며, 서화미술회를 졸업한 제자들도 대부분 정회원으로 참여했다.

6 외국인 화가들의 활동

새비지 랜도어

여행가이자 탐험가였고 화가이기도 했던 영국인 새비지 랜도어A. H. Savage-Landor(1865~1924)의 조선 방문은 그가 남긴 견문기 『고요한 아침의 나라 조선』*Corea or Cho-sen: The Land of the Morning Calm*(1895)에 의해 세상에 알려졌다.[도32] 1888년에 출간된 미국의 천체물리학자 퍼시벌 로웰의 『고요한 아침의 나라 조선』*Chosun: The Land of Morning Calm*에서 제목을 빌린 랜도어의 이 책에는 그가 1890년 크리스마스에 일본 나가사키에서 부산항에 도착하면서부터 이후 3개월간의 이야기가 실려 있다. 그는 여행 때마다 화구畵具를 갖고 다니며 풍물을 그렸는데 조선 견문기에도 여러 점의 그림들이 실려 있어 서양인이 본 조선 말의 풍정을 엿볼 수 있다.

그의 견문기 중에서도 〈민영환초상〉과 〈민영준閔泳駿초상〉의 제작 과정, 그리고 고종의 초상에 얽힌 에피소드는 당시 서양화에 대한 인식을 일깨워 주는 재미있는 이야기이다. 그의 그림 실력은 아마추어 화가의 수준을 넘지 않았던 것 같지만 "풍경과 인물을 재빠르게 그린다는 소문이 궁중에까지" 알려졌다고 한다.[73] 왕과 왕자들이 유럽인의 그림을 아직까지 한 번도 본 적이 없었기 때문에 이것

도32 「고요한 아침의 나라 조선」 본문(좌) 새비지 랜도어, 1895년

도32-1 「고요한 아침의 나라 조선」에 실린 돈의문(서대문) 풍경

이 '센세이션'을 일으켜 고종과 일가가 함께 감상했을 정도라고 한다. 유화로 그린 이 그림은 이틀간 궁중에 보관되면서, 그림에 손을 대지 말라는 한글 표지에도 불구하고 자신이 되돌려 받았을 때는 마르지 않은 유화물감을 만져 손자국이 군데군데 찍혀 있었다고 한다. 다시 그에게 병조판서 민영환과 예조판서 민영준의 초상화를 그려 줄 것을 청했고, 이 과정에서 눈에 보이는 것만 그리는 서양인의 표현 방법을 설명하기 위해서 애썼음을 썼다. 정면을 그리면 측면의 장신구를 그릴 수 없고, 사물의 앞과 뒤를 동시에 그릴 수 없다는 점은 민영환과 민영준을 모두 낙담케 했지만 그 점을 제외하면 랜도어의 초상화는 "살아 있는 또 하나의 자기 자신"과 같다는 칭찬을 들었다.[도33, 34] 민영환은 이 그림에 대한 후의로 "계란 400개, 아름다운 털을 가진 살아 있는 10마리의 토종닭, 약 40파운드의 쇠고기와 돼지고기, 그리고 밤과 감을 각각 가득 채운 2개의 자루, 대나무 발, 그리고 표범가죽"을 보냈는데 그 양이 한 사람이 한 달을 족히 지낼 만한 양이었다고 한다. 그는 이 중에서 대나무 발과 표범가죽을 가지고 영국으로 돌아갔다. 고종은 그를 극진히 대했고, 오찬을 함께 하며 궁궐을 마음껏 돌아다니며 스케치를 할 수 있도록 배려했다. 그의 견문기에는 고종의 초상화가 있는데 직접 보고 그린 것이 아니라 사진을 바탕으로 한 것이라 생각된다.

도33 **〈민영환초상〉(좌)** 새비지 랜도어, 『고요한 아침의 나라 조선』(*Corea or Cho-sen: The Land of the Morning Calm*, 1895), p.155.

도34 **〈민영준초상〉** 새비지 랜도어, 『고요한 아침의 나라 조선』(*Corea or Cho-sen: The Land of the Morning Calm*, 1895), p.157.

도35 **〈고종초상〉(오른쪽 면 위)** 휴버트 보스Hubert Vos, 1899년, 캔버스에 유화, 199×92cm, 국립현대미술관 소장.

도36 **파리만국박람회 조선관 내부 (오른쪽 면 아래)**

랜도어 외에 콘스탄스 테일러, 쉰들러, 죠셉 드 라네지에르 같은 서양인 화가들이 한국을 방문하여 고종을 만나거나 사진을 보고 고종의 초상을 그리기도 했다. 그러나 이러한 작품 중에는 남아 있는 작품이 드물어 우리에게 알려진 작품이 거의 없다.

휴버트 보스

1899년 6월에 내한하여 고종의 초상화를 남긴 네덜란드계 미국인 화가인 휴버트 보스Hubert Vos(1855~1935)는 구한말에 한국에 온 가장 전문적인 화가였다. 그는 스미소니언 박물관에 소속된 초상화가로서 세계 인종을 그리는 작업을 위해 아시아에 왔고, 한국·중국·대만·인도네시아 등 다양한 나라의 다양한 계층 인물들을 그렸다.

이때 그린 초상화가 1900년 파리만국박람회에 전시되었다. 그는 이때 고종을 직접 알현하여 초상화를 제작했으며, 민상호의 초상화도 함께 제작해서 헌상했는데 그 보수로 당시 돈 1만 냥을 받았다고 한다. 이 초상화는 현재 전해지지 않지만 그가 파리만국박람회를 위해 따로 그려간 〈고종초상〉 외에 〈민상호閔商鎬초상〉, 〈서울풍경〉 3점은 보스의 유족들에 의해 보관되어 오다가 1982년 국립현대미술관 전시에서 공개된 바 있다.[74] 도35, 36

보스는 '寶斯'라고 표기했는데, 외부표훈원거래문外部表勳院來去文 기록에 의하면, 1905년 11월 8일에 우리나라에 왔던 미국공사(모량毛良, 에드윈 모건Edwin V. Morgan)가 "도화사圖畵師 보스寶斯가 지금 청나라 북경에서 서태후西太后의 어진을 그려서 청 정부로부터 서훈敍勳을 받았는데", 그가 수년 전에 고종의 어진과 황태자의 예진을 그렸으므로 우리나라에서도 그를 서훈시켜 달라고 요청한 기록이 있다.[75] 그가 우리나라 미국공사와 관계가 있었음을 알 수 있게 하는 대목인데, 더 이상의 기록은 찾을 수 없다.

사쿠마 테츠엔

외국인 화가들 중 일본화가들의 활동은 대한제국 황실 내에서 뿐만 아니라 민간 서화가들과의 교류에 이르기까지 일제강점기 동안 활발하게 이루어졌다. 구미 화가들이 단기간 방문하여 이국적 풍물을 담고 서양화에 대한 호기심을 유발하는 일종의 이벤트를 남긴 것에 비해 일본화가들은 한국화가들과 직접적인

도37 〈수하쌍록도〉 6첩 병풍, 사쿠마 테츠엔, 196.5×378cm, 국립고궁박물관 소장.

교류를 하고, 어전 휘호회를 열거나 화실을 경영하여 제자를 양성하는 등 일본화풍의 전파에도 중요한 역할을 했다.

특히 황실과 관련해서 주목되는 일본화가는 통감부의 관료인 소네曾禰 부통감과 관계가 깊었던 사쿠마 테츠엔佐久間鐵園(1850~1921)이다. 테츠엔은 1908년 7월에 비원秘苑 주합루에서 대표적인 친일 관료인 이완용, 송병준, 민병석 등과 함께 순종황제 어전 휘호회를 가졌다. 이날은 7월 20일로 정확히 순종 등극 1주년이 되던 때였으며, 곧 고종의 강제 퇴위 1주년이 되는 때이기도 했다. 이 연회는 가장 전형적인 식민지 위화정책의 하나였고, 여기에 화가를 이용한 예일 것이다.

구 덕수궁 소장의 일본회화 중에서 〈기금서화도〉棋琴書畵圖(6폭 1쌍 중 〈기금도〉棋琴圖 부분만 소장)와 〈수하쌍록도〉樹下雙鹿圖는 테츠엔의 역작이라 할 수 있는데 농채濃彩와 정밀한 묘사, 장식적인 구성이 잘 나타나 있다.도37 국립중앙박물관 소장의 〈금강산 가을 산수〉(구 덕수궁 소장, 1915)는 테츠엔이 을묘년 즉 1915년 초겨울에 그린 것인데 그가 1908년 이후에 한 번 더 우리나라를 방문했음을 보여 준다. 그가 이해에 내한한 것은 10월에 열린 조선물산공진회 때문이었다. 이러한 사실은 공진회 보고서를 통해 처음 알게 되었으며, 그가 한국화가들과도 교류했음을 예증하고 있다. 그는 역시 공진회를 위해 한국을 방문했던 일본의 황족인 간인노미야閑院宮가 머물던 여관에서 한국화가인 안중식, 조석진, 김응원과 함께 휘호회를 가졌던 것이다. 테츠엔은 이미 1908년 7월 순종 어전 휘호회 이후, 9월에도 덕수궁에서 안중식, 김규진 등과 3인 합작의 〈구여도〉九如圖를 그리는 등 한국의 대표적인 서화가들과 교류했다. 이러한 교류는 황실뿐 아니라 민간 화가들 사이에서도 이루어져 특히 안중식의 경묵당은 뒤에 언급할 시미즈 토운清水東雲(1868?~1929?)이나 마스다 교쿠조益田玉城(1881~1955) 같은 일본화가들과의 교류 장소가 되기도 했다.

그 밖의 일본화가들

후지노 세이키藤野精輝가 1910년경에 인정전에서 어전 휘호회를 가졌던 사실은 이미 알려져 있지만 동경미술학교東京美術學校 일본화과 교수인 후쿠이 고테이福井江亭(1865~1937)가 1917년 12월에 '어전에 회화와 휘호를 남겨' 대한제국 황실에서 '은잔 3조와 돈 200원을 특별히 하사'받았거나, 가나이 텐로쿠金井天祿가 1917년에 내한하여 우리 황실에 후지산과 인형 그림을 바쳐 100원을 하사받았던 일은 실록을 통해 확인된 새로운 사실들이다. 이들의 현존 유묵을 찾기는 어렵지만 이 중 덴로쿠는 창덕궁 소장의 일본화 중에 '天祿'이란 서명이 있는 〈산수 후스마에〉山水襖繪를 남긴 화가와 동일인임이 밝혀졌다.[76] 도38 〈산수도〉와 〈노안도〉가 앞뒤로 그려진 4면의 후스마에는 실제 황실의 궁전 내부를 장식했던 것이어서 일본화가들이 황실 내에서 남긴 유작들이 결과적으로 궁정을 장식하는 데 이용되었다는 사실을 알 수 있다.

1905년경에 이미 일본화가들 사이에서 '조선통'이라 알려진 아마쿠사 신라이天草神來(1872~1917) 도39 도 경성에 체류하면서 1912, 1913년에 궁전 내벽에 화려한 '금니 극채색의 송학도松鶴圖 벽화'를

도39 **〈귀거래사〉 엽서** 아마쿠사 신라이, 서울시립대학교박물관 소장.

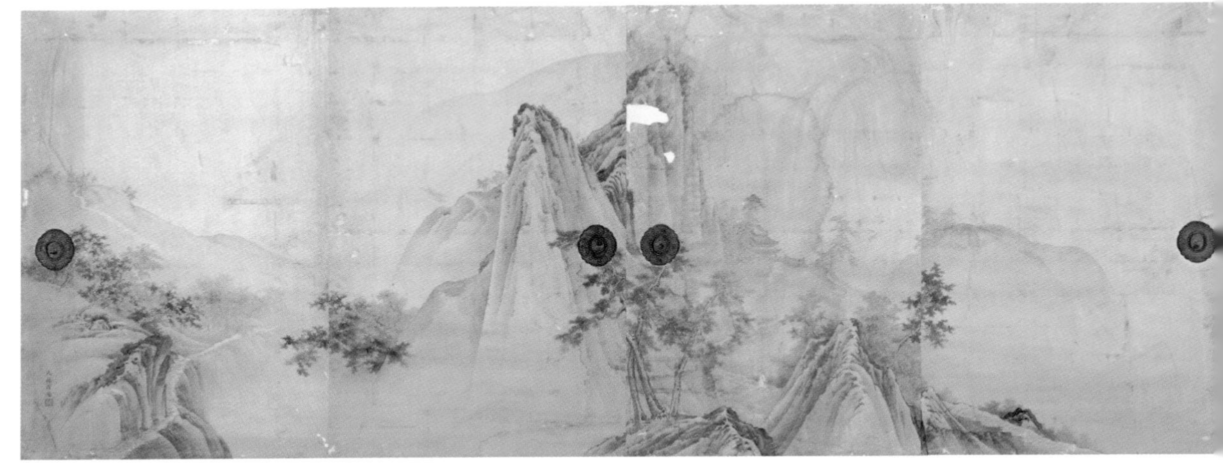

도38 〈산수후스마에〉(앞면)와 〈노안도〉(뒷면) 가나이 덴로쿠, 1917년경, 비단에 수묵담채, 각폭 177×116cm, 국립고궁박물관(구 창덕궁) 소장.

그렸던 사실이 있는데 고종과 순종 등의 초상사진에는 이러한 일본식 그림을 배경으로 한 경우가 있었다.도40 다른 예로 서구화되고 문명화된 황실의 내부를 보여 주는 이 사진은 멀리 오른쪽 기둥 위에 조그맣게 걸려 있는 고종의 어진이 아니라면 이것이 우리의 궁전일 것이란 생각이 들지 않을 정도이다.도41

이 궁전의 주인공보다 더욱 당당하게 전형적인 일본의 금병풍과 일본식 화병이 전면을 차지하고 있는데 이러한 사진은 국민들에게나 외국에도 유포되어 마치 일본에 의해 문명화된 황실의 실상을 선전하는 듯하다. 사진 속의 병풍은 〈부용안도〉芙蓉雁圖 병풍(6폭 1쌍)으로 1748년 통신사 파견 때 일본에서 제작되어 국왕에게 헌납되었던 것으로 1751년 봄에 영조가 쓴 어필이 있다. 이처럼 황실 내부를 일본화로 장식하는 일은 이미 한일합방 이전부터 시작되었는데 『궁내부거

도40 송학도를 배경으로 한 순종의 초상사진

도41 일본그림 부용안도와 유럽 가구가 장식된 대한제국 황궁 내부

래문첩』宮內府去來文牒(십물기什物記) 중에는 일본의 '유화병풍'油畵屛風과 그 밖에 '각색유화'各色油畵를 구입했던 것을 확인할 수 있다. 한일합방 이전에 이처럼 일본 수입품으로 장식되었던 황실의 내부는 이후 어전 휘호라는 명목으로 내한 일본인 화가가 직접 그린 헌납 작품들로 장식되었던 것이다.

한국 주재 경시총감(와카바야시若林)이 1908년 8월에 한국 황실에 헌납할 회화를 일본화가인 와타나베 가이고渡辺解古에게 의뢰했던 사실은 당시 일본의 신문기사에서 확인한 것으로 일본화가에 의해 제작된 일본화가 주문 제작에 의해 헌납된 구체적인 실례의 하나이다.[77] 현재 국립중앙박물관과 그 산하의 박물관에 소장된 일본화 중에는 한국에 왔던 일본화가들이 남긴 작품들도 있지만 이처럼 주문 제작에 의해 일본에서 제작된 것도 있다. 문부성미술전람회文部省美術展覽會나 제국미술원전람회帝國美術院展覽會의 출품작이 아니라면 대개 한국화단을 염두에 두고 제작된 것인데, 공진회에 참고품으로 출품된 일본화나 일본인 어전 휘호작가 그리고 좀 더 후에 조선미술전람회 초기의 심사위원 선정에서도 일본은 한국화단의 상황을 고려하여 좀 더 전통색이 강한 화가들이나 그런 주제를 선정하여 쉽게 수묵문화를 공유할 수 있도록 의도했다.

조선시대 궁중회화에 나타난 길상의 키워드는 장수와 자손번창, 혹은 다남多男이다. 장수 혹은 다남을 상징하는 길상물은 대부분의 그림에서 발견된다. 길상 하면 대개 복록수福祿壽를 일컫지만 입신출세와 관련된 함의는 찾기 어렵다. 출사出仕와 높은 관직에의 승진에 연연하지 않아도 되었던 왕실에서는 인간 본연의 염원인 장수와 왕실의 계통을 이어야 하는 득남에 최고의 관심을 두었던 것 같다. 십장생도, 곽분양행락도, 요지연도, 백자도 등 대부분의 장식그림은 장수와 다남을 염원하는 내용 중심이었으며 그림 속의 소재들도 그에 상응하는 것들로 가득 메워졌다.

제 4 부

궁중회화에 담긴 길상의 세계

1 궁중회화에서 길상의 중요성

조선시대 궁중미술에 깃들어 있는 상징의 세계는 그 폭과 깊이가 넓고도 깊다. 오랜 문화 전통 속에서 여러 종교와 사상이 복합되고 여기에 인간의 세속적인 갈망이 추가되면서 조선시대 나름대로의 상징 구조가 형성되었다. 상징은 같은 동양권이라 해도 시대와 지역에 따라 그 구조가 다르고 의미도 달라지기 마련이다. 또 같은 시대와 지역일지라도 수용자의 관심사와 입장에 따라 취해지는 상징 의미는 달라진다.

궁중회화를 들여다보고 있으면 어느 장면 하나 상징을 빼놓고는 설명하기 쉽지 않다. 그 상징이란 다름 아닌 '좋은 일의 징조'를 뜻하는 길상吉祥이다.[1] 한편 고대부터 중국에서는 제왕帝王의 덕성과 통치에 대한 하늘의 응답이 여러 가지 상서祥瑞 혹은 재이災異로 나타난다고 믿었다. 제왕이 덕을 쌓아 세상이 태평하면 하늘이 상서를 내려 인간에게 답한다는 것이다. 중국 복희씨 때에 황하黃河에서 용마龍馬가 등에 지고 나왔다는 하도河圖와, 하나라 우왕禹王이 낙수를 다스릴 때 거북의 등에 나타난 낙서洛書의 출현은 잘 알려진 사례이다. 상서는 사령四靈(기린, 봉황, 거북, 용)과 백호白虎의 출현, 기이한 자연현상, 진귀한 길짐승·날짐승·식물의 출현 등에 따라 차등이 두어졌고 이를 각각 가서嘉瑞, 대서大瑞, 상서上瑞, 중서中瑞, 하서下瑞의 다섯 종류로 나누었다. 제왕의 통치력과 상서의 출현은 밀접한 관련이 있다고 보았으므로 『송서』宋書의 「부서지」符瑞志처럼 정사正史를 편찬할 때 그 내용을 따로 기술하기도 했다.

상서는 미술 속에서 길상 표현에 녹아들고 다른 길상 의미와 함께 시각화 되었다. 따라서 왕과 국가를 중심으로 제작되던 조선시대 궁중미술에서 길상 표현은 다른 어느 분야보다도 중요하며 큰 비중을 차지하였다. 사실상 궁중회화에서는 길상적인 주제가 선호되고 좋은 의미를 가진 길상 소재를 적극적으로 활용하였던 것이다.

최근 조선시대 미술과 중국 미술에 나타난 길상에 대해 관심이 높아지면서 이를 반영한 두 번의 전시가 개최되었다.[2] 한편 궁궐이나 사찰 건축, 일반 회화 등 분야별로 특정 소재의 상징과 의미에 대한 연구는 있었지만[3] '궁중회화와 길상'에 초점을 맞춘 관심은 좀 늦은 감이 있다.

마지막 제4부에서 궁중미술에 나타난 길상을 다루는 것은 궁중의 회화 업무에 종사하는 화원들이 주문받고 작업하는 많은 그림들 속에 길상의 문제가 큰 비중으로 자리 잡고 있었기 때문이다. 어쩌면 화원들에게 길상의 표현은 매우 익숙하고 흔한 일이었을지도 모를 일이다. 그런데 우리는 지금까지 화원의 그림에 대해 논의할 때 대개는 그 양식과 기법 등 회화적 표현에만 주목해 왔다. 하지만 화원, 궁중회화, 상서의 밀접한 연결고리를 생각하면 화원의 그림에서 길상의 의미와 표현은 양식과 기법에 앞서 한번쯤 짚고 넘어가야 할 주제라고 생각한다.

이 글에서는 궁중미술에서 길상 표현이 차지하고 있는 중요성에 기반하여 궁중회화에 빈번하게 등장하는 길상적 함의를 가진 소재들을 골라 그 상징과 의미를 알아보려고 한다. 상징에 치중하다 보면 예술적 표현력의 발휘보다는 의미 전달에 치중하게 되고 같은 도상의 반복이 필연적으로 따르게 된다. 자연히 일정한 도상이 성립되고 그 도상은 화원들의 작업 양태상 반복해서 사용되었다. 화원들이 길상의 소재를 어떻게 다루었는지 그 도상과 표현 양식에 대해서도 함께 생각해 볼 것이다.

이 글에서 주로 다루어질 그림은 일월오봉도, 모란도, 십장생도, 곽분양행락도, 요지연도, 백자도 등이다. 궁중 장식화에 자주 등장하는 길상물들은 아무래도 십장생을 구성하는 해, 달, 구름, 물과 파도, 산과 돌, 복숭아, 영지, 소나무, 대나무, 학, 사슴, 거북 등에 집중되어 있다. 이 장생물들 외에 그림에 자주 등장하는 길상물로서 모란, 매화, 연화, 오동, 봉황, 공작, 원앙, 그리고 많지 않지만 개와 고양이에 대해서도 다루려고 한다. 이들을 상서의 구분에 따라 천지의 자연현상, 동물, 식물로 나누어 차례로 살펴보겠다.

宮中畫員

2 천지에 담긴 길상의 도상과 양식

해와 달

음양의 논리로 보면 태양太陽은 해(日)를, 태음太陰은 달(月)을 지칭한다. 이들은 우주 조화의 궁극적인 두 가지 원소이며 영원성의 표상이다. 반드시 음양의 논리를 빌리지 않아도 거의 모든 문화 전통에서 해는 남성 원리를 대변하고 달은 여성 원리를 대변하는 상징으로 여겨졌다. 고대국가의 개국신화에 태양이 자주 등장하는 것에서도 잘 알 수 있듯이 해는 천제天帝, 국조國祖, 왕권을 상징하는 대표적인 물체로서 절대적 권능과 신성함을 의미한다. 반면에 달은 가득 차고 기우는 변화 단계를 반복하는 속성에 의해 여성, 재생, 풍요를 상징해 왔다. 중요한 것은 해와 달은 서로 상반된 성질을 가졌으나 언제나 상호보완적인 관계 속에서 의미를 형성해 왔다는 점이다.

조선시대 궁중회화에서 해와 달은 함께 그려지거나 혹은 해가 단독으로 그려졌다. 해와 달이 함께 그려질 경우 '해와 달이 크게 빛날 때 비로소 천하가 화평하고 상하上下가 모두 창성하며, 나이를 먹고 오래 장수하니 긴 세상 끝이 없다'라는 의미와 상통한다.[4] 이러한 해와 달의 상징성이 가장 잘 시각화된 그림이 일월오봉병이다. 궁궐 외전의 중심인 정전正殿 어좌의 장식병풍은 반드시 해와

도1 **경기전에 봉안된 〈태조어진〉 모습** 〈태조어진〉: 1872년, 비단에 채색, 220.0×151.0cm, 어진박물관 소장.

달이 있는 일월오봉병이었다. 해와 달은 왕이 어좌에 임했을 때 왕의 좌우에 대칭으로 배치되어 마치 위에서 왕을 보필하듯 비추는 형상이 된다.도1 해와 달 사이에 앉은 왕의 모습은 영원히 변하지 않는 절대왕권의 이미지로 극대화되어 신하들에게 비쳤을 것이다. 물론 정전 이외의 전각에서는 해와 달이 그려지지 않은 '오봉병'도 사용되었다. 공식적인 의례 공간에서 일월오봉병의 해와 달은 빠질 수 없는 요소임을 상기시켜 주는 부분이다.

해와 달은 간혹 십장생도에도 함께 그려졌다. 조선 초기 십장생도에는 해와 함께 달이 구성 요소의 하나였지만 현전하는 대부분의 조선시대 십장생도 병풍에는 붉은 해만이 그려져 있다. 창덕궁에서 떼어 온 십장생도 장지문 중에 방위를 표시한 글씨를 통해 추정하면, 동벽東壁에 해가 그려진 짝이, 서벽西壁에 달이 그려진 짝이 오도록 하나의 공간을 십장생도로 꾸민 사례가 있었음을 알 수 있다.[5] 해와 달이 동·서벽에 배치된 십장생 장식의 실내 공간은 때로 북벽에 해와 달이 없는 오봉산을 크게 배치하여 마치 일월오봉병이 설치된 것과 같은 공간의 효과를 냈다.도2 오봉도와 십장생도가 결합된 장지문의 공간은 음양이 조화를 이룬 영생의 세계로서 왕이나 왕비, 그리고 동조東朝가 거처했을 것으로 추측된다.

해는 예외 없이 붉은색으로 표현되며 달은 흰색으로 그려졌다. 일월오봉병에서 해와 달은 언제나 푸른색 바탕 위에서 붉은색과 흰색으로 선명하게 드러나 있다. 다시 말하면 해와 달이 잘 드러나도록 하늘은 짙푸른 색으로 설정되었다. 해와 달이 그려지지 않은 십장생도의 하늘은 설채하지 않고 그냥 바탕색으로 남겨둔 예도 많다. 그러나 해가 단독으로 그려지는 십장생도나 해학반도도海鶴蟠桃

도2 **십장생도 장지문** 비단에 채색, 112.4×57.0cm(동), 111.5×57.0cm(서), 112.4×57.0cm(북), 국립고궁박물관 소장.

圖의 경우 대부분의 해는 주홍색이나 진한 살구빛의 바탕에 그려져 주위를 붉게 물들이며 떠오른 욱일旭日을 연상시킨다.도3 해는 주로 상서로운 오색구름과 어우러져 있기 때문에 화사한 붉은색의 바탕이 더 잘 어울려 보인다. 이럴 경우는 해를 뚜렷하게 보이도록 하기 위해 가장자리를 금선金線으로 윤곽하거나 밝은 색으로 테두리를 둘렀다.

현전하는 대부분의 십장생도보다 조금 이른 시기에 제작되었다고 생각되는 국립중앙박물관 소장의 《십장생도》 병풍의 해는 넘실대는 파도 위에 둥실 떠오르고 있으며 해의 주변은 살짝 붉게 선염되어 있다.도4 주변을 붉게 물들인 욱일과 파도의 수파묘는 18세기 후반에 많이 제작된 해응도海鷹圖들과 매우 흡사하다. 십장생도나

도3 **《십장생도》 부분(좌)** 비단에 채색, 각 201.9×52.1cm, 미국 오리건대학교 박물관 소장.

도4 **《십장생도》 부분** 10첩 병풍(2첩 결실), 비단에 채색, 각 136.5×51.7cm, 국립중앙박물관 소장.

해학반도도에서 해를 붉은 바탕에 그리는 것은 18세기 후반 주변이 붉게 선염된 욱일 표현의 전통이 차츰 형식화된 것으로 보인다. 도4-1

구름

구름(상운祥雲)은 하늘과 땅 사이에 존재하는 신물神物이라는 인식이 있다.[6] 여러 색깔의 채운彩雲은 예로부터 오색운五色雲이라 하여 좋은 일이 있을 징조로 여겨졌다. 『재물보』才物譜에는 다섯 가지 색의 구름을 경운景雲(慶雲)으로, 세 가지 색깔의 구름을 율운矞雲으로 구별하였다.[7]

도4-1 〈욱일취도〉旭日鷲圖 **부분** 전傳 정홍래鄭弘來, 비단에 채색, 120.0×63.0cm, 국립중앙박물관 소장.

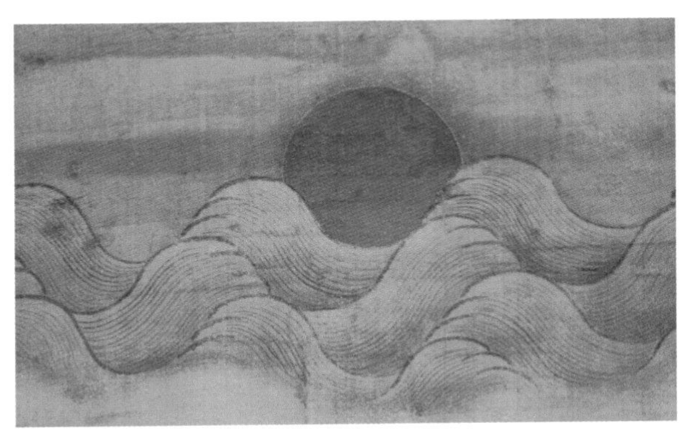

궁중회화에서 구름은 흔히 사용되는 표현 중의 하나이다. 궁중회화에 나타난 구름은 사실적인 자연현상을 그린 것이라기보다 서기瑞氣나 상운祥雲, 서운瑞雲, 경운慶雲(卿雲, 景雲)으로 지칭되는 상서로운 조짐의 표현이다(이하 상운으로 통칭). 『사기』史記에는 '운기도 아니고 연기도 아닌 것이 오색찬란하게 빛나는 것'을 경운慶雲이라 하였다. 또 남조 양梁 손유지孫柔

之는 『서응도』瑞應圖에서 경운景雲을 태평함의 응험應驗이라 풀이하였다.[8]

조선시대 조정에서는 상운이 나타나면 기이한 현상으로 여겨 백관들이 진하하였으며[9] 관원들은 상서로운 기운을 목격하면 이를 칭송하는 글(서기송瑞氣頌)을 지어 왕에게 올렸다.[10] 정조가 태어나기 며칠 전부터 상서로운 별과 구름이 보였다는 기록은 장차 성군이 될 조짐을 표현한 것으로 해석된다.[11] 왕의 환궁이나 궁중 연향에서 왕에게 지어 올린 가사歌詞에도 왕의 성덕과 태평한 치세를 상운에 빗대어 표현한 대목이 자주 등장한다. 결국 상운은 왕의 선정善政과 그로 인한 태평한 시대의 표현으로 귀결지을 수 있겠다.

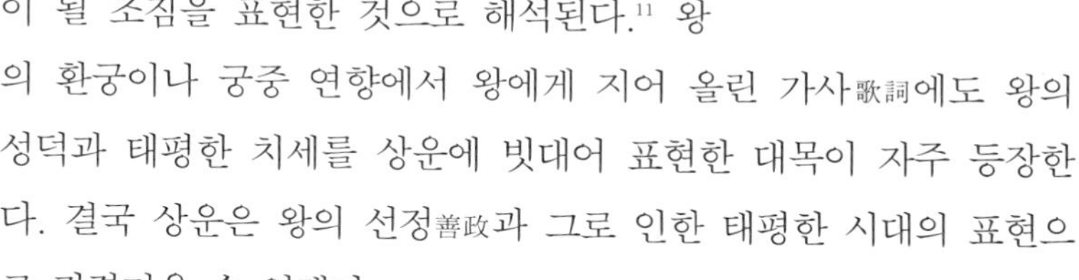

도5 **《정해진찬도병》丁亥進饌圖屛 제1·2첩 부분** 1887년, 10첩 병풍, 비단에 채색, 146.7×504.2cm, 국립중앙박물관 소장.

궁중 행사도에서는 궁궐 지붕을 중심으로 배경에 구름을 집어넣는 경우가 매우 흔하다. 이로써 왕이 임어한 장소가 매우 지엄하고 이곳에 상서로운 기운이 퍼져 있음을 넌지시 시사한 것이다. 나아가 하늘의 복록을 받아 태평성대가 영원히 지속되기를 바라는 염원까지도 읽을 수 있다. 구름은 끝없이 움직이는 기운으로서 비를 내려 대지를 적신다는 속성상 왕의 은택恩澤에도 비유되므로 관료들이 주도하여 제작한 궁중 행사도에서 구름은 왕으로부터 입은 은덕의 표현으로도 해석된다.

궁중 행사도의 구름은 엷은 백분白粉으로 가볍게 칠하거나 설채 없이 윤곽선으로만 형태를 잡아 안개나 서기처럼 보일 때도 있다.도5 마치 가볍고 얇은 구름층을 연상시킨다. 하지만 19세기에는 대부분 여러 색으로 담채된 오색구름으로 표현되는 경우가 많다. 궁중 행사도에서 구름은 바깥쪽 주변의 경관과 건물을 부분적으로 가리면서 행사가 진행되는 건물 중심에 시선을 집중시키는 역할을 한다. 때로는 건물과 건물 사이를 구름으로 채워 의도적으로 먼 거리를

도6 《정묘조왕세자책례계병》正廟朝王世子册禮稧屛 부분(좌) 1800년, 8첩 병풍, 비단에 채색, 112.6×237.0cm, 국립중앙박물관 소장.

도7 《십장생도》 부분 10첩 병풍, 비단에 채색, 각 149.0×45.0cm, 서울역사박물관 소장.

축약하거나 생략할 때도 있다.

곽분양행락도, 요지연도, 백동자도 같은 궁중 장식화의 배경에도 상운의 표현은 빠지지 않았다. 여러 겹의 색깔 있는 구름을 포치함으로써 곽분양의 저택, 서왕모가 거처하는 요지瑤池의 누대樓臺와 바다, 어린아이들이 뛰노는 궁궐이 태평성대가 지속되는 특별한 장소임을 암시하였다. 이 주제의 그림들은 각 소재와 경물 자체가 매우 장식성이 강한 만큼 상운의 포치는 길상의 표출과 함께 장식적인 효과에도 기여하였다.

구름은 십장생도에도 반드시 포함되는 장생물의 하나이다. 십장생도에서 구름은 산 중턱을 휘감으며 산자락까지 낮게 드리워져 있는데 구름 사이로 봉우리를 나란히 드러내는 것이 특징이다. 구름은 장생물로서 오래전부터 도교 미술에서 장식 소재로 애용되었다. 도교는 도가道家의 신비적 요소와 신선설神仙說의 불로장생 사상이 합해져 후대에 종교로 성립된 것인데 특히 신선설의 불로장생은 인간들이 외면할 수 없는 현실의 절실한 염원이었다.[12] 돌의 별칭이 운근雲根인 점도 시사하듯이[13] 산은 구름을 동반하여 의미의 폭을 넓혀갔다. 여기에 신선들은 주로 깊은 산속에 살며, 이들은 구름이나 서기를 타고 이동한다고 믿어졌으므로 산, 구름, 신선은 뗄 수 없는 밀접한 관계 속에서 불로장생의 상징성을 공유하였다.[도6]

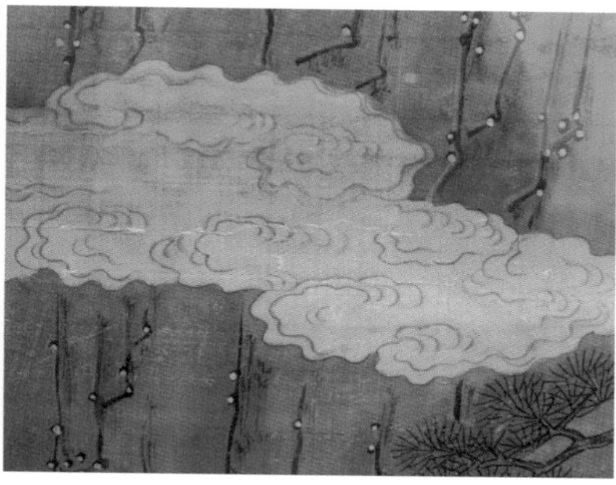

도8 **《왕회도》王會圖 부분(좌)** 19세기, 8첩 병풍, 비단에 채색, 각 138.0×46.2cm, 국립중앙박물관 소장.

도9 **《요지연도》 부분** 18세기, 비단에 채색, 151.5×122.7cm, 국립중앙박물관 소장.

한편 한자의 '운'雲은 '운'運과 발음이 같아서 복운福運의 의미로 쓰였으며 구름은 보통 높은 하늘에 떠 있다는 면에서 높은 관직으로의 출세를 의미하였다. 그러나 조선시대 궁중미술에서 구름은 사회적 출세보다 상서로운 조짐이나 장수의 상징으로 더 많이 사용되었다.

구름의 형태는 일정하게 고정된 것이 아니므로 여러 형상으로 다양하게 묘사되었다. 크게 보자면 두 가지로 대별되는데, 첫째는 잔잔하게 물결치듯 수평으로 길게 퍼져나가는 형식이다.도7 구불구불한 긴 띠가 굴곡을 만들며 겹치듯 길게 늘어진 형상이다. 두번째는 좀 더 둥글둥글한 모양으로 부피감 있게 퍼져 있는 구름이다. 구름이 퍼져나가는 모양은 여러 가지여서 고깔모자 형태로 점점 폭이 넓어지거나 뭉게구름처럼 원형으로 부풀어 있기도 하다.도8, 9

구름은 또 다른 장생물인 영지버섯과 혼동될 정도로 매우 비슷하게 그려지는 것이 특징이다. 상운을 표현할 때 장생이라는 상징성을 공유하고 있는 영지의 형태를 차용한 것이다. 첫번째 형식에서는 길게 늘어진 구름의 양 끝이 영지 모양으로 마무리되며, 두번째 형식에서는 하늘에 영지가 군락을 이룬 듯 그려진다.

상운은 백분 혹은 노란색의 단색으로 그리기도 하고 분홍, 주황, 노랑, 녹색, 청색 등을 담채하여 그야말로 오색구름을 형상화 하기도 하였다. 구름의 끝과 가장자리 위주로 채색한 후에 반드시 윤곽선 옆에 흰 선으로 덧선을 그어 입체적인 효과를 살렸다. 그림에 따라 하늘을 덮고 있는 구름의 비중은 차이가 있다. 한두 겹의 가벼운 구름이 있는가 하면 서울역사박물관의《십장생도》병풍처럼 하늘과 수면이 구분되지 않을 정도로 배경이 온통 중첩된 구름으로 가득 찬 경우도 있다. 구름이 장식적인 요소로 매우 중요하게 부각된 경우인데 구름을 금박으로 처리하여 화려한 효과를 극대화시킨 예도 있다.

물·파도·폭포

물(水)은 땅의 혈기血氣라 하였다.[14] 물은 오행 중의 첫번째 요소로서 북쪽과 검은색에 해당되며, 음의 기운을 가지고 있는 물은 언제나 여성의 원리로 이해되었다. 물은 생명의 액체로서 풍요를 상징하며 무한한 생명력과도 연결된다. 한편 형태를 바꾸며 흐르는 물은 유동성, 변용, 그리고 잠재력을 의미하기도 한다.[15]

물은 바다, 강, 하천, 호수, 파도, 폭포 등을 포함한다. 그런데 물은 단독으로 있을 때보다 양의 기운을 가진 산, 돌, 바위와 함께 짝을 이루어 상호보완적인 관계를 형성할 때 가장 이상적인 모습으로 여겨졌다. 파도와 바위, 혹은 폭포와 산의 조합은 중국 궁궐의 건축의장이나 황제의 복식에서 흔히 볼 수 있는 모티프이다. 즉 강산江山 혹은 산하山河는 한 나라의 영토, 나아가 통일된 왕국(山河一統)을 의미한다.[16] 조선시대 일월오봉병에서도 산과 바위, 그리고 포말을 일으키며 부딪히는 파도의 조화를 하나의 통일된 영토로 읽을 수 있다.

물은 대지와 하늘을 끊임없이 순환하므로 영원성을 내포하며 십장생의 한 소재인 것처럼 장생의 상징물이다. 쉬지 않고 움직이는 파도 역시 재생, 순환, 장생과 밀접한 관련이 있다. 파波와 랑浪은 바람이 불어 물이 일렁이는 것을 뜻하며 도濤는 바다의 큰 파랑波浪을 의미한다. 즉 파도란 크고 작은 물결의 움직임을 말하는 것이다.

도10 《십장생도》 부분(좌) 10첩 병풍(2첩 결실), 비단에 채색, 각 136.5×51.7cm, 국립중앙박물관 소장.

도11 경기전 《일월오봉도》 부분 4첩 병풍, 비단에 채색, 248.2×332.5cm, 어진박물관 소장.

궁중회화에서 물은 파도와 포말, 폭포, 계류溪流의 물살로 표현된다. 특히 파도의 표현은 수파묘水波描라 하여 시대마다 작가마다 특징적인 묘법을 사용하였으므로, 그 표현 양식은 작품의 제작 시기를 비정하는 하나의 요인이 될 수 있다. 그러나 대부분이 공필 채색화인 궁중 장식화의 수파묘는 문인사대부 화가들의 개성적인 수파묘와는 차이가 있다. 궁중 장식화의 수파묘는 관찬 지도류의 파도 묘사와 양식을 공유하는데 제작자가 모두 화원이었다는 측면에서도 비교 가능하다. 수파묘는 몇 가지의 기본 양식 안에서 약간의 변용이 가해졌다.[17]

첫째, 물결이 반복적인 파상波狀의 곡선만으로 이루어지는 형식이다. 물결의 높이나 폭이 일정하지 않아 상당히 자연스럽게 출렁이는 파도의 형상을 이룬다. 굵은 윤곽선 아래 가는 선을 촘촘하게 그어 수파의 결을 표현하고 형태를 잡는 묘법으로서 조선시대 전 시기에 걸쳐 가장 많이 사용되었다.

둘째, 물결이 파상선의 끊임없는 연속처럼 보이는 것은 첫번째 형식과 상통하지만 물결의 높이와 폭이 규칙적인 점에서 다르다. 이 규칙성은 수파의 정상부를 따라 하나의 맥을 형성하게 된다.도10 이 유형 중에는 수파의 윗부분에 두세 줄의 굵은 선을 짧게 긋거나 윤곽에 굴곡을 주어 수파의 방향성을 나타내는 것이 있다. 수파의

도12 《일월오봉도》 부분(좌) 6첩 병풍, 비단에 채색, 149.3×325.8cm, 국립고궁박물관 소장.

도13 《십장생도》 부분 1880년 완성, 10첩 병풍, 비단에 채색, 각 201.9×52.1cm, 미국 오리건대학교 박물관 소장.

방향은 대부분 서로 마주보듯 엇갈리게 배치하는 것이 특징이며 마치 양손을 깍지를 낀 듯한 모양으로 다소 과장돼 보이기도 한다. 국립중앙박물관 소장의 《십장생도》 8첩 병풍이나 〈해동팔도봉화산악지도〉 등의 수파묘가 이에 속한다.

세번째는 수파의 단위가 일정한 모양을 형성하는 방식으로 형식화된 경향이 강한 일월오봉병에 많이 나타난다. 수파 하나하나의 크기와 형태가 일정하여 마치 물결이 모자이크의 조합처럼 규칙적이다.[도11] 수파가 서로 다른 방향으로 맞물리듯 하여 돗자리의 짜임을 연상시키는 묘법도 있고, 물고기의 비늘처럼 은행잎 형태가 일정하게 엇갈리는 묘법도 있다. 수파의 결을 그릴 때도 굵은 선과 가는 선을 교대로 써서 밝고 어두운 부분이 번갈아 만들어지는 경우가 많다.

파도의 흰 물거품은 화면에 생기와 활력을 불어넣는다. 포말의 형태, 위치, 빈도수 등이 저마다 다른데 수파묘가 형식화된 것일수록 포말의 표현도 규칙적이다.[도12] 이를테면 세번째 형식에서는 포말의 위치와 형태가 수파 사이사이에 규칙성을 띠고 나타난다는 것이다. 흰 포말은 자연스런 윤곽과 흰 설채로 불규칙하게 그려지다가 점차 윤곽선 없이 형태를 나타내는 몰골법沒骨法의 규칙적인 형태가 반복되었다. 형식화가 많이 진전된 그림 중에는 포말의 아랫부분을 어둡게 선염하고 짧은 선으로 결을 가해 입체감과 운동감을 표시하고, 동그란 기포 혹은 구멍을 그려 세부 묘사를 한 경우가 있다.

폭포는 오봉도, 십장생도, 곽분양행락도 등에서 흰색과 푸른색의 세로줄 무늬로 그리는 것이 보통이다.도13 꺾이는 방향과 횟수, 대칭성, 그리고 포말의 유무에 차이가 있다. 언제쯤 이러한 폭포의 모습으로 정형화되었는지 확실치 않지만 적어도 국립중앙박물관 소장의 《십장생도》 8첩 병풍의 폭포는 물이 떨어지는 수직의 느낌을 불규칙한 몇 개의 선으로 표시하였을 뿐 푸른색을 쓰지 않았다. 도13-1 폭포가 꺾이는 곳에 물거품을 배치하는 것도 형식화가 진전되면서 사라진 듯하다.

도13-1 **《십장생도》 부분** 10첩 병풍(2첩 결실), 비단에 채색, 각 136.5×51.7cm, 국립중앙박물관 소장.

산·바위·괴석

산과 바위

고대 중국인의 우주관에서 높고 거대한 산은 황제에 버금가는 위상을 가지고 있었다. 황제를 상징하는 십이장十二章의 하나이기도 한 산은 대지와 안정을 상징한다. 태산泰山, 화산華山, 형산衡山, 항산恒山, 숭산嵩山은 다섯 방위를 대표하였으며 이는 오악숭배로 이어졌다. 조선에서도 특정 산에 신격을 부여하고 이를 국가의 수호신으로 받들어 제사를 지냈다. 일월오봉병에서도 해와 달이 빠지기도 하고 폭포가 생략된 경우도 있지만 다섯 봉우리의 산은 가장 핵심이 되는 중요 소재였다. 오봉병의 다섯 봉우리는 그 자체로 왕권을 상징함과 동시에 각 방위를 상징하는 국가의 수호신으로 해석될 수 있다.

산이 품고 있는 기운은 우주에 생기를 불어넣는 양의 기운이다. 도교적 관점에서 구름에 휘감긴 높은 산봉우리 너머는 신선들의 세계였으며 신선들은 그 안에서 영생을 누린다고 믿었다. 자연히 산은 장생과 영원의 상징으로 받아들여졌으며 문인들의 이상향이 되었다. 특히 산봉우리를 신비하게 여겼던 것은 땅과 하늘이 만나는 지점으로 보았기 때문이다. 하늘까지 닿아 있다는 중국 신화 속의

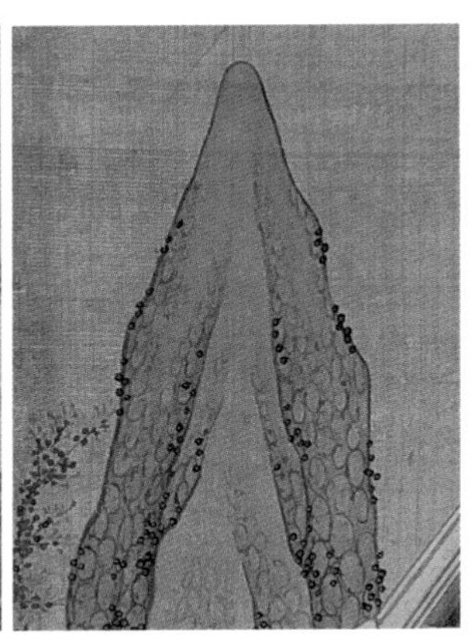

도14 **〈백동자도〉 부분(좌)** 6첩 병풍, 비단에 채색, 각 74.8×46.3cm, 국립고궁박물관 소장.

도15 **〈곽분양행락도〉 부분** 8첩 병풍, 비단에 채색, 144.5×49.9(제1·8첩), 53.0(제2~7첩)cm, 국립중앙박물관 소장.

곤륜산崑崙山을 음양이 서로 만나는 만물의 기원이 되는 곳으로 생각한 것과 같은 맥락이다. 산을 형성하는 돌이나 바위에도 산과 동일한 의미가 부여된다. 많은 문화 전통에서 견고한 성질의 산과 바위는 힘과 인내의 표시이다. 그러나 그보다 중국과 한국에서는 장생의 의미가 더 강하며 십장생도를 구성하는 열 가지 소재 중에 산 혹은 돌은 주요한 비중을 차지한다.

괴석

사람들은 대우주 속의 거대한 산을 정원에 끌어들이는 방법으로 괴석怪石을 사용하였다. 괴석은 정원에서 각종 나무나 연못과 어우러져 하나의 작은 우주를 형성하였다. 『서경』에 우공寓公에게 바쳐진 공물로 괴석이 기록되어 있는 것을 보면, 괴석은 일찍이 그 자체로도 진귀하며 권력과 영속성의 의미가 부여되었음을 알 수 있다. 괴석이라 함은 보통 태호석太湖石을 지칭하며 중국에서는 강소성 소주시의 동정산洞庭山 물가에서 산출되던 것을 최고의 태호석으로 간주하였다. 태호석은 희거나 푸르거나 검은 빛을 띠며, 바탕 결이 종횡으로 뒤엉켜 곳곳이 움푹 파이고(嵌空), 구멍이 뚫리거나(穿眼), 동글동글 원활하며(宛轉), 가파르고 괴기한(嶮怪) 형상을 하고 있는 것이 특징이다.[18] 궁중회화에도 괴석은 대부분 태호석 종류로 그려지

지만 간혹 꽃무늬가 아름답게 박힌 꽃돌 계통의 희귀한 종류가 그려지기도 한다.도14, 15

태호석이 물속에서 채집되는 대표적인 괴석의 종류라면 우리나라에서는 대부분 산에서 채취되었다. 연산군은 개성부에서 괴석 200개와 등잔석燈盞石 300개를 채집해 오도록 했으며[19] 임진왜란 후 궁궐을 재건할 시기에도 괴석이 많이 필요하였다. 『세종실록』 지리지에는 개성에서 가까운 해풍군海豊郡이 괴석의 산지로 기록되어 있으며[20] 우리나라 최초의 전문 원예서인 강희안姜希顔(1418~1465)의 『양화소록』養花小錄에도 개성 남쪽의 경천사敬天寺 부근에 괴석이 많다고 한 것을 보면[21] 개성 부근이 괴석의 산지로 가장 유명하였던 것 같다.

괴석은 궁궐 정원을 꾸미는 데에도 꼭 필요한 요소였으며, 《동궐도》東闕圖나 《서궐도안》西闕圖案에서 왕실의 괴석 취미를 엿볼 수 있다.도16 조선시대에는 정鼎이나 로鑪에 괴석을 올려놓는 풍습이 있었는데 조선 후기에는 석함石函이나 석분石盆에 돌을 심는 것이 유행하였다.[22] 도17, 18 궁궐 안의 괴석은 모두 조각 장식이 가해진 여러 형태의 석함에 올려져 있다.

괴석은 그 자체로 하나의 선산仙山을 상징하였다. 낙선재 화계에 '소영주'小瀛洲라고 새겨진 석함에 괴석이 심겨 있는 것이 그 일례

도16 **《동궐도》 부분(좌)** 19세기 전반, 16첩 병풍, 비단에 채색, 각 273.5×36.0cm, 동아대학교박물관 소장.

도17 **《왕회도》 부분(중)** 19세기, 8첩 병풍, 비단에 채색, 각 138.0×46.2cm, 국립중앙박물관 소장.

도18 **《곽분양행락도》 부분(우)** 8첩 병풍, 비단에 채색, 144.5×49.9(제1·8첩), 53.0(제2~7첩)cm, 국립중앙박물관 소장.

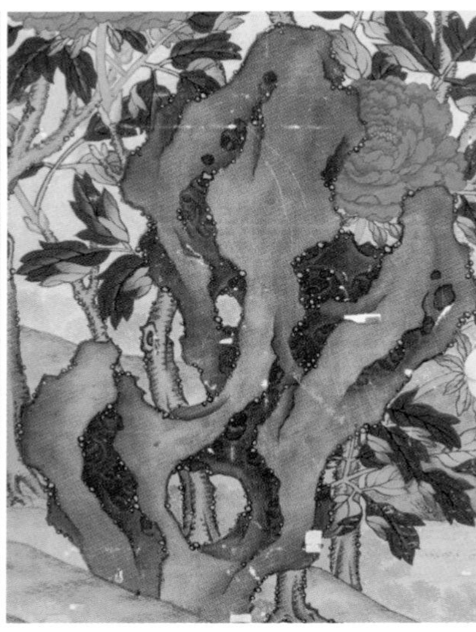

도19 **〈서총대친림사연도〉 부분(좌)** 1560년 행사, 19세기 이모, 종이에 채색, 31.0×47.0cm, 고려대학교박물관 소장.

도20 **〈모란도〉 부분** 10첩 병풍, 비단에 채색, 각 145.0×58.0cm, 국립중앙박물관 소장.

이다. 이 석함의 괴석에는 매의 빼어난 자태를 비유한 '운비옥립'雲飛玉立이라는 각자刻字가 있다. 바다 위 바위에 앉은 한 마리의 매 이미지를 끌어냈음을 알 수 있다.[23]

실제 남아 있는 궁궐의 괴석은 한국산이 많지만 궁중 행사도나 궁중 장식화에서는 뻥 뚫린 구멍과 움푹 패인 함몰이 많은 태호석이 주로 그려졌다. 대부분 실제로 존재하는 돌의 사실적인 표현이라기보다 상징 의미의 전달을 위한 배치가 많았으므로 가장 대표성을 띤 태호석을 관념적으로 그렸던 것 같다.

궁중 행사도에서 괴석은 일찍이 1564년에 완성된 〈서총대친림사연도〉瑞葱臺親臨賜宴圖에 보인다.도19 창덕궁 후원의 서총대에서 벌어진 연향을 그린 것으로, 괴석이 배경 요소로 등장하였다. 인위적인 설정으로서 소나무와 함께 그려져 장수를 축원하는 의미를 담았다. 괴석은 모란도에서 비중 있는 소재이며, 곽분양행락도나 요지연도, 백자도 같이 정원이 묘사되는 곳에도 반드시 그려졌다.도20 거의 대부분 푸른색, 하늘색, 연보라색, 주황색 등으로 설채되었다. 불규칙한 형체, 크고 작은 구멍, 요철이 심한 표면을 표현하기 위해 대개 명암법을 적극적으로 구사하여 그 입체감을 표현하였다.

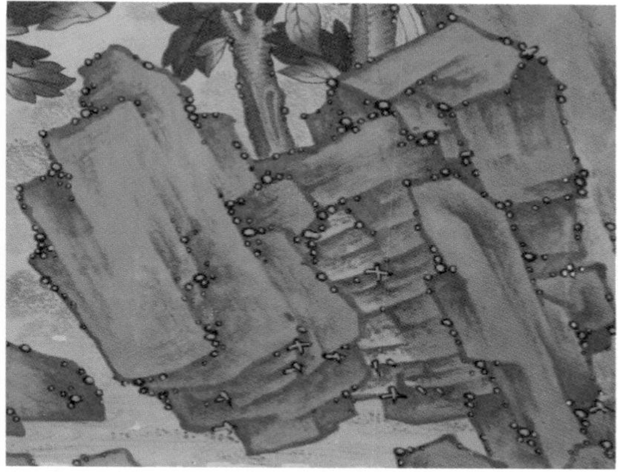

도21 **〈곽분양행락도〉 부분(좌)** 8첩 병풍, 비단에 채색, 144.5×49.9(제1·8첩), 53.0(제2~7첩)cm, 국립중앙박물관 소장.

도22 **〈모란도〉 부분** 10첩 병풍, 비단에 채색, 각 145.0×58.0cm, 국립중앙박물관 소장.

전체적으로 앞으로 튀어나온 부분을 밝게 하고 함몰되고 후미진 부분을 어둡게 선염하였다. 또 구멍이 뚫리거나 동그랗게 패인 부분의 가장자리를 흰 테두리처럼 밝게 남겨 울퉁불퉁한 느낌을 살렸다.

형식화가 많이 진전된 괴석 표현에는 패인 구멍의 크기가 작아지고 일률적으로 동그랗게 그리는 경향이 있으며 큰 구멍 안에 작은 구멍이 연속되는 규칙성을 보인다. 괴석의 색도 주황이나 연보라 같은 이전에는 보기 힘든 중간색이 많아지는 것도 특징이다.

태점

이끼(苔)는 수태水苔, 수의水衣, 석의石衣, 석발石髮, 녹태綠苔, 청태青苔 등 여러 별칭이 있다.[24] 이 돌에 붙은 이끼를 회화적으로 표현한 것이 태점苔點이며 청록산수青綠山水를 구성하는 중요한 요소이다. 태점은 준법皴法과 달라 산과 바위의 형태를 결정하거나 입체감을 표현하지는 못하지만, 산에 생기를 불어넣고 자연의 생명감을 불러일으키는 역할을 한다. 특히 청록산수에서 태점은 화면에 장식적인 효과를 내는 비중이 크다.

태점에도 시대에 따른 형태와 묘법의 차이가 있지만 주로 화원이나 직업화가들에 의해 제작된 조선시대 청록산수화는 문인화가들의 준법이나 태점처럼 개성적인 변화는 약한 편이다. 그래도 화

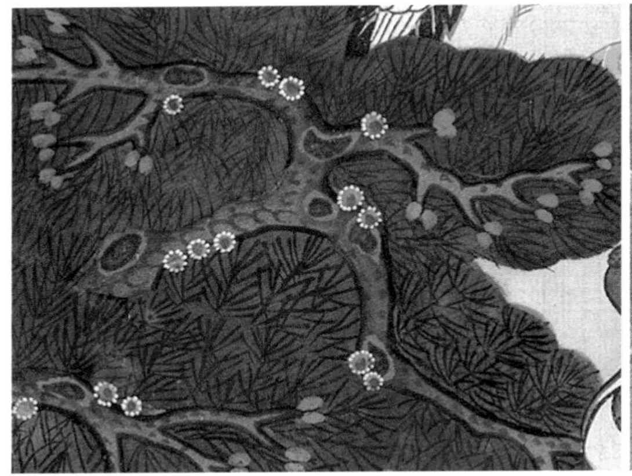

도23 **《십장생도》 부분(좌)** 창호, 비단에 채색, 각 109.0×57.0cm, 국립고궁박물관 소장.

도24 **《금계도》 부분** 전 김홍도, 19세기 전반, 8첩 병풍, 종이에 채색, 111.2×404.0cm, 리움미술관 소장.

가들의 재량은 태점의 모양, 분포(전체적인지, 국소적인지), 위치(윤곽선 안쪽인지, 바깥쪽인지), 규칙성과 소밀의 정도에서 편차가 발견된다.

청록산수 양식에서 일월오봉병과 몇몇 예를 제외하면 거의 태점이 구사된다. 태점 없이 잔잔한 호초점胡椒點만을 뿌려 질감을 나타내는 경우도 예외이다. 태점은 크게 두 가지로 대별된다. 첫번째는 먹선으로 윤곽을 그리고 그 안을 초록색으로 메우는 방식이다.도21 혹은 먹점을 찍고 그 중앙에 다시 녹색 점을 찍는데 결과적으로 큰 차이가 없다. 대개 작은 크기이며 대부분 동글한 원형으로 그려지지만 팥알 모양의 타원형이나 약간 일그러진 모양이 섞여 있기도 하다. 동글동글한 태점은 간혹 X자형으로 변형되기도 하는데 국립중앙박물관의 왜장식 《모란도》 병풍이나 《왕회도》王會圖 병풍, 전 윤엄尹儼 필 《요지연도》 병풍, 국립고궁박물관의 왜장식 《백자도》 병풍 등에서 확인된다.도22 간혹 길쭉한 태점을 엇갈리게 교차하는 습관이 규칙적인 X자형으로 획일화된 듯하다. X자형의 변형된 태점은 18세기 전반의 작품에는 보이지 않으며 19세기의 작품에서는 많이 나타나는 특징이다. 이러한 질감 표현은 조속趙涑(1595~1668) 전칭의 〈금궤도〉金櫃圖의 언덕이 잘린 단면 부근에도 나타나 이 그림이 조속의 작품이 아니라 그보다 훨씬 늦은 18세기 이후의 화원 작품임을 말해 주는 여러 증거 중의 하나가 된다. 어찌됐건 태점과 더불어 X자형으로 교차된 짤막한 선의 구사는 후래後來적인 것으로 청록산수의 시대 비정에 중요한 기준이 될 수 있다.

두번째는 일본 채색화에서 유래된 것으로 가장자리를 따라 흰색 구슬점을 돌린 장식적인 태점이다. 이는 한층 복잡한 묘법을 가졌는데, 먹으로 윤곽을 한 뒤 호분을 섞은 녹색을 칠하고 이것이 마르기 전에 진한 녹색을 가해 번지는 효과를 내는 것이다.도23 마지막으로 가장자리에 흰 점을 돌아가며 찍어 마치 흰 구슬띠가 녹색 점을 감싸고 있는 형태를 만드는 것이다. 윤곽 없이 그리기도 하며 완전히 마른 후에 마치 번진 모양으로 진한 녹색을 부드럽게 칠하기도 한다. 처음에는 일정한 크기의 원형이었으며 점차 여러 가지 크기의 불규칙한 형태로 변하였다.

일본화에서는 일찍이 17세기부터 널리 사용된 방식인데, 일본 사신들이 헌상한 왜병풍에 의해 조선으로 유입되었다고 생각된다. 왜인이 정조에게 바친 그림을 모사한 것으로 추정되는 《금계도》金鷄圖 8첩 병풍에도 같은 방식의 태점이 무성하다.도24 매우 장식적인 효과를 가지는 이 양식의 태점은 일월오봉도, 십장생도, 모란도 등에서 소나무, 괴석 표면에 적극적으로 사용되었으며 나중에는 수종을 가리지 않고 사용되는 양태를 보인다. 형식화가 진전된 그림, 즉 시대가 내려오는 그림일수록 두번째 양식의 태점 사용이 빈번하며 태점의 크기도 커진다.

궁중회화에서 산과 바위의 표현은 청록산수 기법과 직결된다. 청록산수란 청색과 녹색을 위주로 산수를 표현하는 화법을 말한다.[25] 중국에서도 산수 표현에 있어서는 윤곽선으로 형태를 잡는 구륵鉤勒과 그 안을 색으로 칠하는 설색設色을 병용하는 기법이 먼저 시작되었고, 청록산수라는 양식적인 용어로 개념이 정립된 것은 원나라 이후이다. 오히려 문헌에는 청록산수보다는 금벽산수金碧山水라는 용어가 먼저 나타난다. 청록산수를 그릴 때 윤곽선에 금선金線을 사용하는 경우가 일반적이므로 청록산수와 금벽산수는 금선金線

도25 **《요지연도》 부분(좌)** 18세기, 비단에 채색, 151.5×122.7cm, 국립중앙박물관 소장.

도26 **《진하도》 부분** 10첩 병풍, 비단에 채색, 130.3×372.4cm, 지본채색, 국립중앙박물관 소장.

의 유무에 관여되는 용어의 차이일 뿐 크게 다르지 않다.[26]

청록산수 양식은 시대의 흐름에 따른 변화가 크지 않다. 그래도 녹색과 청색을 설채하는 방식, 채색의 종류, 준皴의 사용, 태점의 종류, 금선 사용의 유무 등에 의해 약간의 시대변화를 읽을 수 있다.[27] 현전하는 청록산수도가 많지 않으며 시대적 분포가 한정되어 있어서 명확한 양식 변천을 밝혀 내는 데에 노력과 시간이 많이 걸린다. 또 궁중 감상화로서 화가의 개성이 상대적으로 많이 녹아 있는 청록산수도와 일정한 화본에 의해 반복 제작되었던 궁중 장식화류를 단선적으로 비교하는 것은 면밀한 분석과 신중한 비교를 요하는 일이다. 하지만 궁중 장식화는 주로 19세기 이후의 작품 위주로 남아 있어서 19세기 이전의 청록산수도는 궁중 감상화에 많이 의존할 수밖에 없다.

청록산수 양식에서의 관건은 붉은 황토빛의 자색赭色, 녹색, 청색의 비중과 설채 방식이다. 큰 윤곽선을 기준으로 자색, 녹색, 청색을 차례로 선염하듯 설채하고 약간의 준과 태점을 가하는 것이 기본적인 청록산수 방식이다.도25 채색을 설채하는 정도에 따라 진하게 칠하는 진채眞彩가 있고 엷게 칠하는 박채薄彩가 있다.[28] 궁중 장식화는 주로 진채화이고 궁중 감상화나 궁중 기록화, 사대부화가들의 그림에는 박채가 많은 편이다.도26

도27 **《십장생도》 부분(좌)** 1880년 완성, 10첩 병풍, 비단에 채색, 각 201.9×52.1cm, 미국 오리건대학교 박물관 소장.

도28 **《십장생도》 부분** 창호, 비단에 채색, 각 109.5×57.0cm, 국립고궁박물관 소장.

청록산수에는 윤곽선 안쪽으로 금선을 가하는 경우가 많다. 장식적인 효과가 크지만 각진 바위의 모서리를 따라 하이라이트의 효과도 있다.[도27] 청색을 윤곽선 대신하여 칠하거나 청색으로 준을 가하기도 하고 바위의 가장자리로 갈수록 청색을 칠해 색깔 차이로 명암 효과를 내기도 한다. 준은 주로 자색으로 칠해진 부분에 소부벽준小斧劈皴, 단선, 날카로운 점의 형태로 불규칙하게 가해진다.

처음에는 청색의 비중이 윤곽 근처를 강조하는 정도로 그리 크지 않지만 점차 청색의 면적이 늘어나고 자색의 비중은 줄어든다. 녹색에서 청색으로의 이동이 윤곽선 안에서 자연스럽게 선염되는지, 아니면 작은 윤곽선을 경계 삼아 그 구분이 뚜렷한지도 시대적 차이가 있다. 즉, 처음에는 녹색과 청색의 경계가 뚜렷하지 않지만 점차 윤곽을 따라 녹색과 청색을 구별하여 번갈아 칠하는 경향이 강해진다. 또한 산을 형성하는 돌의 크기가 점차 잘게 쪼개지고 형태도 작위적으로 변한다. 결과적으로 자연스럽기보다는 상당히 디자인적으로 꾸며진 듯한 산의 형상이 된다.[도28]

3 동물에 담긴 길상의 도상과 양식

봉황

동양문화권에서 용龍과 봉황鳳凰에 대한 문화적 함의는 지대하다. 용, 기린, 거북과 더불어 사령四靈의 하나인 봉황은 암수의 구별이 있어서 수컷인 '봉'鳳과 암컷인 '황'凰을 함께 이르는 말이다. 봉황은 용에 필적할 정도로 궁중미술의 소재로서 널리 애호되어 왔으며 특히 장식문양의 소재로서 중요한 위치를 차지하고 있다. 『설문해자』說文解字에서는 봉황을 신조神鳥라 하였으며 『서응도』瑞應圖에서는 인조仁鳥라 하였다. 성인聖人이 출현하여 천하가 태평하면 나타난다는 상상의 서조瑞鳥이다. 허구의 새임에도 불구하고 옛 사람들은 봉황을 조류의 우두머리로 여겨 조왕鳥王으로 불렀다.[29] 화조화에서도 온갖 새가 봉황을 찾아와 알현하는 '백조조봉'百鳥朝鳳의 주제가 많이 그려졌는데, 이때의 봉황은 제왕에 비유된다.

상상의 동물인 만큼 문헌마다 묘사된 봉황의 생김새는 조금씩 다르다.도29, 30 봉황의 외형을 구체적으로 설명한 기록은 후한대 허신許愼이 편찬한 『설문해자』說文解字이다. 즉 봉황은 기러기(鴻)의 앞모습, 사향 사슴(麐)의 뒷모습을 닮았고 뱀의 목, 물고기의 꼬리, 황새(鸛)의 이마, 수컷 원앙(鴛)의 수염, 용의 비늘무늬, 호랑이의 등, 제

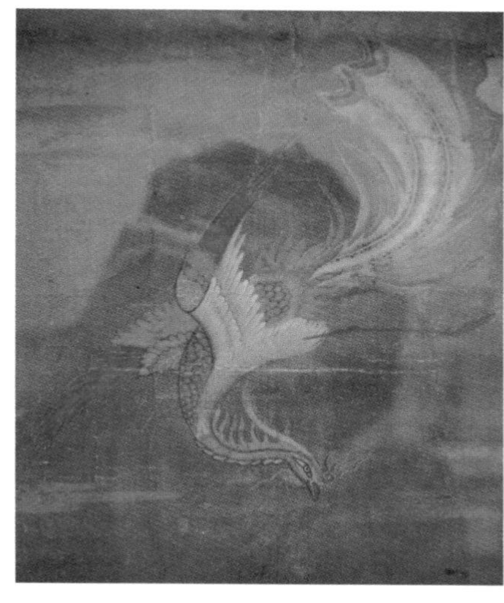

도29 《요지연도》 부분(좌) 18세기, 비단에 채색, 151.5×122.7cm, 국립중앙박물관 소장.

도30 《서수낙원도》瑞獸樂園圖 부분 10첩 병풍, 비단에 채색, 113.0×320.3cm, 리움미술관 소장.

비의 턱, 닭의 부리를 가졌으며 오색五色을 갖추었다고 했다. 『산해경』山海經에도 봉황을 "마치 닭과 같으며 오채五彩에 무늬가 있는 새"로 언급하였다. 그 외에도 많은 책들은 봉황을 설명할 때 "머리가 닭의 볏 같다", "형체는 닭과 비슷하고 뱀의 머리에 물고기의 꼬리를 가졌다"는 등 닭과 유사함을 말하고 있다.[30] 이처럼 문헌에 나타난 봉황의 모습은 용의 경우처럼 여러 동물의 외형적 요소가 합쳐진 것이 특징인데 이 여러 동물이 내포하고 있는 좋은 의미가 종합되어 봉황의 길상성을 형성하였다. 결국 봉황은 성군의 덕치와 태평성세, 안녕安寧을 상징하는 상서로움의 화신이 되었다.

봉황을 단독으로 그린 화조화는 용 그림만큼 빈번하게 그려지지 않은 듯하다. 19세기의 차비대령화원差備待令畫員 녹취재에 출제된 제목을 보면 궁중에서 제작된 봉황 그림은 거의 제왕의 덕이 높아 천하가 태평함을 우의寓意한 내용이다. "높은 산등성이에서 봉황이 울다"(高岡鳳凰, 鳳凰鳴矣, 于彼高岡)는 일곱 번이나 출제되었으며 그 외에도 "봉황이 아각에 깃들다"(鳳凰巢於阿閣), "난새와 봉황이 높이 날다"(鸞鳳高翔), "덕이 새와 짐승에까지 이르니 봉황이 날다"(德至鳥獸鳳凰翔), "소소를 아홉 번 연주하니 봉황새가 날아와 법도에 맞게 춤

도31 **《요지연도》 부분(좌)** 8첩 병풍, 비단에 채색, 각 134.2×47.2cm, 경기도박물관 소장.

도32 **《요지연도》 부분** 6첩 병풍, 국립중앙박물관 소장.

을 추다"(簫韶九成, 鳳凰來儀) 등의 제목에서 알 수 있다. 혹은 태평성세를 회고하는 맥락에서 "벽오동은 봉황이 깃드는 늙은 가지이다"(碧梧棲老鳳凰枝)나 "봉황대 위에 봉황이 노닐다"(鳳凰臺上鳳凰遊)가 출제되기도 했다.[31]

궁중 장식화에서 봉황은 요지연도에서 찾아볼 수 있다. 신선들은 봉황을 타고 요지를 행해 날아오고, 서왕모와 주 목왕이 무희의 음악과 춤을 감상하는 가운데 봉황도 날아들어 같이 춤을 추는 모습으로 그려졌다.도31, 32 그림마다 봉황의 모습은 약간씩 다르지만 머리가 닭과 유사하고, 꼬리깃이 크고 화려하게 그려졌으며, 오색을 갖추었다는 점에서는 공통된다.

봉황이 화조화의 단독 소재로 나타날 때에는 오동나무나 대나무와 함께인 경우가 많다. 봉황은 오동이 아니면 깃들지 않으며 대나무 열매(竹實)를 먹고 산다는 『시경』詩經의 기록 때문이다. 미국 필라델피아 미술관의 〈봉황도〉는 〈공작도〉와 한 쌍을 이루는 그림인데 떠오르는 태양, 구름, 오동나무, 괴석, 모란, 대나무와 함께 봉황 가족을 그린 것이다.[32] 도33 1920년 오일영吳一英과 이용우李用雨가 합작한 창덕궁 대조전 벽화에 그려진 10마리의 봉황 표현은 남아 있는 봉황 그림 중에 가장 자세할 것이다.도34 일본화풍의 영향을 받은 김창환金彰桓(1872~1937)의 〈봉학도〉鳳鶴圖도 궁중에서 감상되었

도33 **〈봉황도〉 〈공작도〉** 쌍폭, 종이에 채색, 156.2×54.6cm, 필라델피아 미술관 소장. ©Philadelphia Museum of Art

도34 **〈봉황도〉 부분** 오일영, 이용우, 1920년, 비단에 채색, 214.0×578.0cm, 창덕궁 대조전 동벽.

던 그림 중 하나이다.

거북

바다에 사는 생물 중에 대표적인 장수의 상징이 거북(龜)이다. 옛 사람들은 거북의 형상 중에 둥근 등은 하늘과 같고, 평평한 배는 땅과 같다고 생각했다. 즉, 거북은 천지天地를 한 몸에 지니고 음양을 한곳에 모은 장수의 신물神物이므로 능히 길흉을 알며 천지의 모든 것을 점칠 수 있다고 믿었다.[33] 하나라 우임금이 홍수를 다스릴 때 낙수洛水에서 낙서洛書를 지고 나온 것도 거북이다.

선조 대에 평안도에서 큰 거북이 잡히자 신구神龜(靈龜)라 하여 서울로 올려보낸 일이 있다.[34] 또 1874년(고종 11) 천연두를 앓던 왕

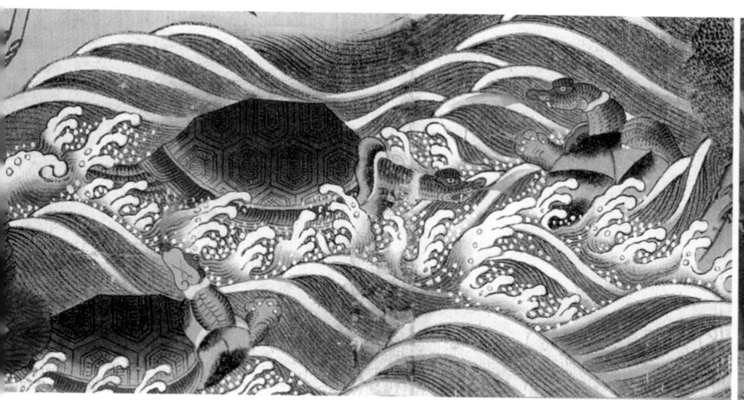

도35, 35-1 **〈십장생도〉의 거북 부분**
창호, 비단에 채색, 109.0×57.0cm, 국립고궁박물관 소장.

세자(순종)가 회복되자 인천부에서 서구瑞龜를 바쳤다는 기록을 보면 거북에 우의하였던 장수의 길상성을 확인할 수 있다.[35]

거북 표현은 왕실 국장에서 찬궁欑宮의 네 벽에 그려 붙였던 사수도四獸圖 중의 현무玄武와 밀접한 관련이 있다. 사수도의 모습은 산릉도감의궤山陵都監儀軌의 도식에서 잘 알 수 있다.[36] 현재 남아 있는 십장생도의 거북은 측면관과 정면관의 상당히 다양한 자세로 그려져 있다. 파도 사이에서 물거품을 일으키며 목을 길게 빼고 뒤를 돌아보거나 뒤집어진 채로 떠 있는 모습이 마치 여러 마리가 어울려 장난치는 듯이 보인다.도35 혹은 파도 위나 육지를 점잖게 걸어다니는 모습으로도 그려진다. 입에서는 모두 서기를 뿜어내고 있어서 영물靈物로서의 거북임을 암시한다.

다른 동물에 비해 궁중 장식화에 나타난 거북의 표현은 정형화되어 있는 편이다. 육각문이 표현된 등껍질은 대개 짙푸른 색이며 몸체 각 부위는 가장자리를 따라 황색으로 선염하였다. 배 부분은 검붉은색으로 얼룩무늬를 그렸으며 눈과 콧잔등, 입, 네 다리의 앞면을 붉은색으로 표시하는 것이 특징이다. 이러한 거북의 묘사는 산릉도감의궤의 사수도와 매우 상통한다. 청색과 황색으로 거북을 설채하는 것은 17세기 전반에 이미 확립된 양식인 듯한데,도36 각 부위에 붉은색을 써서 변화를 주는 것은 17세기 후반 『효종영릉천도36 **〈현무〉** 『인목왕후산릉도감의궤』仁穆王后山陵都監儀軌 도설圖說, 1632년, 종이에 채색, 서울대학교 규장각 소장.

도37 **〈현무〉** 『정성왕후산릉도감의궤』, 권2, 「조성소의궤」造成所儀軌 도설, 1757년, 종이에 채색, 서울대학교 규장각 소장.

도38 **〈십장생도〉 부분** 6첩 병풍, 비단에 채색, 150.0×352.0cm, 성신여자대학교박물관 소장.

도39 **〈현무〉** 『철인왕후예릉산릉도감의궤』, 권2, 「조성소의궤」 도설, 1878년, 종이에 채색, 서울대학교 규장각 소장.

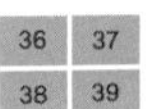

36	37
38	39

봉도감의궤』孝宗寧陵遷奉都監儀軌부터 나타난다. 1757년 『정성왕후산릉도감의궤』貞聖王后山陵都監儀軌부터 거북을 감고 있던 뱀이 없어지고 한층 현실적인 거북의 모습으로 그려지면서 의궤의 현무와 십장생도의 거북은 더욱 흡사해졌다.도37, 38 십장생도에서 목을 길게 빼고 뒤를 돌아보는 거북의 자세가 매우 빈번하게 그려졌던 것은 찬궁의 현무 도상에서 비롯된 것임을 알 수 있다. 거북 표현의 시대적 차이는 등껍질의 육각문 묘사에서도 발견된다. 반듯한 육각문을 선묘로 반복하는 경우와 성신여자대학교 박물관 소장의 《십장생도》 병풍과 같이 비늘처럼 겹친 모양으로 그린 경우가 있는데, 물론 대세는 전자의 경우이다. 후자의 묘법은 1855년 『문조수릉천봉도감의궤』文祖綏陵遷奉都監儀軌에서 보듯이 육각문이 겹치는 표현으로 시작되어 1878년 『철인왕후예릉산릉도감의궤』哲仁王后睿陵山陵都監儀軌

에서는 육각형이 사라지고 둥그스름한 비늘 모양이 겹치는 양상을 보인다.도39 비늘 모양으로 겹치는 등껍질의 표현은 1850년대 이후에 나타나는 양식으로 시대 비정의 근거로 삼을 만하다.

사슴

학이 장수를 대표하는 새라면 육지 동물 중에는 사슴(鹿)이 있다. 사슴의 뿔은 가장 두드러진 사슴의 외형적 특징이며 사슴의 특별한 능력은 대부분 여기에서 비롯된다는 믿음이 있다. 머리에 나무를 자라게 할 수 있는 능력은 사슴을 대지의 동물로 여기게 하였으며, 사슴의 출현은 길한 징조가 되었다. 사슴의 뿔은 나뭇가지와 흡사한 까닭에 나무와 같은 생명력을 암시하며, 떨어져 나간 후에도 다시 자라나는 속성상 사슴은 재생과 영원한 생명을 상징한다.[37] 사슴이 이같이 장수의 상징이 된 것은 약으로서 사슴뿔의 효능도 한몫을 하였다.

사슴은 흰색, 갈색, 그리고 짙은 재색으로도 그려지는데 기록에 의하면 사슴이 천 년을 살면 창록蒼鹿이 되고, 여기서 오백 년을 더 살면 백록白鹿이, 또 오백 년을 더 살면 검은색의 현록玄鹿이 된다고 한다. 특히 사슴 중에서도 흰 사슴의 출현을 신령스럽게 여겨 『서응도』瑞應圖에는 제왕이 효성스러우면 흰 사슴이 나타난다고 하였다.[38] 도40, 41 지방에서 백록을 잡으면 최고의 상서라 하여 왕에게

도40 〈요지연도〉 부분(좌) 18세기, 비단에 채색, 151.5×122.7cm, 국립중앙박물관 소장.

도41 〈장생도〉 부분 추재秋齋 관서, 비단에 채색, 143.0×67.7cm, 국립중앙박물관 소장.

도42 **《십장생도》 부분(좌)** 1880년 완성, 10첩 병풍, 비단에 채색, 각 201.9×52.1cm, 미국 오리건대학교 박물관 소장.

도43 **《서수낙원도》 부분** 10첩 병풍, 비단에 채색, 113.0×320.3cm, 리움미술관 소장.

전문箋文을 올려 하례하곤 했다.[39]

사슴은 영지를 본능적으로 찾아내는 신비한 능력이 있으며 그런 의미에서도 장수의 상징이다. 영지를 발견한 듯 영지를 향해 몸을 굽히거나 입에 영지를 물고 있는 사슴의 모습은 미술품에 나타나는 가장 전형적인 사슴의 도상이다.도42, 43 또 계곡이나 강가에서 앞다리를 접고 물을 마시는 사슴의 자세도 흔하게 찾아볼 수 있다. 사슴(鹿)은 즐거움(樂)과 비슷한 발음이며 물(河)은 화합(和)과 같은 소리이므로 물가의 사슴은 즐거움과 화합을 의미한다.

도44 **《십장생도》 부분** 창호, 비단에 채색, 108.4×57.0cm, 국립고궁박물관 소장.

사슴은 대체로 몸체에 흰 점이 있는 꽃사슴으로 그려진다. 조선시대 사슴 표현의 주된 특징 중의 하나는 목에서부터 꼬리까지 이어지는 등줄기를 흰색과 검정색이 교대로 난 털로 표현하는 것이다. 이는 실제 사슴과는 다소 다른 모습이지만 사슴을 그릴 때 빠지지 않는 묘법이다. 귀를 깔때기 모양으로 그리고 그 안쪽의 살결을 표시한 점, 눈 아래쪽에 있는 눈밑샘(眼下腺)을 강조하여 그리고 붉게 칠한 점, 다문 입의 끝을 붉은색으로 마무리한 점, 가슴쪽 털을 몸 색깔과 다르게 희거나 검게 그린 점 등도 궁중 장식화에 그려진 사슴 표현의 특징이다.도44 그런데 고개를 돌린 사슴의 경우 목에서 엉덩이까지 이어진 등줄기를 합리적으로 그리는 것이 쉽지 않았던 듯 이상하게 묘사된 경우도 적지 않다.

사슴은 주로 소나무와 함께 송록도松鹿圖로 그려져 장수의 염원을 강화하였다. 혹은 신선의 탈것으로서 신선과 함께 그려지는데 궁중 장식화에서는 요지연도에서 확인된다.도6 참조

학

학鶴은 천연기념물 202호 두루미로 알려진 새이다. 새 중의 우두머리로 여겨져 일품조一品鳥로 불렸다. 목과 다리가 검은색이며 정수리 부분이 빨개서 단정학丹頂鶴이란 별칭이 있다. 학을 설명하는 옛 문헌에는 학이 천 년 이상을 장수하는 새임이 반드시 언급되어 있다. 중국 진나라 최표崔豹가 엮은 『고금주』古今注에는 학은 천 년을 살면 푸르게(蒼) 되고 이천 년을 살면 검게 변하는데 이것이 바로 현학玄鶴이라 하였다.[40] 한대 초기 백과사전적 성격의 저작인 유안劉安의 『회남자』淮南子에도 학이 천 년을 사는 새임을 말하였다. 명나라 주리정周履靖이 편찬한 『상학경』相鶴經에는 학은 태어난 지 3년이 되면 머리가 붉게 변하고 60년이 되면 큰 털이 빠지고 잔털이 무성해져 색깔이 눈처럼 희게 된다고 하였다. 또 1,600년이 지나면 마시기만 하고 먹지 않아도 살 수 있으며 신선의 탈것이 된다는 것이다.

학鶴의 중국 발음은 화和, 또는 합合과 같아서 평화와 조화를 뜻한다. 학의 길상성은 송 휘종이 1112년에 그렸다는 〈서학도〉瑞鶴圖에서도 잘 표출되어 있다. 학은 소나무, 대나무, 또는 돌과 같이 그려지고, 입에 영지를 물고 구름 속을 나는 모습으로도 그려져 장수의 상징성을 배가시킨다. 특히 학은 소나무와 짝을 이루어 송학도松

도45 〈신선도〉神仙圖 18세기, 종이에 채색, 102.5×53cm, 국립진주박물관(두암 김용두) 소장.

鶴圖로 많이 그려졌는데 이러한 도상은 송학장춘松鶴長春(혹은 송학동춘松鶴同春)이라 하여 길이 청춘을 구가하며 늙지 않음을 의미한다.

학은 서왕모나 신선들의 이동수단이며 그들과 벗하고 사는 동물이므로 선학仙鶴으로 여겨졌다.[도45] 서왕모의 요대瑤臺에는 사슴과 나란히 대기 중인 학을 볼 수 있다.[도40 참조] 중국에서는 학을 탄 수성노인이 구름 사이를 날고 팔선八仙은 이를 우러러 경축하는 도상이 축수용 그림으로 많이 제작되었다. 조선시대 요지연도에서 학은 요지瑤池를 향해 가는 신선의 탈것으로 종종 등장한다. 이때의 신선은 수성노인으로 생각되는데, 간혹 높고 큰 정수리를 가진 수성노인임이 분명히 표현된 경우도 있다.[도46] 깃털의 색과 관계없이 학은 실제 외형적 특징대로 검은 목과 다리, 붉게 드러난 정수리, 녹색 부리, 그리고 검은색 꽁지깃(실제는 둘째와 셋째 날개깃)을 가진 모습으로 그려진다. 등쪽 깃털은 물고기 비늘 모양으로 처리되고 꽁지 쪽으로 갈수록 큼직한 깃털로 표시된다.

이러한 표현은 관복상 초상화의 흉배에 그려진 학의 모습과도 상통한다. 초상화 흉배의 학은 대개 구름무늬와 함께 그려졌는데 조말생趙末生(1370~1447)으로 추정되는 초상화처럼 모란과 함께 그려진 드문 예도 있다.[도47] 일품조인 학과 부귀화인 모란의 조합은 최고 관직에 올라 부귀를 누리라는 염원이 담긴 일품부귀一品富貴로

도46 **《요지연도》 부분(좌)** 8첩 병풍, 비단에 채색, 각 134.2×47.2cm, 경기도박물관 소장.

도47 **전傳 〈조말생초상〉趙末生肖像 흉배 부분** 17세기 후반, 비단에 채색, 178.6×104.1cm, 국립중앙박물관 소장.

도48 **《십장생도》 부분(좌)** 1880년 완성, 10첩 병풍, 비단에 채색, 각 201.9×52.1cm, 미국 오리건대학교 박물관 소장.

도49 **《십장생도》 부분** 6첩 병풍, 비단에 채색, 150.0×352.0cm, 성신여자대학교박물관 소장.

읽힌다.

궁중 장식화에 그려진 학은 홀로, 둘씩 짝지어, 혹은 무리를 지어 날거나 언덕과 물가를 산책하고, 소나무에 깃든 모습으로 그려졌다. 규장각 차비대령화원 녹취재 화제로 출제된 "황학이 줄지어 날다"(黃鶴遠聯翩)나 "한 마리 학이 강을 비껴 날아오다"(適有一鶴橫江來), "학이 못가에서 춤추다"(舞鶴傍池邊), "학이 높은 언덕에서 울다"(鶴鳴于九皐)에서 연상되는 모습이다.[41] 길고 유연한 목선, 쭉 뻗은 다리, 큰 날개깃을 지닌 학은 어느 곳에서도 여러가지 우아한 자태를 연출하였다.도48 정성이 많이 들어간 작품일수록 잔 깃털의 결과 포실포실한 질감을 일일이 흰 선으로 나타내고, 검은 꽁지깃의 뻣뻣한 질감을 부드러운 흰 깃과 다르게 묘사하였으며, 다리의 오돌도돌한 표피와 붉은 정수리의 피부 질감도 세밀하게 표시하였다. 학을 흰색 외에 황학黃鶴과 청학青鶴으로 그리는 것은 나중에 시작된 것이 분명한데, 1850년경 철종 대의 차비대령화원 녹취재 화제에서 황학에 대한 기록이 확인된다.[42]

그런데 소나무에 학이 날아와 앉은 모습은 사실에 위배된다.도49 사실 학은 뒷발가락이 발달하지 못해 나무에 앉지 못한다. 생태적으로 뒷발가락이 길어서 나뭇가지에 앉을 수 있는 새는 학과 비슷하게 생긴 백로白鷺이다. 소나무에 깃든 백로의 이미지가 학과 혼동되었지만 송학장춘의 함의를 간직한 채 습관적으로 반복되어 하나의 고정된 도상이 되었다.

공작

공작孔雀은 우리나라에서 자생하는 새는 아니지만 사육의 역사는 신라시대까지 거슬러 올라간다. 궁중에서는 귀하고 기이한 금수禽獸를 기르지 않는다는 옛 교훈에 따라 궁궐 내에서는 공작을 공식적으로 기르지 않았다. 공작과 관련된 몇 개의 기사가 『조선왕조실록』에 보이는데 모두 대마도 사신이 진헌한 공작에 대한 내용이다.[43] 예컨대 1589년(선조 3)에 대마도주가 보낸 공작 한 쌍의 처리를 놓고 조정에서 고

도50 〈이산해초상〉李山海肖像 부분(좌) 19세기, 비단에 채색, 161.7×82.4cm, 국립중앙박물관 소장.

도51 공작삽병 『무자진작의궤』 권수卷首, 「도식」圖式, 1828년, 목판인쇄, 서울대학교 규장각 소장.

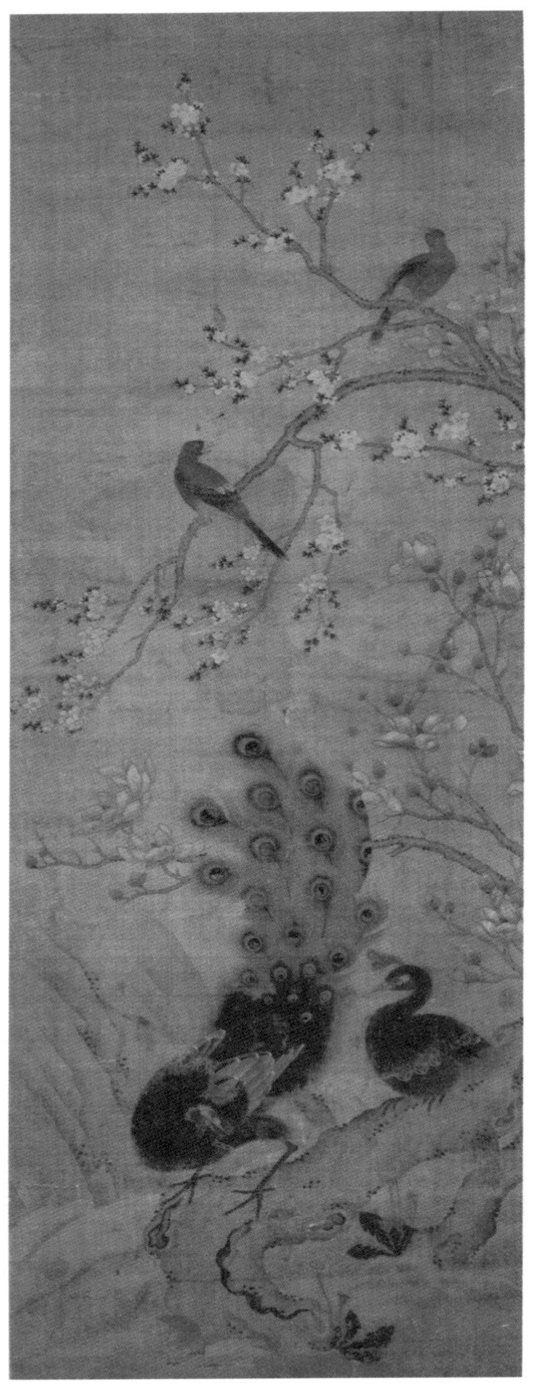

민하였던 기록이 있다.[44] 당시 일본과의 외교관계가 민감한 때였으므로 되돌려 보내지 않고 남양南陽의 수목이 울창한 외딴 섬에 풀어놓자는 결론에 이르렀다. 성안의 남녀노소가 이 공작을 구경하느라 집을 텅텅 비웠다는 얘기를 보면 공작은 매우 보기 힘든 귀한 새였음이 분명하다.

공작 깃털은 희완품戲玩品으로 애호되었으며 어가御駕를 따르는 군복 차림의 관원들 머리에 장식되었다.[45] 국내에서 공작 깃털은 귀했으므로 대개 일본, 유구, 중국으로부터 구했다. 유구국 왕이 사신 편에 보낸 예물에는 공작 깃털이 200개나 포함된 일도 있었으며 연산군은 중국에 사행하는 사신에게 매번 공작 깃털을 무역해 오도록 명하였다.[46]

공작의 상징적 의미는 외모의 화려한 자태와 깃에서 비롯된다. 공작은 문관 1품의 흉배 문양인 점에서도 알 수 있듯이 높은 관직, 입신출세, 부귀를 상징한다.도50 공작 그림은 현전하는 예가 많지 않지만, 기록에서 그 작례를 알 수 있다. 1828년(순조 28) 순원왕후純元王后(1789~1857)의 사순四旬을 칭경하는 진작례에서 순조의 어좌와 순원왕후의 보좌寶座에 공작 그림을 설치하였다.

도52 《화조도》 8첩 병풍 중 〈목련공작〉木蓮孔雀 전 이영윤李英胤, 조선 16세기, 비단에 채색, 152.6×55cm, 국립중앙박물관 소장.

53 54
55 56

도53 **〈요지연도〉 부분** 18세기, 비단에 채색, 151.5×122.7cm, 국립중앙박물관 소장.

도54 **〈곽분양행락도〉 부분** 8첩 병풍, 비단에 채색, 144.5×49.9(제1·8첩), 53.0(제2~7첩)cm, 국립중앙박물관 소장.

도55 **〈요지연도〉 부분** 8첩 병풍, 비단에 채색, 각 134.2×47.2cm, 경기도박물관 소장.

도56 **〈서수낙원도〉 부분** 10첩 병풍, 비단에 채색, 113.0×320.3cm, 리움미술관 소장.

이때 사용된 공작삽병孔雀揷屛은 『무자진작의궤』戊子進爵儀軌 도식에서 그 모습을 짐작할 수 있다.[도51]

공작은 곽분양행락도와 요지연도에 암수가 쌍을 이루어 나타난다. 주인공의 귀한 신분과 복덕을 상징하는 장치라 생각된다. 둥근 동전무늬(圜錢文)가 수놓인 화려한 꼬리깃과 뒷머리에 표현된 깃털 모양의 우관羽冠은 공작만이 가진 특징이다. 때로는 입에 깃털 하나를 물고 있는 모습으로 그려지기도 한다.[도52~55]

규장각 차비대령화원 녹취재 화제를 보면 궁중에서 그려진 공작 그림은 계수나무 속에 튼 공작 둥지나 무리 지어 나는 공작 등 일가족의 모습으로 즐겨 그려졌던 것 같다. 혹은 1867년(고종 4)에 출제된 "병풍처럼 꼬리깃을 활짝 편 금빛 공작"(屛開金孔雀)처럼 화려한 자태로 그려지기도 하였다.[47] 리움미술관의 《서수낙원도》[도56]와 미국 필라델피아 미술관의 〈봉황도〉와 짝을 이루는 〈공작도〉에도 공작 가족의 다복함이 그려져 있다.[48 도33 참조] 시각은 달이 높게 떠오른 밤이며 계절은 복숭아꽃이 활짝 핀 봄이다. 꽃과 함께 큼직한 복숭아가 주렁주렁 달려 있다. 바위 위에 암컷 공작이 새끼 여섯 마리를 품고 있고 수컷 공작은 나무 위에서 이들을 보호하듯 내려다보고 있다. 달, 구름, 복숭아, 바위, 대나무, 영지 등 배경은 온통 장수를 상징하는 길상물로 이루어져 있는 점도 특징이다.

원앙

원앙鴛鴦의 '원'鴛은 수컷을, '앙'鴦은 암컷을 의미한다. 원앙은 짝을 지은 후에는 언제나 같이 움직이고 한 마리가 죽으면 나머지 한 마리도 따라 죽는다 하여 필조匹鳥라고도 한다. 원앙은 부부의 금실과 해로의 상징이며 나아가 귀한 자식과 복록福祿의 의미도 지니고 있다.[49] 원앙 도상은 부부해로의 길상성을 대표하므로 혼인과 관련된 각종 공예품에 단골로 사용되었다.

화조화에서 원앙은 대부분 연꽃 사이를 헤엄치는 모습으로 그려

도58 **〈연지유압〉** 심사정, 비단에 채색, 142.3×72.5cm, 리움미술관 소장.

도57 **〈화조도〉 8첩 병풍 중 〈계류원앙〉溪流鴛鴦(좌)** 전 이영윤, 조선 16세기, 비단에 채색, 152.7×55cm, 국립중앙박물관 소장(왼쪽).

도57-1 **《화조도》 8첩 병풍 중 〈계류 원앙〉의 부분** 전 이영윤, 국립중앙박물관 소장.

졌다. 원앙희하鴛鴦戲荷(鴛鴦喜荷) 혹은 원앙귀자鴛鴦貴子라 하여 행복한 혼인과 귀한 자식(貴子)의 출산을 상징한다.[50] 연蓮에도 부부화합과 자손번창의 길상성이 있으므로 그 뜻이 두 배로 강조되는 셈이다.

원앙은 수컷의 몸 색깔이 암컷보다 훨씬 화려하다. 수컷 원앙은 번식기의 깃털 색이 평상시와 다른데, 이마에서 목덜미 쪽으로 빗어 넘기듯 뻗은 여러 빛깔의 털, 턱에서 목 옆면을 덮은 갈색 수염깃, 붉은 갈색의 가슴, 황색의 옆구리, 선명한 적황색 날개 깃털, 그리고 흰색 눈 둘레 등이 특징적이다. 그 중에서도 원앙임을 알려주는 고유의 모습은 이마에서부터 뒤로 넘겨진 댕기 같은 깃털과 위로 솟은 은행잎 모양의 날개 깃털이다. 이러한 생물학적 특징이 잘 나타난 원앙이 이영윤李英胤(1561~1611) 전칭의 《화조도》 8첩 병풍 중에 있다. 비록 위로 솟은 은행잎 모양 날개깃 부분이 손상되었지만 위에서 언급한 원앙의 특징들이 잘 표현되었으며 같이 그려진 수수한 외모의 암컷과 대비된다.도57, 57-1

그런데 궁중의 채색 화조화에 나타난 원앙은 그 고유한 외형적 특징이 뚜렷하지 않고 오리와 매우 흡사하게 그려진 경향이 있다. 일례로 리움미술관 소장 심사정沈師正(1707~1769)의 〈연지유압〉蓮池

遊鴨은 제목에 오리임을 시사하였으나 비교적 그 특징 표출이 잘된 한 쌍의 원앙을 그린 것이다.도58 사실 오리도 원앙처럼 암수가 사이좋게 늘 짝지어 다니는 습성이 있으므로 부부금실, 풍요와 다산을 상징하는 물새이다.[51] 곽분양행락도의 후원 지당池塘에서 흔히 짝지어 헤엄치고 있는 물새도 오리이다. 오리는 주로 청둥오리로 그려지는데, 이는 머리와 목이 광택 있는 짙은 녹색이고 흰색의 목테가 있는 수컷의 외형에서 알 수 있다.

국립고궁박물관 소장 《연화수금도》蓮花水禽圖 4첩 병풍의 원앙은 몸체 각부의 색과 깃털의 모양은 다채롭지만, 원앙임을 분명히 알 수 있는 것은 머리에 늘어진 댕기 같은 깃털 정도이다.도59, 59-1 반면에 청둥오리는 짙은 청록색 머리와 흰색 테두리가 있는 목을 가진 수컷의 특징과 흰색 꽁지깃을 가진 갈색 암컷의 특징이 뚜렷하다.

도59, 59-1 **《연화수금도》蓮花水禽圖 부분** 4첩 병풍, 비단에 채색, 각 76.0×42.5cm, 국립고궁박물관 소장.

도60, 60-1 **《화조도》 부분** 8첩 병풍, 비단에 채색, 각 123.9×42.4cm, 통도사 성보박물관 소장.

도61 《왕회도》 부분(좌) 19세기, 8첩 병풍, 비단에 채색, 각 138.0×46.2cm, 국립중앙박물관 소장.

도62 《요지연도》 부분 8첩 병풍, 비단에 채색, 각 134.2×47.2cm, 경기도박물관 소장.

통도사 성보박물관 소장《화조도》8첩 병풍에서도 새만 놓고 보면 원앙이라는 특징이 모호하다.[도60, 60-1] 다만 연꽃과 함께 그려지고 다른 첩에 오리가 이미 그려졌기 때문에 원앙을 그린 것이라고 짐작된다. 조선시대 사람들에게 원앙보다는 오리가 친숙한 물새이므로 그림의 소재로도 훨씬 친숙했을 것이다. 게다가 화본畵本에 대한 의존성이 큰 화조화의 특성상 시대가 내려올수록 원앙의 특징은 변형되거나 희석되었다고 생각된다. 다만 원앙은 물새임에도 여러 색깔의 깃털로 화려하게 그려져 원앙임을 짐작할 수 있다.

개·고양이

개(狗, 犬)는 예로부터 인간과 함께 생활하며 집을 지켜주는 수호자였다. 개와 관련된 일화 중에 목숨을 다해 주인에게 충성을 바치고 의리를 지키는 내용이 많은 것처럼 개는 충성과 의리의 상징이다. 또 개는 재앙을 물리치는 벽사의 기능과 집안에 행복을 가져다 주는 상서의 기능이 있다고 믿어졌다.

조선 초 명나라가 조선에 요구하는 공물 중에 해청海靑과 강아지(狗兒)가 있었다. 조선은 중국 측에 진헌할 강아지의 마릿수를 맞추

도63 **《곽분양행락도》 부분(좌)** 8첩 병풍, 비단에 채색, 144.5×49.9(제1·8첩), 53.0(제2~7첩)cm, 국립중앙박물관 소장.

도64 **《곽분양행락도》 부분** 8첩 병풍, 비단에 채색, 131.0×415.0cm, 리움미술관 소장.

기 위해 병조로 하여금 전국적으로 숫자를 배정하여 먹여 기르도록 했다.[52] 중국뿐만 아니라 일본 측에서도 강아지를 요청하였다. 전국에서 강아지를 바치는 규정은 성종 대에 폐지되었지만 국가적인 수요에 의한 강아지의 사육이 있었음을 알 수 있다.

개의 사육은 왕실의 매사냥을 위해서도 필요하였다. 하지만 왕이 궁중에서 진귀한 동물을 마음대로 키우는 것이 경계되었으므로 왕이 사사로이 개를 키우기는 힘들었다. 다만 연산군은 내정內廷에서 강아지 한 마리를 길렀는데 그 턱 밑에 방울을 달아 강아지의 재롱을 즐겼다고 하니 특별한 사례라 할 수 있다.[53]

사실상 궁중 장식화에서 개가 그려지는 예는 매우 드물다. 왕회도, 곽분양행락도, 그리고 요지연도에서 부분적으로 찾을 수 있는 정도이다. 왕회도에서는 진헌될 공물 행렬 중에 매사냥을 위한 사냥개로 등장한다.도61 또 일부 요지연도에서도 개를 찾을 수 있는데, 개와 함께 신선이 되었다는 서한의 회남왕淮南王 유안劉安(B.C. 179~122) 옆에 그려졌다.도62 도가道家를 숭상하던 유안은 선단영약仙丹靈藥의 제법을 알아내 이를 만들어 먹고 승천했다는 인물이다. 그가 기르던 개와 닭도 남은 약을 먹고 같이 신선이 되었다고 한다.

곽분양행락도의 마지막 두세 첩은 저택의 후원 부분으로 남자들의 여러 활동상이 묘사되어 있다. 하단 부분에는 뒤늦게 연회에 도

도65 《곽분양행락도》 부분(좌) 8첩 병풍, 비단에 채색, 100.0×363.2cm, 서울역사박물관 소장.

도66 《곽분양행락도》 부분(중) 8첩 병풍, 비단에 채색, 131.0×415.0cm, 리움미술관 소장.

도67 《곽분양행락도》 부분(우) 8첩 병풍, 비단에 채색, 144.5×49.9(제1·8첩), 53.0(제2~7첩)cm, 국립중앙박물관 소장.

착한 사람들 혹은 시종을 대동하고 산책하는 사람들이 길을 따라 걸어 들어오는데, 이 길과 연결된 건물에 늙은 하인과 함께 한 마리의 개가 그려졌다.도63, 64 건물의 위치나 하인의 신분으로 보아 이 개는 큰 저택을 수호하는 역할인 듯하며 나아가 집안에 행복을 가져오는 길상성의 표출로 해석된다. 조선시대에 궁궐이나 사가에서 개를 키워 집을 지키게 했던 일은 극히 평범한 일로서, 이러한 습관이 곽분양행락도의 한 장면으로 반영되었다고 생각한다.

고양이의 경우도 마찬가지이다. 고양이가 궁중회화에서 즐겨 다루어진 소재는 아니다. 거의 유일하게 곽분양행락도의 화면 우반부 여인들의 공간에서 건물 난간에 앉아 있는 고양이를 발견할 수 있다.도65~67 자세히 살펴보지 않으면 놓치기 쉬울 정도로 작으며 기둥에 가려 눈에 잘 띄지 않는다. 조선시대 곽분양행락도의 내당 건물에는 오락을 즐기고 외모를 치장하거나 새를 키우고 아이들을 돌보는 다양한 여인들의 활동이 자연스런 일상생활의 한 장면으로 그려져 있다. 그 중의 한 여인이 옥으로 만든 노리개로 고양이에게 장난을 걸고, 고양이는 난간 모퉁이에 앉아 고개를 뒤로 하여 주인을 쳐다보는 모습이다. 혹은 앉은 자세로 난간 밖의 고양이를 내다보기도 한다. 고양이는 마치 이들이 집안에서 키우는 고양이인 듯 주변 정황과 자연스럽게 어우러져 있다.

조선시대에 고양이는 집안에서 쥐를 잡기 위한 용도로 길러졌다. 조선시대 궁궐에서도 쥐를 잡기 위해 고양이를 기르는 일은 흔한 일이었다.[54] 애완용의 고양이 사육도 이례적이긴 하나 『성호사설』星湖僿說에 보인다. 숙종은 금빛 고양이(金猫)를 한 마리 길렀는데 숙종이 세상을 떠나자 고양이도 밥을 먹지 않고 따라 죽었다고 한다.[55] 고양이는 동양문화권에서 영물靈物로서 벽사와 치유·주술의 능력이 있고 충의忠義를 상징하는 측면도 있으나 그보다는 악연, 불길함, 저주, 복수, 탐관오리 등의 부정적 이미지가 큰 동물로 인식되었다.[56]

다만 일반 동물화에서 고양이 그림은 노인의 장수를 축원하는 내용으로 잘 알려져 있다. 고양이를 뜻하는 중국어 발음(猫)이 70세 노인을 뜻하는 모耄와 같아서 고양이는 70세 노인을 상징한다. 또 고양이가 나비와 함께 그려지게 되면 그 의미는 80세 노인을 상징하는 것으로 확장된다. 나비(蝶)와 80세 노인을 의미하는 질耋의 발음이 같은 이유 때문이다.

곽분양행락도에서 고양이의 존재 이유를 명확하게 설명하기는 힘들다. 아무래도 곽자의의 장수를 축원하는 의미에서 의도적으로 포치한 소재일 가능성이 크다. 사실 곽분양행락도에는 굳이 고양이가 아니더라도 곳곳에 장수와 관련된 상징물이 가득 차 있다. 그럼에도 불구하고 곽분양행락도의 고양이는 내당의 정경 중에 자연스럽게 포함된 일상이면서 장수의 의미를 강조하는 장치로 풀이된다.

궁중 장식화에 그려진 개와 고양이는 매우 작은 크기이지만 18세기 이후 화원畵員의 동물화 화풍으로 그려졌다. 특히 등을 동그랗게 만들고 앉아 고개를 젖혀 뒤를 올려보는 고양이의 자세는 변상벽卞相璧(1730~?)의 고양이 그림에 자주 보이는 도상이다. 곽분양행

도68 〈묘작도〉猫鵲圖 전 변상벽, 조선 19세기, 종이에 채색, 124.5×60.0cm, 서울대학교 박물관 소장.

락도에 그려진 고양이는 크기는 작으나 동그랗게 웅크린 몸체, 검은 빛의 등과 흰 배의 대비는 서울대학교박물관 소장의 〈묘작도〉猫鵲圖에 그려진 고양이와 매우 상통한다.도68 이 그림은 고양이를 잘 그린 변상벽의 전칭작으로 전해지고 있지만 필치와 양식 면에서 19세기의 작품이라 생각한다. 유형화된 둥근 몸체, 어색한 몸체의 연결, 경직된 필치 등 형식화된 경향이 강하고, 무엇보다 나무에 붙은 장식적인 태점은 이 그림의 제작 시기를 18세기로 보기 어렵게 한다.

3 식물에 담긴 길상의 도상과 양식

모란

모란(牡丹)은 중국 고산지대가 원산지이다. 일명 목작약木芍藥이라고도 하는 모란은 그 아름다운 모습 때문에 '나라에서 으뜸가는 미인'이라는 국색천향國色天香에 비유되며 부와 명예의 꽃(花中富貴者)으로 일컬어진다. 모란은 미인에 비견되지만 수컷 모牡 자와 붉을 단丹 자를 쓰는 모란 이름에서 짐작되듯이 양의 기운을 지닌 꽃이다.[57] 즉, 『본초강목』本草綱目에 의하면 모란 중에 붉은색 꽃이 최고이며 모란은 씨를 맺지만 뿌리에서 싹이 나오기 때문에 붙여진 이름이라는 것이다.

모란은 일찍이 『시경』詩經에도 언급되어 있으며 한나라 때 이미 사람들에 의해 키워졌다.[58] 그러나 관상용으로 본격적인 재배는 남조 이후 시작되었으며 수나라에 이르면 모란 화원花苑과 화시花市가 형성될 정도가 되었다. 모란이 궁중에서 꽃 중의 왕(百花王)으로 칭송된 것도 수나라 양제煬帝(604~617 재위) 무렵부터라고 하며 특히 당나라 때 무측천武則天(690~705 재위)의 모란에 대한 유별한 애호는 유명하다.

모란은 이미 당송대에 상서로운 꽃으로 칭송되었다. 모란은 미인, 최고의 관직과 지위(官居一品), 부귀영화의 상징일 뿐만 아니라

황제의 꽃이었으며, 우리나라에서도 설총薛聰의 「화왕계」花王戒에서 시사되듯이 왕으로 의인화되곤 하였다.[59] 이러한 상징적 의미는 왕실의 위의威儀에 적합하였으며, 따라서 모란도가 궁중에서 가장 활용도가 높은 꽃 그림으로 사용되는 데에 한몫을 하였다.

도69 〈윤중삼초상〉尹重三肖像 부분
17세기 초, 비단에 채색, 183.5×108.0cm, 국립중앙박물관 소장.

모란은 돌이나 다른 종류의 꽃과 같이 그려져 그 상징성을 넓혀나갔다. 모란이 장수를 상징하는 돌과 합쳐지면 오래도록 장수와 부귀를 누리기를 염원하는 장명부귀長命富貴 혹은 부귀수고富貴壽考의 뜻이 된다.[60] 화조도에서도 모란은 괴석과 함께 자주 등장하며, 17세기 문관 관복의 흉배에도 모란은 주요 소재였다.[61] 도69 궁중에서도 모란병풍은 각 첩마다 괴석과 모란이 병렬적으로 조합된 형식이 가장 많이 제작되었다. 그런데 신선원전 북벽의 모란병풍이나 현전하는 대규모 화면의 모란병풍을 놓고 볼 때 혼전魂殿이나 진전眞殿에는 기본적으로 괴석이 없는 형식이 사용되었다고 생각된다.

괴석모란은 곽분양행락도에서 곽자의 저택의 정원에 반드시 그려지는 길상물이며 요지연도에도 배경 경물로서 자주 그려졌다. 도70~72 또 이화여자대학교박물관의 《해학반도도》 10첩 병풍의 전경前景에서도 괴석모란을 찾을 수 있다. 간혹 곽분양행락도에는 괴석모란과 옥란화玉蘭花가 같이 그려졌다. 옥란화와 해당화海棠花의 조합은 많은 사람들이 선망하는 옥당玉堂, 즉 한림원을 뜻하므로 모란과 함께 있으면 높은 지위에 올라 부귀영화를 누리기를 염원하는 옥당부귀玉堂富貴의 의미로 사용된다. 도73

모란도 병풍에 그려진 수십 개의 꽃은 꽃망울이 맺힌 단계부터 꽃잎이 터지기 시작한 봉우리, 반쯤 벌어진 꽃송이, 꽃잎이 활짝

70	71
72	73

도70 **《요지연도》 부분** 18세기, 비단에 채색, 151.5×122.7cm, 국립중앙박물관 소장.

도71 **《곽분양행락도》 부분** 전 김득신, 비단에 채색, 143.9×123.6cm, 국립중앙박물관 소장.

도72 **《곽분양행락도》 부분** 8첩 병풍, 비단에 채색, 144.5×49.9(제1·8첩), 53.0(제2~7첩)cm, 국립중앙박물관 소장.

도73 **《곽분양행락도》 부분** 8첩 병풍, 비단에 채색, 100.0×365.8cm, 서울역사박물관 소장.

도74 **〈모란도〉 부분** 10첩 병풍, 비단에 채색, 각 145×58cm, 국립중앙박물관 소장.

도75 **〈모란도〉 부분** 4첩 병풍, 비단에 채색, 각 240.3×50.5cm, 아모레퍼시픽 미술관 소장.

펴진 만개한 꽃까지 몇 가지의 단계로 그려졌다. 표현상으로 각 단계의 모양이 정형화된 면은 있지만 모란꽃만큼 다양한 꽃모양이 그려지는 경우도 드물다. 모란꽃은 홍색과 흰색, 노랑, 분홍, 하늘색에 국한되어 있다. 홍색 꽃을 제외하면 나머지는 모두 백분으로 밑칠하고 노랑, 분홍, 하늘색으로 꽃잎마다 음영을 넣어 꽃의 색깔을 구별하고 탐스러운 입체감을 표현하였다. 만개한 꽃에는 암술과 수술을 그리며 꽃받침을 표현하기도 한다.

여러 방향에서 모란꽃의 다채로운 형상을 묘사한 작품으로 국립중앙박물관 소장의 《모란도》 8첩 병풍과 아모레퍼시픽 미술관의 《모란도》 4첩 병풍이 대표적이다.[도74, 75] 모란은 관목이므로 나무에서 돋아난 새순이 자라 꽃을 피우는데, 모란 그림에는 새순을 가르며 뻗은 초록색 줄기가 묘사되며 오래된 나무줄기는 가로 방향의 결을 가진 옹이가 많은 모습으로 그려진다. 줄기에는 언제나 태점

76 77 77-1
77-2 78

도76 **〈모란도〉 부분** 10첩 병풍, 비단에 채색, 각 145×58cm, 국립중앙박물관 소장.

도77, 77-1, 77-2 **〈모란도〉 부분** 4첩 병풍, 비단에 채색, 각 240.3×50.5cm, 아모레퍼시픽 미술관 소장.

도78 **〈모란도〉 부분** 창덕궁 신선원전 북벽 병풍.

이 가해지는 것도 특징이다.도76~78 아모레퍼시픽 미술관의 《모란도》 병풍에는 제1첩, 제2첩과 3첩, 제4첩이 각각 다른 모란꽃의 화법과 필치, 명암의 방식을 보여 여러 명의 화가가 공동작업한 병풍임을 알 수 있다.

복숭아

복숭아(桃)와 영지靈芝는 모두 불로장생을 상징하는 대표적인 식물이다. 복숭아가 선도仙桃, 수도壽桃, 혹은 반도蟠桃로 불리며 장수의 상징이 된 것은 서왕모의 고사와 밀접한 관련이 있다. 한나라 무제 때 동방삭東方朔(B.C. 154~93)이 찬술했다는 『십주기』十洲記에 의하면 동해에 도색산

도79 《해학반도도》 부분(좌) 10첩 병풍, 비단에 채색, 166.0×416.0cm, 이화여자대학교박물관 소장.

도80 《요지연도》 부분(중) 8첩 병풍, 비단에 채색, 각 134.2×47.2cm, 경기도박물관 소장.

도81 〈장생도〉 부분(우) 추재 관서, 비단에 채색, 143.0×67.7cm, 국립중앙박물관 소장.

度索山이라는 산에 큰 복숭아나무가 있는데 구불구불하게 서린(屈蟠) 가지가 수천 리에 이르렀으므로 그 복숭아를 이름하여 반도라 불렀다는 것이다.[62] 또 서왕모가 사는 천산天山의 요지瑤池에 자라는 복숭아나무는 3,000년에 한 번씩 꽃을 피우며 열매가 익기까지는 또 다시 3,000년이 걸렸는데 서왕모는 매번 이 복숭아를 따서 신선들을 초대하여 연회를 베풀었고 이것이 바로 반도회蟠桃會이다.

복숭아나무는 십장생도의 주요 제재이고 해학반도도에서는 빠져서는 안 될 중심 경물이다.도79 물론 요지연도에도 연회가 한창인 누대 위 곳곳에 복숭아나무가 그려졌으며,도80 서왕모와 주 목왕 앞의 음식상에는 쟁반에 가득 담긴 반도가 꼭 차려졌다.

국립중앙박물관 소장의 《십장생도》 8첩 병풍에서 복숭아나무는 맨 마지막 첩의 좌측 하단에 아주 작은 비중으로 그려졌다. 육지가 아닌 바다에 배치된 점, 그리고 복숭아와 함께 꽃이 피어 있는 점이 주목된다. 추재 관서가 있는 〈장생도〉의 가지가 휘어질 듯 복숭아가 주렁주렁 달린 나무에도 복숭아꽃이 피어 있다.도81 복숭아의 꼭지 부분에는 연두색을 담채하고 뾰족한 끝부분에는 붉은색을 선염하여 싱싱한 복숭아의 느낌을 살렸다. 여기에 중간 톤의 붉은 점을 살짝 찍어 표면의 질감을 나타내는 것이 전형적인 묘사법이다. 복숭아꽃과 복숭아가 같이 달려 있는 불합리성은 시대가 내려가 형

도82 **《십장생도》 부분(좌)** 6첩 병풍, 비단에 채색, 150.0×352.0cm, 성신여자대학교박물관 소장.

도83 **《십장생도》 부분(중)** 10첩 병풍, 비단에 채색, 각 149.0×45.0cm, 서울역사박물관 소장.

도84 **《십장생도》 부분(우)** 창호, 비단에 채색, 각 109.0×57.0cm, 국립고궁박물관 소장.

식화가 진전된 십장생도에서는 점차 줄어들었다. 대신 실제에 가깝게 갸름하게 그려지던 이파리가 통통해지는 경향이 있다. 그리고 복숭아 표면에 가해졌던 두세 개의 자연스런 묽은 점은 한층 커지고 뚜렷해졌으며, 때로는 일정한 패턴으로 점을 찍어 장식적인 효과를 강조하였다.도82~84 이러한 장식성은 이파리의 묘사에서도 나타난다. 즉, 모란도에서 뒤집힌 이파리 끝의 묘사에 마치 주황색 열매가 달린 것처럼 왜곡된 표현이 나타나는데 같은 묘법이 복숭아나무에도 적용된 것이다. 화본畵本에 대한 정확한 이해 없이 반복적으로 이모했을 때 나타나는 양상이다.

영지

『설문해자』說文解字에 영지를 신초神草라 하였고 청 강희 연간에 편찬된 『광군방보』廣群芳譜에는 서초瑞草라고도 하였다.[63] 예로부터 영지는 신기한 효험이 있는 영약으로 알려졌으며 그 종류만 해도 100여 종에 이른다. 특히 붉은색의 영지를 월지月芝라 하였는데, 사실 영지는 붉은 빛깔 때문에 신령스런 지초芝草로 인식된 면이 없지 않다. 그러나 실제 영지는 적색 외에도 황색, 백색, 흑색, 자주색 등 여러 종류가 있다. 그림에서는 거의 붉은색으로 그려졌으며 간혹 붉은 기가 도는

도85, 85-1 **〈장생도〉 부분** 추재 관서, 비단에 채색, 143.0×67.7cm, 국립중앙박물관 소장.

도86 **《십장생도》 부분(우)** 10첩 병풍, 1880년 완성, 비단에 채색, 각 201.9×52.1cm, 미국 오리건대학교 박물관 소장.

흰색으로도 표현되었다.

서왕모가 먹는 불사의 선약으로도 알려진 영지는 불로초와 같은 의미로 취급되었다. 영지가 발견되면 상서祥瑞로 여겨 왕에게 진상되었으며[64] 이는 중국의 경우도 마찬가지였다. 영지의 형상은 상운의 묘사나 여의如意 장식에 즐겨 차용되었다. 상운은 마치 수많은 영지가 모여 있는 형상이라는 표현이 가장 적절하며, 반대로 영지를 묘사할 때는 여러 겹으로 겹쳐진 구름 모양이라는 표현이 가장 어울린다. 또 여의두如意頭는 대부분 영지 모양으로 조각되었으므로 영지는 '뜻같이 됨'(如意)을 상징하기도 한다.

십장생도에서 영지는 주로 바위 사이, 혹은 소나무 아래에서 서너 개씩 모여 있는 형태로 그려진다.[도85, 85-1] 크기와 색깔에 변화를 주고 주변에 대나무나 풀을 곁들였다.[도86] 영지는 여의두 같은 대칭형이 가장 많으며 약간 아래에서 올려다본 모양, 뒤집히듯 그려진 모양, 막 솟아난 어린 형태 등으로도 그려졌다. 음영을 더하고 백분으로 밝게 칠하기도 하여 입체감을 살렸다. 때로는 윤곽선 안쪽에 금선이나 흰 선으로 덧선을 가하였는데 이런 묘사법은 구름 묘사와 상통한다.

연화

『이아』爾雅에 "하荷는 부거芙蕖이다. 그 줄기는 가茄, 잎은 하蕸, 물속의 줄기(本)는 밀蔤, 꽃은 함담菡萏, 뿌리는 우藕, 열매는 연蓮, 속(中)은 적菂, 적의 속은 의薏라 한다"고 하여, 연화는 각 부분별로 이름을 달리하였음을 말해 준다. 『산림경제』山林經濟의 연蓮 항목에는 "그 잎은 하荷, 열매는 연蓮, 뿌리는 우耦, 꽃봉오리는 함담菡萏, 활짝 핀 꽃을 부용芙蓉이라 하는데 총칭해서 부거芙蕖라 한다"는 설명이 있다.[65]

중국과 한국의 유서류類書類 서적에 나타난 연蓮에 대한 명칭은 자못 복잡하다. 『예문유취』禮文類聚, 『광재물보』廣才物譜, 『명물고』名物考 등 여러 책에서 '연'은 '부거'로 항목 분류되어 있으며 각 부의 명칭이 서로 다른 이름으로 세분화된 것이 특징이다. 연蓮과 하荷는 원래 다른 의미였으며 연꽃을 부용이라 불렀던 것도 알 수 있다. 시대가 지남에 따라 연蓮과 하荷는 서로 다른 종류의 연으로 이해되기도 하고, 일부 지역에서는 연蓮을 하荷의 속칭으로 부르기도 하였다. 그러나 언제부턴가 연蓮과 하荷를 구별하지 않고 연으로 통칭하였으며 그 꽃은 연화蓮花 혹은 하화荷花로 부르게 되었다.

연의 명칭이 다양한 것은 그만큼 쓰임이 많고 사람들의 사랑을 받아왔다는 증거이다. 일찍이 연화는 하늘(天)의 상징으로 와당瓦當 등의 문양에 널리 쓰였다. 청정무구한 본성을 지닌 연꽃은 불교에서 해탈, 그리고 생명과 진리의 상징으로 중시되어 다양하게 조형화 되었다. 도교에서는 팔선八仙 중의 유일한 여성인 하선고何仙姑의 지물持物이기도 하다.[66] 그러나 무엇보다 고결한 인격을 상징하는 군자君子의 꽃으로 귀하게 여겨졌다. 사찰에는 극락세계의 신성한 연꽃이 자라는 연지蓮池를 재현하고 사대부들도 정원에 당지塘池를 만들어 아취를 즐겼다. 궁궐과 관아에도 당지의 조성은 조경의 중요한 요소로 자리 잡아 정원에 인공적으로 못을 만들어 연꽃을 길렀다.[67]

궁중회화에서 연지는 관아도의 정원 묘사나 관청의 계회도契會圖

도87 **《백동자도》 부분(좌)** 6첩 병풍, 비단에 채색, 각 74.8×46.3cm, 국립고궁박물관 소장.

도88 **《백자도》 부분** 6첩 병풍, 비단에 채색, 각 72.8×40.6cm, 서울역사박물관 소장.

에서 찾아볼 수 있다. 1629년 이기룡李起龍(1600~?)이 그린 〈남지기로회도〉南池耆老會圖, 1550년경의 〈연정계회도〉蓮庭契會圖, 1689년의 《사로연회도병》四老宴會圖屛, 그리고 18세기 이후 다수의 《금오계첩》金吾契帖 등을 꼽을 수 있다.[68] 그 외에도 전 김홍도 필의 〈규장각도〉奎章閣圖에 그려진 부용지芙蓉池나 춘당지春塘池에 한창인 연꽃이 보이고, 1734년의 2월의 친림 대정大政을 그린 《무신친정계첩》戊申親政契帖의 연지에는 꽃이 지고 연밥이 드러난 모습이어서 계절과도 부합한다.

궁중 장식화에서 연지의 모습이 나타나는 그림은 백자도百子圖가 대표적이다.도87, 88 연꽃은 중국에서 고대부터 풍요의 상징이었다. 연은 꽃과 열매가 동시에 만들어지는 특성상 번창함과 무한한 생명력을 의미하였다. 하화荷花의 발음이 화합和合과 같고, 연蓮은 연戀, 연連, 혹은 연聯과 발음이 통하여 행복한 혼인에 의한 자손번창을 뜻하였다. 특히 연밥에 들어 있는 많은 씨 때문에 다남多男 혹은 귀자貴子와 관련된다. 따라서 어린이들이 연지에서 천진하게 물놀이를 즐기는 제재가 백자도에 꼭 그려졌던 것은 여름 놀이로서의 계절감을 상징하는 것만은 아니었다. 주로 여성의 방을 장식하였던 그림으로서 연이어 귀한 아들 낳기를 염원하는 뜻이 담겨 있다.

어린이들은 서로 연꽃을 빼앗으려 몸싸움을 하는 장난스런 모습

도89 **《연화수금도》 부분(좌)** 4첩 병풍, 비단에 채색, 각 76.0×42.5cm, 국립고궁박물관 소장.

도90 **《화조도》 부분** 8첩 병풍, 비단에 채색, 각 123.9×42.4cm, 통도사 성보박물관 소장.

으로 그려지기도 하고, 연꽃보다는 물고기 잡기에 여념이 없는 모습으로도 그려진다. 물고기 또한 『시경』의 '어조'魚藻에 노래된 것처럼 길경吉慶에 비유되고 연잎 사이를 노니는 물고기는 남자에도 비유되므로 백자도에 그려진 연지, 어린이, 물고기에는 아들을 원하는 뜻이 담겨 있다.

연화는 다른 꽃과 어울려 병풍의 한 첩을 차지하는 경우도 있지만 연화로만 구성된 병풍그림으로 많이 그려졌다. 확실한 용례가 알려진 것으로서 17·18세기 왕실 가례 때 별궁에 배설되었던 10첩의 중병풍이 연화도였다. 19세기가 되면 이 별궁 소배所排 병풍은 곽분양행락도, 백자도, 아니면 영모도로 바뀐다. 많은 소재 중에 별궁에 특별히 연화도 병풍이 설치되었던 것은 연화가 가진 다남의 상징성 때문이다. 즉 17·18세기 궁중에서 다남을 상징하는 대표꽃으로 연화가 인기 있었음을 시사한다. 19세기에 연화도를 대신한 곽분양행락도와 백자도 역시 같은 상징적 의미를 가지고 있어서 연화도가 지닌 자손번창과 다남의 의미가 재차 확인된다.

물론 연화는 화조도의 단골 소재였다. 특히 원앙과 같이 그려져 연생귀자連生貴子를 우의하고 백로와 같이 그려져 연이은 과거급제(連科)를 의미하였다. 공필 채색화로 그려진 연화는 이파리에 퍼져 있는 뚜렷한 잎맥, 꽃잎의 섬세한 세로 결, 줄기에 촘촘하게 돋은 가시, 연밥에 박힌 씨앗, 뒤집힌 이파리 등이 사실적으로 표현되며, 연잎과 꽃잎에 살짝 명암이 들어가 있다.도89, 90

소나무

한국인이 가장 사랑하는 나무를 하나 꼽으라면 아마 소나무일 것이다. 한국의 전통문화 속에 깊이 자리 잡아 온 소나무는 궁중회화에서도 가장 자주 등장하는 나무이다. 오봉병이나 십장생도의 소나무처럼 화면 구성의 근간을 이루는 경우도 있지만 대부분 산수 배경이나 정원에 자라는 나무로 빠지지 않았다.

소나무는 추운 겨울에도 시들지 않는 상록수의 생태가 군자君子 혹은 의인義人으로 의인화되어 지조와 절개의 상징으로 많은 사랑을 받아왔다. 이러한 관념은 공자의 『논어』論語 「자한」子罕 편에서부터 형성된 것이다.[69]

한편 지조와 절개만큼 사계절 푸른 소나무의 성정과 연관된 강한 이미지는 장생, 혹은 장수이다. 《동궐도》를 보면 창덕궁 수방재漱芳齋 앞뜰에 자라고 있는 소나무에 '선송장춘'仙松長春이라 이름 붙인 점에서도 알 수 있다.도91 소나무의 규모가 작지 않은 듯하고 석축 위에 보호되고 있는 모습에서 무언가 특별한 소나무로 관리되었음을 짐작하게 한다.

도91 **《동궐도》 부분** 19세기 전반, 16첩 병풍, 비단에 채색, 각 273.5×36.0cm, 동아대학교박물관 소장.

오래된 소나무의 외형적 특징은 신령스런 용에 곧잘 비유되었다. 소나무 껍질을 흔히 적룡피赤龍皮라고 부르는 것과 같다.[70] 중국 청대 진부요陳扶搖는 원예 전문서인 『화경』花鏡에서 "소나무는 모든 나무의 으뜸(百木之長)이다. 껍질은 거칠어 용의 비늘 같고 잎은 가늘어 말의 갈기 같다. 눈서리를 맞아도 시들지 않고 천 년이 지나도 죽지 않는다"고 하였다.[71] 금나라 시인 조원趙元(호 우헌愚軒)은 「괴송요」怪松謠에서 구불구불하고 뒤틀린 소나무의 모습을 푸른 규룡虯龍의 자태에, 껍질은 갈라진 비늘에, 뻗어 올라간 마른 가지는 위엄스런 이빨과 수염에 비유하였다.[72] 소나무가 500년이 지나면 껍질이 거북이 등껍질 모양으로 갈라진다고 해서 구피목龜皮木이라는 별명도 있으며, 천 년이 지나면 그 정기가 청우靑牛로 변하여 소나무 밑에 엎드린 신령한 거북(伏龜)이 된다는 말도 있다.

소나무가 장수를 상징하는 대나무, 바위(壽石), 영지와 합쳐지면 송령공수松齡供壽라 하여 나이 먹은 소나무로부터 장수를 축원 받는 영예로운 의미가 된다. 대나무(竹)의 발음이 축祝과 같고, 영지의 영靈이 나이를 뜻하는 령齡의 발음과 같기 때문이다. 소나무, 대나무, 바위가 모여 있는 궁중 장식화의 세부 곳곳에서 송령공수의 함의를 읽을 수 있다.

『사기』에는 "송백松柏은 모든 나무의 우두머리(百木之長)가 되어 궁궐을 지킨다"고 하였다.[73] 이 글귀는 궁중 행사도의 배경에 마치 무대장치처럼 선 소나무를 생각나게 한다. 궁중 행사도에서 소나무는 행사가 벌어지는 중심 전각 뒤에 병풍처럼 작위적으로 늘어서거나 대칭으로 자라고 있는 모습으로 그려진 경우가 많다. 또 《무신친정계첩》戊申親政契帖의 어수당魚水堂 주변은 실제 현장과는 다르게 무성한 소나무 숲을 이루고 있다.[도92] 궁궐을 지키는 대표 나무인 소나무가 인사행정이라는 엄정한 결정의 장소를 잘 위호하고 있는 듯하다.

화원들이 채색 공필화의 궁중회화에서 그린 소나무는 문인화가들이 주로 수묵으로 그린 소나무와는 양식적으로 많이 다르다. 문인화풍의 소나무는 비수와 농담의 변화가 강한 윤곽선, 껍질 표현

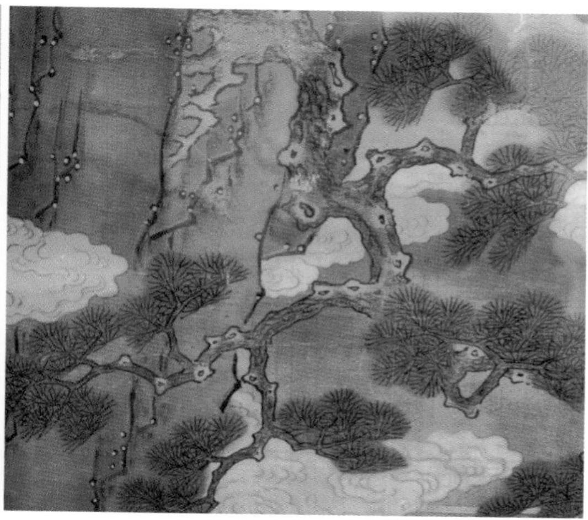

도92 《무신친정계첩》 부분(좌) 1728년, 비단에 채색, 40.5×54.8cm, 국립중앙박물관 소장.

도93 《요지연도》 부분 18세기, 비단에 채색, 151.5×122.7cm, 국립중앙박물관 소장.

에 나타난 불규칙한 필치, 거친 옹이와 노출된 뿌리, 묵점으로 찍은 소극적인 태점 등이 소나무의 강인한 기상을 드러낸다.

화원들이 그린 채색 공필화법의 소나무는 장식성과 상징성이 훨씬 강하다.도93 소나무가 중심 제재로서 비중이 크게 그려질 때 수간樹幹은 휘어짐과 뒤틀림이 약하게 수직성이 강조되고 실제보다 강조된 붉은색으로 양의 기운을 드러내며 세부 표현도 다소 과장되고 강한 편이다. 규칙적인 타원형 무늬의 껍질, 밑동 가까이에 깊게 패인 길쭉한 옹이, 태점의 왕성한 구사 등 나이가 오래되고 신령스러운 정기가 응축된 듯한 모습을 표현하려 했다. 붉은 기가 도는 적갈색의 수간은 점차 선명한 적색으로 빈번하게 설채되는데, 이러한 관습은 19세기 후반에 이르러서라고 생각된다. 반면에 곽분양행락도나 요지연도의 소나무는 배경으로 그려진 때문인지 붉은 설채로 두드러지게 하거나 일본식 태점 같은 과한 장식적 요소가 배제되었다.도94, 95

가지 끝에 붙은 두 갈래의 새싹모양 장식도 형식화된 소나무 양식 중의 하나이다. 줄기와 가지에는 동글동글한 태점이 윤곽선을 따라 얌전하게 가해지거나 큼직한 부정형의 장식적인 태점이 붙어 있다. 이렇게 소나무 표현에 나타난 장식성은 시대 비정의 요인이

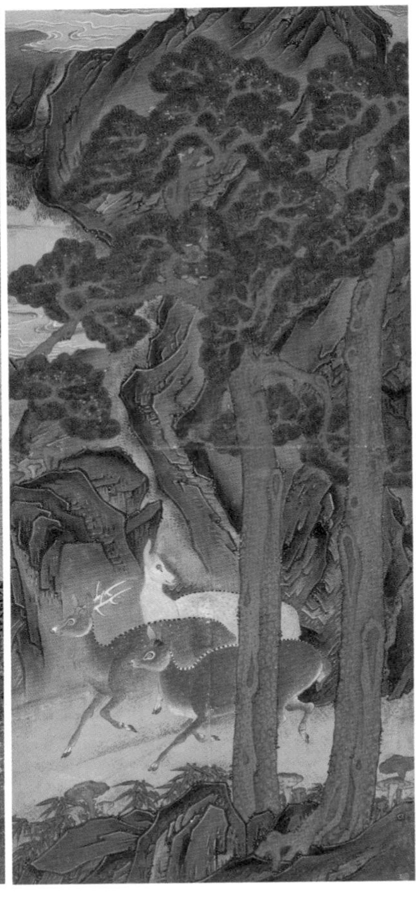

도94 **《곽분양행락도》 부분(좌)** 8첩 병풍, 비단에 채색, 144.5×49.9(제1·8첩), 53.0(제2~7첩)cm, 국립중앙박물관 소장.

도95 **《십장생도》 부분** 창호, 비단에 채색, 각 119.0×59.0cm, 국립고궁박물관 소장.

될 수 있다. 예컨대 국립중앙박물관 소장 《십장생도》 8첩 병풍의 갈색 소나무에는 새싹 표현이 없을 뿐더러 태점은 녹색을 전채塡彩한 동글동글한 모양이다. 런던박물관 소장 《오봉병》의 적갈색 소나무에는 가지 끝의 새싹 표현도, 어떤 형태의 태점 표현도 없다. 국립중앙박물관 소장의 《일월오봉도》 4첩 병풍은 새싹 표현은 없지만 원형의 장식적인 태점이 구사되어 있다. 이러한 소나무 표현은 현전하는 대다수의 정형화된 십장생도나 오봉도의 소나무와는 차별된 것으로 제작 시기를 상대적으로 약간 이르게 볼 수 있다.

원래 솔잎은 두 가닥으로 갈라져서 부부해로를 뜻하기도 하지

도96 **〈지곡송학도〉 부분(좌)** 비단에 채색, 34.0×40.5cm, 간송미술관 소장.

도97 **《무신친정계첩》 부분** 1728년, 비단에 채색, 40.5×54.8cm, 국립중앙박물관 소장.

만, 그림에서는 밤송이 모양의 차륜법車輪法이나 반차륜법으로 그려진다.[74] 조선 초기·중기에는 간송미술관 소장 필자미상의 〈지곡송학도〉芝谷松鶴圖나 양팽손梁彭孫(1480~1545) 전칭의 〈산수도〉에서 보듯이 차륜법이 좀 더 성행한 듯하다.도96 점차 반차륜법의 구사가 우세해져 18세기 후반 이후에는 거의 반차륜법으로 그려졌다.도97 송엽 배열의 규칙성과 밀도, 굵기와 길이감은 화가마다 달라서 그로 인해 소나무의 느낌이 달라졌다. 수지법과 상관없이 묵선의 송엽 밑에 녹색의 송엽을 겹쳐 그리거나 바탕을 녹색으로 선염하여 푸른 잎의 색감을 살리고 부피감을 만들었다. 19세기 이후의 형식화 경향이 강한 오봉도나 십장생도에서는 초록색 밑칠의 윤곽이 뚜렷하고 밑칠 자체에 명암을 가미한 결과 브로콜리처럼 덩어리진 입체의 느낌이 강해졌다.

매화

매화梅花는 봄을 가장 먼저 알리는 꽃이다. 매화를 봄의 상징이라고 하나 혹독한 겨울을 이겨내고 아직 추위가 물러가기 전에 꽃을 피운다는 의미에서 계절적으로는 겨울에 더 가깝다. 그래서인지 사계의 변화를 뚜렷이 드러낸 조선시대 화조화나 산수화에서 매화나무가 있는 장면은 맨

도98 〈목련공작〉木蓮孔雀 부분 전 이영윤李英胤, 비단에 채색, 152.6×55cm, 국립중앙박물관 소장.

마지막에 배치되어 겨울을 암시하는 경우가 많다. 겨울의 끝자락에서 봄이 오기를 간절히 열망하는 의미로 해석된다.

매화는 고결한 군자, 은일, 절개의 상징으로서 문인화가들이 즐겨 그렸던 화목이다.[75] 또 고매古梅의 구불거리는 가지가 수壽 자처럼 생겨 장수를 상징한다. 이 경우는 대부분 수묵화로 그려졌으므

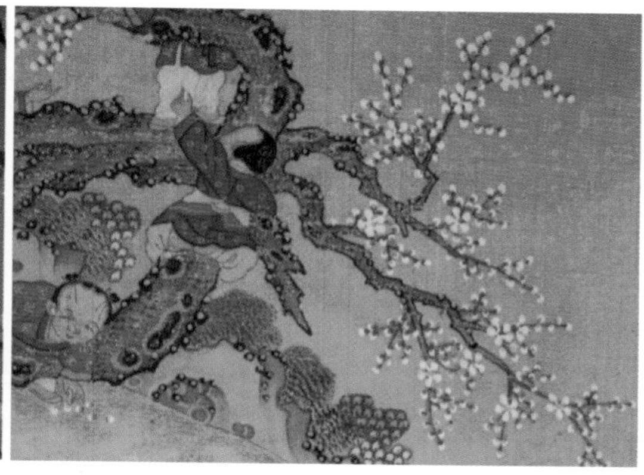

도99 **〈매화〉 부분** 창덕궁 신선원전 서벽.

도100 **〈백자도〉 부분** 6첩 병풍, 비단에 채색, 각 72.8×40.6cm, 서울역사박물관 소장.

로 구륵전채법의 채색화로 그려진 매화와는 사뭇 다른 분위기를 자아낸다. 조선시대 궁중 장식화에서 매화나무는 모두 구륵전채법으로 그려졌다. 다섯 개의 꽃잎을 윤곽하고 중앙에 꽃술을 그렸으며 봉우리에는 세 개의 초록 점으로 꽃받침을 나타냈다.도98

1875년(고종 12)의 왕세자 책봉을 기념하여 여러 관청에서 계병稧屛을 제작하여 동궁에 진상하였는데 그 중에 '흑단금매화대병'黑緞金梅花大屛 하나가 있었다.[76] 흑색 비단 바탕에 니금으로 그려진 매화도 병풍이라 여겨지는데 상당히 화려하고 격조 있는 분위기를 자아냈을 것이라 생각된다. 당시 매화도 병풍의 유행을 감안하면 이 흑단매화대병은 매화라는 단일 소재를 각장各裝 형식의 병풍에 그리기보다 왜장倭粧 형식의 대병풍에 한두 그루 매화나무의 전체 모습을 장대하게 그린 전수식全樹式이었다고 생각된다. 19세기에는 이러한 전수식 매화도 병풍이 꽤 유행하였는데 조희룡趙熙龍이 선구적으로 시작하여 허련許鍊, 유숙劉淑, 장승업張承業 등 여러 화가가 같은 형식의 작품을 남겼다.[77] 1906년 10월 평양의 화사 양기훈楊基薰이 그린 밑그림에 수를 놓아 궁중에 헌상된 《매화자수병풍》도 전수식의 왜장병풍이다.

1921년에 건립된 신선원전新璿源殿 뒷벽에 그려진 매화도에는 소나무나 괴석에 가해지는 장식적인 태점이 큼지막하게 그려져 있다.도99

매화와는 어울리지 않는 설정이지만 태점이 장식적인 요소로 얼마나 궁중회화에서 광범위하게 사용되었는지를 알려 주는 예이다.

매화나무는 백동자도의 마지막 첩에서 거의 빠지지 않고 나타난다. 겨울 장면으로서 아이들이 매화나무에 올라 매화가지를 꺾거나 꽃을 따는 '매화 따기'의 중심 소재이다. 또 땅에 흩떨어진 매화꽃을 줍고 있는 어린애도 보인다. 매화는 동긍동글한 흰 점으로 표현되는 경우가 많다.도100 백자도에서 매화는 어린이들의 놀이감이며, 그 열매인 매실의 풍요로움 때문에 다산, 다남의 의미로 해석된다.[78]

대나무

대나무(竹)는 식물이지만 풀이 아니며 그렇다고 나무도 아니다. 대나무는 그 자체가 의인화되어 군자君子의 전범으로 존중되었으며 전통문화에서 요구되는 도덕성이 부여되었다. 즉 대나무에는 겸손, 인내, 정직, 신의, 유연함, 위엄, 기품 같은 사대부들이 추구하는 덕목이 담겨지게 되었다. 그래서인지 대나무 하면 사군자四君子, 세한삼우歲寒三友, 죽림칠현竹林七賢을 가장 먼저 떠올리게 된다.

도101 **《십장생도》 부분** 1880년 완성, 10첩 병풍, 비단에 채색, 각 201.9×52.1cm, 미국 오리건대학교 박물관 소장.

대나무는 유교적 관점에서 군자의 절개와 여인의 정조를, 도교적 관점에서 초탈과 은일을 상징하는 것으로 유명하다. 중국에서는 죽竹이 축祝과 발음이 같아서 송축頌祝과 평안의 뜻을 대나무에 담아 현세적 길상성을 확대해 갔다. 한편으로는 번성하는 푸름, 번식력이 강한 상록이라는 점에서 소나무에 비견되는 영생과 불변을 상징한다. 궁중 장식화에서는 장수의 상징으로 대나무를 가장 많이 사용하였다.

도102 〈곽분양행락도〉 부분(좌) 전 김득신, 비단에 채색, 143.9×123.6cm, 국립중앙박물관 소장.

도103 〈십장생도〉 부분 10첩 병풍, 비단에 채색, 각 149.0×45.0cm, 서울역사박물관 소장.

대나무는 십장생도에서 빠지지 않는 소재이지만 소나무나 복숭아나무만큼 두드러지는 비중을 차지하지는 않는다. 단독으로 대숲을 이루는 경우보다 바위 뒤에서 영지와 함께 이파리만 무성하게 그려지는 경우가 많다.도101 대숲을 이룬 듯이 그려진 경우도 바위 뒤에서 집단을 이루며 자라고 있는 모습이다.도102 이왕이면 대나무가 바위와 함께 그려지는 것은 수석壽石으로서의 바위와 축祝과 동음인 죽竹의 조합이 축수祝壽를 나타내기 때문이다.

구륵전채기법으로 그려진 대나무는 윤곽을 하고 그 안을 초록색으로 설채하는데 먹선, 백분, 혹은 백분을 섞은 밝은 색으로 가운데에 잎맥을 그었다.도103 4개에서 6개의 길고 짧은 댓잎은 중앙을 비워둔 채 방사형으로 뻗어 있는데 뒤쪽으로 넘어간 잎은 삼각형으로 표현하는 것이 보통이다.

오동나무 외

궁중 장식화에서 대부분의 수목은 종류를 정확히 알 수 없는 화보풍의 수지법으로 그려지지만 소나무 외에 유독 몇 종류는 눈에 자주 띈다. 오동나무, 버드나무, 파초, 대나무 등이다. 필시 소재가 가진 길상의 의미를 부각시켜 주제의 전달을 더욱 풍부하게 하려는 의도가 있었을 것으로 생각한다.

도104 **《왕회도》 부분(좌)** 19세기, 8첩 병풍, 비단에 채색, 각 138.0×46.2cm, 국립중앙박물관 소장.

도105 **《요지연도》 부분** 8첩 병풍, 비단에 채색, 각 134.2×47.2cm, 경기도박물관 소장.

도106 **《백자도》 부분** 6첩 병풍, 비단에 채색, 각 72.8×40.6cm, 서울역사박물관 소장.

오동梧桐의 '오'梧와 '동'桐은 각기 다른 종류의 오동나무를 지칭한다. '오'는 수피가 푸른 청동青桐, 혹은 벽오동碧梧桐을 말하며, '동'은 수피가 흰 백동白桐을 말한다.[79] 요즘 우리가 말하는 벽오동과 오동은 생김은 서로 비슷하나 식물학적으로 전혀 다른 나무이다.

봉황은 양목陽木인 오동나무가 아니면 앉지 않았으므로 오동나무는 인봉수引鳳樹로도 불렸다.[80] 오동은 전통적으로 상서로운 나무, 즉 가목嘉木으로 여겨져 사람들은 정원에 오동을 심어 좋은 복이 집안에 깃들기를 소망하였다. 언제나 오동나무를 보금자리로 삼는 봉황의 상서로움과 통하는 맥락이다. 훌륭한 제왕과 어진 신하가 덕치德治를 이루면 뜰 동쪽에 오동나무가 많이 난다는 속신俗信이 있다. 이 오동나무에 봉황이 앉은 도상은 왕의 은총이 내림을 의미한다. 이 밖에도 오동나무는 순산이나 훌륭한 자손의 출현, 깨끗한 선비를 뜻하며 문학에서는 가을의 우수와 연모의 정을 오동나무에 빗대는 경우가 많았다.

오동나무는 곽분양행락도, 요지연도, 백자도, 왕회도 등에 매번 그려졌다. 요지연도에서 요대瑤臺 위는 소나무와 함께 오동나무가 중심을 이룬다. 특히 서왕모와 주 목왕이 앉은 삽병插屏 뒤에서 이들을 위호하는 대표 나무이다. 궁중 장식화에 그려진 오동은 대부분 수직으로 쭉 뻗어올라간 나무줄기를 녹색으로 설채한 점으로 미루어 볼 때 벽오동을 그린 것이다.도104~106 사실상 벽오동의 수피는 울퉁불퉁 거칠지 않고 매끈하며 세로 방향의 잔결이 있는데 그림에서는 수피의 매끈한 질감 위주로 묘사되었다. 기둥 같은 느낌은 윤곽선으로부터 안쪽을 향해 규칙적으로 가해진 짧은 가로선에 의해 표현된다. 이러한 수피의 묘법은 오동나무 표현의 전형이 되었다. 또 다섯으로 갈라진 큼직한 이파리의 형태와 바깥쪽을 제외하고 겹쳐진 안쪽 부분을 점차 어둡게 칠해 전체적으로 무성한 느낌과 입체감을 부여하는 것도 19세기 오동나무 표현의 전형이다.도107 이러한 양식은 17세기 말엽 화원 작품으로 추정되는 〈마상처사도〉馬上處士圖에 그려진 오동나무의 표현과 상당한 시대적 격차를 보여 준다.도108 조속趙涑(1595~1668) 전칭 〈금궤도〉金櫃圖의 오동은 벽오동이 아니지만 전형적인 오동잎의 묘법을 보여 준다. 부피감이 강조된 무성한 오동잎의 표현은 19세기의 양식과 가깝다.도109

오동나무가 계절 중에 가을을 상징한다면, 버드나무(柳)는 봄을

도107 **〈곽분양행락도〉 부분** 8첩 병풍, 비단에 채색, 144.5×49.9(제1·8첩), 53.0(제2~7첩)cm, 국립중앙박물관 소장.

도108 **〈마상처사도〉 부분(좌)** 전 윤두서尹斗緖, 비단에 채색, 98.2×57.7cm, 국립중앙박물관 소장.

도109 **〈금궤도〉金櫃圖 부분** 전 조속趙涑, 비단에 채색, 105.4×57.6cm, 국립중앙박물관 소장.

도110 〈**곽분양행락도**〉 **부분** 전 김득신, 비단에 채색, 143.9×123.6cm, 국립중앙박물관 소장.

도111 《**백자도**》 **부분** 6첩 병풍, 비단에 채색, 각 72.8×40.6cm, 서울역사박물관 소장.

상징한다.[도111] 백자도나 화조도의 봄을 상징하는 부분에 자주 등장한다. 버드나무는 봄의 생명력 혹은 재생과 관련이 깊으며 여인의 아름다움에 곧잘 비유되었다. 불교에서는 겸손함과 자비의 상징이며 민속에서는 귀신을 쫓는 힘을 가진 것으로 믿어졌다. 또 버드나무를 뜻하는 '류'柳가 석류의 '류'榴와 발음이 같아 다자多子를 뜻하기도 한다.[81] 반면에 버드나무는 길상성보다 이별과 슬픔, 무상함

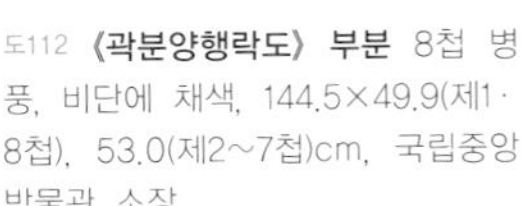

도112 《**곽분양행락도**》 **부분** 8첩 병풍, 비단에 채색, 144.5×49.9(제1·8첩), 53.0(제2~7첩)cm, 국립중앙박물관 소장.

도113 《**백자도**》 **부분** 6첩 병풍, 비단에 채색, 각 72.8×40.6cm, 서울역사박물관 소장.

같은 부정적인 이미지가 강한 것도 사실이다. 그래서인지 버드나무는 궁중회화에서 많이 등장하는 소재는 아니지만 봄이라는 계절감을 나타내고자 할 때에는 자주 배경의 수목으로 그려졌으며 다른 길상물과 함께 그려져 뜻을 강조하는 역할을 하였다. 버드나무는 휘어진 가지에 연두색 이파리가 늘어진 모습인데 줄기에는 태점이 무성하게 표현되는 것이 보통이다.

또 궁중 장식화에 그려지는 나무 중에 파초芭蕉가 있다. 많지는 않지만 백자도의 여름 장면에 파초 그늘 밑에서 어린애들은 낮잠도 자고 손목 때리기 놀이도 하는 모습이다.[도111] 대부분 요지연도에서처럼 괴석과 함께 나타난다. 그 외의 나무는 각종 화보풍의 도식화된 수지법으로 그려졌는데, 그 중에서 항상 등장하는 매우 장식적인 수지법이 있다.[도112, 113] 분홍, 연두, 청록의 이파리가 방사형으로 퍼져 마치 꽃접시 같은 형상을 이루는 나무이다. 곽분양행락도, 요지연도 등의 장식적이고 화려한 장식화의 분위기와 잘 어울린다.

5 궁중회화에 나타난 길상 표현의 특징

이상에서 조선시대 궁중회화에 나타난 길상 표현의 종류와 의미를 궁중 장식화에 빈번하게 등장하는 소재들을 중심으로 살펴보았다. 조선시대 궁중회화에 나타난 길상의 키워드는 장수와 자손번창, 혹은 다남多男이다. 장수 혹은 다남을 상징하는 길상물은 대부분의 그림에서 발견된다. 길상 하면 대개 복록수福祿壽를 일컫지만 입신출세와 관련된 함의는 찾기 어렵다. 출사出仕와 높은 관직에의 승진에 연연하지 않아도 되었던 왕실에서는 인간 본연의 염원인 장수와 왕실의 계통을 이어야 하는 득남에 최고의 관심을 두었던 것 같다. 십장생도, 곽분양행락도, 요지연도, 백자도 등 대부분의 장식그림은 장수와 다남을 염원하는 내용 중심이었으며 그림 속의 소재들도 그에 상응하는 것들로 가득 메워졌다.

19세기의 일월오봉도, 십장생도, 모란도 등을 보면 화가들은 자연계의 사실적인 표현을 추구하지 않고 길상 소재들을 허구적인 공간 속에 작위적으로 재현하는 방향으로 나아갔음을 알 수 있다. 궁중 기록화의 배경은 마치 연출된 공간처럼 꾸며져 있고, 십장생도의 경우 계절감이 분명치 않으며, 달과 해가 같이 떠 있고, 강인지 바다인지 육지인지 모호한 시공간 안에 그려졌다. 이러한 경향은 상징성이 강한 화조화에서 더욱 두드러지게 나타난다. 사실적인 공간에서 각 소재를 생태와 계절에 맞게 조합하여 길상적인 함의를 만들기란 쉽지 않았기 때문이다. 일월오봉도, 십장생도, 모란도가 특히 도안적인 특징을 보이는 것은 길상물의 비중이 크며 그만큼 길상 표현을 중요시했기 때문이다.

곽분양행락도나 요지연도는 궁중에서 희구하던 염원이 집약된 그림이다. 이 그림 안에는 궁중회화에서 다루어지는 주요 길상 소재가 총망라되어 있으며, 미처 이 글에서 다루지 못한 소재들도 포함되어 있다. 이 글에서는 다루지 않았지만 책가도나 문방도에 그려진 고동기와 기물, 화훼, 과일 등도 모두 길한 상징성이 강한 것들이다. 19세기에 이렇게 길상성이 강한 그림들이 선호되었던 것은 세속적인 희구의 표현이 이전 시기보다 강하게 표출되었기 때문이다.

궁중회화에서 길상 소재의 도상 표현을 분석하다 보면 진채화眞彩畵의 양식 변화에 대한 규명이 수반되어야 함을 느낀다. 궁중에서 통용되던 회화는 단연 진채화가 많으며 청록산수 양식으로 그려졌다. 채색화에 대한 관심과 연구가 더디었던 때문인지 현전하는 진채화의 작가나 시대 비정이 임의적으로 된 것이 많아서 연구에 혼란을 일으키는 경우가 종종 있다. 진채화에 대한 시대적 양식 규명과 함께 개별 작품의 제작 시기와 위상 파악도 앞으로 수행되어야 할 주요 과제이다.

조선시대 길상 표현은 중국에 비해 단순하고 소박한 면이 있다. 즉 우리보다 역사가 길고 유물이 많은 중국은 같은 소재라도 시대에 따라 달라진 상징 의미가 미술품에 고스란히 반영되어 있고, 도상이나 표현 양식도 상징 의미를 반영하여 변화가 뚜렷한 편이다. 더욱이 명대 이후에는 동음同音을 이용하여 다양한 상징 의미를 개발하는 데에 주력하였기 때문에 길상 의미는 급속도로 확대 발전하였다. 어떤 길상물과 조합되느냐에 따라 상징은 세분화되고 의미도 작은 차이지만 달라졌다. 그에 비하면 조선시대에는 동음이어를 좇아 길상 의미를 새롭게 만들어 내는 데에 그리 몰두하지 않은 듯하다.

궁중미술에 담긴 길상 표현의 특징을 좀 더 체계적이고 종합적으로 규명하려면 어느 한 분야에 집중할 것이 아니라 궁중의 회화, 조각, 공예, 건축, 복식 등을 통관하는 넓은 안목과 연구가 절실히 필요하다. 또한 문학이나 민속 등 인접 학문 분야와 연계하여 옛 사람들의 생활과 정서 속에 녹아 있는 관념에도 접근할 필요가 있다. 향후 이 분야의 연구가 좀 더 활성화되기를 기대해 본다.

부록

숙종 대 이후 어진 도화 목록

주

참고문헌

도판목록

찾아보기

숙종 대 이후 어진 도화 목록_

어진	제작 연도(기간)	복제	화사·화원·감조관
태조어진太祖御眞 모사	1688년 (숙종 14)		주관화사: 윤상익尹商翊(?~1694 이후) 동참화사: 허의순許義順(?~1712), 장자욱張子旭(29세, 1660~?) 수종화사: 최석헌崔碩巘(17~18세기 초) 감조관: 조지운趙之耘(52세, 1637~1691)
숙종어진肅宗御眞 도사	1695년 (숙종 21)		주관화사: 조세걸曺世傑(60세, 1636~1705년 이후) 동참화사: 장자욱張子旭(36세, 1660~?)
숙종어진肅宗御眞 도사	1713년 (숙종 39)	곤포본 袞袍本 강사포본 降紗袍本	주관화사: 진재해秦再奚(?~1735년 이전) 동참화사: 김진녀金振汝(1700년 전후), 장태흥張泰興(1700년 전후), 장득만張得萬(30세, 1684~1764) 수종화사: 진재기秦再起(18세기), 허숙許俶(26세, 1688~1729년 이후) 감조관: 장유승鄭維升(?~1738)
영조어진英祖御眞 도사	1733년 (영조 9)	곤복본 袞服本	주관화사: 박동보朴東普(71세, 1663~1744) 동참화원: 함세휘咸世輝(54세, 1680~?), 양기성梁箕星(?~약1755), 진응회秦應會(?)
세조어진世祖御眞 모사	1735 (영조 11)		주관화사: 이치李治(59세, 1677~?) 동참화사: 장득만張得萬(52세, 1684~1764), 김익주金翊胄(52세, 1684~?) 수종화사: 양희맹梁希孟(?), 양기성梁箕星(?~약1755) 유화: 윤덕희尹德熙(51세, 1685~1776) 감조관: 김진동金鎭東(?)
영조어진英祖御眞 도사	1744년 (영조 20)	면복본 冕服本 2 곤복본 袞服本 1	주관화사: 장경주張敬周(35세, 1710~?) 동참화원: 김두량金斗樑(49세, 1696~1763), 조창희趙昌禧(?)
숙종어진肅宗御眞 모사	1748년 (영조 24)		주관화사: 장경주張敬周(35세, 1710~?) 동참화원: 장득만張得萬(65세, 1684~1764), 정홍래鄭弘來(29세, 1720~?), 김희성金喜誠(?~1763 이후) 수종화원: 함홍도咸道弘(1750년 전후), 김덕하金德夏(27세, 1722~1772), 박태환朴泰煥(?) 유화: 조영석趙榮祏(63세, 1686~1761), 윤덕희尹德熙(62세, 1685~1776) 감조관: 유언현俞彦鉉(?)
영조어진英祖御眞 도사	1754년 (영조 30)	녹립도포본 綠笠道袍本	

어진	제작 연도(기간)	복제	화사·화원·감조관
영조어진英祖御眞 도사	1763년 (영조 39)	원유관본 遠遊冠本	변상벽卞相璧(34세, 1730~1775)
영조어진英祖御眞 도사	1773년 (영조 49)	곤복본	주관화사: 변상벽卞相璧(44세, 1730~1775) 동참화사: 김홍도金弘道(29세, 1745~1806년 이후) 수종화사: 신한평申漢枰(48세, 1726~1809년 이후), 김후신金厚臣(39세, 1735~?), 김관신金觀臣(?), 진응복秦應福(?) 감조관: 김두열(?)
정조어진正祖御眞 도사	1781년 (정조 5) 8. 19~9. 20	익선관본 翼善冠本	주관화사: 한종유韓宗裕(45세, 1737~?) 동참화사: 김홍도金弘道(37세, 1745~1806년 이후) 수종화사: 김후신金厚臣(47세, 1735~?), 장태흥張始興(68세, 1714~1789년 이후), 신한평申漢枰(56세, 1726~1809년 이후), 허감許礛(46세, 1736~?), 김응환金應煥(40세, 1742~1789) 감조관: 조익현(?)
정조어진正祖御眞 도사	1791년 (정조 15) 9. 21~10. 7	강사포본 降紗袍本	주관화사: 이명기李命基(36세, 1756~1802년 이후) 동참화사: 김홍도金弘道(47세, 1745~1806년 이후) 수종화사: 허감許礛(56세, 1736~?), 한종일韓宗一(52세, 1740~?), 신한평申漢枰(66세, 1726~1809년 이후), 김득신金得臣(38세, 1754~1822), 이종현李宗賢(44세, 1748~1803), 변광복卞光復(1800년 전후)
정조어진正祖御眞 도사	1796년 (정조 20)		이명기李命基(41세, 1756~1802년 이후)
순조어진純祖御眞 도사	1830년 (순조 30) 2. 8~4. 5	원유관본	김건종金健鍾(50세, 1781~1841), 이수민李壽民(48세, 1783~1839), 김하종金夏鍾(38세, 1793~?), 이인식李寅植(19세기), 장준량張俊良(29세, 1802~1870), 변용규卞容圭(19세기), 박기준朴基駿(19세기), 박종환朴鍾煥(19세기), 박희영朴禧英(19세기)
태조어진太祖御眞 모사	1837년 (헌종 3)	익선관본	주관화사: 이재관李在寬(55세, 1783~1837), 김건종金健鍾(57세, 1781~1841) 동참화사: 박종환朴鍾煥, 이한철李漢喆(30세, 1808~1880), 박기준朴基駿(19세기), 조정규趙廷奎(47세, 1791~1868년 이후), 김하종金夏鍾(45세, 1793~?), 장준량張駿良(36세, 1802~1870), 조평趙坪(43세, 1795~?)
헌종어진憲宗御眞 도사	1846년 (헌종 12) 8. 9~9. 28	군복본 軍服本 곤복본 면복본	주관화사: 이한철李漢喆(39세, 1808~1880) 수종화사: 조정규趙庭奎(56세, 1791~1868년 이후), 박기준朴基駿(19세기), 백준환白俊煥(48세, 1799~1873), 백은배白殷培(27세, 1820~1901), 이인담李仁聃(19세기), 조중묵趙重默(약27세, 1820년경~?)
철종어진哲宗御眞 도사	1852년 (철종 3) 3. 29~8. 11	군복본 2(대·소)	차비대령화원: 이한철李漢喆(45세, 1808~1880), 김하종金夏鍾(60세, 1793~?), 박기준朴基駿(19세기), 이형록李亨祿(45세, 1808~1863년 이후) 도화서 화원: 조중묵趙重默(약33세, 1820년경~?)

어진	제작 연도(기간)	복제	화사·화원·감조관
철종어진哲宗御眞 도사	1861년 (철종 12) 2. 23~4. 22	강사포본 군복본	차비대령화원: 이한철李漢喆(54세, 1808~1880), 김하종金夏鍾(69세, 1793~?), 이형록李亨祿(54세, 1808~1863년 이후), 박기준朴基駿(19세기), 유숙劉淑(35세, 1827~1873), 백은배白殷培(42세, 1820~1901), 백영배白英培(25세, 1837~1911) 도화서 화원: 조중묵趙重默(약42세, 1820년경~?), 김용원金鏞元(20세, 1842~?)
고종어진高宗御眞 도사	1872년 (고종 9)	군복대소본 익선관본 복건본 幅巾本 면복본	주관화사: 이한철李漢喆(65세, 1808~1880), 조중묵趙重默(약53세, 1820년경~?) 동참화사: 박기준朴基駿(19세기) 수종화사: 백은배白殷培(53세, 1820~1901), 유숙劉淑(46세, 1827~1873), 안건영安建榮(32세, 1841~1876), 박용기朴鏞夔(36세, 1837~?), 서순표徐淳杓(19세기)
태조어진太祖御眞 모사	1872년 (고종 9)	면복본 군복본 2(대·소) 용포본 복건본	조중묵趙重默(약53세, 1820년경~?), 박기준朴基駿(19세기), 백은배白殷培(53세, 1820~1901), 박용노朴鏞夔(36세, 1837~?), 유숙劉淑(46세, 1827~1873), 이창옥李昌鈺(19세기 후반), 박용훈朴鏞薰(32세, 1841~?), 안건영安健榮(32세, 1841~1876), 조재흥趙在興(1900년 전후), 서두표徐斗杓(19세기)
태조어진太祖御眞 모사	1900년 (광무 3) 1899.11~ 1900.4	익선관본	주관화사: 조석진趙錫晉(48세, 1853~1920), 채용신蔡龍臣(51세, 1850~1941) 동참화사: 홍의환洪義煥(1900년 전후), 박용훈朴鏞薰(60세, 1841~?), 이기영李祺榮(49세, 1852~?), 김기락金基洛(?), 강필주姜弼周(49세, 1852~1932), 백희배白禧培(64세, 1837~1911), 서원희徐元熙(39세, 1862~?), 윤석영尹錫永(1900년 전후), 조재흥趙在興(19~20세기 초), 전수묵全修默(43세, 1858~?)
칠조어진七祖御眞 모사	1901년 (광무 4) 1900.8~ 1901.5		주관화원: 조석진趙錫晉(49세, 1853~1920), 채용신蔡龍臣(52세, 1850~1941) 도화주사: 전수묵全修默(44세, 1858~?), 백희배白禧培(65세, 1837~1911), 윤석영尹錫永(1900년 전후), 조재흥趙在興(1900년 전후), 박용훈朴鏞薰(61세, 1841~?), 서원희徐元熙(40세, 1862~?) 도화주사: 홍의환洪義煥(1900년 전후), 이기영李祺榮(50세, 1852~?), 김기락金基洛(?), 강필주姜弼周(50세, 1852~1932), 김제순金濟淳(19세기), 이경환李慶桓(1900년 전후), 유의연(?)
고종어진高宗御眞·황태자 예진皇太子 睿眞 도사	1902년 (광무 5) 1901.9~ 1902.5		주관화사: 조석진趙錫晉(50세, 1853~1920), 안중식安中植(42세, 1861~1919) 동참화사: 박용훈朴鏞薰(62세, 1841~?) 수종화원: 홍의환洪義煥(1900년 전후), 전수묵全修默(45세, 1858~?), 백희배白禧培(66세, 1837~1911), 조재흥趙在興(1900년 전후)
고종어진高宗御眞 도사	1902년 (광무 6)	면복본 익선관본(소)	주관화원: 조석진趙錫晉(50세, 1853~1920), 안중식安中植(42세, 1861~1919) 동참화원: 박용훈朴鏞薰(62세, 1841~?) 수종화원: 서원희徐元熙, 조재흥趙在興(1900년 전후), 백희배白禧培(66세, 1837~1911), 윤석영尹錫永(1900년 전후), 이경환李慶桓(1900년 전후)
순종어진純宗御眞 모사	1928년		주관화사: 김은호金殷鎬(37세, 1892~1979) 수종화사: 안명준安明濬, 백윤문白潤文(23세, 1906~1979)

주_

제1부_

1_ 이성미·김정희, 『한국회화사용어집』, 다홀미디어, 2003, p.237.

2_ 조선 왕실에서는 일반적으로 도화서에 소속된 화가는 '화원'畵員, 화원畵院에 소속되지 않았으나 궁중회화 제작에 참여한 화가를 '화사'畵師라고 구별하여 칭하였다. 후자로 '방외화사'方外畵師가 대표적이다(이성미, 「朝鮮王朝 御眞關係 都監儀軌」, 『朝鮮時代 御眞關係都監儀軌研究』, 한국정신문화연구원, 1997, p.111).

3_ 궁중회화 관련 주요 논저와 특별전 도록은 다음과 같다. 『궁궐의 장식그림』(국립고궁박물관, 2009); 김홍남, 「18세기 궁중회화—유교국가의 실현을 위하여」, 『18世紀의 韓國美術』(국립중앙박물관, 1993), pp.43~46 ; 『김홍도와 궁중화가』(호암미술관, 1999); 박은순, 「純祖朝 〈王世子誕生契屛〉에 대한 圖像的 고찰」, 『考古美術』 제174호, 1987, pp.40~75; 박은순, 「朝鮮時代 王世子册禮儀軌 班次圖 研究」, 『韓國文化』14, 1993, pp.553~612; 박은순, 「명분인가 실제인가—조선초기 궁중회화의 양상과 기능(1)」, 『항산 안휘준 교수 정년퇴임 기념 논문집: 미술사의 정립과 확산』 1권(사회평론, 2006), pp.132~158; 박은순, 「畵員과 宮中繪畵—조선초기 궁중회화의 양상과 기능(2)」 『강좌미술사』 26-II(한국불교미술사학회, 2006), pp.1015~1044; 박정혜, 「朝鮮時代 册禮都監儀軌의 繪畵史的 研究」, 『韓國文化』 11, 1993, pp.553~612; 박정혜, 『조선시대 궁중기록화 연구』(일지사, 2000); 박정혜·양보경·이예성, 『조선왕실 행사그림과 옛 지도』(민속원, 2005); 박정혜, 「궁중회화의 세계」, 『왕과 국가의 회화』(돌베개, 2011), pp.14~155; 박정혜, 「궁중 장식화의 세계」, 『조선 궁궐의 그림』(돌베개, 2012), pp.12~179; 안휘준, 『옛 궁궐 그림』(대원사, 1997); 이수미, 「궁중 장식화의 개념과 성격」, 『조선시대 궁중장식화 특별전—태평성대를 꿈꾸며』(국립춘천박물관, 2004); 『조선 기록화의 세계』(고려대학교박물관, 2001).

4_ 조선시대 화원에 대해서는 윤희순, 「李朝의 圖畵署 雜考」, 『조선미술사연구』(서울신문사, 1946); 김원룡, 「李朝의 畵員」, 『鄕土서울』 11호(1961); 안휘준, 「朝鮮時代의 畵員」, 『韓國文化』 9(서울대 한국문화연구소, 1989), pp.147~177; 김지영, 「18세기 畵員의 활동과 畵員畵의 변화」, 『韓國史論』 32, 1994, pp.1~68; 진준현, 「肅宗代 御眞圖寫와 畵家들」, 『古文化』 46(한국대학박물관협회, 1995), pp.9~119; 진준현, 「英祖·正祖代 御眞圖寫와 畵家들」, 『서울大博物館年報』 6, 1994, pp.19~69. 강관식, 『조선후기 궁중화원 연구』(상·하)』(돌베개, 2001); 박정혜, 「儀軌를 통해 본 朝鮮時代의 畵圓」, 『미술사연구』 제9호, 1995, pp.203~290; 박정혜, 「대한제국기 화원 제도의 변모와 화원의 운용」, 『근대미술연구』 2004(국립현대미술관, 2004), pp.88~118; 배종민, 「朝鮮初期 圖畵機具 研究」(전남대학교 사학과 박사논문, 2005); 유미나, 「《만고기관첩》과 18세기 전반의 화원 회화」, 『강좌미술사』 28, 2007, pp.177~208; 이훈상, 「조선후기 지방 파견 화원들과 그 제도, 그리고 이들의 지방 형상화」, 『동방학지』 144(연세대학교 국학자료연구원, 2008), pp.305~366; 『화원—朝鮮畵員大展』(리움미술관, 2012).

5_ 박정혜, 「儀軌를 통해 본 朝鮮時代의 畵員」, 『미술사연구』 제9호(미술사연구회, 1995), pp.203~290.

6_ 북경 사행 및 조선통신사 수행화원에 대해서는 정은주, 『조선시대 사행기록화』(사회평론, 2012); 홍선표, 「조선후기 통신사 수행화원의 파견과 역할」, 『미술사학연구』 205(1995), pp.5~19; 홍선표, 「조선후기 통신사 수행화원의 회화 활동」, 『미술사논단』 6, 1998, pp.187~204.

7_ 화원 가문과 경제적 여건 등에 대해서는 박수희, 「朝鮮後期 開成 金氏 畵員 研究」, 『美術史學研究』 255(한국미술사학회, 2007), pp.5~41; 장진성, 「조선시대 도화서 화원의 경제적 여건과 사적 활동」, 『화원—조선화원대전』(리움미술관, 2011), pp.296~307.

8_ 조선 초기 신분제에 대해서는 『한국사 25—조선초기의

사회와 신분구조』(국사편찬위원회, 1994) 참조.

9_ 『세종실록』 권86, 21년(1439) 8월 임인(26일).

10_ 『세종실록』 권46, 11년(1429) 11월 을축(23일).

11_ 『세종실록』 권46, 11년(1429) 11월 을축(23일).

12_ 『성종실록』 권75, 8년(1477) 1월 무신.

13_ 조선시대 사자관의 신분에 대해서는 김두헌, 「寫字廳先生案과 조선시대 寫字官의 신분」, 『古文書硏究』 24(고문서학회, 2004), pp.237~274 참조.

14_ 『성종실록』 권18, 3년(1472) 5월 임술(26일) 등; 안휘준, 앞의 글(1989), pp.162~163 참조.

15_ 조선 후기 문인관료이자 학자 홍양호洪良浩(1724~1802)는 "유독 우리나라의 사대부만 화가를 잡기라고 지목하여 배우지 않아 비록 타고난 재주가 있어도 배우지 않고, 능한 자라 할지라도 문득 서로 바라보고는 조롱을 해대니, 이는 (그림과 글씨의) 형상象形의 근원을 알지 못하는 것이다."라며 그림을 천시하는 세태를 지적하기도 하였다. 홍양호洪良浩, 『이계집』耳溪集 권16, 제발題跋 「제옥천사서화첩」題玉泉社書畵帖.

16_ 『병세재언록』은 조선 영·정조 때의 학자 이규상李圭象이 지은 18세기 인물지人物誌이다. 한산 이씨 집안에서 간행한 『한산세고』韓山世稿 제19권~제31권에 수록되어 있으며, 180여 명에 달하는 영·정조 때의 각 분야에서 이름을 남긴 인물들의 일화가 상세히 기록되어 있어 18세기 문화예술과 인물사를 조명하는 데 중요한 자료로 평가받고 있다. 민족문학사연구소 한문분과 옮김, 『18세기 조선 인물지: 并世才彦錄』(창작과 비평사, 1997) 참조.

17_ 『이향견문록』은 조선 후기 중인 문학가 유재건劉在建이 1862년(철종 13)에 편찬한 책이다. 308명이라는 방대한 위항인들의 전기를 수록하였다. 이 책은 많은 자료를 수집하여 중인층의 전기를 체계적으로 수록한 것으로, 19세기 이후 사회적 지위를 상승시켜 가던 중인층의 생활상을 해악과 재치 있는 문장으로 풀어나간 것이 특징이다. 실시학사고전문학연구회 역주, 『이향견문록』里鄕見聞錄(민음사, 1997) 참조.

18_ 『호산외사』는 중인이자 서화가였던 조희룡趙熙龍이 1844년에 엮은 인물전기집이다. 수록된 인물들은 중인·화가·승려·몰락양반 가운데 특이한 행적을 남긴 42인이다. 특히 최북崔北, 임희지林熙之, 김홍도金弘道, 이재관李在寬, 전기田琦 등 당대를 호령했던 화가들에 관한 기록이 많이 실려 있다. 여러 위항시인委巷詩人과 기타 효행과 충절로 이름을 남긴 몰락양반과 중인들에 관한 일화가 수록되어 있다. 실시학사고전문학연구회 옮김, 『조희룡전집』趙熙龍全集 1~6(한길아트, 1999).

19_ 자세한 내용은 임형택, 「18세기 藝術史의 성격」, 『한국한문학연구』 7(고려대학교 한국학연구소, 1995), pp.5~24 참조.

20_ 이훈상, 앞의 논문(2008), p.313 참조.

21_ 『삼국사기』三國史記 권38, 잡지雜誌7, 직관상職官上; 안휘준, 『韓國繪畵의 傳統』(일지사, 1988), p.64.

22_ 안휘준, 「率居: 그의 身分, 活動年代, 畵風」, 『미술사학연구』 274(한국미술사학회, 2012), pp.2~29.

23_ 『고려사』 권77, 「지권」志卷 31 백관百官 2 「서경유수관」西京留守官 조條.

24_ 『증보문헌비고』 권37, 「여지고」輿地考 25 고려궁실高麗宮室; 『고려사』 권122, 「열전」列傳 35 방기方技 이녕李寧 조條.

25_ 배종민, 앞의 논문(2005), p.12.

26_ 『정종실록』 권4, 2년(1400) 4월 신축(6일).

27_ 『태조실록』 권2, 원년 9월 갑신; 『태조실록』 권2, 1년 6월 갑인; 『태조실록』 권15, 7년 12월 정묘; 『태조실록』 권4, 2년 7월 임술; 『태조실록』 권7, 4년 4월 갑자; 『태조실록』 권9, 5년 1월 계미.

28_ 『태종실록』 권9, 5년(1405) 3월 병신(1일).

29_ 도화원이 도화서로 언제 개칭되었는지는 명확하지 않다. 다만 조선왕조실록에 1464년(세조 10) 도화원이라는 용어가 마지막으로 보이고 1471년(성종 2)부터 '도화서'로 등장하는 것으로 보아, 이 기간 중에 개칭된 것으로 보인다.

30_ 강관식 교수는 도화서 운영을 전적으로 예조가 관장하게 됨으로써 국왕과 화원 사이에는 적지 않은 거리가 생겼다고 보고 이렇게 된 원인을 성리학을 국시國是로 삼은 조선이 양반관료가 정치의 주체가 되어 궁중 세력이 국정에 관여하는 것을 엄격하게 금했기 때문이라고 해석하였다. 강관식, 앞의 책(2001), p.37.

31_ 안휘준, 앞의 논문(1989), p.151.

32_『세조실록』 권1, 7년(1455) 7월 무인(5일); 『성종실록』 권127, 12년(1481) 3월 기묘(5일).

33_『세종실록』 권46, 11년(1429) 11월 23일 조에 "잡고雜故를 제외한 시사자時仕者(현직 화원)가 겨우 20명이다"라는 기록을 통해 아마 도화원 시절에도 일정하게 근무하는 화원 수는 20명 정도가 아니었을까 생각된다. 여기서 잡고雜故란 다양한 결근 사유를 일컫는다.

34_『세종실록』 권46, 11년(1429) 11월 을축(23일).

35_ 배종민, 앞의 논문(2005), pp.39~40.

36_ 조선 초기에 재랑은 봉상사奉尙寺와 도감都監에서 임시로 연주활동을 맡았던 20세 미만의 소년들을 지칭하였는데, 도화원을 비롯하여 봉상시, 사옹원司饔院, 상의원尙衣院 등에도 배치되었다. 재랑에 대해서는 배종민, 앞의 논문(2005), p.21 참조.

37_『광해군일기』 권69, 5년(1613) 8월 신해(26일); 『성종실록』 권98, 9년(1478) 11월 무인(21일).

38_『연산군일기』 권51, 9년(1503) 12월 경술(17일).

39_『증보동국여지승람』 권2, 경도京都 하下, 「문직공서」文職公署; 『승정원일기』 334책, 숙종 15년(1689) 윤3월 경술(13일).

40_『숙종실록』 권17, 12년(1686) 11월 무술(18일). 세화는 현종에 앞서 이미 연산군이 그리지 말하는 하교를 내린 적이 있다. 『연산군일기』 권60, 11년(1505) 12월 기묘(29일).

41_ 궁방전이란 왕실에서 분가하여 독립한 궁가宮家에게 지급되던 토지를 말하며, 주로 왕자와 공주, 옹주, 종실 등에게 지급되어 이들의 경제적 토대가 되었다. 그러나 조선왕조 동안 궁방전의 남발로 인해 왕실 재정이 축나는 등 폐단도 적지 않았다. 박준성, 「17·18세기 宮房田의 擴大와 所有形態의 變化」, 『韓國史論』 11(서울대학교 국사학과, 1984), pp.185~278 참조.

42_ 숙종 연간 도화서의 이전에 대해서는 유미나, 「17세기 인·숙종기의 圖畫署와 畫員」, 『강좌미술사』 34(한국불교미술사학회, 2010), pp.141~176 참조.

43_『大東地志』 卷1 京都: "東班府署, 圖畫署. 在南部太平坊."

44_ 숙종 연간 어진 제작에 대해서는 진준현, 「肅宗代 御眞圖寫와 畫家들」, 『古文化』 46(한국대학박물관협회, 1995), pp.9~119; 김지영, 「肅宗·英祖代 御眞圖寫와 奉安處所의 확대」, 『奎章閣』 27(서울대학교 규장각, 2004), pp.55~76 참조.

45_『속대전』 권3, 「예전」禮典, 생도生徒; 『대전통편』大典通編 권1, 「이전」吏典 경관직京官職.

46_ '差備'는 오늘날 '차비'라고 읽는 것이 표준이나, 조선 궁중에서는 거친 소리를 피해 '자비'(ᄌᆞ비)라고 불렀다고 한다. 이 책에서는 시리즈 1·2권과 통일성을 기하기 위해 '차비'로 읽도록 하겠다.

47_ 규장각 차비대령화원 제도에 대해서는 강관식, 『조선후기 궁중화원 연구(상·하)』(돌베개, 2001); 강관식, 「조선후기 화원 회화의 변모와 규장각의 자비대령화원 제도」, 『미술사학보』 17(2002), pp.3~32; 강관식, 「조선의 국왕과 궁중화원」, 이성미 외, 『조선왕실의 미술문화』(대원사, 2005), pp.237~288.

48_『내각일력』 제42책, 정조 7년(1783), 11월 20일, 「寫畫兩廳差備待令應行節目」; 강관식, 앞의 논문(2005), pp.245~246.

49_《화성능행도병》 또는 《수원능행도병》에 대해서는 박정혜, 「《水原陵幸圖屛》研究」, 『美術史學研究』 189, pp.27~68.

50_ 화원의 취재에 대해서는 안휘준, 「朝鮮時代의 畫員」, 『韓國文化』 9(서울대학교 한국문화연구소, 1989), pp.147~177; 강관식, 「조선시대 도화서 화원제도」, 『화원—조선화원대전』(리움미술관, 2012), pp.261~282 참조.

51_『세종실록』 권46, 11년(1429) 11월 을축(23일); 『세종실록』 권61, 15년(1433) 윤8월 기묘(29일).

52_『경국대전』 권3, 「예전」禮典 취재取才; 『대전회통』 권3, 「예전」禮典 취재取才; 도화원 취재시험에 대해서는 안휘준, 앞의 글(1989), pp.154~156 참조.

53_ 차비대령화원 녹취재 방식에 대해서는 강관식, 앞의 책(2001), pp.60~72에 자세하다.

54_ 강관식, 앞의 책(2005), pp.284~285.

55_『대전회통』 권1, 「이전」吏典.

56_ 『한국의 초상화—역사 속의 인물과 조우하다』(문화재청, 2007), p.112.

57_ 『칠조영정모사도감의궤』七祖影幀摸寫都監儀軌(1901), 「상전」賞典.

58_ 기화起畵에 대한 다양한 의견에 대해서는 이성미, 앞의 책(1997), pp.28~29 참조

59_ 박정혜, 앞의 논문(1995), p.209.

60_ 화사군관과 방외화사는 조선시대에 쓰인 용어이나, 지방에서 활동한 화가들을 총칭한 용어는 없었으므로, 이 글에서는 '지방화사'라 부르고자 한다. 한편, 지방 관청에 소속된 토착화가를 '재지화사'在地畵師라고 일컬은 연구도 있다. 이현주, 「朝鮮後期 慶尙道地域 畵員 硏究」(동아대학교 사학과 박사학위논문, 2011) 참조.

61_ 화사군관 제도에 대해서는 이현주, 「朝鮮後期 統制營 畵員 연구」, 『石堂論叢』 39(동아대학교 석당전통문화연구원, 2007), pp.289~327; 이훈상, 「조선후기 지방 파견 화원들과 그 제도, 그리고 이들의 지방 형상화」, 『동방학지』 144(연세대학교 국학자료연구원, 2008), pp.306~366 참조.

62_ 『대전통편』 4 「병전」兵典 군관軍官: "諸道監·兵·統·水營, 寫字官·畵員, 各一人, 於額內差送(하략)"

63_ 이훈상, 앞의 논문(2008), pp.312~313.

64_ 이훈상, 앞의 논문(2008), p.310.

65_ 『승정원일기』 영조 9년(1733) 11월 9일.

66_ 『영조실록』 권112, 45년(1769) 6월 을해(25일).

67_ 『일성록』 제219책, 정조 10년(1786) 9월 병오(18일).

68_ 『일성록』 제268책, 순조 1년(1801) 9월 경오(23일).

69_ 『일성록』 정조 6년(1782년) 10월 22일.

70_ 이훈상, 앞의 논문(2008), pp.338~339. 그러나 여타 문무과시와 관련된 행사도와 비교했을 때 이 그림에서는 과시科試 합격자들이 별도로 표현되지 않았을 뿐 아니라(보통 정전正殿의 앞마당에 앉아 있는 모습으로 표현됨), 세 폭 모두 평양감사를 주인공으로 하여 그 주변을 부각시켜 그렸다는 점, 이와 비슷한 유형의 그림이 몇 점 더 남아 있다는 사실을 통해 이 그림이 도과道科 합격자들을 위해 베푼 향연도이라는 주장은 재고해 보아야 할 것으로 생각된다.

71_ 조선 후기 회화식 군현지도에 대해서는 박은순, 「朝鮮後期 繪畵式 郡縣地圖와 地方文化」, 『한국고지도연구』 1호(한국고지도학회, 2009), pp.31~61; 정은주, 「朝鮮後期 繪畵式 郡縣地圖 硏究」, 『문화역사지리』 통권 23호(한국문화역사지리학회, 2011), pp.119~140.

72_ 〈전주지도〉와 김희성의 관련성은 박은순, 앞의 논문(2009), pp.43~47 참조.

73_ 『중종실록』 권75, 28년(1533) 7월 갑인(13일).

74_ 안휘준, 『옛 궁궐 그림』(대원사, 1997), pp.78~79.

75_ 재지화사를 포함한 지방화사에 대해서는 이미야, 「釜山·慶南地域 書畵家에 대한 일고찰」, 『박물관연구논집』 2(부산시립박물관, 1993), pp.207~214; 박정혜, 「그림으로 기록한 가문의 역사—조선시대 《풍산김씨세전서화첩》연구」, 『정신문화연구』 제29권 제2호(한국학중앙연구원, 2006), pp.239~286; 이현주, 「朝鮮後期 在地畵員 小考」, 『文物硏究』 14(동아시아문문연구재단, 2008), pp.165~211; 이현주, 앞의 논문(2011) 참조.

76_ 조선시대 계회도에 대해서는 윤진영, 「朝鮮時代 契會圖 硏究」(한국정신문화연구원, 2003) 참조.

77_ 《탐라순력도》에 대해서는 홍선표, 「《耽羅巡歷圖》의 기록화적 의의」, 『朝鮮時代 繪畵史論』(문예출판사, 1999) pp.483~494 참조.

78_ 변박과 이시눌에 대해서는 이현주, 앞의 논문(2008), pp.165~211; 이현주, 「동래부 화원 李時訥 연구」, 『역사와 경계』 76호(부산경남지학회, 2010), pp.147~183 참조.

79_ 조행리, 「朝鮮時代 戰爭記錄畵 硏究—〈東萊府殉節圖〉作品群을 중심으로」(서울대학교 고고미술사학과 석사논문, 2011) 참조.

80_ "…盖畵家有兩派, 一俗曰院法卽畵員之共國畵法也…." 이규상, 『일몽고』 「화주록」畵廚綠(『18세기 조선인물지』, 창작과 비평사, p.144).

81_ 도화서 화원의 역할에 대해서는 홍선표, 「화원의 형성과 직무 및 역할」, 『화원—조선화원대전』(리움미술관, 2011), pp.336~356 참조.

82_ 『육전조례』 권6, 예전 「도화서」圖畵署(서울대학교 규장각 영인본, 1999); 법전의 번역문은 강관식, 앞의 논문

(2011), pp.270~271을 참조하였다.

83_ 장례지낼 때 죽은 사람의 신분을 밝히기 위해 품계·관직·성씨 등을 기재하여 상여 앞에서 길을 인도하고 하관下棺이 끝난 뒤에는 관 위에 씌워서 묻는 기旗. 명기銘旗라고도 한다.

84_ 출관出棺할 때 관 위를 덮는 비단. 보통 길이가 길고 누런 빛깔이다.

85_ 조선 후기 왕릉 석물조각에 대해서는 김은선, 「조선후기 왕릉석인조각 연구」, 『미술사학연구』 249(한국미술사학회, 2006), pp.113~139 참조.

86_ 조선 왕실 태봉도에 대해서는 윤진영, 「조선 후기의 왕실 태봉도胎封圖」, 이성미 외, 『조선왕실의 미술문화』(대원사, 2005), pp.325~364 참조.

87_ 도화서의 중요성에 대해서는 성종이 한 다음 말을 참조할 수 있다. "지금 화공畵工에게 명하여 그림을 그리게 하는 것이 어찌 완상하여 즐기기 위하여 그런 것이겠는가? 도화圖畵가 비록 정치에 관계되지는 않았으나, 윗저고리와 아래치마의 문장과 자수가 모두 그림이 아니면 얻을 수 없는 것이므로 없어서는 안 되는 것이다. 또 없어서는 안 되는 것이라면 정밀하게 해야 하는 것이다. 이 외에도 선왕先王이 어용御容을 고쳐 그리는 일이나 중국의 사신 중에 그림을 구하는 자가 있으니 어찌 도화를 폐할 수 있는가." 『성종실록』 권9, 9년(1478)년 8월 계사(4일).

88_ 조선 왕실 화원들이 제작한 궁중 회화 작품에 대한 전반적인 소개는 박정혜, 앞의 글(2011), pp.14~155 참조.

89_ 조선시대 공신도상의 시기별 특징에 대해서는 조선미, 「朝鮮王朝時代의 功臣圖像에 관하여」, 『미술사학연구』 151, 1981, pp.21~37; 권혁산, 「朝鮮中期 『錄勳都監儀軌』와 功臣畵像에 관한 硏究」, 『미술사학연구』 266, 2010, pp.63~92 참조; 공신과 관련된 유물에 대해서는 『조선의 공신』(한국학중앙연구원, 2012) 참조.

90_ 진준현, 「예술과 공학의 만남—界畵」, 『대한토목학회지』 50권, 3호, 2006, pp.101~105.

91_ 안휘준, 『옛 궁궐 그림』(대원사, 1997), p.81~82.

92_ 『속대전』 「잡령」雜令: "每行寫字官二員, 畵員一員(중략) 並差送."

93_ 조선시대 연행도에 대한 종합적인 고찰은 정은주, 『조선시대 사행기록화』(사회평론, 2012) 참조. 그 외, 『燕行圖』(숭실대학교 한국기독교박물관, 2009); 『중국 사행을 다녀온 화가들』(국립중앙박물관, 2011) 참조.

94_ 《심양관도첩》에 대해서는 이성미, 『조선시대 그림 속의 서양화법』(대원사, 2008 재판); 박은순, 「朝鮮後期 『瀋陽館圖』畵帖과 西洋畵法」, 『미술자료』 58(국립중앙박물관, 1997), pp.9~45.

95_ 이 화첩은 명지대학교 LG연암문고 소장이며 『중국 사행을 다녀온 화가들』(2011, 국립중앙박물관) 전시도록에 실려 있다.

96_ 조선통신사 수행화원의 역할과 작품에 대해서는 홍선표, 「조선후기 통신사 수행화원의 파견과 역할」, 『미술사학연구』 205(1995), pp.5~7

97_ 『朝鮮時代 通信使』(국립중앙박물관, 1986) 참조.

98_ 조선왕실 장식화의 종류, 의미 등에 대해서는 박정혜, 「궁중 장식화의 세계」, 『조선 궁궐의 그림』(돌베개, 2012), pp.12~182에서 자세히 다루었다.

99_ 세화에 대해서는 김윤정, 「朝鮮後期 歲畵 硏究」(이화여대 미술사학과 석사논문, 2002) 참조.

100_ 『승정원일기』 212책 현종10년(1669) 1월 정사(23일). 필疋은 일정한 길이로 말아놓은 옷감이나 가죽을 세는 단위이다.

101_ 왕실 발원 불화와 화원의 관계는 유경희, 「王室 發願 佛畵와 宮中 畵員」, 『강좌미술사』 제26호, 2006, pp.575~608 참조.

102_ 연세대학교 국학자료원 편, 『韓國近代移行期 中人 硏究』(신서원, 1999); 이남희, 『朝鮮後期 雜科中人 硏究』(이회문화사, 1999).

103_ 김두헌, 「자비대령화원의 신분과 세전 및 혼인」, 『전북사학』 3호, 2007, pp.43~83.

104_ 조선시대 화원 가문에 대해서는 오세창吳世昌, 『근역서화징』(계명구락부啓明俱樂部, 1928); 오세창, 『화사양가보록』畵寫兩家譜錄(필사본, 국립중앙도서관장); 안휘준, 앞의 논문(1989), pp.169~176; 최진옥 편, 『朝鮮時代 雜科合格者 總攬』(한국정신문화연구원, 1990) 참조.

105_ 각각의 가문들에 대해서는 오주석, 『이인문의 강산무

진도』(신구문화사, 2007); 김상엽, 「南里 金斗樑의 作品世界」, 『미술사연구』 11, 1997, pp.69~96; 박수희, 「朝鮮 後期 開成 金氏 畵員 硏究」, 『美術史學硏究』 255(한국미술사학회, 2007), pp.5~41; 이경화, 「《北塞宣恩圖》 硏究」(서울대학교 고고미술사학과 석사논문, 2005); 임준영, 「朝鮮 末期 畵員 琳塘 白殷培의 生涯와 繪畵」, 『미술사연구』 25(2011), pp.397~426.

106_ 이창현 등 편, 『高麗大中央圖書館影印本 第13號 一姓源錄』 권7, 「仁同張氏」(旿星社, 1985).

107_ 인동 장씨 역관·화원 가계에 대한 전반적인 설명은 김양수, 「朝鮮後期 中人집안의 活動 硏究(上)」, 『實學思想硏究』 1집(모악실학회, 1990), pp.25~47; 김양수, 「朝鮮後期 中人집안의 活動 硏究(下)」, 모악실학회, 1991), pp.41~64; 박정혜, 앞의 논문(1997), pp.217~219 참조.

108_ 《만고기관첩》에 대해서는 유미나, 「《만고기관첩》과 18세기 전반의 화원 회화」, 『강좌미술사』 28, 2007, pp.177~208 참조.

109_ 번역은 민족문학사연구소 한문학분과 옮김, 『18세기 조선인물지』(창작과 비평사, 1997), p.147에서 재인용.

110_ 유만주俞晩柱, 『흠영』欽英 제3책 「정유부」丁酉部 2월 초2일 조.

제2부_

1_ '어진'御眞이 공식적으로 거론된 것은 숙종 39년(1713)의 일이다. 당시 숙종어진을 담당한 도제조 이이명李頤命(1658~1722)의 건의에 따라 '어진'이 왕의 초상화를 일컫는 가장 적합한 용어로 거론되었다. 초상화(전신傳神)를 '사진'寫眞이라 부르고, 왕의 초상화가 봉안된 곳을 '진전'眞殿이라 했듯이 왕의 초상화 역시 '어진'御眞이라 하는 것이 타당하다고 보았다. 이때부터 '어진'이 보편적인 용어로 사용되었다. 조선미, 『韓國肖像畵硏究』(열화당, 1983), pp.147~148.

2_ 현존 어진에 대한 연구 현황은 다음과 같다. ①미술사적 연구: 이강칠, 「御眞圖寫過程에 對한 小考」, 『古文化』 11輯, 韓國大學博物館協會, 1973, pp.3~22; 조선미, 『韓國肖像畵硏究』, 열화당, 1983; 안휘준, 「韓國肖像畵槪觀」, 『國寶』 10, 예경산업사, 1984; 조선미, 「朝鮮王朝時代의 御眞製作過程에 관하여」, 『美學』 6, 韓國美學會, 1979, pp.3~23; 진준현, 「英祖, 正祖代 御眞圖寫와 畵家들」, 『서울대학교박물관 연보』 6, 서울대학교박물관, 1994, 19~72; 동저, 「肅宗代 御眞圖寫와 畵家들」, 『古文化』 46, 韓國大學博物館協會, 1996, 89~119; 이성미, 「朝鮮王朝御眞關係 都監硏究」, 이성미·유송옥·강신항, 『朝鮮時代御眞關係都監儀軌硏究』, 한국정신문화연구원, 1997, pp.1~136; 윤진영, 「藏書閣 所藏 『御眞圖寫事實』의 正祖~哲宗代 御眞圖寫」, 『藏書閣』 11집, 韓國精神文化硏究院, 2004. 6, pp.283~302; 박은순, 「명분인가 실제인가—조선 초기 궁중회화의 양상과 기능(1)」, 『미술사의 정립과 확산, 1권: 한국 및 동양의 회화』, 사회평론, 2006, pp.132~158; 안휘준, 「조선 왕조 전반기前半期 화원들의 기여」, 『화원, 朝鮮畵員大展』(리움미술관, 2012), pp.238~260; 조선미, 『왕의 얼굴』, 사회평론, 2012; 조인수, 「조선 왕실에서 활약한 화원들: 어진제작을 중심으로」, 『화원, 朝鮮畵員大展』(리움미술관, 2012), pp.283~295. ②어진 관련 의궤 연구: 『규장각 소장 의궤 해제집』 2, 서울대학교 규장각, 2004, pp.527~558; 『규장각 소장 의궤 해제집』 3, 서울대학교 규장각, 2005, pp.522~533; 『규장각소장 분류별 의궤해설집』, 서울대학교 규장각, 2005, pp.195~216; 유송옥, 「影幀摹寫都監儀軌와 御眞圖寫都監儀軌의 服飾史的 考察」, 이성미·유송옥·강신항, 『朝鮮時代御眞關係都監儀軌硏究』, 한국정신문화연구원, 1997, pp.137~201; 이성미, 『왕실혼례의 기록: 가례도감의궤와 미술사』, 소와당, 2008; 이성미, 『어진의궤와 미술사—조선국왕 초상화의 제작과 모사—』, 소와당, 2012. ③진전眞殿 제도에 대한 연구: 조인수, 「조선 초기 태조 어진御眞의 제작과 태조 진전眞殿의 운영—태조, 태종대를 중심으로」, 『미술사와 시각문화』제3호, 미술사와 시각문화학회, 2004. 10, pp.116~152; 김지영, 「영조대 진전정책과 〈영정모사도감의궤〉」, 『규장각 소장 의궤 해제집』 2, 서울대학교 규장각, 2004, pp.542~558; 조인수, 「경기전 태조 어진과 진전의 성

격: 중국과의 비교적 관점을 중심으로」,『왕의 초상: 慶基殿과 太祖 李成桂』, 국립전주박물관, 2005. pp.266~278; 동저同著,「세종대의 어진御眞과 진전眞殿」,『미술사의 정립과 확산, 1권: 한국 및 동양의 회화』, 사회평론, 2006, pp.160~179; 동저,「전통과 권위의 표상: 高宗代의 太祖御眞과 眞殿」,『미술사연구』 통권 제20호, 미술사연구회, 2006, pp.29~56; 동저,「조선 후반기 어진의 제작과 봉안」,『다시 보는 우리 초상의 세계-조선시대 초상화 학술논문집』, 국립문화재연구소, 2007, pp.6~32. ④ 태조어진에 대한 연구: 이수미,「경기전 태조 어진御眞의 제작과 봉안奉安」,『왕의 초상: 慶基殿과 太祖 李成桂』, 국립전주박물관, 2005. pp.228~241; 동저,「경기전 태조 어진의 조형적 특징과 봉안의 의의」,『미술사학보』 26집, 미술사학연구회, 2006. 6, pp.5~32; 동저, 이수미,「경기전 태조 어진의 원본적 성격 재검토」,『조선왕실과 전주』, 국립전주박물관, 2010. pp.234~242; 조인수,「태조어진과 전주」,『조선왕실과 전주』, 국립전주박물관, 2010. ⑤중국어진 및 진전과의 비교 연구: 趙善美,「中國肖像畵의 史的 展開」,『成大論文集』 第33輯(1983), pp.265~295; 조인수,「경기전 태조 어진과 진전의 성격: 중국과의 비교적 관점을 중심으로」,『왕의 초상: 慶基殿과 太祖 李成桂』, 국립전주박물관, 2005. pp.266~278; 조인수,「중국 초상화의 성격과 기능: 명청대 조종화祖宗畵를 중심으로」,『위대한 얼굴—국내최초 한·중·일 초상화대전』, 아주문물학회, 2003, pp.152~161. ⑥ 대한제국 및 일제강점기 어진에 대한 연구: 신명호,「대한제국기의 御眞 제작」,『朝鮮時代史學報』 33집, 조선시대사학회, 2005, pp.245~280; 권행가,「고종 황제의 초상: 근대시각매체의 유입과 어진의 변용 과정」, 홍익대학교대학원 박사학위논문, 2006. 2; 박정혜,「藏書閣 소장 일제강점기 儀軌의 미술사적 연구」,『美術史學研究』 259, 韓國美術史學會, 2008. 9, pp.117~150.

3_ ①정치사적 배경에 대한 연구: 김지영,「1713年(肅宗 39) 御眞 圖寫와 〈御容圖寫都監儀軌〉」,『규장각 소장 의궤 해제집』 2, 서울대학교 규장각, 2004, pp.527~541; 同著,「1837年(헌종 3) 濬源殿 太祖影幀 파괴사건과 〈影幀摸寫都監儀軌〉」,『규장각 소장 의궤 해제집』 3, 서울대학교 규장각, 2005, pp.522~533; 동저,「조선후기 影幀摸寫와 眞殿 運營에 대한 고찰」,『규장각소장 분류별 의궤해설집』, 서울대학교 규장각, 2005, pp.195~216; 윤정,「숙종 14년 太祖 影幀 模寫의 경위와 政界의 인식」,『韓國史研究』 141호, 한국사연구회, 2008. 6, pp.157~195. ②복식 분야의 연구: 유송옥,「影幀摹寫都監儀軌와 御眞圖寫都監儀軌의 服飾史的 考察」, 이성미·유송옥·강신항,『朝鮮時代御眞關係都監儀軌研究』, 한국정신문화연구원, 1997, pp.137~201; 유송옥,『朝鮮王朝 宮中儀軌服飾』, 修學社, 1991. ③어진의 수보와 장황에 대한 연구: 김혁,「乾隆二十九年二月 日慶基殿影幀後面加褙謄錄-慶基殿 太祖影幀의 修補」,『藏書閣』 제7집, 한국정신문화연구원, 2002. 8, pp.275~304.

4_ 제도적 고찰에서는 진전의 소재, 연혁, 변천 등 제반 사실들을 정리하여 그 발달과정을 살펴보았고, 진전에 관련된 각종 의주儀註를 통해 진전의 기능과 그 의의를 고찰하였다. 이를 통해 봉안처와 관련된 어진의 성격과 의의를 논의할 수 있는 기반을 마련하였다. 유형적 고찰에서는 어진 제작의 과정을 검토하여 고찰하였다. 조선미,『韓國肖像畵研究』, 열화당, 1983; 동저,「朝鮮王朝時代의 御眞製作過程에 관하여」,『美學』 6, 韓國美學會, 1979, pp.3~23.

5_ 진준현,「英祖, 正祖代 御眞圖寫와 畵家들」,『서울대학교 박물관연보』 6(서울대학교박물관, 1994), pp.19~72; 동저,「肅宗代 御眞圖寫와 畵家들」,『古文化』 46(韓國大學博物館協會, 1996), pp.89~119.

6_ 이성미,「朝鮮王朝 御眞關係 都監研究」, 이성미·유송옥·강신항,『朝鮮時代御眞關係都監儀軌研究』(한국정신문화연구원, 1997), pp.1~136; 이성미,『어진의궤와 미술사—조선국왕 초상화의 제작과 모사—』(소와당, 2012), p.242.

7_ 조인수,「조선 왕실에서 활약한 화원들: 어진제작을 중심으로」,『화원, 朝鮮畵員大展』(리움미술관, 2012), pp.283~295.

8_「부산일보」 1954년 12월 10일자 기사.

9_ 윤진영,「선원전영정수개등록璿源殿影幀修改謄錄」,『藏書閣所藏 王室圖書解題 1-日帝時期』(韓國學中央研究院,

2006), pp.411~413; 박정혜, 「藏書閣 소장 일제강점기 儀軌의 미술사적 연구」, 『美術史學硏究』 259(韓國美術史學會, 2008. 9), pp.129~131. 신선원전 12실에 봉안되어 있던 46점의 어진은 다음과 같다. 제1실 태조어진 3점, 제2실 세조어진 1점, 제3실 원종어진 1점, 제4실 숙종어진 2점, 제5실 영조어진 6점, 제6실 정조어진 4점, 제7실 순조어진 4점, 제8실 익종어진 3점, 제9실 헌종어진 2점, 제10실 철종어진 4점, 제11실 고종어진 9점, 제12실 순종어진 7점 등이다. 복제별 자세한 현황은 박정혜, 위의 논문, p.131의 표3 일람표 참조.

10_ 어진의 세 종류에 대해서는 조선미, 『韓國肖像畵硏究』(열화당, 1983), p.148 참조.

11_ 『승정원일기』 숙종 39년(1713) 4월 11일. "頤命曰, 都監稱號, 自吏曹以御容摸寫爲定, 而摸字之義, 異於圖字, 今則改以圖字, 何如? 上曰, 以戊辰年太祖大王御容, 以舊本摸寫, 故稱以摸寫, 而今則與其時有異, 改以圖字, 可也."

12_ 조선미, 앞의 책, p.148.

13_ 이화移畵와 모화模畵에 대해서는 1735년(영조 11) 세조어진 모사 시에 모사의 방법으로 논의된 기록이 있다. 『승정원일기』 영조 11년(1735) 7월 28일.

14_ 차비대령화원제도에 대해서는 강관식, 『조선후기 궁중화원 연구(상)—규장각의 자비대령화원을 중심으로』, 돌베개, 2001.

15_ 『승정원일기』 영조 11년(1735) 8월 22일.

16_ 『숙종실록』 21년(1695) 7월 27일.

17_ 『승정원일기』 숙종 14년(1688) 3월 7일. 숙종이 광성부원군光城府院君 김만기金萬基의 화상을 본 뒤 가장 방불하다고 하면서 그린 화가에 대해 물은 기록이 있다.

18_ 『숙종실록』 21년(1695) 7월 27일.

19_ 『승정원일기』 영조 11년(1735) 8월 27일.

20_ 『승정원일기』 영조 11년(1735) 8월 29일. 진준현, 「英祖, 正祖代 御眞圖寫와 畵家들」, 『서울대학교 박물관연보』 6(서울대학교박물관, 1994), p.23 참조.

21_ 진준현, 위의 논문, pp.64~65.

22_ 조영석은 낭청郞廳에 이름을 올렸으나 영조는 화법을 논하는 일은 낭청의 일이 아니므로 유화儒畵로 참여하게 하였다.

23_ 『승정원일기』 정조 5년(1781) 8월 28일.

24_ 어진의 전반적인 제작과정에 대하여 조선미 교수는 ① 도감설치都監設置 및 화원선발畵員選拔, ②초본과정草本過程 및 직조織造, ③상초上綃 및 정본설채正本設彩, ④ 후배後褙 및 장축粧軸, ⑤표제標題, ⑥봉안奉安 및 논상論賞의 6단계로 설명하였다. 조선미, 앞의 책, pp.156~166.

25_ 송창엽은 조세걸의 제자이자 평양 출신으로 여러 도화에 함께 참여하였으며, 조세걸과 함께 '조송'曺宋이라 불렸다. 김점金漸, 「서경시화」西京詩話, "同時又有宋昌燁者亦以畵名 世稱曺宋".

26_ 『영정모사도감의궤』(1688); 이성미, 앞의 논문, p.71.

27_ 『영정모사도감의궤』(1688); 이성미, 앞의 논문, p.72.

28_ 윤상익尹商翊은 태조어진 모사의 공로로 품계가 당상에 올랐으나 자원하여 도화서에 머물렀다. 1690년에는 두 차례의 책례도감冊禮都監에 화역을 맡아 참여하였다. 진준현, 「肅宗代 御眞圖寫와 畵家들」, 『古文化』 46(韓國大學博物館協會, 1996), p.107 참조.

29_ 이성미, 『어진의궤와 미술사—조선국왕 초상화의 제작과 모사—』(소와당, 2012), p.242.

30_ 윤진영, 「평양화사 조세걸의 도사圖寫 활동과 화풍」, 항산 안휘준 교수 정년퇴임 기념 논문집 간행위원회, 『미술사의 정립과 확산—1권, 한국 및 동양의 회화』(사회평론, 2006), pp.239~247.

31_ 〈유순정초상〉에 대해서는 문화재청, 『한국의 초상화—역사 속의 인물과 조우하다』(눌와, 2007) pp.112~113의 박은순의 도판해설과 도판 참조. 반신의 〈유순정초상〉은 두 본이 전하는데, 그 중 한 본에 별지가 붙어 있다.

32_ 『승정원일기』 영조 11년(1735) 8월 22일. "又以影幀模寫都監郞廳 以都提調意啓曰 兩勳臣畵像 各三本 旣已畢模矣 竝與其眞本入啓 而各其模寫人姓名 書籤以入之意 敢啓傳曰 知道 入侍時 當下敎矣"

33_ 『승정원일기』 영조 11년(1735) 7월 28일.

34_ 운학흉배는 17세기 후반기에 나타나기 시작하는데, 일례로 1680년경에 그려진 것으로 추정되는 〈김석주金錫胄초상〉의 흉배에도 운학문이 그려져 있다. 운학흉배에 대해서는 하명은, 「조선시대 문관 흉배의 조형성에 관한 연

구」(안동대학교대학원 의류학과 석사학위논문, 2004), pp.31~35.

35_『승정원일기』 숙종 39년(1713) 4월 11일.

36_ 이치는 화격이 정미精微하여 사대부 초상화로 좋은 평가를 받았다고 한다. 김진녀는 평양 출신으로 1688년(숙종 14) 태조어진 모사에 참여한 조세걸에게 화법을 배웠고, 명나라 장수 이여백李如栢을 그린 초상화가 김창집金昌集에 의해 중국에 전해져 찬사를 받았다고 한다. 김익주는 광주光州에서 활동하고 있었으나 서울에 거주할 때 그린 사대부 초상화를 통해 이름이 알려졌다. 장태흥은 금위영禁衛營의 교련관敎鍊官으로 있었는데, 그가 그린 조태채趙泰采의 화상이 좋다는 품평을 받았다.

37_ 박동보는 1712년(숙종 38) 12월부터 이듬해 4월 8일가지 영희전 제2실에 봉안되어 있던 세조영정을 수보하는데 화원 장득만과 함께 참여하였다.

38_『어용도사도감의궤』, 1713년.

39_『승정원일기』 숙종 39년(1713) 4월 18일.

40_ 이성미, 「朝鮮王朝 御眞關係 都監硏究」, 李成美·劉頌玉·姜信沆, 『朝鮮時代御眞關係都監儀軌硏究』(한국정신문화연구원, 1997), p.73.

41_『승정원일기』 영조 11년(1735) 9월 10일.

42_『국역 일성록』 정조 5년(1781) 8월 26일.

43_『어진도사사실』「정묘조어진도사시」正廟朝御眞圖寫時, '辛丑 八月二十九日~九月十六日'

44_ 8월 28일 정조가 보았던 초상화는 《기로소화상첩》耆老所畵像帖, 《충훈부공신도상》忠勳府功臣圖像, 〈이항복화상〉李恒福畵像, 〈영부사(남구만)화상〉領府事畵像, 〈봉조하(김수항)화상〉奉朝賀畵像 등이며, 9월 1일에는 〈이휘지화상〉李徽之畵像, 〈연평군화상〉延平君畵像, 〈연양군화상〉延陽君畵像 등을 가져오게 하여 서로 비교하며 살펴보았다.

45_『어진도사사실』, 「정묘조어진도사시」正廟朝御眞圖寫時, '辛丑九月初五日'

46_『승정원일기』, 정조 15년(1791) 9월 28일.

47_『정종실록』 원년(1399) 8월 12일; 『태종실록』 2년(1402) 2월 15일; 조선미, 앞의 책, pp.149~150의 '조선왕조시대의 어진제작도표' 참조.

48_『세종실록』 26년(1444) 10월 22일.

49_ 이유원, 『임하필기』 권14, 「문헌지장편」文獻指掌編, '선원전'璿源殿.

50_『명종실록』 3년(1548) 10월 10일.

51_ 최경의 행적에 대해서는 안휘준, 「조선시대의 화원」, 『한국회화사 연구』(시공사, 2000), pp.740~750.

52_『세조실록』 9년(1463) 3월 7일.

53_『세조실록』에는 최경이 권귀權貴한 자들을 잘 사귀어서 도화원 별좌別坐를 제수 받고 통정대부通政大夫로 가자되었다고 기록되었다. 이후 사간원에서 신원 조회 과정인 서경署經을 통과시키지 않자 최경은 그 부당함을 말하는 과정에서 임금에게 거짓 고변을 하게 되고, 이로 인해 1463년 결국 파직당하고 만다(『세조실록』 9년(1463) 3월 7일). 최경이 파출됨을 부당히 여겨 원망한다는 말을 전해들은 세조는 그를 도관의 노비가 되게 하였다가(『세조실록』 10년(1464) 7월 5일) 약 2개월 뒤에 풀어주었다.

54_『성종실록』 2년(1471) 12월 12일.

55_『성종실록』 3년(1472) 5월 25일.

56_『성종실록』 3년(1472) 5월 26일.

57_『성종실록』 3년(1472) 6월 6일.

58_『명종실록』 3년(1548) 10월 10일.

59_ 성종의 부父이며, 추존왕 덕종德宗, 시호는 의경懿敬이다.

60_『성종실록』 3년(1472) 6월 4일.

61_『성종실록』 7년(1476) 5월 27일.

62_『성종실록』 21년(1490) 9월 20일.

63_ 현재 안귀생의 진작으로 알려진 그림은 없고, 명대 여기呂紀의 원체화풍을 연상시키는 국립중앙박물관 소장의 〈화조도〉 1점이 전칭작으로 알려져 있다.

64_『인종실록』 1년(1545) 1월 15일.

65_『명종실록』 3년(1548) 10월 10일. 중종 때에는 김안국金安國이 여러 차례 어용의 전사傳寫를 청하였으나 끝내 윤허를 받지 못하고 을사년乙巳年에 이르러서야 추사追寫하였다는 내용이 있다.

66_『국역 근역서화징(상)』(시공사, 1998), p.248.

67_『명종실록』 3년(1548) 10월 10일.

68_『명종실록』 4년(1549) 9월 14일.

69_ 『명종실록』 4년(1549) 9월 14일.

70_ 『명종실록』 즉위년(1545) 7월 24일.

71_ 『인조실록』 6년(1628) 9월 17일.

72_ 박정혜 외, 『왕과 국가의 회화』(돌베개, 2011), pp.179~180, pp.182~184.

73_ 김지영, 「1837年(헌종 3) 濬源殿 太祖影幀 파괴사건과 〈影幀摸寫都監儀軌〉」, 『규장각 소장 의궤 해제집』 3(서울대학교 규장각, 2005), pp.522~533; 신명호, 「대한제국기의 御眞 제작」, 『朝鮮時代史學報』 33집(조선시대사학회, 2005), pp.245~280.

74_ 이성미, 앞의 논문, pp.7~16.

75_ 김지영, 앞의 논문, p.527.

76_ 〈이현보초상〉은 이재관이 1827년(순조 27) 김정희金正喜의 주선으로 경북 안동의 이현보李賢輔 종가로 내려가 그린 것이다. 〈이현보초상〉의 이모본에는 원본에 없던 경상 부분의 다리를 4개로 그린 점, 책상 위에 놓인 책에 선을 그려 넣은 점 등 세부 묘사에 수정한 부분들이 보인다. 〈이현보초상〉의 이모본에 대해서는 박은순, 「聾巖 李賢輔의 影幀과 「影幀改摹時日記」」, 『美術史學研究』 242·243(韓國美術史學會, 2004. 9), pp.238~248.

77_ 1837년 준원전 태조어진 모사와 관련된 정황에 대해서는 이수미, 「경기전 태조 어진의 조형적 특징과 봉안의 의의」, 『미술사학보』 26집(미술사학연구회, 2006), pp.12~13.

78_ 이 사진은 조선총독부의 제1차 사료 조사 결과물로 1911년 9월 19일 촬영한 유리원판 사진이다. 『왕의 초상: 慶基殿과 太祖 李成桂』(국립전주박물관, 2005), p.91.

79_ 1837년 준원전의 태조어진을 모사할 때, 헌종憲宗은 당시의 복색服色에 따라 청색 곤룡포의 색상을 홍색紅色으로 바꾸도록 했다고 한다. 선원전 제1실에 있던 태조어진이 홍색 곤룡포로 그려진 이유이다.

80_ 『어진이모도감의궤』(1837), 「상전」賞典.

81_ 이수미, 「경기전 태조 어진의 원본적 성격 재검토」, 『조선왕실과 전주』(국립전주박물관, 2010), p.236.

82_ 조선미, 『한국의 초상화—형과 영의 예술』(돌베개, 2009), p.70.

83_ 이때의 과정을 기록한 『어진모사도감의궤』가 장서각에 소장되어 있다.

84_ 이성미, 앞의 논문, p.81.

85_ 이성미, 『어진의궤와 미술사—조선국왕 초상화의 제작과 모사』(소와당, 2012), p.234.

86_ 조선미, 앞의 책, p.67.

87_ 『영정모사도감의궤』, 1900년.

88_ 『승정원일기』 영조 11년(1735) 8월 3일.

89_ 『승정원일기』 영조 11년(1735) 8월 19일.

90_ 〈이후원정사공신화상〉은 호암미술관, 『인물로 보는 한국미술』(1999), p.33에 도판 수록.

91_ 『승정원일기』 영조 11년(1735) 8월 17일.

92_ 『승정원일기』 영조 11년(1735) 8월 22일.

93_ 『승정원일기』 영조 11년(1735) 8월 22일.

94_ 『승정원일기』 영조 11년(1735) 8월 25일.

95_ 『승정원일기』 영조 11년(1735)1735년(영조 11) 8월 3일.

96_ 화면 우측에 "白趣翁五十四歲眞 李琺寫"라고 적혀 있어 권섭의 54세 초상을 이치가 그렸음이 확인된다.

97_ 『승정원일기』 숙종 39년(1713) 4월 22일.

98_ 『승정원일기』 영조 11년(1735) 8월 29일; 동년 9월 2일; 동년 9월 10일.

99_ 『승정원일기』 영조 11년(1735) 8월 3일.

100_ 『승정원일기』 영조 11년(1735) 8월 25일.

101_ 『승정원일기』 영조 11년(1735) 9월 10일.

102_ 『승정원일기』 영조 11년(1735) 8월 3일.

103_ 이때의 과정을 기록한 『영정모사도감의궤』가 규장각과 장서각에 전한다.

104_ 『승정원일기』 영조 24년(1748) 1월23일.

105_ 『승정원일기』 영조 24년(1748) 1월 20일.

106_ 『승정원일기』 영조 24년(1748) 2월 4일.

107_ 『승정원일기』 영조 24년(1748) 2월 4일.

108_ 윤증尹拯 초상화의 제작 과정을 기록한 『영당기적』影堂紀蹟에는 "숭정기원 후 두번째 갑자년(1744) 4월에 초상화 네 본을 이모했다. 정면이 한 본이고 측면이 세 본이다. 화가는 장경주이다(崇禎紀元後 再甲子四月 影子移摹四本 正面一仄面三 畵師張敬周)"라고 되어 있어 1744

년 장경주가 그린 것임을 알 수 있다.

109_『승정원일기』 영조 24년(1748) 2월 5일.

110_『영조실록』 24년(1748) 2월 13일.

111_ 박정혜, 앞의 논문, pp.129~132.

112_ 박정혜, 앞의 논문, pp.129~132.

113_『승정원일기』 고종 9년(1872) 1월 6일.

114_ 김지영, 「1713年(肅宗 39) 御眞 圖寫와 〈御容圖寫都監儀軌〉」, 『규장각 소장 의궤 해제집』 2(서울대학교 규장각, 2004), pp.529~530.

115_ 권혁산, 「朝鮮中期 功臣畵像에 관한 硏究」(홍익대학교 대학원 미술사학과 석사학위논문, 2007. 12), pp.56~57.

116_ 김점, 「西京詩話」, "……金振汝德翼崔萬厦廣甫亦俱 文獻家子德翼 從涓洲習畵山水人物花鳥 尤工態度微勝涓洲而腕力不如滄浪洪世泰詩所謂傳神學自涓洲者也 廣甫亦與德翼同業不諳文事多帶俗氣不甚爲世所重"

117_ 윤진영, 앞의 논문, p.247.

118_『어용도사도감의궤』 1713년.

119_ 1735년(영조 11) 세조어진 모사 시 시재에 참여하였는데, 당시의 『승정원일기』에는 73세로 기록되었다. 『승정원일기』 영조 11년(1735) 8월 22일.

120_『승정원일기』 영조 9년(1733) 10월 12일.

121_ 이때 잠저 시에 그린 21세 상과 1733년에 그린 40세 상을 꺼내어 대신들과 이야기를 나눈다. 이에 의하면, 박동보는 "설채를 짙게 하여 지금은 짙어 보이나 후일에는 오히려 옅어질 것"이라 했다. 이 설채를 영조는 흡족하게 생각했다. 그리고 이 본이 핍진하다고도 했다. 『승정원일기』 영조 20년(1744) 8월 20일.

122_『승정원일기』 영조 20년(1744년) 11월 19일.

123_『승정원일기』 영조 20년(1744) 12월 2일. "諸臣皆瞻望模本後 寅明曰 小臣今始瞻仰 而甚肖似 似過於七分矣 顯命曰 臣意亦無欠矣 若魯曰 善爲模寫矣 尙星曰 七分爲難而此則過於七分矣 象漢曰 閭閻未有如是逼眞之畫矣 寅明曰 以此畫見之 則張敬周有精神者矣."

124_『승정원일기』 정조 5년(1781) 9월 1일.

125_『승정원일기』 영조 39년(1763) 1월 27일.

126_『승정원일기』 영조 39년(1763) 1월 13일. "上使中官 奉御容草本視諸臣 鳳漢曰 眞七分矣 畫員誰耶? 上曰 卞相碧矣"

127_『승정원일기』 영조 49년(1773) 1월 7일. "晦曰 卽今畫師中 卞相璧最善矣 上曰 欲待韓宗裕之歸 而難於等待矣 張敬周於重模 本有功矣 命書傳敎曰 憶癸巳用秦再奚孫 戊辰年重模功 卽張敬周 有其子乎 卽爲問啓 出傳敎"

128_『승정원일기』 영조 49년(1773) 1월 22일. "御容圖寫卞相璧 依例加資 非此人 今豈成功 曾經僉使 守令待窠調用"

129_『근역서화징』의 '변상벽'卞相璧 항목에는 "근암近庵 윤급尹汲의 초상을 그렸다(畵尹近庵汲像) 화재화정和齋畵幀"이라고 기록되었다. 『국역 근역서화징(상)』(시공사, 1998), pp.690~691.

130_ 문화재청, 『한국의 초상화—역사 속의 인물과 조우하다』(눌와, 2007) p.172 강관식 교수의 도판해설.

131_『승정원일기』 정조 5년(1781) 8월 19일.

132_ 화면 오른쪽 상단에 "脩井翁 五十七歲像"이라는 제목이 있어 정경순(1721~1791)의 57세 모습을 그린 1777년의 작품임을 알 수 있다. 족자의 하회장에 정경순이 족질 정동진鄭東進을 시켜 쓰게 한 글에 "성姓이 한씨韓氏인 화원이 그렸는데, 썩 뛰어난 솜씨는 아니다"(卽此本而韓姓畵員 不工之筆)라고 되어 있다.

133_〈경경순초상〉에는 정경순이 족질 정동진鄭東進을 시켜 쓴 글과 함께 강세황姜世晃과 조윤형曺允亨이 각각 쓴 찬문이 있다. 글의 내용에 대해서는 『조선시대 초상화 I』(국립중앙박물관, 2007), pp.205~206.

134_『승정원일기』 영조 49년(1773) 1월 9일; 1월 18일.

135_ 김홍도의 초상화에 대해서는 진준현, 『단원 김홍도 연구』(일지사, 1999), pp.307~316.

136_ 윤진영, 「藏書閣 所藏 『御眞圖寫事實』의 正祖~哲宗代 御眞圖寫」, 『藏書閣』 11집(한국정신문화연구원, 2004. 7), p.289.

137_ 화면 오른쪽 상단에 쓴 글씨에 "此本則 先生七十歲甲午冬畵師申漢枰所寫"라고 적혀 있다.

138_ 이때 참고한 것은 숙종 계사년(1713) 『어진도사도감의궤』와 영조 계사년(1773) 『어진도사도감의궤』였고, 영조 계축년(1733)·계해년(1743), 갑자년(1744)·계유년(1753), 정축년(1757)·계미년(1763) 등에는 의궤를 남기

지 않았으므로 당시의 『승정원일기』를 참고하였다.

139_ 장인석, 「華山館 李命基 繪畵에 대한 硏究」(명지대학교 대학원 미술사학과 석사학위논문, 2007. 12), p.31.

140_ 장인석, 「華山館 李命基의 生涯와 繪畵世界」, 『美術史學硏究』 265(韓國美術史學會, 2010. 3), p.142.

141_ 장인석, 위의 논문, pp.142~143.

142_ 김지영, 「1837年(헌종 3) 濬源殿 太祖影幀 파괴사건과 〈影幀摸寫都監儀軌〉」, 『규장각 소장 의궤 해제집』 3(서울대학교 규장각, 2005), p.523.

143_ 『승정원일기』 순조 30년(1830) 3월 13일.

144_ 『헌종실록』 3년(1838) 4월 7일. 대왕대비가 "순종대왕純宗大王 어진의 무진년戊辰年(1808) 소본小本과 경인년庚寅年 대본大本, 익종대왕翼宗大王 어진御眞의 대본大本과 면복본冕服本을 경모궁景慕宮 망묘루望廟樓에 옮겨 봉안하라"고 하교를 내린 대목을 통해 확인할 수 있다.

145_ 이유원, 『임하필기』 제33권 화동옥삼華東玉糝 편 '중고中古에 신태神態를 잘 그려낸 화가들'.

146_ 이유원, 위의 책, 같은 글.

147_ 박수희, 「朝鮮 後期 開城 金氏 畵員 硏究」, 『美術史學硏究』 256(韓國美術史學會, 2007. 12), pp.32~36.

148_ 《해산도첩》에 쓴 이광문李光文의 발문; 박수희, 위의 논문, p.35에서 재인용.

149_ 강관식, 앞의 책, p.61.

150_ 이한철은 1840년에서 1872년까지 차비대령화원으로 있었다. 강관식, 앞의 책, p.62.

151_ 철종 대 차비대령화원들의 어진 도사 참여에 대해서는 강관식, 앞의 책, pp.57~59.

152_ 『어진도사사실』, 「철종어진도사시」哲宗御眞圖寫時 1852년(철종 3) 4월 30일.

153_ 『어진도사사실』, 「철종어진도사시」1861년(철종 12) 3월 23일.

154_ 조선미, 『한국의 초상화, 形과 影의 예술』(돌베개, 2009), p.99.

155_ 『국역 근역서화징(상)』(시공사, 1998), p.941, '紅藥樓懷人詩錄'; 조선미, 「초상화에 나타난 '흥선대원군과 운현궁 사람들'」, 『흥선대원군과 운현궁사람들』(서울역사박물관, 2007), p.81.

156_군복본 철종어진의 현상에 대해서는 조선미, 『韓國肖像畵硏究』(열화당, 1985), pp.181~183 참조.

157_ 그런데 이한철의 1860년 이전 그림에서는 이러한 특징을 찾아볼 수 없다. 이전 그림에서는 얼굴 표면의 고저에 따라 명암을 준 훈염법暈染法 위주였으나, 〈철종어진〉에서는 이전과 다른 특징을 보이고 있어 전통적인 화법을 고수한 측면을 엿볼 수 있다. 윤경란, 「李漢喆 繪畵의 硏究」(한국학대학원 석사학위논문, 1996), pp.36~37.

158_ 문화재청, 『한국의 초상화—역사 속의 인물과 조우하다』(눌와, 2007) p.25 강관식 교수의 도판해설.

159_ 이한철은 1846년(헌종 12)의 헌종어진 도사에 주관화사를 맡았고, 1852년(철종 3)과 1861년(철종 12)의 철종어진 도사에도 참여하였다.

160_ 조석진은 1846년(헌종 12) 헌종어진 도사에 동참화사로, 1852년(철종 3)과 1861년(철종 12)의 철종어진 도사에도 참여한 바 있다.

161_ 『승정원일기』 고종 39년(1902) 5월 16일.

162_ 『영정도사도감의궤』(1902), "壬申(1872)圖寫 冕服本軍服大小本 伊時有未洽之論矣"; 신명호, 「대한제국기의 御眞 제작」, 『朝鮮時代史學報』 33집(조선시대사학회, 2005), p.263.

163_ 채용신, 『봉명사기』(1914); 정석범, 「蔡龍臣 繪畵의 硏究」(홍익대학교대학원 미술사학과 석사학위논문, 1994), pp.9~10에서 재인용.

164_ 채용신, 『봉명사기』(1914).

165_ 1911년 작인 〈황현초상〉이 대표적인 예이다. 정석범, 앞의 논문, p.47.

166_ 조선미, 『한국의 초상화, 形과 影의 예술』(돌베개, 2009), p.102.

167_ 『성종실록』 3년(1472) 6월 6일.

168_ 어진화사의 대우에 대해서는 이성미 교수의 다음 논문을 참고하여 정리하였다. 이성미, 「朝鮮王朝 御眞關係 都監硏究」, 이성미·유송옥·강신항, 『朝鮮時代御眞關係都監儀軌硏究』(한국정신문화연구원, 1997), pp.83~88.

169_ 이성미, 위의 논문, pp.84.

170_ 이성미, 위의 논문, p.85.

171_ 1837년(헌종 3) 태조어진 모사 때 별간역別看役의 급

여로 미포米布 외에 6량兩이 추가된 예가 있다. 이성미, 위의 논문, pp.85~86.

172_ 『영정모사도감의궤』(1901년); 이성미, 앞의 논문, p.85.

173_ 이성미, 앞의 논문, p.87.

174_ 첨사는 조선시대 각 진관鎭管에 속했던 종삼품從三品 서반 무관직이다. 수군으로서 중요한 해안지방의 독진獨鎭과 육군으로서 평안·함경도 지방의 독진과 그 진관에는 수령이 겸하지 않고 전임무관專任武官으로서 첨절제사僉節制使를 두었는데, 이 경우에 한하여 첨사僉使라고 하였다.

175_ 『승정원일기』 헌종 4년 2월 24일 (병인).

176_ 윤진영, 「평양화사 조세걸의 도사圖寫 활동과 화풍」, 항산 안휘준 교수 정년퇴임 기념 논문집 간행위원회, 『미술사의 정립과 확산—1권, 한국 및 동양의 회화』(사회평론, 2006), pp.239~247.

177_ 『한국역대 서화가사전(하)』 '이한철' 조(국립문화재연구소, 2011), pp.1819~1824.

제3부_

1_ 강관식, 「奎章閣 差備待令畵員 硏究」, 한국정신문화연구원 한국학대학원 박사학위논문, 2000, pp.11~39.

2_ 강관식, 위의 논문. pp.31~33.

3_ 이성미, 「藏書閣所藏 朝鮮王朝 嘉禮都監儀軌의 美術史的 고찰」, 『藏書閣所藏 嘉禮都監儀軌』(韓國精神文化硏究院, 1994), pp.88~89.

4_ 박정혜, 「대한제국기 화원畵院 제도의 변모와 화원畵員의 운용」, 『근대미술연구』2004(국립현대미술관, 2004), pp.88~118.

5_ 박정혜, 위와 같음.

6_ 박정혜, 위와 같음.

7_ 박정혜, 위와 같음.

8_ 박정혜, 「대한제국기 화원畵院 제도의 변모와 화원畵員의 운용」, 앞의 논문 참조.

9_ 강관식, 앞의 논문, p.467.

10_ 강관식, 앞의 논문, p.763~767.

11_ 박준영, 「임당 백은배의 회화연구」(홍익대학교 대학원 미술사학과 석사논문, 2008) 참조.

12_ 1924년에 '급우생'及遇生이 쓴 "서화계로 보는 경성"에 관한 기사에 보면 도화서의 화원들이 조정과 왕실의 어용에만 공헌이 되는 일종의 규칙적으로 동일한 전형을 벗어나지 못했음을 지적했다. 『개벽』 제48호(1924. 6)

13_ 강관식, 앞의 논문, pp.480~481.

14_ 최열, 『한국근대미술의 역사』(열화당, 1997), p.63.

15_ 민화에 관한 연구는 최근 정병모, 『무명화가들의 반란 민화』(다할미디어, 2011)과 『민화, 가장 대중적인 그리고 한국적인』(돌베개, 2012)이 간행되었다.

16_ 『순종실록부록』 1919년 6월 13일(양력) 야마가타 이사부로가 고종의 국장의식을 사진첩으로 제작하여 헌상했다.

17_ 박정혜·윤진영·황정연·강민기 지음, 『왕과 국가의 회화』(돌베개, 2011), 『조선 궁궐의 그림』(돌베개, 2012).

18_ 권행가, 「사진 속에 재현된 대한제국 황제와 표상—고종의 초상사진을 중심으로」, 『한국근대미술사학』 제16권(한국근대미술사학회, 2006), pp.7~38 참조.

19_ 『서화백년』書畵百年(중앙일보사 동양방송, 1977), pp.42~44.

20_ 『서화백년』, 위와 같음, pp.50~55.

21_ 『서화백년』, 위와 같음, p.56

22_ 초상화를 그리기 전에 시천교주 구암 김연국은 장작 10평, 쌀 1가마, 돈 50원을 미리 주었고, 그림이 완성된 후 김은호가 폐백료로 '삼간초옥三間草屋이라도 좋으니 제 집을 한 채 갖고 싶습니다'라고 하자 그 날로 원서동 131번지에 집을 '2백 36원'에 사 주었다.

23_ 김은호의 폐백료에 관한 부분은 『순종실록부록』 1916년 10월 4일(양력) 참조.

24_ 『순종실록부록』 1911년 11월 9일(양력) 참조. 이때 또다른 일본화가인 야마모토 바이가이山本梅涯도 어진을 그리도록 명받았다고 한다.

25_ 이와 관련해서 『美術新報』(제10권 제12호) 메이지明治 44년(1911) 10월, p.32의 기사와 『美術新報』(제11권 제5호) 메이지明治 45년(1912) 3월, p.32의 기사 참조.; 강민기, 「近代 轉換期 韓國畵壇의 日本畵 유입과 수용—

1870년대에서 1920년대까지」(홍익대학교대학원 미술사학과 박사논문, 2004), pp.70~73에서 재인용.

26_ 순종純宗(순부) 6년 5월 23일(양력)

27_ 순종純宗(순부) 위와 같음.

28_ 후쿠이 코비의 어진 제작에 관한 기사는 『황성신문』 1910년 3월 29일자. 무카이 카마노리의 어진 모사는 『순종실록부록』 5권, 7년(1914년 7월 25일) 참조.

29_ 이기백, 『韓國史新論』 개정판(일조각, 1967 초판, 1984 개정 중판), p.321.

30_ 김용원의 자는 선장善長, 호는 미사薇史이다. 화원畵員으로 부사과副司果(종6품), 우후虞候를 지냈다.

31_ 강민기, 「개항기 사절단의 일본회화 인식」, 『근대미술연구』2005(국립현대미술관, 2005), pp.9~32; 수신사행의 일본회화 인식에 관해서는 홍선표, 「朝鮮後期 한일 회화교류와 相互認識」, 『學藝硏究』 제2집(국민대학교박물관, 2001), pp.203~232에서 처음 다루었다.

32_ 『국역 해행총재』 속편X(김기수金綺秀, 『일동기유』日東記游 권2 연음燕飮), p.405.

33_ 『東京横浜每日新聞』 메이지明治 3년(1880) 9월 15일자(3) 잡보雜報; 이은주, 「개화기 사진술의 도입과 그 영향—金鏞元의 활동을 중심으로」, 『震檀學報』 93호(2002년 6월), pp.145~170 참조.

34_ 이은주, 앞의 논문, pp.164~165.

35_ 여기에 관련된 기사는 『고종실록』 22권, 22년(1885년 을유/청 광서光緖 11년) 6월 13일(경진) 첫번째 기사 참조. 여기에 의하면, "남부 도사南部都事 조총희趙寵熙는 마음이 음흉하고 행실이 비루하여 못된 소문이 이만저만 자자하지 않았다. 그리고 그의 조카인 유학幼學 조중협趙重協은 분수를 벗어나서 음모를 꾸며 호응하면서 자취가 변화무쌍하였으니 다같이 원악지遠惡地에 정배定配하라. 전前 우후虞候 김용원金鏞元, 전前 오위장五衛將 신선욱申先郁과 김광훈金光勳은 모두 미천한 부류로서 비밀리에 서로 드나들었으며 또한 참여한 일이 많으니 모두 다 하여 간사한 무리를 꺾고 폐단을 막으라."는 기사가 있다. 김용원은 우후라는 관직을 지냈다.

36_ 『회화총지』繪畵叢誌 협의원으로 그의 생몰년은 이 잡지 제18권에 43세로 죽었다는 기사에 의해 추정한 것이다. 여기에 관해서는 강민기, 「개항기 사절단의 일본회화 인식」, 앞의 논문 참조.

37_ "최초의 「美國見聞畵」 발견" 『동아일보』 1983년 5월 21일(10).

38_ 『대한매일신보』 1906년 7월 17일; 최열, 『한국근대미술의 역사』(열화당, 1998) p.81 재인용.

39_ 고려대학교박물관 소장 〈노안도〉(000243-000)에 지운영이 쓴 화제.

40_ 『美術新報』 메이지明治 41년(1908) 3월 20일(7).

41_ 『美術新報』 메이지明治 41년(1908) 5월 20일(6).

42_ 국립진주박물관, 『斗庵金龍斗蒐集文化財』(국립진주박물관, 2001), 도판 11.

43_ 『大韓每日申報』, 1909년 9월 5일(3).

44_ 국립춘천박물관, 『조선시대 궁중장식화 특별전—태평성대를 꿈꾸며』(국립춘천박물관, 2004), p.25; 허준구 번역.

45_ 김윤식金允植, 『음청사』陰晴史, 한국사료총서 제6집(국사편찬위원회, 1971), p.85.; 박동수, 「心田 安中植 繪畵硏究」(한국정신문화연구원 한국학대학원 예술전공 박사학위논문, 2003), p.23 재인용.

46_ 김윤식, 위와 같음. p.123.; 박동수, 위와 같음.

47_ 김윤식, 위와 같음. p.211.; 박동수, 위와 같음.

48_ 지운영에 관한 논문으로는 김재한, 「白蓮 池雲英(1852~1935)의 繪畵觀과 作品世界 硏究」(고려대학교 대학원 문화재학협동과정 미술사학전공 석사논문, 2007); 변경화, 「白蓮 池雲英의 生涯와 作品世界」(이화여자대학교대학원 미술사학과, 2007)가 있다.

49_ 『朝日新聞』 1882년 12월 12일자; 최인진, 『韓國寫眞史 1631-1945』(눈빛, 1999), p.108 재인용.

50_ 윤치호, 『윤치호일기』尹致昊日記 권1, 1884년 3월 16일, 국사편찬위원회, 1973, p.50; 이은주, 「개화기 사진술의 도입과 그 영향—金鏞元의 활동을 중심으로」, 『震檀學報』 93호(2002년 6월) pp.145~170 재참조. "금년 봄 전 주사 지운영도 일본에서 사진술寫眞術을 배워 왔는데……" 『한성순보』漢城旬報 3월 18일자; 최인진의 위 책(p.110)에는 3월 16일에 촬영한 것으로 되어 있다.

51_ 윤범모, 『한국근대미술: 시대정신과 정체성의 탐구』(한길아트, 2000), pp.75~102.

52_ 池主事運永來見運永前年秋以寫眞器機購買事入來在病未歸藥債食費無路淸償方在用境秋堂丈給標償許與( )同歸; 1885년 2월 20일 함께 귀국함.

53_ 실제로 그는 1885년 2월 귀국 후 4월에 자신이 일본에서 구입했던 사진기를 특별 면세품으로 받았다는 기사가 나온다.

54_ 상왈上曰 "유학생 무리는 전부 데리고 왔는가?"/ "여러모로 효유했으나 의심하고 돌아오지 않았습니다. 오직 유성준兪星濬과 엄주흥嚴柱興 두 사람만 자원하여 돌아왔고, 지운영池運永은 신호神戶에 있었는데 역시 뒤따라 왔습니다." (중략) "…… 유성준, 엄주홍, 지운영의 뜻도 가상하다."

55_ 이은주, 앞의 논문, p.163.

56_ 지운영, 『설봉잡저』雪峰雜著(최인진, 위의 책, p.108 재인용.

57_ 유영박, 「백련 지운영의 미공개 문헌저책목록」, 『도서관연구』 5-6 Vol.22, No.3(한국도서관협회, 1981), p.63; 이은주, 위의 논문 재참조: 최인진, 앞의 책, pp.114~115.

58_ 『고종실록』 고종 25년 12월 25일 영변부 귀양 죄인 지운영을 석방하다.

59_ 여기에 관해서는 『고종실록』 고종 23년 6월 17일자 참조.

60_ 정옥자, 「詩社를 통해서 본 朝鮮末期 中人層」, 『韓沽劤博士 停年紀念 私學論叢』(지식산업사, 1981), pp.521~522; 지운영은 1923년 순종의 탄신일을 맞아 〈노선도〉老仙圖를 헌상했으며 그 대가로 50원이 지급되었다(『순종실록부록』 순종 16년 3월 26일자).

61_ 순부 14권, 16년(1923 계해/일 대정大正 12년) 3월 26일(양력陽曆) 2번째 기사. "전 주사 지운영이 탄신일을 축하기 위해 노선도를 바치다."

62_ 황철에 관한 연구는 윤범모, 앞의 책, pp.75~102.

63_ 윤범모, 앞의 책, pp.75~102.

64_ 윤범모, 앞의 책, pp.75~102.

65_ 윤범모, 앞의 책, pp.75~102.

66_ 癸卯閏夏 日本浪華僑樓 寫爲笑笑吾兄雅賞 治祖 弟黃鈘

67_ 서재원, 「海岡 金圭鎭(1868~1933)의 繪畫硏究」(고려대학교대학원, 2008), pp.27~35

68_ 김영기, 「先親과 潤單」, 『월간중앙』(1969년 8월), p.266.

69_ 강민기, 「근대화단 형성기 雲養 金允植과 伊藤博文의 역할」, 『시각문화의 전통과 해석—靜齋 金理那 敎授 정년퇴임기념 미술사논문집』(靜齋 金理那 敎授 정년퇴임기념 미술사논문집 간행위원회, 2007) pp.537~559.

70_ 『매일신보』 1911년 4월 2일자.

71_ 이구열, 『書壇一境—以堂先生의 藝術과 生涯』(동양출판사, 1968), pp.45~46.

72_ 이구열, 위와 같음, pp.48~51.

73_ A. H. 새비지-랜도어(신복룡·장우영 역주), 『고요한 아침의 나라 조선』(집문당, 1999), p.151

74_ 『구한말 미국인 화가 보스가 그린 고종황제 초상화 특별전시』(국립현대미술관, 1982) 도록 참조; 파리만국박람회에 〈고종초상〉이 전시되었던 사실은 김영나, 「'박람회'라는 전시공간: 1893년 시카고 만국박람회와 조선관 전시」, 『서양미술사학회논문집』 13(2000) 참조. 보스의 초상화에 관련된 연구는 권행가, 「高宗 皇帝의 肖像—近代 시각매체의 流入과 御眞의 변용 과정」(홍익대학교 대학원 미술사학과 박사논문, 2005), pp.98~112 참조.

75_ 외부표훈원래거문外部表勳院來去文(1905년 11월 8일자): 주경미국공사駐京美國公使 모량毛良의 조회照會에 "본국本國 도화사圖畵師 보사寶斯가 지금 청국淸國 북경北京에서 서태후폐하西太后陛下의 어진御眞을 화성畵成하고 청정부淸政府에게서 서훈敍勳을 받았는데, 해인該人이 수년 전 귀대황제폐하貴大皇帝陛下의 어진御眞과 황태자폐하皇太子陛下의 예진睿眞을 화성畵成한 일이 있으므로 귀貴 정부政府에서도 서훈敍勳을 해달라"고 했다.

76_ 강민기, 「近代 轉換期 韓國畵壇의 日本畵 유입과 수용—1870년대에서 1920년대까지」(홍익대학교 대학원 미술사학과 박사논문, 2004), pp.75~76 참조.

77_ 『美術新報』 明治 42년(1909) 8월 5일(7) 참조: 자세한 내용은 강민기, 「近代 轉換期 韓國畵壇의 日本畵 유입과 수용—1870년대에서 1920년대까지」(홍익대학교 대학원 미술사학과 박사논문, 2004), p.75 참조. 이때 그린 내용은 불로, 부귀, 공작 등에 관한 것이었다.

1_ 길상과 상서에 대해서는 허균, 「전통미술에 나타난 길상과 상서」, 『吉祥—염원을 그리다』(부산박물관, 2011), pp.188~196; 상서에 대해서는 구양순歐陽詢 편, 『예문유취』藝文類聚 권98 「상서부」祥瑞部 상上 상서祥瑞 참조.

2_ 『吉祥—염원을 그리다』(부산박물관, 2011)와 『吉祥』(국립중앙박물관, 2012)의 전시 도록 참조.

3_ 조용진, 『동양화 읽는 법』(집문당, 1988); 허균, 『전통미술의 소재와 상징』(교보문고, 1991); 허균, 『사찰 장식, 그 빛나는 상징의 세계』(돌베개, 2000); 허균, 『궁궐장식-조선왕조의 이상과 위엄을 상징하다』(돌베개, 2011).

4_ 陶思炎, 『中國祥物』(東大圖書公司, 2003), p.194.

5_ 『궁궐의 장식그림』(국립고궁박물관, 2009), pp.30~41의 도판 참조.

6_ 陶思炎, 앞의 책, pp.207~208

7_ 『재물보』才物譜 권지일 「천보」天譜 운雲.

8_ 구양순 편, 『예문유취』 권1 「천부」天部 상, 운雲 및 권98 「상서부」祥瑞部 상 경운慶雲.

9_ 『세조실록』 권35 11년(1465) 4월 8일(갑신); 『세조실록』 권37 11년(1465) 12월 24일(정유).

10_ 『세조실록』 권38 12년(1466) 3월 27일(무진).

11_ 『정조실록』 권28 13년(1789) 10월 7일(기미).

12_ 허균, 『전통미술의 소재와 상징』(교보문고, 1991), pp.105~106.

13_ 『재물보』 권지일 「지보」地譜 석石.

14_ 『재물보』 권지일 「지보」地譜 수水.

15_ 이승훈, 『문학으로 읽는 문화상징사전』(푸른사상, 2009), pp.198~203.

16_ Terese Tse Bartholomew, *Hidden Meaning in Chinese Art* (The Asian Art Museum of San Francisco, 2006), p.253.

17_ 지도에 나타난 수파묘의 양식과 변천에 대해서는 안휘준, 「옛지도와 회화」, 『우리 옛지도와 그 아름다움』(효형출판, 1999), pp.192~201 참조.

18_ 計成, 『園冶—중국 건축 및 조경』, 김성우·안대회 역(도서출판 예경, 1993), pp.277~281.

19_ 『연산군일기』 권54 10년(1504) 6월 일(정유).

20_ 『세종실록』 「지리지」 경기 부평도호부 해풍군.

21_ 강희안, 『양화소록』, 서윤희·이경록 역(눌와, 1999), pp.111~115.

22_ 『산림경제』 권지이 「양화」養花 괴석怪石.

23_ 주남철, 『한국의 정원』(고려대학교출판부, 2009), pp.98~99; 허균, 『궁궐장식』(돌베개, 2011), pp.151~152.

24_ 『유원총보』類苑叢寶 권지삼십구 「초목문」草木門 태苔.

25_ 청록산수 개념과 전반에 대해서는 문동수, 「청록산수란 무엇인가?」, 『청록산수, 낙원을 그리다』(국립중앙박물관, 2006), pp.4~33.

26_ 이수미, 「조선시대 青綠山水畵의 개념과 유형」, 『國立中央博物館書畵유물圖錄 第14輯—青綠山水畵』(국립중앙박물관, 2006), pp.184~188.

27_ 문동수, 앞의 논문.

28_ 이수미, 앞의 논문, pp.184~187.

29_ 陶思炎, 앞의 책, pp.241~242.

30_ 윤열수, 『신화 속 상상동물 열전』(한국문화재보호재단, 2010), pp.15~17.

31_ 강관식, 『조선 후기 궁중화원 연구』(돌베개, 2001), pp.425~262.

32_ 우현수, 「미국 필라델피아미술관 소장 <봉황·공작도> 쌍폭에 대하여」, 『궁궐의 장식그림』(국립고궁박물관, 2009), pp.110~118.

33_ 陶思炎, 앞의 책, pp.250~251.

34_ 『선조실록』 권53 27년(1594) 7월 7일(계미).

35_ 『고종실록』 권11 11년(1874) 6월 20일(신묘).

36_ 윤진영, 「조선왕조 산릉도감의 의궤의 四獸圖」, 『仁祖長陵山陵都監儀軌』(한국학중앙연구원, 장서각), pp.477~496.

37_ 사슴의 의미와 상징에 대해서는 韓國文化象徵辭典編纂委員會 編, 『韓國文化상징사전』 1, pp.393~396.

38_ 구양순 편, 『예문유취』 권99 「상서부」祥瑞部 하下 백록白鹿.

39_ 『세종실록』 권124 31년(1449) 4월 5일(갑인); 『세조실록』 권14 4년(1458) 9월 11일(을미); 『세조실록』 23권 7년(1461) 2년 22일(계사).

40_ 허균, 앞의 책, pp.88~90; 韓國文化象徵辭典編纂委員會 編, 『韓國文化상징사전』 1, pp.240~243.

41_ 강관식, 앞의 책, pp.436~452.

42_ 강관식, 위의 책, p.441.

43_ 『태종실록』 권12 6년(1406) 9월 26일(임오). 『조선왕조실록』에 나타난 공작 관련 기록에 대해서는 우현수, 앞의 논문, pp.113~115.

44_ 『선조실록』 권23 22년(1589) 8월 1일(병자); 8월 4일(기묘); 12월 21일(갑오).

45_ 『정조실록』 권32 1791년(1791) 1월 14일(기축).

46_ 『성종실록』 권81 8년(1477) 6월 6일(신축); 『연산군일기』 권31 4년(1498) 9월 19일(갑인).

47_ 강관식, 앞의 책, pp.455~456.

48_ 우현수, 앞의 논문, pp.110~118.

49_ 한국문화상징사전편찬위원회 편, 『韓國文化상징사전』 1, p.495.

50_ 조용진, 『동양화 읽는 법』(집문당, 1988), pp.85~87; 노자키 세이킨野崎誠近 저, 변영섭·안영길 역, 『중국미술상징사전』(고려대학교출판부, 2011), pp.405~409.

51_ 한국문화상징사전편찬위원회 편, 『韓國文化상징사전』 2, pp.528~531.

52_ 『세종실록』 권53 13년(1431) 7월 17일(기묘).

53_ 『연산군일기』 권62 12년(1506) 5월 19일(무술).

54_ 『연산군일기』 권52 10년(1504) 3월 9일(경오).

55_ 『성호사설』 권지사 「만물문」萬物門 금묘金猫.

56_ 한국문화상징사전편찬위원회 편, 『韓國文化상징사전』 1, pp.57~62.

57_ 陶思炎, 앞의 책, pp.256~257

58_ Estelle Nikles van Osselt, *Five Blessings* (Genova: Fondation, 2011), p.108.

59_ 한국문화상징사전편찬위원회 편, 『韓國文化상징사전』 2(동아출판사, 1995), pp.222~223.

60_ 노자키 세이킨野崎誠近 지음, 『중국미술상징사전』, 변영섭·안영길 옮김(고려대학교출판부, 2011), pp.338~339 및 pp.343~344.

61_ 이혜경, 「초상화 속 홍배」, 『초상화의 비밀』(국립중앙박물관, 2011), pp.232~234.

62_ 구양순 편, 『예문유취』 권86 「과부」果部 상 도桃.

63_ 陶思炎, 앞의 책, p.260.

64_ 『태조실록』 권5 3년(1394) 2월 15일(을유).

65_ 연蓮의 명칭과 별칭에 대해서는 구양순 편, 『예문유취』 권82 「초부」草部 하 부거芙蕖; 『광재물보』廣才物譜 권39 「초목문」草木門 부거芙蕖; 『산림경제』 권지이 「양화」養花 연蓮; 이상희, 『꽃으로 보는 한국문화』 3(넥서스BOOKS), pp.268~271.

66_ 한국문화상징사전편찬위원회 편, 『韓國文化상징사전』 1(동아출판사, 1992), pp.476~480.

67_ 전영옥·양병이, 「조선시대 한양에 조성된 官營의 蓮池에 관한 연구」, 『한국조경학회지』 제22권 2호(한국조경학회, 1994. 7), pp.53~63.

68_ 계회도에 대한 종합적 고찰은 윤진영, 「朝鮮時代 契會圖 研究」(한국정신문화연구원 한국학대학원 박사학위논문, 2004)가 좋은 참고가 된다.

69_ 소나무의 상징성에 대해서는 허균, 앞의 책, pp.101~105; 동저, 「우리 문화 속의 소나무」, 『소나무와 한국인』(국립춘천박물관, 2002), pp.124~132.

70_ 『광재물보』 권지사 「목부」木部 향목류香木類 송松.

71_ 민길홍, 「조선시대 소나무 그림」, 『소나무와 한국인』(국립춘천박물관, 2002), pp.133~144.

72_ 강희안, 앞의 책, pp.23~24.

73_ 구양순 편, 『예문유취』 권88 「목부」木部 상 송松.

74_ 민길홍, 앞의 논문, pp.136~137.

75_ 이선옥, 「梅花의 象徵과 梅花圖」, 『호남문화연구』 40(전남대학교 호남문화연구소, 2007. 6), pp.37~78.

76_ 박은경, 「朝鮮後期 王室 嘉禮用 屛風 研究」(서울대학교 대학원 고고미술사학과 석사학위논문, 2012), pp.81~83.

77_ 이선옥, 『사군자』(돌베개, 2010), pp.143~155.

78_ 이선옥, 앞의 논문, pp.63~64.

79_ 이하 오동의 상징에 대해서는 한국문화상징사전편찬위원회 편, 『韓國文化상징사전』 2, p.523.

80_ 陶思炎, 앞의 책, pp.255~256.

81_ 한국문화상징사전편찬위원회 편, 『韓國文化상징사전』 1, pp.331~334.

참고문헌_

1. 사료 및 문집류

『經國大典』

『廣才物譜』

『국역 근역서화징(상·하)』, 시공사, 1998.

『국역 승정원일기(고종 대)』, 한국고전번역원(http://db.itkc.or.kr)

『국역 일성록』, 한국고전번역원(http://db.itkc.or.kr)

『국역 조선왕조실록』, 국사편찬위원회(http://sillok.history.go.kr)

『國朝五禮儀』

『大典通編』

『大典會通』

「奉命寫記」, 채용신蔡龍臣

『山林經濟』, 홍만선洪萬選

「西京詩話」, 김점金漸

『星湖僿說』, 이익李瀷

『續大典』

『肅宗影幀圖寫都監儀軌』

『承政院日記』

『承政院日記』, 국사편찬위원회(http://sjw.history.go.kr)

『御眞圖寫都監儀軌』(1713년)

『御眞圖寫都監儀軌』(1773년)

『御眞圖寫事實』(고종 연간)

『影幀圖寫都監儀軌』(1902년)

『影幀模寫都監儀軌』(1688년)

『影幀摸寫都監儀軌』(1837년)

『影幀模寫都監儀軌』(1900년)

『藝文類聚』, 구양순歐陽詢 편編

『六典條例』

『林下筆記』, 이유원李裕元

『才物譜』

『朝鮮王朝實錄』

『朝鮮王朝實錄美術記事資料集』 書畵編(1)·(2)·(3), 이성미李成美 篇, 韓國精神文化硏究院, 2002.

『韓國美術史資料集成(4)』-朝鮮中期-, 진홍섭秦弘燮편編, 一志社, 1996.

2. 도록

『澗松文華』 79, 韓國民族美術硏究所, 2010.

『國立中央博物館韓國書畵遺物圖錄ㅡ靑綠山水畵, 六一帖』, 국립중앙박물관, 2006.

『궁궐의 장식그림』, 국립고궁박물관, 2009.

『규장각명품도록』, 서울대학교 규장각, 2000.

『근대를 보는 눈』, 도서출판 삶과 꿈, 1998.

『吉祥』, 국립중앙박물관, 2012.

『吉祥ㅡ염원을 그리다』, 부산박물관, 2011.

金殷鎬, 『書畵百年』, 중앙일보 동양방송, 1977.

『김홍도와 궁중화가』, 호암미술관, 1999.

『꾸밈과 갖춤의 예술, 장황』, 국립고궁박물관, 2008.

『檀園 金弘圖』, 호암미술관, 1990.

『檀園 金弘圖ㅡ韓國의 美 21』, 중앙일보사, 1985.

『都城大地圖』, 서울역사박물관, 2004.

『斗庵金龍斗蒐集文化財』, 국립진주박물관, 2001.

『리움미술관 소장 고서화 제발 해설집』, 리움미술관, 2006.

『옛 그림을 만나다: 조선의 회화』, 서울역사박물관, 2009.

『왕의 초상: 慶基殿과 太祖 李成桂』, 국립전주박물관, 2005.

『위대한 얼굴』, 아주문물학회, 2003.

『유길준과 개화의 꿈』, 국립중앙박물관·조선일보사, 1994.

『인물로 보는 한국미술』, 호암미술관, 1999.

『日本近代美術ㅡ日本畵篇』, 국립중앙박물관, 2001.

『장서각 명품선』, 한국학중앙연구원 장서각, 2009.

『조선 기록화의 세계』, 고려대학교박물관, 2001.

『조선시대 궁중장식화 특별전ㅡ태평성대를 꿈꾸며』, 국립춘천박물관, 2004.

『조선시대 궁중행사도 I』, 국립중앙박물관, 2010.
『조선시대 궁중행사도 II』, 국립중앙박물관, 2011.
『조선시대 기록화의 세계』, 고려대학교박물관, 2001.
『조선시대 초상화 I』, 국립중앙박물관, 2008.
『조선시대 초상화 II』, 국립중앙박물관, 2009.
『조선시대 초상화 III』, 국립중앙박물관, 2010.
『朝鮮時代 通信使』, 국립중앙박물관, 1986.
『朝鮮時代 風俗畵』, 국립중앙박물관, 2002.
『조선시대 향연과 의례』, 국립중앙박물관, 2009.
『조선왕실과 전주』, 국립전주박물관, 2010.
『조선왕실의 책』, 한국정신문화연구원 장서각, 2002.
『조선을 일으킨 땅, 함흥』, 국립중앙박물관, 2010.
『朝鮮後期 通信使와 韓·日交流史料展』, 한국사학회, 1991.
『중국 사행을 다녀 온 화가들』, 국립중앙박물관, 2011.
『창덕궁 육백년』, 문화재청 창덕궁관리소, 2005.
『청록산수, 낙원을 그리다』, 국립중앙박물관, 2006.
『한국문화재—일본소장④』, 한국국제교류재단, 1997.
『한국미술 속 용 이야기』, 리움미술관, 2012.
『한국의 옛 지도』, 문화재청, 2008.
『한국의 초상화—역사 속의 인물과 조우하다』, 문화재청, 눌와, 2007.
『화원, 朝鮮畵員大展』, 리움미술관, 2011.
『화폭에 담긴 영혼—초상肖像』, 국립고궁박물관, 2007.
『흥선대원군과 운현궁 사람들』, 서울역사박물관, 2007.

3. 단행본

강관식, 『조선 후기 궁중화원 연구 (上)·(下)』, 돌베개, 2001.
강희안, 『양화소록』, 서윤희·이경록 역, 눌와, 1999.
計成, 『園冶』, 김성우·안대회 역, 도서출판 예경, 1993.
김홍남, 『중국 한국미술사』, 학고재, 2009.
노자키 세이킨野崎誠近 저, 변영섭·안영길 역, 『중국미술상징사전』, 고려대학교출판부, 2011.
데이비드 폰태너, 『상징의 모든 것』, 공민희 옮김, 사람의무늬, 2011.
陶思炎, 『中國祥物』, 東大圖書公司, 2003.
민족문화추진회, 『국역 해행총재』 속편 X.
민족문화추진회, 『국역 해행총재』 속편 XI.
박정혜, 『조선시대 궁중기록화 연구』, 일지사, 2000.
박정혜·윤진영·황정연·강민기, 『왕과 국가의 회화』, 돌베개, 2010.
박정혜·이예성·양보경 공저, 『조선왕실의 행사그림과 옛지도』, 민속원, 2005.
박정혜·황정연·강민기·윤진영, 『조선 궁궐의 그림』, 돌베개, 2011.
서울대학교 규장각 한국학연구원, 『조선 전문가의 일생』, 글항아리, 2010.
신명호, 『조선왕실의 의례와 생활, 궁중문화』, 돌베개, 2002.
안휘준 외, 『日本繪畵調査報告書』, 文化財管理局, 1987.
안휘준 외, 『한국의 미술가』, 사회평론, 2006.
안휘준, 『옛 궁궐 그림』, 대원사, 1997.
안휘준, 『한국 회화사 연구』, 시공사, 2000.
안휘준·이병한 공저, 『安堅과 夢遊桃源圖』, 예경산업사, 1991.
연세대국학연구원 편, 『한국근대이행기 중인 연구』, 신서원, 1999.
유송옥, 『朝鮮王朝 宮中儀軌服飾』, 修學社, 1991.
윤범모, 『한국근대미술: 시대정신과 정체성의 탐구』, 한길아트, 2000.
윤범모, 『한국근대미술의 형성』, 미진사, 1988.
윤열수, 『신화 속 상상동물 열전』, 한국문화재보호재단, 2010.
윤치호, 『尹致昊日記』 卷一, 1884년 3월 13일, 國史編纂委員會, 1973.
이구열, 『근대 한국미술사의 연구』, 미진사, 1992.
이구열, 『近代韓國畵의 흐름』, 미진사, 1984.
이구열, 『書壇一境—以堂先生의 藝術과 生涯』, 동양출판사, 1968.
이남희, 『朝鮮後期 雜科中人 研究』, 이회문화사, 1999.
이상희, 『꽃으로 보는 한국문화』 3, 넥서스 BOOKS, 2004.
이선옥, 『매란국죽으로 피어난 선비의 마음, 사군자』, 돌베개, 2011.

이성미 외, 『조선시대 궁중연향문화 I』, 민속원, 2003.
이성미 외, 『조선시대 궁중연향문화 II』, 민속원, 2005.
이성미 외, 『조선왕실의 미술문화』, 대원사, 2005.
이성미, 『어진의궤와 미술사—조선국왕 초상화의 제작과 모사—』, 소와당, 2012.
이성미, 『왕실 혼례의 기록: 가례도감의궤와 미술사』, 소와당, 2008.
이성미·강신항·유송옥 공저, 『藏書閣所藏嘉禮都監儀軌』, 한국정신문화연구원, 1994.
이성미·강신항·유송옥 공저, 『朝鮮時代御眞關係都監儀軌』, 한국정신문화연구원, 1997.
이성미·김정희, 『한국회화사용어집』, 2005.
이승훈, 『문학으로 읽는 문화상징사전』, 푸른사상, 2009.
이창현 등 편, 『高麗大中央圖書館影印本 第13號—姓源錄』, 旿星社, 1985.
임영주, 『단청』, 대원사, 1991.
정옥자, 『朝鮮後期 中人文化 硏究』, 일지사, 2003.
정은주, 『조선시대 사행기록화』, 사회평론, 2012.
조선미, 『왕의 얼굴』, 사회평론, 2012.
조선미, 『초상화 연구—초상화와 초상화론』, 문예출판사, 2007.
조선미, 『한국의 초상화, 形과 影의 예술』, 돌베개, 2009.
조선미, 『韓國肖像畵硏究』, 열화당, 1983.
조용진, 『동양화 읽는 법』, 集文堂, 1988.
주남철, 『한국의 정원』, 고려대학교출판부, 2009.
진준현, 『단원 김홍도 연구』, 일지사, 1999.
최열, 『한국근대미술의 역사』, 열화당, 1998.
최인진, 『韓國寫眞史 1631-1945』, 눈빛, 1999.
최진옥 편, 『朝鮮時代 雜科合格者 總攬』, 한국정신문화연구원, 1990.
韓國文化象徵辭典編纂委員會 편, 『韓國文化상징사전』 1, 東亞出版社, 1992.
韓國文化象徵辭典編纂委員會 편, 『韓國文化상징사전』 2, 東亞出版社, 1995.
한영우·박정혜·이정섭, 『王世子入學圖』, 안그라픽스, 2005.
허균, 『궁궐장식—조선왕조의 이상과 위엄을 상징하다』, 돌베개, 2011.
허균, 『사찰 장식, 그 빛나는 상징의 세계』, 돌베개, 2000.
허균, 『전통미술의 소재와 상징』, 교보문고, 1991.
홍선표, 『朝鮮時代 繪畵史論』, 문예출판사, 1999.
A. H. 새비지-랜도어(신복룡·장우영 역주), 『고요한 아침의 나라 조선』, 집문당, 1999.
Bartholomew, Terese Tse. *Hidden Meaning in Chinese Art*, San Francisco: The Asian Art Museum, 2006.
Estelle Nikles van Osselt, *Five Blessings* (Genova: Fondation, 2011)
Pei, Fang Jing. *Symbols and Rebuses in Chinese Art*, Berkeley: Ten Speed Press, 2004.

4. 논문

강관식, 「觀我齋 趙榮祏 繪畵考(上)」, 『美術資料』 44, 국립중앙박물관, 1989, 12.
강관식, 「奎章閣 差備待令畵員 硏究」, 한국정신문화연구원 한국학대학원 박사학위논문, 2000.
강관식, 「조선의 국왕과 궁중화원」, 이성미 외, 『조선왕실의 미술문화』, 대원사, 2005.
강관식, 「조선후기 '민화'의 개념의 새로운 이해를 위한 小考」, 『美術資料』 제66호, 2001.
강관식, 「조선후기 화원 회화의 변모와 규장각의 자비대령화원 제도」, 『미술사학보』17, 2002.
강민기, 「개항기 사절단의 일본회화 인식」, 『근대미술연구』 2005, 국립현대미술관, 2005.
강민기, 「近代 轉換期 韓國畵壇의 日本畵 유입과 수용—1870년대에서 1920년대까지」, 홍익대학교 대학원 미술사학과 박사논문, 2004.
강민기, 「근대화단 형성기 雲養 金允植과 伊藤博文의 역할」, 『시각문화의 전통과 해석—靜齋 金理那 敎授 정년퇴임기념 미술사논문집』, 靜齋 金理那 敎授 정년퇴임기념 미술사논문집 간행위원회, 2007.
권행가, 「고종 황제의 초상: 근대시각매체의 유입과 어진의 변용 과정」, 홍익대학교대학원 미술사학과 박사학위논문, 2005.

권행가, 「사진 속에 재현된 대한제국 황제와 표상—고종의 초상사진을 중심으로」, 『한국근대미술사학』 제16권, 한국근대미술사학회, 2006.

권혁산, 「朝鮮中期 『錄勳都監儀軌』와 功臣畵像에 관한 硏究」, 『미술사학연구』 266, 2010.

김두헌, 「寫字廳先生案과 조선시대 寫字官의 신분」, 『古文書硏究』 24, 고문서학회, 2004.

김양수, 「朝鮮後期 中人집안의 活動 硏究(上)」, 『實學思想硏究』 1집, 모악실학회, 1990.

김양수, 「朝鮮後期 中人집안의 活動 硏究(下)」, 『實學思想硏究』 3집, 모악실학회, 1991

김원룡, 「李朝의 畵員」, 『鄕土서울』 11호, 1961.

김은선, 「조선후기 왕릉석인조각 연구」, 『미술사학연구』 249, 2006.

김지영, 「1713年(肅宗 39) 御眞 圖寫와 〈御容圖寫都監儀軌〉」, 『규장각 소장 의궤 해제집』 2, 서울대학교 규장각, 2004.

김지영, 「1837年(헌종 3) 濬源殿 太祖影幀 파괴사건과 〈影幀摸寫都監儀軌〉」, 『규장각 소장 의궤 해제집』 3, 서울대학교 규장각, 2005.

김지영, 「18세기 畵員의 활동과 畵員畵의 변화」, 『韓國史論』 32, 서울대학교 한국문화연구소, 1994.

김지영, 「조선후기 影幀 摸寫와 眞殿 運營에 대한 고찰」, 『규장각소장 분류별 의궤해설집』, 서울대학교 규장각, 2005.

김홍남, 「18세기 궁중회화—유교국가의 실현을 위하여」, 『18世紀의 韓國美術』, 국립중앙박물관, 1993.

문동수, 「청록산수란 무엇인가?」, 『청록산수, 낙원을 그리다』, 국립중앙박물관, 2006.

민길홍, 「조선시대 소나무 그림」, 『소나무와 한국인』, 국립춘천박물관, 2002.

박동수, 「心田 安中植 繪畵 硏究」, 韓國精神文化硏究院 한국학대학원 예술전공 박사학위논문, 2003.

박수희, 「朝鮮 後期 開城 金氏 畵員 硏究」, 『美術史學硏究』 256, 韓國美術史學會, 2007.

박은경, 「朝鮮後期 王室 嘉禮用 屛風 硏究」, 서울대학교대학원 고고미술사학과 석사학위논문, 2012.

박은순, 「蘗巖 李賢輔의 影幀과 「影幀改摹時日記」」, 『美術史學硏究』 242·243, 韓國美術史學會, 2004. 9.

박은순, 「명분인가 실제인가—조선초기 궁중회화의 양상과 기능(1)」, 『항산 안휘준 교수 정년퇴임 기념 논문집: 미술사의 정립과 확산』 1권, 2006.

박은순, 「畵員과 宮中繪畵—조선초기 궁중회화의 양상과 기능(2)」 『강좌미술사』 26-II, 2006.

박정혜, 「그림으로 기록한 가문의 역사—조선시대《풍산김씨세전서화첩》연구」, 『정신문화연구』 제29권 제2호, 2006.

박정혜, 「대한제국기 화원畵院 제도의 변모와 화원畵員의 운용」, 『근대미술연구』 2004, 국립현대미술관, 2004.

박정혜, 「儀軌를 통해 본 朝鮮時代의 畵員」, 『미술사연구』 제9호, 미술사연구회, 1995.

박정혜, 「藏書閣 소장 일제강점기 儀軌의 미술사적 연구」, 『美術史學硏究』 259, 韓國美術史學會, 2008. 9.

박정혜, 「조선시대 왕세자와 궁중기록화」, 『조선왕실의 행사그림과 옛 지도』, 민속원, 2005.

박정혜, 「朝鮮時代 冊禮都監儀軌의 繪畵史的 硏究」, 『韓國文化』 11, 1993.

박준영, 「임당 백은배의 회화연구」, 홍익대학교 대학원 미술사학과 석사논문, 2008

배종민, 「조선초 화원畵員 최경崔涇의 어진御眞제작과 당상관 제수」, 『역사학연구』 25, 2005.

배종민, 「朝鮮初期 圖畵機具 硏究」, 전남대학교 사학과 박사논문, 2005.

서재원, 「海岡 金圭鎭(1868~1933)의 繪畵硏究」, 고려대학교 대학원, 2008

신명호, 「대한제국기의 御眞 제작」, 『朝鮮時代史學報』 33집, 조선시대사학회, 2005.

안휘준, 「옛지도와 회화」, 『우리 옛지도와 그 아름다움』, 효형출판, 1999.

안휘준, 「조선 왕조 전반기前半期 화원들의 기여」, 『화원, 朝鮮畵員大展』, 리움미술관, 2012.

안휘준, 「朝鮮時代의 畵員」, 『韓國文化』 9, 서울대 한국문화연구소, 1989.

안휘준, 「韓國肖像畵槪觀」, 『國寶』10, 예경산업사, 1984.

우현수, 「미국 필라델피아미술관 소장 〈봉황·공작도〉 쌍폭에 대하여」, 『궁궐의 장식그림』, 국립고궁박물관, 2009.
유미나, 「《만고기관첩》과 18세기 전반의 화원 회화」, 『강좌미술사』 28, 2007.
유미나, 「17세기 인·숙종기의 圖畵署와 畵員」, 『강좌미술사』 34, 2010.
유영박, 「백련 지운영의 미공개 문헌저책목록」, 『도서관연구』, 5-6 Vol.22, No.3 한국도서관협회, 1981.
윤경란, 「李漢喆 繪畵의 硏究」, 한국학대학원 석사학위논문, 1996.
윤민용, 「18세기 《탐라순력도》의 제작경위와 화풍」, 『한국고지도연구』 3, 2011.
윤정, 「숙종 14년 太祖 影幀 模寫의 경위와 政界의 인식」, 『韓國史硏究』 141호, 한국사연구회, 2008. 6.
윤진영, 「藏書閣 所藏 『御眞圖寫事實』의 正祖~哲宗代 御眞圖寫」, 『藏書閣』 11집, 韓國精神文化硏究院, 2004. 6.
윤진영, 「朝鮮時代 契會圖 硏究」, 한국정신문화연구원 한국학대학원 박사학위논문, 2004.
윤진영, 「조선왕조 산릉도감의 의궤의 四獸圖」, 『仁祖長陵山陵都監儀軌』, 한국학중앙연구원, 장서각.
윤진영, 「조선후기의 왕실태봉도」, 『조선왕실의 미술문화』, 대원사, 2005.
윤진영, 「평양화사 조세걸의 도사圖寫 활동과 화풍」, 항산 안휘준 교수 정년퇴임 기념 논문집 간행위원회, 『미술사의 정립과 확산—1권, 한국 및 동양의 회화』, 사회평론, 2006.
윤희순, 「李朝의 圖畵署 雜考」, 『조선미술사연구』, 서울신문사, 1946.
이경화, 「《北塞宣恩圖》 硏究」, 서울대 고고미술사학과 석사논문, 2005.
이구열, 「1910년 前後期에 來韓했던 日本人畵家들」, 『近代韓國美術史의 硏究』, 미진사, 1992.
이구열, 「국립중앙박물관의 일본 근대미술 콜렉션」, 『日本近代美術—日本畵篇』, 국립중앙박물관, 2001.
이미야, 「釜山·慶南地域 書畵家에 대한 일고찰」, 『박물관연구논집』 2, 1993.
이선옥, 「梅花의 象徵과 梅花圖」, 『호남문화연구』 40, 전남대학교 호남문화연구소, 2007. 6.
이성미, 「藏書閣所藏 朝鮮王朝 嘉禮都監儀軌의 美術史的 고찰」, 『藏書閣所藏 嘉禮都監儀軌』, 韓國精神文化硏究院, 1994.
이성미, 「朝鮮王朝 御眞關係 都監硏究」, 李成美·劉頌玉·姜信沆, 『朝鮮時代御眞關係都監儀軌硏究』, 한국정신문화연구원, 1997.
이수미, 「경기전 태조 어진御眞의 제작과 봉안奉安」, 『왕의 초상: 慶基殿과 太祖 李成桂』, 국립전주박물관, 2005.
이수미, 「경기전 태조 어진의 원본적 성격 재검토」, 『조선왕실과 전주』, 국립전주박물관, 2010.
이수미, 「경기전 태조 어진의 조형적 특징과 봉안의 의의」, 『미술사학보』 26집, 미술사학연구회, 2006.
이수미, 「궁중 장식화의 개념과 성격」, 『조선시대 궁중장식화 특별전—태평성대를 꿈꾸며』, 국립춘천박물관, 2004.
이수미, 「조선시대 青綠山水畵의 개념과 유형」, 『國立中央博物館書畵遺物圖錄 第14輯—青綠山水畵』, 국립중앙박물관, 2006.
이예성, 「조선후기의 왕릉도王陵圖」, 『조선왕실의 미술문화』, 대원사, 2005.
이원복, 「韓國近代山水畵의 흐름」, 『澗松文華』 제32호, 韓國民族美術硏究所, 1987.
이은주, 「개화기 사진술의 도입과 그 영향—金鏞元의 활동을 중심으로」, 『震檀學報』 93호, 2002년 6월.
이현주, 「朝鮮後期 在地畵員 小考」, 『文物硏究』 14, 동아시아문문연구재단, 2008.
이현주, 「朝鮮後期 統制營 畵員 연구」, 『石堂論叢』 39, 동아대학교 석당전통문화연구원, 2007.
이현주, 「朝鮮後期 慶尙道地域 畵員 硏究」, 동아대학교 사학과 박사학위논문, 2011.
이혜경, 「초상화 속 흉배」, 『초상화의 비밀』, 국립중앙박물관, 2011.
이훈상, 「조선후기 지방 파견 화원들과 그 제도, 그리고 이들의 지방 형상화」, 『동방학지』 144, 연세대학교 국학자료연구원, 2008.
日吉守, 「朝鮮美術界の回顧」, 『朝鮮の回顧』(近澤書店, 1945) (李仲熙 譯, 「朝鮮美術界의 回顧」, 『한국근대미술

사학』 제3집, 한국근대미술사학회, 1996.

임준영, 「朝鮮 末期 畵員 琳塘 白殷培의 生涯와 繪畵」, 『미술사연구』 25, 2011.

임형택, 「18세기 藝術史의 성격」, 『한국한문학연구』 7, 고려대 한국학연구소, 1995.

장인석, 「華山館 李命基 繪畵에 대한 硏究」, 명지대학교대학원 미술사학과 석사학위논문, 2007. 12.

장인석, 「華山館 李命基의 生涯와 繪畵世界」, 『美術史學硏究』 265, 韓國美術史學會, 2010. 3.

장진성, 「조선시대 도화서 화원의 경제적 여건과 사적 활동」, 『화원, 朝鮮畵員大展』, 리움미술관, 2012.

전영옥·양병이, 「조선시대 한양에 조성된 官營의 蓮池에 관한 연구」, 『한국조경학회지』 제22권 2호, 한국조경학회, 1994. 7.

정석범, 「蔡龍臣 繪畵의 硏究」, 홍익대학교대학원 미술사학과 석사학위논문, 1994.

정옥자, 「詩社를 통해서 본 朝鮮末期 中人層」, 『韓沽劤博士停年紀念 私學論叢』, 지식산업사, 1981.

정은주, 「조선시대 명청사행 관련 회화 연구」, 한국학중앙연구원 한국학대학원 박사학위 논문, 2008.

조선미, 「鮮王朝時代의 御眞製作過程에 관하여」, 『美學』 6, 韓國美學會, 1979.

조선미, 「초상화에 나타난 '홍선대원군과 운현궁 사람들'」, 『홍선대원군과 운현궁사람들』, 서울역사박물관, 2007.

조선미, 「朝鮮王朝時代의 功臣圖像에 관하여」, 『미술사학연구』 151, 1981.

조인수, 「세종대의 어진御眞과 진전眞殿」, 『미술사의 정립과 확산, 1권: 한국 및 동양의 회화』, 사회평론, 2006.

조인수, 「전통과 권위의 표상: 高宗代의 太祖御眞과 眞殿」, 『미술사연구』 통권 제20호, 미술사연구회, 2006.

조인수, 「조선 왕실에서 활약한 화원들: 어진제작을 중심으로」, 『화원, 朝鮮畵員大展』, 리움미술관, 2012.

조인수, 「조선 초기 태조 어진御眞의 제작과 태조 진전眞殿의 운영—태조, 태종대를 중심으로」, 『미술사와 시각문화』제3호, 미술사와 시각문화학회, 2004. 10.

조인수, 「조선 후반기 어진의 제작과 봉안」, 『다시 보는 우리 초상의 세계—조선시대 초상화 학술논문집』, 국립문화재연구소, 2007.

조인수, 「태조어진과 전주」, 『조선왕실과 전주』, 국립전주박물관, 2010.

진준현, 「肅宗代 御眞圖寫와 畵家들」, 『古文化』 46, 韓國大學博物館協會, 1996.

진준현, 「英祖·正祖代 御眞圖寫와 畵家들」, 『서울大博物館年報』 6, 서울대학교박물관, 1994.

허균, 「우리 문화 속의 소나무」, 『소나무와 한국인』, 국립춘천박물관, 2002.

허균, 「전통미술에 나타난 길상과 상서」, 『吉祥—염원을 그리다』, 부산박물관, 2011.

홍선표, 「朝鮮末期畵員 安健榮의 繪畵」, 『古文化』 18, 韓國大學博物館協會, 1980.

홍선표, 「조선후기 통신사 수행화원의 파견과 역할」, 『미술사학연구』 205, 1995.

홍선표, 「조선후기 통신사 수행화원의 회화 활동」, 『미술사논단』 6, 1998.

홍선표, 「조선후기 韓·日間 畵蹟의 교류」, 『미술사연구』 제11호, 1997.

홍선표, 「朝鮮後期 한일 회화교류와 相互認識」, 『學藝硏究』 제2집, 국민대학교박물관, 2001.

홍선표, 「치장과 액막이 그림: 조선민화의 새로운 이해」, 『항산 안휘준 교수 정년퇴임 기념논문집—미술사의 정립과 확산』 1권, 사회평론, 2006.

도판목록_

제1부 조선시대 화원畫員과 궁중회화

도1_《서수낙원도》瑞獸樂園圖, 작자미상, 10첩 병풍, 19세기, 비단에 채색, 113.0×320.3cm, 리움미술관 소장.

도2_《서수낙원도》 세부

도3_〈세한도〉歲寒圖, 김정희, 1844년, 종이에 먹, 23.7×1388.95cm, 개인 소장.

도4_『선원전영정모사등록』璿源殿影幀模寫謄錄의「급여질」給與秩, 이왕직 편, 1936년, 한국학중앙연구원 장서각 소장.

도5_〈능연각공신도〉凌煙閣功臣圖 부분, 진홍수, 부분, 명, 비단에 채색, 30.0×.30.0cm, 일본 개인 소장.

도6_〈수선전도〉, 1840년대, 목판본, 96.5×69.4cm, 서울역사박물관 소장.

도6-1_〈수선전도〉에 보이는 17세기 전후 도화서의 위치

도7_《사현파진백만대병도》謝玄破秦百萬大兵圖, 작자미상, 1715년, 8첩 병풍, 비단에 채색, 170.0×418.6cm, 국립중앙박물관 소장.

도8_〈규장각도〉奎章閣圖, 전 김홍도, 1776년, 비단에 채색, 144.4×115cm, 국립중앙박물관 소장.

도9_『홍재전서』弘齋全書, 1814년, 금속활자(정리자), 35.0×22.5cm, 서울대학교 규장각 한국학연구원 소장.

도10_《동궐도》東闕圖에 그려진 이문원摛文院의 모습, 1830년대

도11_『원행을묘정리의궤』 중「주교도」舟橋圖, 판화, 1795년.

도12_《화성능행도병》華城陵幸圖屛, 김득신 외, 1795년경, 비단에 채색, 151.5×66.4cm, 국립중앙박물관 소장. 왼쪽부터 〈화성성묘전배도〉〈낙남헌방방도〉〈봉수당진친도〉〈낙남헌양로연도〉〈서장대야조도〉〈득중정어사도〉〈환어행렬도〉〈한강주교환어도〉

도12-1_《화성능행도병》 중 〈득중정어사도〉의 세부

도12-2_《화성능행도병》 중 〈환어행렬도〉의 세부

도13_《행려풍속도병》, 김득신, 18세기, 종이에 담채, 94.7×35.4cm, 리움미술관 소장.

도14_《책가문방도》, 전 장한종, 8첩 병풍, 19세기 전반, 종이에 채색, 195.0×361.0cm, 경기도박물관 소장.

도15_『인정전중건도감의궤』仁政殿重建都監儀軌에 실린 인정전 도설圖說, 1857년, 한국학중앙연구원 장서각 소장.

도16_《동궐도》에 그려진 인정전

도17_〈도화소시화〉圖畵所試畵 중 안건영의 그림, 19세기, 종이에 채색, 54.0×35.5cm, 국립중앙박물관 소장.

도18_〈도화소시화〉圖畵所試畵 중 백은배의 그림, 19세기, 종이에 채색, 54.0×33.4cm, 국립중앙박물관 소장.

도19_〈도화소시화〉圖畵所試畵 중 유숙의 그림, 19세기, 종이에 채색, 55.0×35.0cm, 국립중앙박물관 소장.

도20_〈도화소시화〉圖畵所試畵 중 유숙의 그림, 19세기, 종이에 채색, 55.3×34cm, 국립중앙박물관 소장.

도21_〈유순정초상〉, 작자미상, 18세기, 비단에 채색, 63.0×59.4cm, 서울역사박물관 소장.

도22_〈유순정초상〉, 전 윤상익, 18세기, 비단에 채색, 58.0×58.7.4cm, 서울역사박물관 소장.

도23_〈유순정초상〉(도22)에 첨부된 제첨題簽

도24_『어용도사도감의궤』御容圖寫都監儀軌에 기록된 화원 명단, 1713년, 서울대학교 규장각 한국학연구원 소장.

도25_순종어진 완성 후 김은호의 모습, 1928년.

도26_매화그림 창호, 1921년, 창덕궁 신선원전

도27_기화(윤곽선)를 마친 오봉병의 암석과 폭포, 1921년, 창덕궁 신선원전

도28_기화(윤곽선)를 마친 오봉병의 파도문, 1921년, 창덕궁 신선원전

도29_정조비 헌경왕후 옥책함, 1795년, 나무에 붉은 칠, 24.0×33.5×34.5cm, 국립고궁박물관 소장.

도30_〈영보정도〉永保亭圖, 전 이돈중李敦中, 크기 미상, 영국도서관 소장.

도31_〈함흥본궁도〉咸興本宮圖, 조중묵, 1890년, 비단에 채색, 131.5×71.5cm, 국립중앙박물관 소장.

도32_〈함흥본궁도〉에 그려진 세자송과 수식송

도33_〈함흥본궁송〉咸興本宮松, 정선鄭敾, 18세기, 비단에 담채, 28.8×23.3cm, 성 베네딕트 왜관수도원 소장.

도34_《평양감사향연도》 중 〈월야선유〉月夜船遊, 작자미상, 19세기, 종이에 채색, 71.2×196.6cm, 국립중앙박물관 소장.

도35_《평양감사향연도》 중 〈연광정연회〉鍊光亭宴會, 작자미상, 19세기, 종이에 채색, 71.2×196.6cm, 국립중앙박물관 소장.

도36_《평양감사향연도》 중 〈부벽루연회〉의 세부

도37_〈신관도임연회도〉新官到任宴會圖, 작자미상, 19세기, 종이에 채색, 140.0×103.3cm, 고려대학교박물관 소장.

도38_《경기감영도》京畿監營圖 부분, 작자미상, 19세기, 종이에 채색, 135.8×442.2cm, 리움미술관 소장.

도39_《강화행렬도》, 작자미상, 19세기, 종이에 채색, 47.0×101.0cm, 조선미술박물관 소장.

도40_〈전주지도〉全州地圖, 작자미상, 18세기, 비단에 채색, 149.5×90.0cm, 서울대학교 규장각 한국학연구원 소장.

도40-1_〈전주지도〉에 그려진 학의 무리와 지방관의 행렬

도41_〈기성전도〉箕城全圖, 작자미상, 19세기 말, 종이에 담채, 167.0×96.0cm, 서울대학교 규장각 한국학연구원 소장.

도42_〈안주목지도〉安州牧地圖, 작자미상, 1872년, 종이에 채색, 138.0×100.0cm, 서울대학교 규장각 한국학연구원 소장.

도43_《곡운구곡도》谷雲九曲圖 중 〈농수정〉, 조세걸曺世杰, 1682년, 종이에 담채, 42.5×64.0cm, 국립중앙박물관 소장.

도44_〈산수도〉, 김익주金翊胄, 18세기, 종이에 수묵, 26.7×17.8cm, 선문대학교박물관 소장.

도45_《탐라순력도》耽羅巡歷圖 중 〈감귤봉진〉柑橘封進, 김남길金南吉, 1702년, 종이에 채색, 56.0×36.0cm, 제주시 소장.

도46_《탐라순력도》 중 〈제주양로〉濟州養老

도47_〈동래부순절도〉東萊府殉節圖, 변박卞璞, 1709년, 비단에 채색, 96.0×1460cm, 육군사관학교박물관 소장.

도47-1_〈동래부순절도〉의 전투 장면

도47-2_〈동래부순절도〉의 산수 표현

도48_〈임진전란도〉壬辰戰亂圖, 이시눌李時訥, 1834년, 141.0×85.8cm, 서울대학교 규장각 한국학연구원 소장.

도49_〈동래부순절도〉, 변곤卞崑, 1834년, 비단에 채색, 134.0×90.0cm, 울산박물관 소장.

도50_〈동래부사접왜사도〉東萊府使接倭使圖의 산수 표현, 작자미상, 18세기, 종이에 채색, 81.8×460.0cm(전체), 국립중앙박물관 소장.

도51_ 초상화를 그리는 궁정화가의 모습, 〈한궁춘효도〉漢宮春曉圖의 부분, 구영仇英, 1540년, 비단에 채색, 30.6×574.1cm(전체), 대만 고궁박물원 소장.

도52_《일월오봉도》日月五峰圖, 작자미상, 8첩 병풍, 19세기, 비단에 채색, 162.5×337.5cm, 리움미술관 소장.

도53_《모란도》, 작자미상, 8첩 병풍 중 4폭, 19세기, 비단에 채색, 각 폭 204.0×66.0cm, 국립고궁박물관 소장.

도54_《십장생도》十長生圖, 작자미상, 10첩 병풍, 비단에 채색, 208.5×389.0cm, 국립고궁박물관 소장.

도55_〈연〉輦(임금이 타던 가마), 나무와 비단, 140.0×140.0×260.0cm, 국립고궁박물관 소장.

도56_〈황룡깃발〉, 운문단, 190.0×138.0cm, 국립고궁박물관 소장.

도57_〈봉선〉鳳扇, 비단에 채색, 총 높이 276cm, 폭 63cm, 전주 경기전 소장.

도58_〈사수도〉四獸圖, 『영조대왕산릉도감의궤』英祖大王山陵都監儀軌에 수록, 1776년, 한국학중앙연구원 장서각 소장.

도59_ 진전眞殿에 설치된 오봉병 도설, 『영정모사도감의궤』影幀摹寫都監儀軌에 수록, 1901년, 한국학중앙연구원 장서각 소장.

도60_ 건릉 문무석인 도설, 『정조건릉산릉도감의궤』正祖健陵山陵都監儀軌에 수록, 1800년, 서울대학교 규장각 한국학연구원 소장.

도61_ 현륭원 문무석인 도설, 『장조현륭원원소도감의궤』莊祖顯隆園園所都監儀軌에 수록, 1789년, 서울대학교 규장각 한국학연구원 소장.

도62_ 수릉 문무석인 도설, 『문조수릉산릉도감의궤』文祖綏陵山陵都監儀軌에 수록, 1846년, 서울대학교 규장각 한국학연구원 소장.

도63_ 문조 수릉의 문석인

도64_ 문조 수릉의 무석인

도65_ 명성황후금책明聖王后金冊, 1897년, 금, 24.7×20.6cm, 국립고궁박물관 소장.

도66_ 정조책봉죽책正祖冊封竹冊, 1759년, 대나무, 25.3×107.3cm, 국립고궁박물관 소장.

도67_ 영조죽책함英祖竹冊函, 1721년, 나무에 옻칠, 26.8×41.0×27.0cm, 국립고궁박물관 소장.

도68_ 죽책함 도설, 『경모궁의궤』景慕宮儀軌에 수록, 1784년, 한국학중앙연구원 장서각 소장.

도69_ 〈순조태봉도〉純祖胎封圖, 1806년, 종이에 담채, 101.2×62.3cm, 한국학중앙연구원 장서각 소장.

도70_ 〈조경단재실비각도형〉肇慶壇齋室碑閣圖形, 1899년, 종이에 채색, 63.2×49.7cm, 한국학중앙연구원 장서각 소장.

도71_ 〈유순정정국공신화상〉 작가미상, 18세기, 비단에 채색, 172.0×110.0cm, 서울역사박물관 소장.

도72_ 《기해기사계첩》己亥耆社契帖 표지

도73_ 《기해기사계첩》己亥耆社契帖의 〈이의현초상〉李宜顯肖像, 김진녀 외, 1719년, 비단에 채색, 43.5×32.3cm, 국립중앙박물관 소장.

도74_ 《기해기사계첩》의 〈신사철초상〉申思喆肖像, 김진녀 외, 1719년, 비단에 채색, 43.5×32.3cm, 국립중앙박물관 소장.

도75_ 《기해기사계첩》己亥耆社契帖의 화원 명단

도76_ 〈김치인초상〉金致仁肖像, 변상벽·한종유 합작, 1760년경, 비단에 채색, 152.8×81.6cm, 리움미술관 소장.

도77_ 〈유언호초상〉劉彥鎬肖像, 이명기, 1787년, 비단에 채색, 172.4×73.6cm, 서울대학교 규장각 한국학연구원 소장.

도78_ 〈이항복초상〉李恒福肖像, 이한철, 19세기, 비단에 채색, 93.6×49.2cm, 리움미술관 소장.

도79_ 〈이하응초상〉, 금관조복본, 이한철·유숙 합작, 1869년, 비단에 채색, 130.8×66.2cm, 서울역사박물관 소장.

도80_ 〈이하응초상〉, 흑건청포본, 이한철·이창욱 합작, 1880년, 비단에 채색, 126.7×64.7cm, 서울역사박물관 소장.

도81_ 〈이하응초상〉李昰應肖像, 와룡관학창의본, 이한철·유숙 합작, 1869년, 비단에 채색, 133.7×67.7cm, 서울역사박물관 소장.

도82_ 『영희전영전도감의궤』永禧殿營建都監儀軌 표지와 「영희전도」, 1900년, 45.2×33cm, 서울대학교 규장각 한국학연구원 소장.

도83_ 〈책례반차도〉冊禮班次圖, 조선 후기, 종이에 채색, 39.5×650.0cm, 국립고궁박물관 소장.

도84_ 《왕세자탄강진하도》王世子誕降陳賀圖, 1874년, 10첩 병풍, 비단에 채색, 각 폭 133.5×37.5cm, 국립고궁박물관 소장.

도85_ 「경현당수작도기」景賢堂受爵圖記, 1765년, 비단에 먹, 126.5×53.0cm, 국립중앙박물관 소장.

도85-1_ 「경현당수작도기」의 세부(화원 김홍도)

도86_ 〈궁중숭불도〉宮中崇佛圖, 작자미상, 16세기, 비단에 수묵담채, 46.5×91.4cm, 리움미술관 소장.

도87_ 《동궐도》東闕圖, 1830년대 초, 종이에 채색, 237.0×584.0cm, 고려대학교박물관 소장.

도88_ 《동궐도》의 옥류천玉流泉 일대

도89_ 〈통신사일행착복지도〉通信使一行着服之圖, 1811년, 두루마리, 종이에 채색, 47.0×876.5cm(전체), 국사편찬위원회 소장.

도90_ 〈달마절로도강도〉達磨折蘆渡江圖 , 김명국, 1634년, 종이에 수묵, 98.1×48.3cm, 국립중앙박물관 소장.

도91_ 〈산수도〉, 김유성, 1764년, 종이에 수묵, 118.5×49.3cm, 개인 소장.

도92_ 《곽분양행락도》郭汾陽行樂圖, 작자미상, 8첩 병풍, 19세기, 비단에 채색, 131.0×415.0cm, 리움미술관 소장.

도93_ 《요지연도》瑤池宴圖, 작자미상, 8첩 병풍, 19세기, 비단에 채색, 134.5×366.0cm, 경기도박물관 소장.

도94_ 《담와홍계희평생도》淡窩洪啓禧平生圖 중 〈수찬행렬〉修撰行列, 전 김홍도, 18세기, 비단에 담채, 76.5×37.9cm, 국립중앙박물관 소장.

도94-1_ 〈수찬행렬〉 세부, 대문에 그려진 신장상

도95_ 《평양감사환영도》 중 〈선화당연회도〉宣化堂宴會圖, 작자미상, 19세기, 비단에 채색, 각 128.1×58.1cm, 미국 피바디에섹스 박물관 소장.

도95-1_ 〈선화당연회도〉의 세부, 대문에 그려진 신장상.

도95-2_ 〈선화당연회도〉의 세부, 선화당의 벽면에 그려진 십장생도.

도96_ 〈뇌공도〉雷公圖 부분, 김덕성, 18세기, 종이에 담채, 31.5×31.5cm, 국립중앙박물관 소장.

도96-1_ 〈뇌공도〉, 김덕성, 18세기, 종이에 담채, 113.3×58.8cm, 국립중앙박물관 소장.

도97_ 〈관음삼십이응신도〉觀音三十二應身圖, 이자실, 1550년, 비단에 채색, 215.0×152.0cm, 일본 지온인 소장.

도98_ 《불화첩》佛畵帖 부분, 이상좌, 16세기, 종이에 수묵, 각 50.6×31.0cm, 리움미술관 소장.

도99_ 〈잠직도〉蠶織圖, 전 진재해秦再奚, 17세기, 비단에 채색, 137.6×52.4cm, 국립중앙박물관 소장.

도100_ 〈제갈무후도〉諸葛武侯圖, 작자미상, 1695년, 비단에 채색, 164.2×99.4cm, 국립중앙박물관 소장.

도101_ 〈춘야도리원도〉春夜桃李園圖(부분)와 인수引手에 쓴 영조의 글, 김두량金斗樑, 1744년, 비단에 담채, 8.4×184.0cm, 국립중앙박물관 소장.

도102_〈전원행렵승회도〉田園行獵勝會圖(부분)와 인수에 쓴 영조의 글, 김덕하金德夏, 1744년, 부분, 비단에 담채, 8.4×184.0cm, 국립중앙박물관 소장.

도103, 104_《고사인물화보》故事人物畵譜, 진재해 외, 18세기, 종이에 채색, 각 39.0×30.5cm, 리움미술관 소장.

도105_『오륜행실도』五倫行實圖 중 「석진단지」石珍斷指와 언해 부분, 전 김홍도 밑그림, 1797년, 각 22.0×15.0cm, 리움미술관 소장.

도106_『무예도보통지』武藝圖譜通志 부분, 박유성朴維城 외 밑그림, 1790년, 31.0×18.9cm, 목판본, 서울대학교 규장각 한국학연구원 소장.

도107_〈몽유도원도〉夢遊桃源圖, 안견, 1447년, 비단에 수묵, 38.7×106.5cm, 일본 텐리대 도서관 소장.

도108_『화사양가보록』畵寫兩家譜錄에 수록된 인동 장씨 화원 계보, 오세창 편, 1916년.

도109_〈미법산수도〉米法山水圖, 이정근, 16세기 후반, 종이에 먹, 23.4×119.4cm, 국립중앙박물관 소장.

도110_〈수하일가도〉樹下一家圖, 김석신金碩臣, 18세기 말, 종이에 수묵담채, 27.5×33.0cm, 리움미술관 소장.

도111_〈금강전도〉金剛全圖, 김응환, 1772년, 종이에 담채, 26.5×35.5cm, 개인 소장.

도112_〈묘작도〉描雀圖, 변상벽, 18세기, 비단에 담채, 93.7×42.9cm, 국립중앙박물관 소장.

도113_〈강산무진도〉江山無盡圖, 이인문, 18세기 후반, 비단에 수묵담채, 43.8×856.0cm, 국립중앙박물관 소장.

도114_《책가도》册架圖, 이형록, 8첩 병풍, 19세기, 종이에 채색, 139.5x421.2cm, 리움미술관 소장.

도115_《백선도》白扇圖, 박기준, 8첩 병풍, 비단에 채색, 각 94.5×41.0cm, 리움미술관 소장.

도116_〈하마선인도〉蝦蟆仙人圖, 백은배, 19세기, 비단에 옅은 채색, 122.1×33cm, 국립중앙박물관 소장.

도117_《북새선은도》北塞宣恩圖 중 〈길주과시〉吉州科試, 한시각, 1664년, 비단에 채색, 57.9×674.1cm. 국립중앙박물관 소장.

도118_《기사경회첩》耆社慶會帖 중 〈본소사연도〉本所賜宴圖, 장득만 외, 1744~1745년, 비단에 채색, 43.5×67.8cm, 국립중앙박물관 소장.

도119_《만고기관첩》 중 〈송하문동자도〉, 장득만, 18세기, 종이에 채색, 각 38.0×30.0cm, 리움미술관 소장.

도119-1_《만고기관첩》 중 〈촉도난〉, 장득만, 18세기, 종이에 채색, 각 38.0×30.0cm, 리움미술관 소장.

도120_〈구택규초상〉, 장경주, 1746년, 비단에 담채, 82.6×46.2cm, 리움미술관 소장.

도121_〈어해도〉魚蟹圖, 장한종, 18세기, 종이에 담채, 26.0×34.0cm, 개인 소장.

도122_〈저암공상〉, 작자미상, 1800년, 비단에 채색, 120.0×76.0cm, 서울대학교 규장각 한국학연구원 소장.

제2부 왕의 초상을 그린 화가들

도1_ 신선원전 내부

도2_ 1954년 화재 발생 직전의 부산 용두산 판자촌

도3_ 부산 용두산 판자촌 화재 장면(1954년 12월 10일)

도4_〈익종어진〉, 국립고궁박물관 소장.

도5, 5-1_《명인전신첩》 중 〈임수륜林守綸초상〉과 〈임위任瑋초상〉(추정), 임희수, 종이에 유탄, 31.8×21.5cm, 국립중앙박물관 소장.

도6_〈김만기초상〉, 김진규, 17세기, 비단에 채색, 광산 김씨 문충공 종택 소장.

도7_〈조영복초상〉(연거복본, 좌), 조영석, 1725년, 비단에 채색, 125.0×76cm, 경기도박물관 소장.

도8_〈강세황70세자화상〉, 강세황, 1782년, 비단에 채색, 88.7×51cm, 개인 소장.

도9, 9-1_〈박세당朴世堂초상〉, 조세걸, 1689년경, 비단에 채색, 85.0×58.6cm, 한국학중앙연구원 장서각 소장.

도10_〈유순정柳順汀초상〉, 전傳 윤상익, 1688년경(추정), 비단에 채색, 58.0×58.7cm, 서울역사박물관 소장.

도11_〈유순정정국공신화상〉, 작가미상, 18세기, 비단에 채색, 172.0×110.0cm, 서울역사박물관 소장.

도12, 12-1_〈강이오姜彝五초상〉, 이재관, 19세기, 비단에 채색, 63.8×40.1cm, 국립중앙박물관 소장.

도13_〈이현보李賢輔초상〉, 이재관(모사模寫), 1827년, 비단에 채색, 124.0×101.0cm, 한국유교문화박물관 소장.

도14_ 〈이현보李賢輔초상〉, 옥준상인玉俊上人, 1537년경, 마본麻本에 채색, 128.0×105.0cm, 한국유교문화박물관 소장.

도15_ 〈태조어진〉, 영흥 준원전濬源殿의 유리원판 사진, 1913년 촬영, 국립중앙박물관 소장.

도16_ 〈태조어진〉, 조중묵·박기준(모사模寫), 1872년, 비단에 채색, 218.0×156.0cm, 어진박물관 소장.

도17_ 〈영조어진〉, 조석진·채용신 등(모사模寫), 1900년, 비단에 채색, 110.5×61.8cm, 국립고궁박물관 소장.

도18_ 〈이조년李兆年초상〉, 채용신, 1912년, 크기미상, 경남 산청 안곡영당安谷影堂 소장.

도19_ 〈이조년초상〉, 작가미상(모사模寫), 1825년, 비단에 채색, 154.0×102.0cm, 안산영당安山影堂 소장.

도20_ 〈이후원李厚源초상〉, 작가미상, 17세기, 비단에 채색, 169.3×90.8cm, 리움미술관 소장.

도21_ 〈권섭權燮초상〉, 이치, 1724년, 비단에 채색, 67.0×41.0cm, 옛길박물관 소장.

도22_ 〈윤증尹拯초상〉, 장경주 모사模寫, 1744년, 비단에 채색, 110.0×81.0cm, 충청남도역사문화연구원 소장.

도22-1_ 〈윤증초상〉, 이명기 이모移模, 1788년경, 비단에 채색, 118.6×83.3cm, 충청남도역사문화연구원 소장.

도23_ 세조어진을 모사하고 있는 김은호金殷鎬, 1935년.

도24_ 〈유수柳綏초상〉, 진재해, 1726년, 비단에 채색, 167.5×90.5cm, 경기도박물관 소장.

도25_ 〈권상하權尙夏초상〉, 김진녀, 1719년, 비단에 채색, 128.0×92.0cm, 제천 의병기념관 소장.

도26_ 〈권섭權燮초상〉, 진응회, 1732년, 비단에 채색, 크기미상, 개인 소장.

도27, 27-1_ 〈윤급尹汲초상〉, 변상벽(추정), 18세기 중엽, 비단에 채색, 152.3×82.6cm, 국립중앙박물관 소장.

도28_ 〈정경순鄭景淳초상〉, 한종유, 1777년, 비단에 채색, 68.2×56.3cm, 국립중앙박물관 소장.

도29, 29-1_ 〈서직수徐直修초상〉, 이명기·김홍도, 1796년, 비단에 채색, 148.8×72.0cm, 국립중앙박물관 소장.

도30_ 〈이광사李匡師초상〉, 신한평, 1774년, 비단에 채색, 66.8×53.7cm, 국립중앙박물관 소장.

도31_ 〈오재순吳載純초상〉, 이명기, 18세기 후반, 비단에 채색, 151.7×89.0cm, 리움미술관 소장.

도32_ 〈철종어진〉, 이한철·조중묵 등, 1861년, 비단에 채색, 202.2×107.2cm, 국립고궁박물관 소장.

도33_ 〈이하응李昰應초상〉, 이한철·이창옥, 1880년, 비단에 채색, 113.7×66.2cm, 서울역사박물관 소장.

도34_ 〈고종어진〉, 전 채용신, 20세기 초, 비단에 채색, 118.0×68.2cm, 국립중앙박물관 소장.

도35_ 《신선도첩》神仙圖帖 중 1폭, 조세걸, 17세기 말, 비단에 채색, 41.4×28.4cm, 국립중앙박물관 소장.

도36_ 〈월하취적도〉月下吹笛圖, 진재해, 종이에 수묵담채, 99.8×56.3cm, 서울대학교박물관 소장.

도37, 37-1_ 《기사경회첩》耆社慶會帖 중 〈신사철초상〉, 〈이진기초상〉, 장득만·장경주·정홍래·조창희 등 합작, 1745년, 비단에 채색, 44.3×32cm, 국립중앙박물관 소장.

도38_ 〈모계영자도〉母鷄領子圖, 변상벽, 18세기, 비단에 채색, 101×50cm, 국립중앙박물관 소장.

도39_ 〈예장귀가도〉曳杖歸家圖, 박동보, 17세기 말, 마에 수묵, 19.6×17cm, 국립중앙박물관 소장.

도40_ 〈원장배석도〉元章拜石圖, 이명기, 18세기 말~19세기 초, 종이에 담채, 105.7×58.7cm, 리움미술관 소장.

도41_ 〈의암관수도〉依巖觀水圖, 이한철, 종이에 채색, 33.2×26.8cm, 국립중앙박물관 소장.

도42_ 《해산첩》海山帖 중 〈장안사〉長安寺, 김하종, 종이에 채색, 국립중앙박물관 소장.

도43_ 〈도원문진도〉桃源問津圖, 안중식, 1913년, 비단에 채색, 70.4×164.4cm, 리움미술관 소장.

제3부 제국의 황실화가들, 화가에서 '시대인'으로

도1_ 『어진도사도감의궤』御眞圖寫都監儀軌 중 용교의龍交椅, 용상龍床, 오봉병五峯屛, 구장鳩杖 도설, 1902년, 필사본 채색, 31.5×25.5cm, 한국학중앙연구원 장서각 소장.

도2_ 『문조익황제추상신정익황후추상황제가상명헌대후가상성황후추상상호도감의궤』文祖翼皇帝追上神貞翼皇后追上皇帝加上明憲大后加上成皇后追上上號都監儀軌 표지와 「옥보사과」玉寶四顆 도설, 1902년, 서울대학교 규장각 한국학연구원 소장.

도3_ 고종과 순종의 '어사진'御寫眞

도4_ 고종의 국장國葬 사진첩 중 대한문을 빠져나가는 영여, 1919년 촬영, 서울대학교박물관 소장.

도4-1_ 홍릉에 오르는 고종황제의 상여, 1919년 촬영, 서울대학교박물관 소장.

도5_ 〈평강후인 채석지당 70노옹 평생도〉, 채용신, 10첩 병풍 중 1폭.

도6_ 세조어진을 모사하고 있는 김은호, 1935년.

도7_ 시천교侍天敎 교주 최제우 초상, 김은호, 1912년, 비단에 채색, 114×82cm, 개인 소장.

도8_ 조일통상조약朝日通商條約 기념연회도, 전 안중식, 1883년, 종이에 수묵채색, 35.5×53.9cm, 숭실대학교 한국기독교박물관 소장.

도9_ 〈철종어진〉 부분, 1861년, 비단에 채색, 294×112.5cm, 국립고궁박물관 소장.

도10_ 〈산수도〉, 아토미 가케이, 아토미 기념자료관 소장.

도10-1_ 〈사계화훼화〉四季花卉畵, 아토미 가케이跡見花蹊, 1877년, 174.5×100.0cm, 비단에 채색, 아토미 기념자료관 소장.

도11_ 조선 보빙사, 1883년, 고려대학교박물관 소장.

도12_ 〈노근묵란도〉露根墨蘭圖, 민영익, 20세기 초, 종이에 수묵, 128.5×58.4cm, 리움미술관 소장.

도13_ 〈산수도〉, 야스다 베이사이安田米齋(『회화총지』繪畵叢誌, 1887년).

도14_ 〈화차분별도〉火車分別圖, 강진희, 1888년, 종이에 수묵, 약 28×34cm, 간송미술관 소장.

도15_ 〈오음화구도〉梧陰話舊圖, 강진희, 1889년, 종이에 수묵, 약 28×34cm, 간송미술관 소장.

도16_ 〈승일반송도〉昇日蟠松圖, 강진희, 1888, 국립중앙박물관 소장.

도17_ 〈혈죽도〉, 양기훈, 『대한매일신보』(1906년 7월 17일자)에 게재.

도18_ 《자홍견지금니화조화》紫紅絹地金泥花鳥畵 8첩 병풍, 양기훈, 개인 소장.

도19_ 《잡화》 10첩 병풍, 양기훈, 종이에 수묵, 각 128.5×30.2cm, 개인 소장.

도20_ 〈산수일출도〉 가리개, 양기훈, 견본수묵담채, 각 162×60cm, 국립고궁박물관 소장.

도21_ 〈노안국조도〉 가리개, 양기훈, 비단에 수묵담채, 각 155.7×52.3cm, 국립고궁박물관 소장.

도22_ 퍼시벌 로웰의 『고요한 아침의 나라 조선』에 수록된 고종의 사진

도23_ 〈시화도〉, 지운영, 국립진주박물관(두암 김용두 구장) 소장.

도24_ 황철이 찍은 사진 원각사 탑

도25_ 〈하경산수도〉, 황철, 종이에 수묵, 136×67cm, 개인 소장.

도26_ 김규진 초상사진

도27_ 〈매천황현초상〉, 김규진, 1909, 개인 소장.

도27-1_ 〈황현초상〉, 채용신, 1911년, 비단에 채색, 120.7×72.8cm, 개인 소장.

도28_ 〈묵란도〉, 윤영기, 종이에 수묵, 40×135cm, 고려대학교박물관 소장.

도29_ 안중식의 초상사진

도30_ 《신선도》 8첩 병풍, 강필주, 비단에 수묵담채, 각 83.5×32.1cm, 순천대학교박물관 소장.

도31_ 〈적벽공범도〉赤壁共帆圖, 강필주, 지본수묵담채, 1922, 32×132cm, 국립중앙박물관 소장.

도32_ 『고요한 아침의 나라 조선』 본문, 새비지 랜도어, 1895년

도32-1_ 『고요한 아침의 나라 조선』에 실린 돈의문(서대문) 풍경

도33_ 〈민영환초상〉, 새비지 랜도어, 『고요한 아침의 나라 조선』(*Corea or Cho-sen: The Land of the Morning Calm*, 1895), p. 155.

도34_ 〈고종초상〉, 새비지 랜도어, 『고요한 아침의 나라 조선』(*Corea or Cho-sen: The Land of the Morning Calm*, 1895) 속의 고종초상, p. 173.

도35_ 〈고종초상〉, 휴버트 보스Hubert Vos, 1899년, 캔버스에 유화, 199×92cm, 국립현대미술관 소장.

도36_ 파리만국박람회 조선관 내부

도37_ 〈수하쌍록도〉樹下雙鹿圖, 사쿠마 테츠엔佐久間鐵園, 196.5×378cm, 국립고궁박물관 소장.

도38_ 〈산수후스마에〉(앞면)와 〈노안도〉(뒷면), 가나이 덴로쿠金井天祿, 1917년경, 비단에 수묵담채, 각폭 177×116cm, 국립고궁박물관(구 창덕궁) 소장.

도39_ 〈귀거래사〉 엽서, 아마쿠사 신라이天草神來, 서울시립대학교박물관 소장.

도40_ 송학도를 배경으로 한 순종의 초상사진

도41_ 일본그림 부용안도와 유럽 가구가 장식된 대한제국 황궁 내부

제4부 궁중회화에 담긴 길상의 세계

도1_ 경기전에 봉안된 〈태조어진〉 모습, 〈태조어진〉; 1872년, 비단에 채색, 220.0×151.0cm, 어진박물관 소장.

도2_ 십장생도 장지문, 비단에 채색, 112.4×57.0cm(동), 111.5×57.0cm(서), 112.4×57.0cm(북), 국립고궁박물관 소장.

도3_ 《십장생도》 부분, 비단에 채색, 각 201.9×52.1cm, 미국 오리건대학교 박물관 소장.

도4_ 《십장생도》 부분, 10첩 병풍(2첩 결실), 비단에 채색, 각 136.5×51.7cm, 국립중앙박물관 소장.

도4-1_ 〈욱일취도〉旭日鷲圖 부분, 전傳 정홍래鄭弘來, 비단에 채색, 120.0×63.0cm, 국립중앙박물관 소장.

도5_ 《정해진찬도병》丁亥進饌圖屛 제1·2첩 부분, 1887년, 10첩 병풍, 비단에 채색, 146.7×504.2cm, 국립중앙박물관 소장.

도6_ 《정묘조왕세자책례계병》正廟朝王世子冊禮?屛 부분, 1800년, 8첩 병풍, 비단에 채색, 112.6×237.0cm, 국립중앙박물관 소장.

도7_ 《십장생도》 부분, 10첩 병풍, 비단에 채색, 각 149.0×45.0cm, 서울역사박물관 소장.

도8_ 《왕회도》王會圖 부분, 19세기, 8첩 병풍, 비단에 채색, 각 138.0×46.2cm, 국립중앙박물관 소장.

도9_ 《요지연도》 부분, 18세기, 비단에 채색, 151.5×122.7cm, 국립중앙박물관 소장.

도10_ 《십장생도》 부분, 10첩 병풍(2첩 결실), 비단에 채색, 각 136.5×51.7cm, 국립중앙박물관 소장.

도11_ 경기전 《일월오봉도》 부분, 4첩 병풍, 비단에 채색, 248.2×332.5cm, 어진박물관 소장.

도12_ 《일월오봉도》 부분, 6첩 병풍, 비단에 채색, 149.3×325.8cm, 국립고궁박물관 소장.

도13_ 《십장생도》 부분, 1880년 완성, 10첩 병풍, 비단에 채색, 각 201.9×52.1cm, 미국 오리건대학교 박물관 소장.

도13-1_ 《십장생도》 부분, 10첩 병풍(2첩 결실), 비단에 채색, 각 136.5×51.7cm, 국립중앙박물관 소장.

도14_ 《백동자도》 부분, 6첩 병풍, 비단에 채색, 각 74.8×46.3cm, 국립고궁박물관 소장.

도15_ 《곽분양행락도》 부분, 8첩 병풍, 비단에 채색, 144.5×49.9(제1·8첩), 53.0(제2~7첩)cm, 국립중앙박물관 소장.

도16_ 《동궐도》 부분, 19세기 전반, 16첩 병풍, 비단에 채색, 각 273.5×36.0cm, 동아대학교박물관 소장.

도17_ 《왕회도》 부분, 19세기, 8첩 병풍, 비단에 채색, 각 138.0×46.2cm, 국립중앙박물관 소장.

도18_ 《곽분양행락도》 부분, 8첩 병풍, 비단에 채색, 144.5×49.9(제1·8첩), 53.0(제2~7첩)cm, 국립중앙박물관 소장.

도19_ 〈서총대친림사연도〉瑞葱臺親臨賜宴圖 부분, 1560년 행사, 19세기 이모, 종이에 채색, 31.0×47.0cm, 고려대학교박물관 소장.

도20_ 《모란도》 부분, 10첩 병풍, 비단에 채색, 각 145.0×58.0cm, 국립중앙박물관 소장.

도21_ 《곽분양행락도》 부분, 8첩 병풍, 비단에 채색, 144.5×49.9(제1·8첩), 53.0(제2~7첩)cm, 국립중앙박물관 소장.

도22_ 《모란도》 부분, 10첩 병풍, 비단에 채색, 각 145.0×58.0cm, 국립중앙박물관 소장.

도23_ 〈십장생도〉 부분, 창호, 비단에 채색, 각 109.0×57.0cm, 국립고궁박물관 소장.

도24_ 《금계도》 부분, 전 김홍도, 19세기 전반, 8첩 병풍, 종이에 채색, 111.2×404.0cm, 리움미술관 소장.

도25_ 《요지연도》 부분, 18세기, 비단에 채색, 151.5×122.7cm, 국립중앙박물관 소장.

도26_ 《진하도》 부분, 10첩 병풍, 비단에 채색, 130.3×372.4cm, 지본채색, 국립중앙박물관 소장.

도27_ 《십장생도》 부분, 1880년 완성, 10첩 병풍, 비단에 채색, 각 201.9×52.1cm, 미국 오리건대학교 박물관 소장.

도28_ 〈십장생도〉 부분, 창호, 비단에 채색, 각 109.5×57.0cm, 국립고궁박물관 소장.

도29_ 《요지연도》 부분, 18세기, 비단에 채색, 151.5×122.7cm, 국립중앙박물관 소장.

도30_ 《서수낙원도》瑞獸樂園圖 부분, 10첩 병풍, 비단에 채색, 113.0×320.3cm, 리움미술관 소장.

도31_ 《요지연도》 부분, 8첩 병풍, 비단에 채색, 각 134.2×47.2cm, 경기도박물관 소장.

도32_ 《요지연도》 부분, 6첩 병풍, 국립중앙박물관 소장.

도33_ 〈봉황도〉·〈공작도〉, 종이에 채색, 156.2×54.6cm, 필라델피아 미술관 소장.

도34_ 〈봉황도〉 부분, 오일영·이용우, 1920년, 비단에 채색,

214.0×578.0cm, 창덕궁 대조전 동벽.

도35, 35-1_ 〈십장생도〉의 거북 부분, 창호, 비단에 채색, 109.0×57.0cm, 국립고궁박물관 소장.

도36_ 〈현무〉玄武, 『인목왕후산릉도감의궤』仁穆王后山陵都監儀軌 도설圖說, 1632년, 종이에 채색, 서울대학교 규장각 소장.

도37_ 〈현무〉, 『정성왕후산릉도감의궤』貞聖王后山陵都監儀軌, 권2, 「조성소의궤」造成所儀軌 도설, 1757년, 종이에 채색, 서울대학교 규장각 소장.

도38_ 《십장생도》 부분, 6첩 병풍, 비단에 채색, 150.0×352.0cm, 성신여자대학교박물관 소장.

도39_ 〈현무〉, 『철인왕후예릉산릉도감의궤』哲仁王后睿陵山陵都監儀軌, 권2, 「조성소의궤」 圖說, 1878년, 종이에 채색, 서울대학교 규장각 소장.

도40_ 《요지연도》 부분, 18세기, 비단에 채색, 151.5×122.7cm, 국립중앙박물관 소장.

도41_ 〈장생도〉 부분, 추재秋齋 관서, 비단에 채색, 143.0×67.7cm, 국립중앙박물관 소장.

도42_ 《십장생도》 부분, 1880년 완성, 10첩 병풍, 비단에 채색, 각 201.9×52.1cm, 미국 오리건대학교 박물관 소장.

도43_ 《서수낙원도》瑞獸樂園圖 부분, 10첩 병풍, 비단에 채색, 113.0×320.3cm, 리움미술관 소장.

도44_ 〈십장생도〉 부분, 창호, 비단에 채색, 108.4×57.0cm, 국립고궁박물관 소장.

도45_ 〈신선도〉神仙圖, 18세기, 종이에 채색, 102.5×53cm, 국립진주박물관(두암 김용두) 소장.

도46_ 《요지연도》 부분, 8첩 병풍, 비단에 채색, 각 134.2×47.2cm, 경기도박물관 소장.

도47_ 전 〈조말생초상〉趙末生肖像 부분, 17세기 후반, 비단에 채색, 178.6×104.1cm, 국립중앙박물관 소장.

도48_ 《십장생도》 부분, 1880년 완성, 10첩 병풍, 비단에 채색, 각 201.9×52.1cm, 미국 오리건대학교 박물관 소장.

도49_ 《십장생도》 부분, 6첩 병풍, 비단에 채색, 150.0×352.0cm, 성신여자대학교박물관 소장.

도50_ 〈이산해초상〉李山海肖像 부분, 19세기, 비단에 채색, 161.7×82.4cm, 국립중앙박물관 소장.

도51_ 〈공작삽병〉孔雀揷屛, 『무자진작의궤』戊子進爵儀軌 권수卷首, 「도식」圖式, 1828년, 목판인쇄, 서울대학교 규장각 소장.

도52, 52-1_ 〈목련공작〉木蓮孔雀, 전 이영윤李英胤, 조선 16세기, 비단에 채색, 152.6×55cm, 국립중앙박물관 소장.

도53_ 《요지연도》 부분, 18세기, 비단에 채색, 151.5×122.7cm, 국립중앙박물관 소장.

도54_ 《곽분양행락도》 부분, 8첩 병풍, 비단에 채색, 144.5×49.9(제1·8첩), 53.0(제2~7첩)cm, 국립중앙박물관 소장.

도55_ 《요지연도》 부분, 8첩 병풍, 비단에 채색, 각 134.2×47.2cm, 경기도박물관 소장.

도56_ 《서수낙원도》 부분, 10첩 병풍, 비단에 채색, 113.0×320.3cm, 리움미술관 소장.

도57, 57-1_ 〈계류원앙〉溪流鴛鴦, 전 이영윤李英胤, 조선 16세기, 비단에 채색, 152.7×55cm, 국립중앙박물관 소장.

도58_ 〈연지유압〉蓮池遊鴨, 심사정沈師正, 비단에 채색, 142.3×72.5cm, 리움미술관 소장.

도59, 59-1_ 《연화수금도》蓮花水禽圖 부분, 4첩 병풍, 비단에 채색, 76×42.5cm, 국립고궁박물관 소장.

도60, 60-1_ 《화조도》 부분, 8첩 병풍, 비단에 채색, 각 123.9×42.4cm, 통도사 성보박물관 소장.

도61_ 《왕회도》 부분, 19세기, 8첩 병풍, 비단에 채색, 각 138.0×46.2cm, 국립중앙박물관 소장.

도62_ 《요지연도》 부분, 8첩 병풍, 비단에 채색, 각 134.2×47.2cm, 경기도박물관 소장.

도63_ 《곽분양행락도》 부분, 8첩 병풍, 비단에 채색, 144.5×49.9(제1·8첩), 53.0(제2~7첩)cm, 국립중앙박물관 소장.

도64_ 《곽분양행락도》 부분, 8첩 병풍, 비단에 채색, 131.0×415.0cm, 리움미술관 소장.

도65_ 《곽분양행락도》 부분, 8첩 병풍, 비단에 채색, 100.0×363.2cm, 서울역사박물관 소장.

도66_ 《곽분양행락도》 부분, 8첩 병풍, 비단에 채색, 131.0×415.0cm, 리움미술관 소장.

도67_ 《곽분양행락도》 부분, 8첩 병풍, 비단에 채색, 144.5×49.9(제1·8첩), 53.0(제2~7첩)cm, 국립중앙박물관 소장.

도68_ 〈묘작도〉猫鵲圖, 변상벽 필, 조선 19세기, 종이에 채색, 124.5×60.0cm, 서울대학교박물관 소장.

도69_ 〈윤중삼초상〉尹重三肖像 부분, 17세기 초, 비단에 채색, 183.5×108.0cm, 국립중앙박물관 소장.

도70_ 《요지연도》 부분, 18세기, 비단에 채색, 151.5×122.7cm,

국립중앙박물관 소장.

도71_ 〈곽분양행락도〉 부분, 전 김득신, 비단에 채색, 143.9×123.6cm, 국립중앙박물관 소장.

도72_ 《곽분양행락도》 부분, 8첩 병풍, 비단에 채색, 144.5×49.9(제1·8첩), 53.0(제2~7첩)cm, 국립중앙박물관 소장.

도73_ 《곽분양행락도》 부분, 8첩 병풍, 비단에 채색,100.0×365.8cm, 서울역사박물관 소장.

도74_ 《모란도》 부분, 10첩 병풍, 비단에 채색, 각 145×58cm, 국립중앙박물관 소장.

도75_ 《모란도》 부분, 4첩 병풍, 비단에 채색, 각 240.3×50.5cm, 아모레퍼시픽 미술관 소장.

도76_ 《모란도》 부분, 10첩 병풍, 비단에 채색, 각 145×58cm, 국립중앙박물관 소장.

도77, 77-1_ 《모란도》 부분, 4첩 병풍, 비단에 채색, 각 240.3×50.5cm, 아모레퍼시픽 미술관 소장.

도78_ 〈모란도〉 부분, 창덕궁 신선원전 북벽 병풍.

도79_ 《해학반도도》 부분, 10첩 병풍, 비단에 채색, 166.0×416.0cm, 이화여자대학교박물관 소장.

도80_ 《요지연도》 부분, 8첩 병풍, 비단에 채색, 각 134.2×47.2cm, 경기도박물관 소장.

도81_ 〈장생도〉 부분, 추재 관서, 비단에 채색, 143.0×67.7cm, 국립중앙박물관 소장.

도82_ 《십장생도》 부분, 6첩 병풍, 비단에 채색, 150.0×352.0cm, 성신여자대학교박물관 소장.

도83_ 《십장생도》 부분, 10첩 병풍, 비단에 채색, 각 149.0×45.0cm, 서울역사박물관 소장.

도84_ 〈십장생도〉 부분, 창호, 비단에 채색, 각 109.0×57.0cm, 국립고궁박물관 소장.

도85, 85-1_ 〈장생도〉 부분, 추재 관서, 비단에 채색, 143.0×67.7cm, 국립중앙박물관 소장.

도86_ 《십장생도》 부분, 10첩 병풍, 1880년 완성, 비단에 채색, 각 201.9×52.1cm, 미국 오리건대학교 박물관 소장.

도87_ 《백동자도》 부분, 6첩 병풍, 비단에 채색, 각 74.8×46.3cm, 국립고궁박물관 소장.

도88_ 《백자도》 부분, 6첩 병풍, 비단에 채색, 각 72.8×40.6cm, 서울역사박물관 소장.

도89_ 《연화수금도》 부분, 4첩 병풍, 비단에 채색, 국립고궁박물관 소장.

도90_ 《화조도》 부분, 8첩 병풍, 비단에 채색, 각 123.9×42.4cm, 통도사 성보박물관 소장.

도91_ 《동궐도》 부분, 19세기 전반, 16첩 병풍, 비단에 채색, 각 273.5×36.0cm, 동아대학교박물관 소장.

도92_ 〈무신친정계첩〉戊申親政契帖 부분, 1728년, 비단에 채색, 40.5×54.8cm, 국립중앙박물관 소장.

도93_ 《요지연도》 부분, 18세기, 비단에 채색, 151.5×122.7cm, 국립중앙박물관 소장.

도94_ 《곽분양행락도》 부분, 8첩 병풍, 비단에 채색, 144.5×49.9(제1·8첩), 53.0(제2~7첩)cm, 국립중앙박물관 소장.

도95_ 〈십장생도〉 부분, 창호, 비단에 채색, 각 119.0×59.0cm, 국립고궁박물관 소장.

도96_ 〈지곡송학도〉 부분(좌), 비단에 채색, 34.0×40.5cm, 간송미술관 소장.

도97_ 《무신친정계첩》 부분, 1728년, 비단에 채색, 40.5×54.8cm, 국립중앙박물관 소장.

도98_ 〈목련공작〉木蓮孔雀, 전 이영윤李英胤, 비단에 채색, 152.6×55cm, 국립중앙박물관 소장.

도99_ 〈매화〉 부분, 창덕궁 신선원전 서벽.

도100_ 《백자도》 부분, 6첩 병풍, 비단에 채색, 각 72.8×40.6cm, 서울역사박물관 소장.

도101_ 《십장생도》 부분, 1880년 완성, 10첩 병풍, 비단에 채색, 각 201.9×52.1cm, 미국 오리건대학교 박물관 소장.

도102_ 〈곽분양행락도〉 부분, 전 김득신, 비단에 채색, 143.9×123.6cm, 국립중앙박물관 소장.

도103_ 《십장생》 부분, 10첩 병풍, 비단에 채색, 각 149.0×45.0cm, 서울역사박물관 소장.

도104_ 《왕회도》 부분, 19세기, 8첩 병풍, 비단에 채색, 각 138.0×46.2cm, 국립중앙박물관 소장.

도105_ 《요지연도》 부분, 8첩 병풍, 비단에 채색, 각 134.2×47.2cm, 경기도박물관 소장.

도106_ 《백자도》 부분, 6첩 병풍, 비단에 채색, 각 72.8×40.6cm, 서울역사박물관 소장.

도107_ 《곽분양행락도》 부분, 8첩 병풍, 비단에 채색, 144.5×49.9(제1·8첩), 53.0(제2~7첩)cm, 국립중앙박물관 소장.

도108_ 〈마상처사도〉馬上處士圖 부분, 전 윤두서尹斗緖, 비단에 채색, 98.2×57.7cm, 국립중앙박물관 소장.

도109_ 〈금궤도〉金櫃圖 부분, 전 조속趙涑, 비단에 채색, 105.4×57.6cm, 국립중앙박물관 소장.

도110_ 〈곽분양행락도〉 부분, 전 김득신, 비단에 채색, 143.9×123.6cm, 국립중앙박물관 소장.

도111_ 《백자도》 부분, 6첩 병풍, 비단에 채색, 각 72.8×40.6cm, 서울역사박물관 소장.

도112_ 《곽분양행락도》郭汾陽行樂圖 부분, 8첩 병풍, 비단에 채색, 144.5×49.9(제1·8첩), 53.0(제2~7첩)cm, 국립중앙박물관 소장.

도113_ 《백자도》 부분, 6첩 병풍, 비단에 채색, 각 72.8×40.6cm, 서울역사박물관 소장.

찾아보기_

ㄱ_

가나이 덴로쿠金井天祿 281, 282
감계화鑑戒畵 17, 105, 123
〈강산무진도〉江山無盡圖 112
강세황姜世晃 138, 139
강위姜瑋 259
강이오姜彝五 158
〈강이오초상〉 157, 158
강진희姜璡熙 233, 237, 244~247, 270, 275
강필주姜弼周 164, 220, 224, 230, 246, 247, 253, 270, 272, 274, 275
《강화행렬도》江華行列圖 57, 61
강희안姜希顔 154, 301
개국공신도開國功臣圖 27
『경국대전』經國大典 28~31, 35, 42
《경기감영도》京畿監營圖 57, 60
『경모궁의궤』景慕宮儀軌 77
경성서화미술원京城書畵美術院 246, 269, 270
〈경현당수작도〉景賢堂受爵圖 86
「경현당수작도기」景賢堂受爵圖記 86
〈계류원앙〉溪流鴛鴦 325, 326
고금서화관古今書畵館 266
『고금주』古今注 317
고사인물도故事人物圖 46, 105, 213
《고사인물화보》故事人物畵譜 104
고유방高惟訪 26
『고종대례의궤』高宗大禮儀軌 224
〈고종어진〉 199, 201, 233, 234
『고종태황제명성태황후부묘주감의궤』高宗太皇帝明成太皇后祔廟主監儀軌 229
『고종태황제어장주감의궤』高宗太皇帝御葬主監儀軌 229
《곡운구곡도》谷雲九曲圖 64
공작삽병孔雀揷屛 321, 324
《곽분양행락도》郭汾陽行樂圖 93, 300, 301, 303, 323, 329, 330, 336, 348, 353, 355, 356
『관아재고』觀我齋稿 138
《관월첩》貫月帖 211
〈관음삼십이응신도〉觀音三十二應身圖 97, 98
『광군방보』廣群芳譜 340
『광재물보』廣才物譜 342
구영仇英 70
구택규具宅奎 120
〈구택규초상〉具宅奎肖像 120
《군안도》群雁圖 253
궁내부宮內府 222~224, 229, 248, 265, 274
『궁내부거래문첩』宮內府去來文牒 282
〈궁중숭불도〉宮中崇佛圖 87
권상하權尙夏 180
〈권상하초상〉 180
권섭權燮 169
〈권섭초상〉 169, 181
규장각奎章閣 35~37, 40, 41, 52, 184, 194, 195, 221, 222, 229, 320, 324
〈규장각도〉奎章閣圖 36, 343
규장원奎章院 41, 222, 223
『근역서화징』槿域書畵徵 97, 154
〈금강전도〉金剛全圖 116
《금계도》金鷄圖 304, 305
〈금궤도〉金櫃圖 304, 355
『금릉집』金陵集 190
《금오계첩》金吾契帖 343
《기금서화도》棋琴書畵圖 280
기로소耆老所 80, 81, 118, 198, 199, 209
《기로소화상첩》耆老所畵像帖 149

《기사경회첩》耆社慶會帖 118, 209
《기사계첩》耆社契帖 80
〈기성전도〉箕城全圖 61, 63
〈기수만년〉其壽萬年 247
《기해기사계첩》己亥耆社契帖 81
김건종金健鍾 157, 158, 192, 193
김관신金觀臣 182
김교성金敎聲 231
김규진金圭鎭 219, 224, 230, 244, 247, 248, 256, 258, 265, 266, 268, 281
김기락金基洛 164, 223
김남길金南吉 65, 66
김덕성金德成 96~98
김덕하金德夏 103, 170, 171
김두량金斗樑 53, 103, 167, 171, 181
김득신金得臣 38, 40, 43, 116, 188, 192, 336, 353, 356
〈김만기초상〉 137, 138
김석신金碩臣 116
김수철金秀哲 219
김수흥金壽興 142, 143
김옥균金玉均 258, 261
김용원金鏞元 194, 237, 238, 240, 255~259, 262
김용진金容鎭 244
김유성金有聲 92, 93
김유탁金有澤 220
김윤보金潤輔 220
김윤식金允植 256, 270, 275
김은호金殷鎬 50, 174~176, 220, 229, 231~235, 253, 271
김응수金應洙 75
김응원金應元 219, 246, 247, 270, 275, 281
김응환金應煥 40, 116, 184, 192
김익주金翊冑 64, 65, 146, 167~170
김정희金正喜 18, 55, 242
김제순金濟淳 221, 223
김종한金宗漢 230
김중경金仲敬 153
김직金直 153
김진규金鎭圭 137, 138, 146, 178, 181
김진녀金振汝 50, 81, 146, 147, 169, 178~180
김진우金振宇 244
김창환金彰桓 253, 310
김춘희金春熙 230, 234
〈김치인초상〉金致仁肖像 82, 84
김하종金夏鍾 157, 192~195, 212, 213, 219
김홍도金弘道 18, 36, 40, 46, 47, 86, 96, 104, 135, 149, 150, 182, 184, 185, 187, 190, 192, 193, 212, 304, 343
김후신金厚臣 182, 184, 212
김희성金喜誠 61, 170

ㄴ_

나수연羅壽淵 220, 225
남계우南啓宇 219
남공철南公轍 190
남별전南別殿 117, 141, 156, 162, 178
〈노근묵란도〉露根墨蘭圖 242, 243
노수현盧壽鉉 220, 271
〈노안국조도〉蘆雁菊鳥圖 가리개 253, 255
노안도蘆雁圖 247~249, 251, 253, 282
녹취재祿取才 42, 44, 47~49, 193, 221, 223, 224, 309, 320~322
〈농수정〉 64
〈뇌공도〉雷公圖 97, 98
〈능연각공신도〉凌煙閣功臣圖 27

ㄷ_

〈달마절로도강도〉達磨折蘆渡江圖 92, 93
《담와홍계희평생도》淡窩洪啓禧平生圖 96
『대전통편』大典通編 34, 52

『대전회통』大典會通 35, 48, 52
〈도원문진도〉桃源問津圖 213, 214
〈도화소시화〉圖畵所試畵 47
《동궐도》東闕圖 37, 46, 87, 88, 90, 301, 345
〈동래부사접왜사도〉東萊府使接倭使圖 69
〈동래부순절도〉東萊府殉節圖 66~69
동방삭東方朔 338
『동사만록』東槎漫錄 260
〈동심공수〉同心共壽 247
동참화사同參畵師 50, 134, 135, 141, 147, 149, 157, 164, 168~171, 174, 177, 179~182, 184, 185, 188, 190, 192, 193, 197~199, 204, 205, 212
동참화원同參畵員 49, 50, 164, 170, 181, 199

ㅁ_

〈마상처사도〉馬上處士圖 355
《만고기관첩》萬古奇觀帖 119
〈매죽도〉梅竹圖 가리개 253
『명물고』名物考 342
명성황후금책明聖王后金冊 76
《명인전신첩》名人傳神帖 136
〈모계영자도〉母鷄領子圖 210, 211
《모란도》 72, 302~304, 337, 338
〈목련공작〉木蓮孔雀 322, 350
〈몽유도원도〉夢遊桃源圖 105, 106
〈묘작도〉描雀圖 110, 211
〈묘작도〉猫鵲圖 332, 333
『묘전궁원단묘의궤』廟殿宮園壇墓儀軌 229
《무신친정계첩》戊申親政契帖 343, 346, 347, 349
『무예도보통지』武藝圖譜通志 105
『무자진작의궤』戊子進爵儀軌 321, 324
〈묵란도〉墨蘭圖 271
『문조수릉산릉도감의궤』文祖綏陵山陵都監儀軌 75, 76
『문조수릉천봉도감의궤』文祖綏陵遷奉都監儀軌 314
미법산수米法山水 116
〈미법산수도〉米法山水圖 109
미불米芾 212
민상호閔商鎬 277, 279
민영익閔泳翊 237, 241~244, 247, 257
〈민영준閔泳駿초상〉 276
〈민영환초상〉 276, 278
민영휘閔泳徽 230, 232
민정중閔鼎重 149

ㅂ_

박기양朴箕陽 246, 270, 275
박기준朴基駿 111, 116, 157, 162, 164, 192~194, 197, 205, 221, 224
박동보朴東普 34, 81, 136, 146, 167, 168, 179~181, 183, 209, 211
박세당朴世堂 143
〈박세당초상〉 143, 145
박승무朴勝武 220, 253, 271
박용기朴鏞夔 162, 221, 223, 224
박용노朴鏞夒 197
박용훈朴鏞薰 162, 164, 198, 199, 221, 223, 224
박유성朴維城 105
박종환朴宗(鍾)煥 157, 192, 205
박창수朴昌洙 223
박태환朴泰煥 170, 171
박희영朴禧英 192
방외화사方外畵師 48, 52, 62~64, 123, 134, 135, 141, 146, 168, 192, 206, 224, 274
배련裵連 153
《백동자도》 300, 343
《백선도》白扇圖 111
백윤문白潤文 174
백은배白殷培 46, 47, 53, 116, 162, 193, 194, 197, 206, 219,

221, 224, 274
백종린白終隣 153
백희배白禧培 164, 198, 199, 221, 223, 224
변곤卞昆 67
변박卞璞 66~69
변상벽卞相璧 22, 53, 82, 84, 110, 135, 180, 182, 183, 209~211, 332, 333
변용규卞容圭 192
『병세재언록』幷世才彦錄 22, 120
『본초강목』本草綱目 334
〈봉선〉鳳扇 74
봉심奉審 73, 77, 129, 140, 145, 147~150, 154, 171, 179, 188, 197
『부묘도감의궤』祔廟都監儀軌 227
〈부벽루연회〉浮壁樓宴會 57
〈부산진순절도〉釜山鎭殉節圖 66
〈부용안도〉芙蓉雁圖 282
〈북새선은도〉北塞宣恩圖 115
《불화첩》佛畵帖 100

ㅅ

〈사계화훼화〉四季花卉畵 339
사군자四君子 44, 255, 256, 264, 352
『사기』史記 292, 346
《사로연회도병》四老宴會圖屛 343
〈사수도〉四獸圖 73, 74, 313
『사직서의궤』社稷署儀軌 227
사쿠마 테츠엔佐久間鐵園 279~281
《사현파진백만대병도》謝玄破秦百萬大兵圖 34
〈산수일출도〉山水日出圖 가리개 253
〈산수후스마에〉山水襖繪 281, 282
『산해경』山海經 309
『상학경』相鶴經 317
새비지 랜도어A. H. Savage-Landor 276~278
《서궐도안》西闕圖案 301
서두표徐斗杓 162, 206, 221
《서수낙원도》瑞獸樂園圖 15, 16, 309, 316, 323, 324
서순표徐淳杓 197
서원희徐元熙 164, 199, 223
『서응도』瑞應圖 293, 308, 315
〈서직수徐直修초상〉 187
〈서총대친림사연도〉瑞葱臺親臨賜宴圖 302
〈서학도〉瑞鶴圖 317
서화미술회書畵美術會 213, 232, 233, 266, 271, 274, 275
서화협회書畵協會 213, 247, 262, 275
석경石璟 152, 154
『선원계보』璿源系譜 190
『선원보략수정의궤』璿源譜略修正儀軌 230
선원전璿源殿 24, 152, 154, 162, 164, 170, 174, 175, 198, 233
『선원전영정모사등록』璿源殿影幀模寫謄錄 24, 174
『선원전영정수개등록』璿源殿影幀修改謄錄 131
『설문해자』說文解字 308, 340
『성원록』姓源錄 117
『성호사설』星湖僿說 401
〈세한도〉歲寒圖 18
세한삼우歲寒三友 352
『속대전』續大典 35
솔거率居 25
송설체松雪體 34
송창엽宋彰燁 142
〈송하문동자〉松下問童子 119
〈수선전도〉首善全圖 33
수종화사隨從畵師 50, 134, 135, 149, 168, 177, 179, 184, 188, 190, 192, 193, 195, 197, 205
수종화원隨從畵員 49, 170, 171, 198, 199
〈수하쌍록도〉樹下雙鹿圖 280
〈수하일가도〉樹下一家圖 116
『순조대왕추상존호』純祖大王追上尊號·순원왕후추상존호도감의궤純元王后追上尊號都監儀軌』 238
『순조인릉천봉도청의궤』純祖仁陵遷奉都廳儀軌 238

〈순조태봉도〉純祖胎封圖 78
『순종효황제빈전혼전주감의궤』純宗孝皇帝殯殿魂殿主監儀軌 229
『순종효황제순명효황후부묘주감의궤』純宗孝皇帝純明孝皇后祔廟主監儀軌 229
『순종효황제어장주감의궤』純宗孝皇帝御葬主監儀軌 229
『순헌귀비원소의궤』純獻貴妃園所儀軌 229
〈승일반송도〉昇日蟠松圖 246
『시경』詩經 310, 334, 344
시의도詩意圖 212
〈식산육성도〉殖産育成圖 246
〈신관도임연회도〉新官到任宴會圖 57
신명연申命衍 219
신사유람단紳士遊覽團 236, 240, 258
〈신사철초상〉申思喆肖像 81, 209
〈신선도〉神仙圖 272, 274, 318
《신선도첩》神仙圖帖 206, 207
신선원전新璿源殿 51, 130, 131, 335, 351
신윤복申潤福 18
신한평申漢枰 135, 182, 184, 188~190
심사정沈師正 325, 326
《심양관도첩》瀋陽館圖帖 91
『십주기』十洲記 338

ㅇ_

아마쿠사 신라이天草神來 281
아토미 가케이跡見花蹊 238, 239, 245
안건영安健榮 46, 162, 197, 221, 222
안견安堅 78, 105, 106, 154
안귀생安貴生 21, 153, 154, 202, 203
안명준安明濬 174
〈안주목지도〉安州牧地圖 62, 63
안중식安中植 198, 199, 213, 214, 219, 224, 225, 230, 231, 233, 235, 237, 246, 247, 256, 257, 264, 266, 270, 271, 274, 281
안진경체顔眞卿體 244
안평대군安平大君 105
야스다 베이사이安田米齋 244, 245
양기성梁箕星 168, 181
양기훈楊基薰 220, 237, 247~253, 255, 351
양성지梁誠之 154
양주화파揚州畵派 242
양팽손梁彭孫 349
『양화소록』養花小錄 301
양희맹梁希孟 167~170
『어문공전기』魚文公傳記 263
『어용도사도감의궤』御容圖寫都監儀軌 50, 178
어용화사御容畵師 232
『어진이모도감의궤』御眞移摸都監儀軌 164
어해도魚蟹圖 121
〈어해도〉魚蟹圖 121
〈연정계회도〉蓮庭契會圖 343
〈연지유압〉蓮池遊鴨 325, 326
《연화수금도》蓮花水禽圖 327, 344
『영건도감의궤』營建都監儀軌 227
〈영보정도〉永保亭圖 54
영선사營繕司 164, 236, 257, 274
『영정모사도감의궤』影幀摸寫都監儀軌 50, 75, 142, 156, 158, 224, 274
『영조대왕산릉도감의궤』英祖大王山陵都監儀軌 74
〈영조어진〉 131, 132, 164, 167, 181
영조죽책함英祖竹册函 76, 77
영풍서관永豊書館 231
『영희전영전도감의궤』永禧殿營建都監儀軌 84
『예문유취』禮文類聚 342
〈예장귀가도〉曳杖歸家圖 211
『오륜행실도』五倫行實圖 104
오세창吳世昌 109, 117, 219, 247, 257
〈오음화구도〉梧陰話舊圖 245, 246
오일영吳一英 271, 310, 312

오재순吳載純 190
〈오재순초상〉 190
오창석吳昌碩 242
《왕세자탄강진하도》王世子誕降陳賀圖 87
《왕회도》王會圖 295, 301, 304, 328, 354
《요지연도》瑤池宴圖 94, 295, 304, 306, 309, 310, 315, 319, 323, 328, 336, 339, 347, 354
〈욱일취도〉 292
〈운산서식도〉雲山棲息圖 213
〈원장배석도〉元章拜石圖 212
원종어진元宗御眞 162, 175, 176
『원행을묘정리의궤』園行乙卯整理儀軌 37
〈월야선유〉月夜船遊 59
〈월하문홍도〉月下聞鴻圖 246
〈월하취적도〉月下吹笛圖 207, 208
『유릉천봉산릉주감의궤』裕陵遷奉山陵主監儀軌 230
유만주兪晩柱 122
유수柳綏 179
〈유수초상〉 179
유숙劉淑 46, 47, 83, 84, 162, 194, 197, 206, 219, 221, 222, 351
유순정柳順汀 49, 142
〈유순정정국공신화상〉 144, 145
〈유순정초상〉柳順汀肖像 48, 49, 80, 143~145
〈유언호초상〉劉彦鎬肖像 82
유운홍劉運弘 75
유재건劉在建 22
유한준兪漢寯 122
육교시사六橋詩社 259
육리문肉理紋 167
육상궁毓祥宮 122, 181
『육전조례』六典條例 35, 52, 71, 73, 79, 93
윤급尹汲 182
〈윤급초상〉 182, 183
윤덕영尹德榮 232, 234, 270
윤덕희尹德熙 138
윤두서尹斗緖 22
윤봉오尹鳳五 182
〈윤봉오초상〉 182
윤상익尹商翊 49, 50, 142~145, 147
윤석영尹錫永 164, 199, 221, 222
윤순尹淳 170
윤영기尹永基 220, 246, 269~271, 275
〈윤중삼초상〉尹重三肖像 335
윤증尹拯 171
〈윤증초상〉 171, 173, 182
〈의암관수도〉依巖觀水圖 212, 213
이경환李慶桓 199
이광사李匡師 188
〈이광사초상〉 188, 189
이광필李光弼 26
이교익李教翼 219
이규상李圭象 22, 70, 120
이기영李祺榮 164, 223
이길보李吉輔 182
〈이길보초상〉 182
이녕李寧 26
이덕수李德壽 149
이덕영李悳泳 223
이도영李道榮 220, 225, 246, 247, 270, 275
이맹상李孟相 153
이명기李命基 40, 50, 84, 135, 149, 150, 184, 188~190, 192, 212
이명욱李明旭 34
이문원摛文院 37
이백연李百連 153
〈이산해초상〉李山海肖像 321
이상범李象範 220, 271
이상좌李上佐 97, 100
이성린李聖麟 93
이수민李壽民 87, 192, 193
이시눌李時訥 66~69

이시백李時白 168
『이아』爾雅 342
이영윤李英胤 322, 325, 326, 350
이왕직李王職 24, 228~230, 232, 234, 247, 269~271
이용걸李用傑 271
이용우李用雨 220, 271, 310, 312
이유담李有聃 54
이유원李裕元 152, 175, 192, 194
이윤민李潤民 53
이의양李義養 90
이의현李宜顯 149
〈이의현초상〉李宜顯肖像 81
이이명李頤命 180
이인문李寅文 40, 112, 116
이인석李引錫 153
이인식李寅植 192
이재관李在寬 50, 156~159, 161, 162, 205
이재극李載克 230
이정근李正根 109, 116
이조년李兆年 167
〈이조년초상〉 166, 167
이창옥李昌鈺 162, 221
이창현李昌鉉 117
이춘우李春雨 153
이치李琔 146, 148, 167~170
이필성李必成 90
이하응李昰應 84, 195, 242
〈이하응초상〉 82, 83, 195, 197
이하李河 142
이한복李漢福 253, 271
이한철李漢喆 82~84, 157, 193~198, 212, 213, 221, 222
〈이항복초상〉李恒福肖像 82, 84
『이향견문록』理鄕見聞錄 22
이현보李賢輔 158
〈이현보초상〉 158, 159, 161
이형록李亨祿 53, 114, 116, 194, 205
이후원李厚源 168
〈이후원초상〉 168
『익종대왕추상대왕대비전가상존호도감의궤』翼宗大王追上大王大妃殿加上尊號都監儀軌 238
〈익종어진〉 131, 132
『인목왕후산릉도감의궤』仁穆王后山陵都監儀軌 314
인정전仁政殿 46, 64, 232, 281
『인정전중건도감의궤』仁政殿重建都監儀軌 46
『일동기유』日東記游 238
『일몽고』一夢稿 70
일월오봉도日月五峰圖 288, 305, 358, 359
《일월오봉도》日月五峰圖 71, 297, 298, 348
〈임수륜林守綸초상〉 136
〈임진전란도〉壬辰戰亂圖 66~68
『임하필기』林下筆記 152
임희수任希壽 136

ㅈ

《자홍견지금니화조화》紫紅絹地金泥花鳥畵 249~251
〈잠직도〉蠶織圖 101, 207
장경주張敬周 119, 120, 135, 167, 170, 171, 180, 181, 183, 204, 209
장득만張得萬 50, 81, 118~120, 148, 167~171, 179, 181, 204, 209
장례원掌禮院 222~224, 227
장맹순張孟洵 117
장사주張師周 120
장상량張尙良 117
〈장생도〉 315, 339, 341
장승업張承業 18, 213, 219, 226, 274, 351
장시량張時良 117
장시흥張始興 184
장우량張佑良 117
장운봉張雲鳳 175, 176

장자욱張子旭 34, 50, 118, 119, 181
장자현張子賢 117
『장조현륭원원소도감의궤』莊祖顯隆園園所都監儀軌 75
장준량張駿良 121, 157, 192
장충간張忠侃 117, 118
장충명張忠明 117, 118
장충진張忠進 117
장충헌張忠獻 117
장태흥張泰興 50, 81, 146, 147, 169, 179, 180
장한종張漢宗 40, 45, 121
장홍張泓 122
장후감張後堪 117
장후순張後巡 117
『재물보』才物譜 292
〈저암공상〉著庵公像 122
〈적벽공범도〉赤壁共帆圖 274
전수묵全修默 164, 198, 223
〈전원행렵승회도〉田園行獵勝會圖 103
전주 경기전慶基殿 142
〈전주지도〉全州地圖 61, 62
절파화풍浙派畵風 207
정경순鄭景淳 185
〈정경순초상〉 184, 185
정대유丁大有 225, 247, 264, 270, 275
《정묘조왕세자책례계병》正廟朝王世子册禮稧屛 294
정섭鄭燮 242
『정성왕후산릉도감의궤』貞聖王后山陵都監儀軌 314
『정조건릉산릉도감의궤』正祖健陵山陵都監儀軌 75
정조책봉죽책正祖册封竹册 77
정학교丁學教 225, 244, 246
정학수丁學秀 220, 225, 247
《정해진찬도병》丁亥進饌圖屛 293
정홍래鄭弘來 118, 170, 209, 292
〈제갈무후도〉諸葛武侯圖 101
〈조경단재실비각도형〉肇慶壇齋室碑閣圖形 78
〈조말생초상〉趙末生肖像 319
조맹부趙孟頫 34
조문한曺文漢 153
조민희趙民熙 246, 270
조석진趙錫晋 50, 164, 166, 181, 198, 199, 203, 206, 213, 219, 223~225, 233, 246, 247, 256, 257, 266, 270, 271, 274, 275, 281
조세걸曺世杰(傑) 64, 120, 142, 143, 145, 147, 180, 206
조속趙涑 304, 355
조수삼趙秀三 219
조신화趙信和 221, 223
조영석趙榮祏 137~139, 171
조재홍趙在興 53, 162, 164, 198, 199, 206, 221, 223
조정규趙廷奎 157, 164, 193, 213
조중묵趙重默 54, 55, 162, 164, 193, 194, 197, 206, 213, 219
조중응趙重應 246, 269, 270
조지운趙之耘 142
조창희趙昌禧 181, 209
조평趙坪 157, 194
조희룡趙熙龍 22, 195, 219, 351
〈종남귀래도〉終南歸來圖 246
『종묘의궤』宗廟儀軌 227
주관화사主觀畵師 49, 50, 120, 134, 135, 141, 142, 145~147, 149, 157, 158, 164, 166, 168~171, 174, 177, 179~185, 188~190, 192, 193, 195, 197, 198, 203~208, 211, 212, 224
주관화원主管畵員 49, 50, 199
「주교도」舟橋圖 37
죽림칠현竹林七賢 352
〈지곡송학도〉芝谷松鶴圖 349
지방화사地方畵師 64~66, 135, 145, 167
지석영池錫永 259
지운영池雲英 220, 244, 249, 256, 258~262, 264
진응복秦應福 182
진응회秦應會 181
진재기秦再起 50, 179

진재해秦再奚 22, 34, 50, 120, 138, 145~147, 178~181, 206~209

ㅊ_

차비대령화원差備待令畵員 35~37, 40, 41, 44, 46, 47, 49, 69, 93, 96, 108, 134, 135, 150, 192~195, 197, 221~224, 226, 309, 320, 321, 324
채용신蔡龍臣 164, 166, 167, 198, 199, 203, 206, 220, 224, 225, 230, 231, 266, 274
채제공蔡濟恭 150
《책가도》冊架圖 114
《책가문방도》 45
〈책례반차도〉冊禮班次圖 85
천연당天然堂사진관 258, 265, 266
『철인왕후예릉산릉도감의궤』哲仁王后睿陵山陵都監儀軌 314
『철종상존호도감의궤』哲宗上尊號都監儀軌 238
〈철종어진〉 131, 132, 164, 192, 193, 195~197, 205, 213, 238
청록산수青綠山水 213, 303~307
〈촉도난〉蜀道難 119
최경崔涇 21, 29, 152~154, 202, 203
최북崔北 93
최석헌崔碩獻 50
최우석崔禹錫 271
추재秋齋 315, 339, 341
〈춘야도리원도〉春夜桃李園圖 103

ㅌ_

《탐라순력도》耽羅巡歷圖 65, 66
태조고황제어진太祖高皇帝御眞 156, 164
〈태조어진〉 131, 155, 159, 162, 290
『통문관지』通文館志 92
〈통신사일행착복지도〉通信使一行着服之圖 91, 92

ㅍ_

퍼시벌 로웰Percival Lowell 241, 259, 260, 276
〈평강후인 채석지당 70노옹 평생도〉 231
《평양감사향연도》平壤監司饗宴圖 56~59
포화蒲華 242

ㅎ_

하나부사 요시모토花房義質 240, 257
〈한궁춘효도〉漢宮春曉圖 70
한시각韓時覺 115, 116, 142
한종유韓宗裕 50, 84, 135, 149, 184, 185, 190
함도홍咸道弘 170
함세휘咸世煇 93, 170, 181
〈함흥본궁도〉咸興本宮圖 54~56
〈함흥본궁송〉咸興本宮松 56
《해산첩》海山帖 212, 213
〈해산추범〉海山秋帆 264
『해상묵림』海上墨林 244
해학반도도 93, 290, 292, 339
《해학반도도》 335, 339
《행려풍속도병》 43
허감許礛 184, 188
허련許鍊 219, 242, 351
허숙許俶 50, 81, 116, 179
허의순許義順 50, 142
현릉원顯隆園 40, 75
현채玄采 231, 247
〈혈죽도〉血竹圖 248
혜경궁惠慶宮 홍씨洪氏 40
『호산외사』壺山外史 22
『홍릉천봉주감의궤』洪陵遷奉主監儀軌 229
홍섬洪暹 152, 153
홍세섭洪世燮 219

홍의환洪義煥 164, 198, 223
『홍재전서』弘齋全書 37
『화경』花鏡 346
『화기』畵記 22
화사군관畵師軍官 24, 52~54, 56, 57, 61, 62, 65, 213
『화사양가보록』畵寫兩家譜錄 53, 109
《화성능행도병》華城陵幸圖屛 38, 40, 41
〈화차분별도〉火車分別圖 245, 246
황철黃鐵 256, 258, 262~266
〈황현초상〉 266
『회남자』淮南子 317
『효종영릉천봉도감의궤』孝宗寧陵遷奉都監儀軌 313
휴버트 보스Hubert Vos 278
『흠영』欽英 122
『흥왕책봉의궤』興王冊封儀軌 227